内蒙古民族文化通鉴·研究系列丛书

内蒙古农业经济史

韩　柱◎著

中国社会科学出版社

图书在版编目（CIP）数据

内蒙古农业经济史 / 韩柱著 . -- 北京：中国社会科学出版社，2023.6
（内蒙古民族文化通鉴 . 研究系列）
ISBN 978-7-5227-1337-3

Ⅰ . ①内…　Ⅱ . ①韩…　Ⅲ . ①地方农业经济－农业经济史－研究－
内蒙古　Ⅳ . ①F329.26

中国国家版本馆 CIP 数据核字（2023）第 031062 号

出 版 人	赵剑英
责任编辑	宫京蕾
责任校对	闫 萃
责任印制	郝美娜

出　　版	中国社会科学出版社
社　　址	北京鼓楼西大街甲 158 号
邮　　编	100720
网　　址	http:// www. csspw. cn
发 行 部	010 - 84083685
门 市 部	010 - 84029450
经　　销	新华书店及其他书店

印刷装订	北京君升印刷有限公司
版　　次	2023 年 6 月第 1 版
印　　次	2023 年 6 月第 1 次印刷

开　　本	710×1000　1 / 16
印　　张	19.5
插　　页	2
字　　数	318 千字
定　　价	118.00 元

凡购买中国社会科学出版社图书，如有质量问题请与本社营销中心联系调换
电话：010 - 84083683

《内蒙古民族文化通鉴》总序

乌 兰

"内蒙古民族文化研究建设工程"成果集成——《内蒙古民族文化通鉴》（简称《通鉴》）六大系列数百个子项目的出版物将陆续与学界同仁和广大读者见面了。这是内蒙古民族文化传承保护建设中的一大盛事，也是对中华文化勃兴具有重要意义的一大幸事。借此《通鉴》出版之际，谨以此文献给所有热爱民族文化，坚守民族文化的根脉，为民族文化薪火相传而殚智竭力、辛勤耕耘的人们。

一

内蒙古自治区位于祖国北部边疆，土地总面积118.3万平方公里，占中国陆地国土总面积的八分之一，现设9市3盟2个计划单列市，全区共有102个旗县（市、区），自治区首府为呼和浩特。2014年，内蒙古总人口2504.81万，其中蒙古族人口458.45万，汉族人口1957万，包括达斡尔族、鄂温克族、鄂伦春族"三少"自治民族在内的其他少数民族人口88.67万；少数民族人口约占总人口的21.45%，汉族人口占78.15%，是蒙古族实行区域自治、多民族和睦相处的少数民族自治区。内蒙古由东北向西南斜伸，东西直线距离2400公里，南北跨度1700公里，横跨东北、华北、西北三大区，东含大兴安岭，西包阿拉善高原，南有河套、阴山，东南西与8省区毗邻，北与蒙古国、俄罗斯接壤，国境线长达4200公里。内蒙古地处中温带大陆气候区，气温自大兴安岭向东南、西南递增，降水自东南向西北递减，总体上干旱少雨，四季分明，寒暑温差很大。全区地理上大致属蒙古高原南部，从东到西地貌多样，有茂密的森林，广袤的草原，丰富的矿藏，是中国为数不多的资源富集大区。

内蒙古民族文化的主体是自治区主体民族蒙古族的文化，同时也包括达斡尔族、鄂温克族、鄂伦春族等人口较少世居民族多姿多彩的文化和汉族及其他各民族的文化。

"内蒙古"一词源于清代"内札萨克蒙古"，相对于"外扎萨克蒙古"即"外蒙古"。自远古以来，这里就是人类繁衍生息的一片热土。1973年在呼和浩特东北发现的大窑文化，与周口店第一地点的"北京人"属同一时期，距今50—70万年。1922年在内蒙古伊克昭盟乌审旗萨拉乌苏河发现的河套人及萨拉乌苏文化、1933年在呼伦贝尔扎赉诺尔发现的扎赉诺尔人，分别距今3.5—5万年和1—5万年。到了新石器时代，人类不再完全依赖天然食物，而已经能够通过自己的劳动生产食物。随着最后一次冰河期的迅速消退，气候逐渐转暖，原始农业在中国北方地区发展起来。到了公元前6000—5000年，内蒙古东部和西部两个亚文化区先后都有了原始农业。

"红山诸文化"（苏秉琦语）和海生不浪文化的陆续兴起，使原始定居农业逐渐成为主导的经济类型。红山文化庙、坛、冢的建立，把远古时期的祭祀礼仪制度及其规模推进到一个全新的阶段，使其内容空前丰富，形式更加规范。"中华老祖母雕像""中华第一龙""中华第一凤"——这些在中华文明史上具有里程碑意义的象征物就是诞生在内蒙古西辽河流域的红山文化群。红山文化时期的宗教礼仪反映了红山文化时期社会的多层次结构，表明"'产生了植根于公社，又凌驾于公社之上的高一级的社会组织形式'（苏秉琦语——引者注），这已不是一般意义上的新石器时代文化概念所能包容的，文明的曙光已照耀在东亚大地上"[1]

然而，由于纪元前5000年和纪元前2500年前后，这里的气候出现过几次大的干旱及降温，原始农业在这里已经不再适宜，从而迫使这一地区的原住居民去调整和改变生存方式。夏家店文化下层到上层、朱开沟文化一至五段的变迁遗迹，充分证明了这一点。气候和自然环境的变化、生产力的进一步发展，必然促使这里的人类去寻找更适合当地生态条件、创造

---

[1] 田广金、郭素新：《北方文化与匈奴文明》，江苏教育出版社2005年版，第131页。

具有更高劳动生产率的生产方式。于是游牧经济、游牧文化诞生了。

历史上的游牧文化区，基本处于北纬40度以北，主要地貌单元包括山脉、高原草原、沙漠，其间又有一些大小河流、淡水咸水湖泊等。处于这一文化带上的蒙古高原现今冬季的平均气温在−10℃—20℃之间，年降雨量在400毫米以下，干燥指数在1.5—2之间。主要植被是各类耐寒的草本植物和灌木。自更新世以来，以有蹄类为主的哺乳动物在这一地区广泛分布。这种生态条件，在当时的生产力水平下，对畜牧业以外的经济类型而言，其制约因素无疑大于有利因素，而选择畜牧、游牧业，不仅是这种生态环境条件下的最佳选择，而且应该说是伟大的发明。比起从前在原始混合型经济中饲养少量家畜的阶段，逐水草而居，"依天地自然之利，养天地自然之物"的游牧生产、生活方式有了质的飞跃。按照人类学家L. 怀特、M. D. 萨赫林斯关于一定文化级差与一定能量控驭能力相对应的理论，一头大型牲畜的生物能是人体生物能的1—5倍，一人足以驾驭数十头牲畜从事工作，可见真正意义上的畜牧、游牧业的生产能力已经与原始农业经济不可同日而语。它表明草原地带的人类对自身生存和环境之间的关系有了全新的认识，智慧和技术使生产力有了大幅提高。

马的驯化不但使人类远距离迁徙游牧成为可能，而且让游牧民族获得了在航海时代和热兵器时代到来之前绝对所向披靡的军事能力。游牧民族是个天然的生产军事合一的聚合体，具有任何其他民族无法比拟的灵活机动性和长距离迁徙的需求与能力。游牧集团的形成和大规模运动，改变了人类历史。欧亚大陆小城邦、小农业公社之间封闭隔绝的状况就此终结，人类社会各个群体之间的大规模交往由此开始，从氏族部落语言向民族语言过渡乃至大语系的形成，都曾有赖于这种大规模运动；不同部落、不同族群开始通婚杂居，民族融合进程明显加速，氏族部族文化融合发展成为一个个特色鲜明的民族文化，这是人类史上的一次历史性进步，这种进步也大大加快了人类文化的整体发展进程。人类历史上的一次划时代的转折——从母权制向父权制的转折也是由"放牧部落"带到农耕部落中去的[①]。

[①]　[苏] Д. Е. 叶列梅耶夫：《游牧民族在民族史上的作用》，《民族译丛》1987年第5、6期。

　　对现今中国北方地区而言，到了公元前一千年左右，游牧人的时期业已开始，秦汉之际匈奴完成统一草原的大业，此后的游牧民族虽然经历了许多次的起起伏伏，但总体十分强势，一种前所未有的扩张从亚洲北部，由东向西展开来。于是，被称为"世界历史两极"的定居文明与草原畜牧者和游牧人开始在从长城南北到中亚乃至欧洲东部的广阔地域内进行充分的相互交流。到了"蒙古时代"，一幅中世纪的"加泰罗尼亚世界地图"，如实反映了时代的转换，"世界体系"以"蒙古时代"为开端确立起来，"形成了人类史上版图最大的帝国，亚非欧世界的大部分在海陆两个方向上联系到了一起，出现了可谓'世界的世界化'的非凡景象，从而在政治、经济、文化、商业等各个方面出现了东西交流的空前盛况"。①直到航海时代和热兵器时代到来之后，这种由东向西扩张的总趋势才被西方世界扭转和颠倒。而在长达约两千年的游牧社会历史上，现今的内蒙古地区始终是游牧文化圈的核心区域之一，也是游牧世界与华夏民族、游牧文明与农耕文明碰撞激荡的最前沿地带。

　　在漫长的历史过程中，广袤的北方大草原曾经是众多民族繁衍生息的家园，他们在与大自然的抗争和自身的生存发展过程中创造了各民族自己的文化，形成了以文化维系起来的人群——民族。草原各民族有些是并存于一个历史时期，毗邻而居或交错居住，有些则分属于不同历史时期，前者被后者更替，后者取代前者，薪尽而火传。但不论属何种情形，各民族文化之间都有一个彼此吸纳、继承、逐渐完成民族文化自身的进化，然后在较长历史时期内稳定发展的过程。比如，秦汉时期的匈奴文化就是当时众多民族部落文化和此前各"戎""狄"文化的集大成。魏晋南北朝时期的鲜卑文化，隋唐时期的突厥文化，宋、辽、金时期的契丹、女真、党项族文化，元代以来的蒙古族文化都是如此。

<h2 style="text-align:center">二</h2>

　　蒙古民族是草原文化的集大成者，蒙古文化是草原文化最具代表性的

---

①　《杉山正明谈蒙古帝国："元并非中国王朝"一说对错各半》，《东方早报·上海书评》2014年7月27日。

文化形态，蒙古民族的历史集中反映了历史上草原民族发展变迁的基本规律。

有人曾用"蝴蝶效应"比喻13世纪世界历史上的"蒙古风暴"——斡难河畔那一次蝴蝶翅膀的扇动引起周围空气的扰动，能量在连锁传递中不断增强，最终形成席卷亚欧大陆的铁骑风暴。这场风暴是由一位名叫铁木真的蒙古人掀起，他把蒙古从一个部落变成一个民族，于1206年建立了大蒙古汗国。铁木真统一蒙古各部之后，首先废除了氏族和部落世袭贵族的权利，使所有官职归于国家，为蒙古民族的历史进步扫清了重要障碍，并制定了世界上第一部具有宪法意义、包含宪政内容的成文法典，而这部法典要比英国在世界范围内最早制定的宪法性文件早了九年。成吉思汗确立了统治者与普通牧民负同等法律责任、享有同等宗教信仰自由等法律原则，建立了定期人口普查制度，创建了最早的国际邮政体系。

13、14世纪的世界可被称为蒙古时代，成吉思汗缔造的大蒙古国囊括了多半个亚欧版图，发达的邮驿系统将东方的中国文明与西方的地中海文明相连接，两大历史文化首度全面接触，对世界史的影响不可谓不深远。亚欧大陆后来的政治边界划分分明是蒙古帝国的遗产。成吉思汗的扩张和西征，打破了亚欧地区无数个城邦小国、定居部落之间的壁垒阻隔，把亚欧大陆诸文明整合到一个全新的世界秩序之中，因此他被称为"缔造全球化世界的第一人"[①]。1375年出现在西班牙东北部马略卡岛的一幅世界地图——"卡塔拉地图"（又称"加泰罗尼亚地图"，现藏于法国国家图书馆），之所以被称为"划时代的地图"，并非因为它是标明马可·波罗行旅路线的最早地图，而是因为它反映了一个时代的转换。从此，东西方之间的联系和交往变得空前便捷、密切和广泛。造纸、火药、印刷术、指南针——古代中国的这些伟大发明通过蒙古人，最终真正得以在欧洲推广开来；意大利作家但丁、薄伽丘和英国作家乔叟所用的"鞑靼绸""鞑靼布""鞑靼缎"等纺织品名称，英格兰国王指明要的"鞑靼蓝"，还有西语中的许多词汇，都清楚地表明东方文化以蒙古人为中介传播到西方的那段历史；与此同时，蒙古人从中亚细亚、波斯引进许多数学家、工

---

① ［美］杰克·威泽弗德：《成吉思汗与今日世界之形成》，温海清、姚建根译，重庆出版社2014年版，第8页封面。

匠和管理人员，以及诸如高粱、棉花等农作物，并将其传播到中国和其他地区，从而培育或杂交出一系列新品种。由此引发的工具、设备、生产工艺的技术革新，其意义当然不可小觑；特别是数学、历法、医学、文学艺术方面的交流与互动，知识和观念的传播、流动，打破了不同文明之间的隔阂，以及对某一文明的偏爱与成见，其结果就是全球文化和世界体系若干核心区的形成。1492年，克里斯托弗·哥伦布说服两位君主，怀揣一部《马可·波罗游记》，信心满满地扬帆远航，为的就是找到元朝的"辽阳省"，重建与蒙古大汗朝廷的海上联系，恢复与之中断的商贸往来。由于蒙古交通体系的瓦解和世界性的瘟疫，他浑然不知此时元朝已经灭亡一百多年，一路漂荡到加勒比海的古巴，无意间发现了"新大陆"。正如美国人类学家、蒙古史学者杰克·威泽弗德所言，在蒙古帝国终结后的很长一段时间内，新的全球文化继续发展，历经几个世纪，变成现代世界体系的基础。这个体系包含早先蒙古人强调的自由商业、开放交通、知识共享、长期政治策略、宗教共存、国际法则和外交豁免。①

即使我们以中华文明为本位回望这段历史，同样可以发现蒙古帝国和元朝对我国历史文化久远而深刻的影响。从成吉思汗到忽必烈，历时近百年，元朝缔造了人类历史上版图最大的帝国，结束了唐末以来国家分裂的状况，基本划定了后世中国的疆界；元代实行开放的民族政策，大力促进各民族间的经济文化交流和边疆地区的开发，开创了中华民族多元一体的新格局，确定了中国统一的多民族国家的根本性质；元代推行农商并重政策，"以农桑为急务安业力农"，城市经济贸易繁荣发展，经贸文化与对外交流全面推进，实行多元一体的文化教育政策，科学技术居于世界前列，文学艺术别开生面，开创了一个新纪元；作为发动有史以来最大规模征服战争的军事领袖，成吉思汗和他的继任者把冷兵器时代的战略战术思想、军事艺术推上了当之无愧的巅峰，创造了人类军事史的一系列"第一"、一系列奇迹，为后人留下了极其丰富的精神财富；等等。

统一的蒙古民族的形成是蒙古民族历史上具有划时代意义的时间节点。从此，蒙古民族成为具有世界影响的民族，蒙古文化成为中华文化不

---

① ［美］杰克·威泽弗德：《成吉思汗与今日世界之形成》（修订版），温海清、姚建根译，重庆出版社2014年版，第6、260页。

可或缺的组成部分。漫长的历史岁月见证了蒙古族人民的智慧，他们在文学、史学、天文、地理、医学等诸多领域成就卓然，为中华文明和人类文明的发展做出了不可否认的伟大贡献。

20世纪30年代被郑振铎先生称为"最可注意的伟大的白话文作品"的《蒙古秘史》，不单是蒙古族最古老的历史、文学巨著，也是被联合国教科文组织列为世界名著目录（1989年）的经典，至今依然吸引着世界各国无数的学者、读者；在中国著名的"三大英雄史诗"中，蒙古族的《江格尔》、《格斯尔》（《格萨尔》）就占了两部，它们也是目前世界上已知史诗当中规模最大、篇幅最长、艺术表现力最强的作品之一；蒙古民族一向被称为能歌善舞的民族，马头琴、长调、呼麦被列入世界非物质文化遗产，蒙古族音乐舞蹈成为内蒙古的亮丽名片，风靡全国，感动世界，诠释了音乐不分民族、艺术无国界的真谛；还有传统悠久、特色独具的蒙古族礼仪习俗、信仰禁忌、衣食住行，那些科学简洁而行之有效的生产生活技能、民间知识，那些让人叹为观止的绝艺绝技以及智慧超然且极其宝贵的非物质文化遗产，都是在数千年的游牧生产生活实践中形成和积累起来的，也是与独特的生存环境高度适应的，因而极富生命力。迄今，内蒙古已拥有列入联合国非物质文化遗产名录的项目2项（另有马头琴由蒙古国申报列入名录）、列入国家级名录的81项、自治区及盟市旗县级名录的3844项，各级非遗传承人6442名。其中蒙古族、达斡尔族、鄂温克族、鄂伦春族等内蒙古世居少数民族的非遗项目占了绝大多数。人们或许不熟悉内蒙古三个人口较少民族的文化传统，然而那巧夺天工的达斡尔造型艺术、想象奇特的鄂温克神话传说、栩栩如生的鄂伦春兽皮艺术、闻名遐迩的"三少民族"桦皮文化……这些都是一朝失传则必将遗恨千古的文化瑰宝，我们当倍加珍惜。

内蒙古民族文化当中最具普世意义和现代价值的精神财富，当属其崇尚自然、天人相谐的生态理念、生态文化。游牧，是生态环保型的生产生活方式，是现代以前人类历史上惟一以人与自然和谐共存、友好相处的理念为根本价值取向的生产生活方式。游牧和狩猎，尽管也有与外在自然界相对立的一面，但这是以敬畏、崇尚和尊重大自然为最高原则、以和谐友好为前提的非对抗性对立。因为，牧民、猎人要维持生计，必须有良好的草场、清洁的水源和丰富的猎物，而这一切必须以适度索取、生态环保为条件。因此，有序利用、保护自然，便成为游牧生产方式的最高原则和内在要求。对亚洲北部草原地区而言，人类在无力改造和控制自然环境的条件下，游牧生产方式是维持草畜平衡，使草场及时得到休整、涵养、恢复的自由而能动的最佳选择。我国北方的广大地区尽管数千年来自然生态环境相当脆弱，如今却能够成为我国北部边疆的生态屏障，与草原游牧民族始终如一的精心呵护是分不开的。不独蒙古族，达斡尔族、鄂温克族、鄂伦春族等草原世居少数民族在文化传统上与蒙古族共属一个更大的范畴，不论他们的思维方式、信仰文化、价值取向还是生态伦理，都与蒙古族大同小异，有着多源同流、殊途同归的特点。

随着人类历史进程的加速，近代以来，世界各地区、各民族文化变迁、融合的节奏明显加快，草原地区迎来了本土文化和外来文化空前大激荡、大融合的时代。草原民族与汉民族的关系日趋加深，世界各种文化对草原文化的作用和影响进一步增强，农业文明、工业文明、商业文明、城市文明的因素大量涌现，草原各民族的生产生活方式，乃至思想观念、审美情趣、价值取向都发生了巨大变化。虽然，这是一个凤凰涅槃、浴火重生的过程，但以蒙古族文化为代表的草原各民族文化，在空前的文化大碰撞中激流勇进，积极吸纳异质文化养分，或在借鉴吸纳的基础上进行自主的文化创新，使民族文化昂然无惧地走上转型之路。古老的蒙古族文化，依然保持着她所固有的本质特征和基本要素，而且，由于吸纳了更多的活性元素，文化生命力更加强盛，文化内涵更加丰富，以更加开放包容的姿态迎来了现代文明的曙光。

三

古韵新颜相得益彰，历久弥新异彩纷呈。自治区成立以来的近 70 年间，草原民族的文化事业有了突飞猛进的发展。我国社会主义制度和民族区域自治、各民族一律平等的宪法准则，党和国家一贯坚持和实施的尊重、关怀少数民族，大力扶持少数民族经济文化事业的一系列方针政策，从根本上保障了我国各民族人民传承和发展民族文化的权利，也为民族文化的发展提供了广阔空间。一些少数民族，如鄂伦春族仅仅用半个世纪就从原始社会过渡到社会主义社会，走过了过去多少个世纪都不曾走完的历程。

一个民族的文化发展水平必然集中体现在科学、文化、教育事业上。在历史上的任何一个时期，蒙古民族从来不曾拥有像现在这么多的科学家、文学家等各类专家教授，从来没有像现在这样以丰富的文化产品供给普通群众的消费，蒙古族大众的整体文化素质从来没有达到现在这样的高度。哪怕最偏远的牧村，电灯电视不再稀奇，网络、手机、微信微博业已成为生活的必需。自治区现有7家出版社出版蒙古文图书，全区每年都有数百上千种蒙古文新书出版，各地报刊每天都有数以千百计的文学新作发表。近年来，蒙古族牧民作家、诗人的大量涌现，已经成为内蒙古文学的一大景观，其中有不少作者出版有多部中长篇小说或诗歌散文集。我们再以国民受教育程度为例，它向来是一个民族整体文化水准的重要指标之一。中华人民共和国成立前，绝大多数蒙古人根本没有接受正规教育的机会，能够读书看报的文化人寥若晨星。如今，九年义务教育已经普及，即便是上大学、读研考博的高等教育，对普通农牧民子女也不再是奢望。据《内蒙古2014年国民经济和社会发展统计公报》显示，全自治区2013年少数民族在校大学生10.8万人，其中蒙古族学生9.4万人；全区招收研究生5987人，其中，少数民族在校研究生5130人，蒙古族研究生4602人，蒙古族受高等教育程度可见一斑。

每个时代、每个民族都有一些杰出人物曾经对人类的发展进步产生深远影响。正如爱迪生发明的电灯"点亮了世界"一样，当代蒙古族也有为数不少的文化巨人为世界增添了光彩。提出"构造体系"概念、创立地质力学学说和学派、提出"新华夏构造体系三个沉降带"理论、开创油气资源勘探和地震预报新纪元的李四光；认定"世界未来的文化就是中国文化复兴"、素有"中国最后一位大儒家"之称的国学大师梁漱溟；在国际上首次探索出山羊、绵羊和牛精子体外诱导获能途径，成功实现试管内杂交育种技术的"世界试管山羊之父"旭日干；还有著名新闻媒体人、文学家、翻译家萧乾；马克思主义哲学家艾思奇；当代著名作家李准……这些如雷贯耳的大名，可谓家喻户晓、举世闻名，但人们未必都知道他们来自蒙古族。是的，他们来自蒙古民族，为中华民族的伟大复兴，为全人类的文明进步做出了应有的贡献。

　　历史的进步、社会的发展、蒙古族人民群众整体文化素质的大幅提升，使蒙古族文化的内涵得以空前丰富，文化适应能力、创新能力、竞争能力都有了显著提升。从有形的文化特质，如日常衣食住行，到无形的观念形态，如思想情趣、价值取向，我们可以举出无数个鲜活的例子，说明蒙古文化紧随时代的步伐传承、创新、发展的事实。特别是自 2003 年自治区实施建设民族文化大区、强区战略以来，全区文化建设呈现出突飞猛进的态势，民族文化建设迎来了一个新的高潮。内蒙古文化长廊计划、文化资源普查、重大历史题材美术创作工程、民族民间文化遗产数据库建设工程、蒙古语语料库建设工程、非物质文化遗产保护、一年一届的草原文化节、草原文化研究工程、北部边疆历史与现状研究项目等，都是这方面的有力举措，收到了很好的成效。

　　但是，我们也必须清醒地看到，与经济社会的跨越式发展相比，文化建设仍然显得相对滞后，特别是优秀传统文化的传承保护依然任重道远。优秀民族文化资源的发掘整理、研究转化、传承保护以及对外传播能力尚不能适应形势发展，某些方面甚至落后于国内其他少数民族省区的现实也尚未改变。全球化、工业化、信息化和城市化的时代大潮，对少数民族弱势文化的剧烈冲击是显而易见的。全球化浪潮和全方位的对外开放，意味着我们必将面对外来文化，特别是强势文化的冲击。在不同文化之间的交往中，少数民族文化所受到的冲击会更大，所经受的痛苦也会更多。因为，它们对外来文化的输入往往处于被动接受的状态，而对文化传统的保护常常又力不从心，况且这种结果绝非由文化本身的价值所决定。换言之，在此过程中，并非所有得到的都是你所希望得到的，并非所有失去的都是你应该丢掉的，不同文化之间的输入输出也许根本就不可能"对等"。这正是民族文化的传承保护任务显得分外紧迫、分外繁重的原因。

　　文化是民族的血脉，内蒙古民族文化是中华文化不可或缺的组成部分，中华文化的全面振兴离不开国内各民族文化的繁荣发展。为了更好地贯彻落实党的十八大关于文化建设的方针部署，切实把自治区党委提出的实现民族文化大区向民族文化强区跨越的要求落到实处，自治区政府于 2013 年实时启动了"内蒙古民族文化建设研究工程"。"工程"包括文献档案整理出版，内蒙古社会历史调查、研究系列，蒙古学文献翻译出版，内蒙古历史文化推广普及和"走出去"，"内蒙古民族文化建设研究数据库"建设等广泛内容，计划六年左右的时间完成。经过两年的紧张努力，从2016年开始，"工程"的相关成果已经陆续与读者见面。

建设民族文化强区是一项十分艰巨复杂的任务，必须加强全区各界研究力量的整合，必须有一整套强有力的措施跟进，必须实施一系列特色文化建设工程来推动。"内蒙古民族文化建设研究工程"就是推动我区民族文化强区建设的一个重要抓手，是推进文化创新、深化人文社会科学可持续发展的一个重要部署。目前，"工程"对全区文化建设的推动效应正在逐步显现。

"内蒙古民族文化建设研究工程"将在近年来蒙古学研究、"草原文化研究工程""北部边疆历史与现状研究"、文化资源普查等科研项目所取得的成就基础上，突出重点，兼顾门类，有计划、有步骤地开展抢救、保护濒临消失的民族文化遗产，搜集记录地方文化和口述历史，使民族文化传承保护工作迈上一个新台阶；将充分利用新理论、新方法、新材料，有力推进学术创新、学科发展和人才造就，使内蒙古自治区传统优势学科进一步焕发生机，使新兴薄弱学科尽快发展壮大；"工程"将会在科研资料建设，学术研究，特色文化品牌打造、出版、传播、转化等方面取得突破性的成就，推出一批具有创新性、系统性、完整性的标志性成果，助推自治区人文社会科学研究和社会主义文化建设事业蓬勃发展。"内蒙古民族文化建设研究工程"的实施，势必大大增强全区各民族人民群众的文化自觉和文化自信，必将成为社会主义文化大发展大繁荣,实现中华民族伟大复兴中国梦的一个切实而有力的举措，其"功在当代、利在千秋"的重要意义必将被历史证明。

（作者为时任内蒙古自治区党委常委、宣传部部长，"内蒙古民族文化建设研究工程"领导小组组长）

序　论

中国在一个相当长的历史时期是农本社会，农耕是人类得以生存与发展的基础，农业作为最原始的、最受依赖的经济形态，自古以来就受到重视。以史为鉴，从历史中汲取经验教训，是学术界义不容辞的职责。农业是在一定气候条件下进行和形成的，在一定的时间、地点、自然条件下，社会经济、生产技术和文化的多种因素作用于农业过程，就会形成特定的农业地域类型。历史的漫长岁月中，内蒙古地区农业经济经过了原始萌芽、古代屯垦农业，近代又经过借地养民、蒙地放垦、移民实边、边荒条例、开拓移民等一系列制度变革中，传播农业生产技术、扩大开垦范围、进行垦殖，铸成了内蒙古地区农业经济的历史。

一　国外农业发展史研究

农史研究作为一种学科化的努力始于20世纪初期。1902年，世界第一种农史的专门刊物《历史农业论文》在德国出版，1904年第一个"农业历史与文献学会"宣告成立。第一次世界大战以后，农业史的研究有了长足的发展，1919年美国成立了农业历史学会，并于1927年创办了《农业历史》（*Agricultural History*）杂志。1953年又成立了"农业历史与社会学学会"，20世纪50年代已有50所院校的历史系、经济系、农业经济系或社会学系中开设有农业史课程。20世纪50年代，英国农业历史学会和英国《农业历史评论》杂志均创办，1968年成立农业历史研究所。在丹麦，国家博物馆内设有国际农具史研究秘书处，编辑出版《工具与耕作》（*Tools and Tillage*）杂志。此外，在哥本哈根的经济史研究所，有部分研究人员从事农业史的研究。在法国，国家历史研究中心有部分学者从事农史研究。其中有一个小组专门从事中国农业科技史的研究。荷兰也是西欧国家中农业史研究开展的最早国家之一，1939年即建立了"农史研究会"，出版《农学历史论文》，在戈罗宁根（Groningen）建立了一个国家农业研究所，从事荷兰农业历史的研究。日本农业史研究始于20世纪初，齐藤万吉研究农业经济史，1918年出版了《日本农业经济变迁》之后，有古岛敏雄的《日本农业史》（1956年），速水佑次郎的《日本农业成长过程》（1973年）等农业史研究专著。1975年日本农业史研究会成立展开了日本农业史、农村史、农学史的研究，并创办《农业史研究》会刊。在农业史专题研究上有荒木干雄的《农业史》（1985年），晖峻众三的《日本农业100年历程》（1996年），《日本农业150年，1850—2000年》（2003年），井野隆一的《战后日本农业史》（1996年），木村茂光的《日本农业史》（2010年）等成果。韩国农业史学会于2002年2月成立，由原经济史学会或者历史学会的一些专家组成，主要研究韩国农业技术史和中国古代农业史。

二　中国农业经济史研究

对于中国农业经济史研究，学者们从各个角度进行研究，研究成果主要集中在通史性著作、专题性著作、断代史著作和区域性著作以及经济思想史等方面。

从通论的角度论述的著作主要有：张媛的《大中华农业史》（1921年），宋希庠的《中国历代劝农考》（1947年），陈安仁的《中国农业经济史》（1948年），杜修昌的《中国农业经济发展史略》（1984年），珀金斯的《中国农业的发展（1368—1968）》（1984年），唐启宇的《中国农史稿》（1985年），曹贯一的《中国农业经济史》（1989年），岳琛的《中国农业经济史》（1989年），叶依能的《中国历代盛世农政史》（1991年），阎万英、尹英华的《中国农业发展史》（1992年），王启柱的《中国农业起源与发展》（1994年），吴存浩的《中国农业史》（1996年），赵冈的《农业经济史论集》（2001年），慈鸿飞、李天石主编的《中国历史上的农业经济与社会》（2003-2005年），杜青林、孙政才主编的《中国农业通史》（2008年）等。

专题性的著作主要有郭文韬的《中国古代的农作制和耕作法》（1982

年），闵宗殿等的《中国农业技术发展简史》（1983年），陈守实的《中国古代土地关系史稿》（1984年），赵俪生的《中国土地制度史》（1984年），吴慧的《中国历代粮食亩产研究》（1985年），唐启宇的《中国作物栽培史稿》（1986年），何炳棣的《中国古今土地数字的考释与评价》（1988年），林甘泉的《中国封建土地制度史》（1990年），汪家伦、张芳的《中国农田水利史》（1990年），中华人民共和国财政部《中国农民负担史》编辑委员会编著的《中国农民负担史》（1994年），侯绍庄的《中国古代土地关系史》（1997年），张泽咸、郭松义的《中国屯垦史》（1997年），杨涛的《中国封建赋役制度研究》（2004年），长野郎的《中国土地制度的研究》（2004年），李文治、江太新的《中国地主制经济论》（2005年），赵冈的《历史上的土地制度与地权分配》（2003年）、《永佃制研究》（2005年）、《中国传统农村的地权分配》（2006年）、《中国土地制度史》（2006年）等。

断代史主要著作，有傅衣凌的《明清农村社会经济》（1961年），侯大乾、岳琛的《中国近代农业经济史》（1980年），李文治、魏金玉、经君健的《明清时代的农业资本主义萌芽问题》（1983年），韩国磐的《北朝隋唐的均田制度》（1984年），堀敏一的《均田制研究》（1984年），黄希源的《中国近现代农业经济史》（1986年），桑润生的《中国近代农业经济史》（1986年），沈元瀚的《简明中国近代农业经济史》（1987年），郑庆平等的《中国近代农业经济史概论》（1987年），詹玉荣的《中国近代农业经济史》（1987年），郑昌淦的《明清农村商品经济》（1989年），彭雨新的《清代土地开垦史》（1990年），金德群的《民国时期农村土地问题》（1994年），齐涛的《魏晋隋唐乡村社会研究》（1995年），章有义的《明清及近代农业史论集》（1997年），马新的《两汉乡村社会史》（1997年），张芳的《明清农田水利史研究》（1998年），刘磐修的《汉唐农业发展研究》（2001年），李宝通的《唐代屯田研究》（2002年），赵云旗的《唐代土地买卖研究》（2002年），张泽咸的《汉晋唐时期农业》（2003年），李金铮的《近代中国乡村社会经济探微》（2004年），梁庚尧的《南宋的农村经济》（2006年），高寿仙的《明代的农村社会与农业经济》（2006年）等。

区域性的著作主要包括孙家山的《苏北盐垦史初稿》（1984年），启愉的《太湖塘浦圩田史研究》（1985年），黄宗智的《华北的小农经济与社会变迁》（1986年），中国农业科学院、南京农业大学的《太湖地区农业史稿》（1990年），川胜守的《明清江南农业经济史研究》（1992年版），彭雨新、张建民的《明清长江流域农业水利研究》（1993年），赵予征的《丝绸之路屯垦研究》（1996年），赵俪生主编的《古代西北屯田开发史》（1997年），李伯重的《江南农业的发展（1620—1850）》（2007年），黄宗智的《长江三角洲小农家庭与乡村发展》（2000年），卢向前的《唐代西州土地关系述论》（2001年），唐致卿的《近代山东农村社会经济研究》（2004年），王勇的《东周秦汉关中农业变迁研究》（2004年），成淑君的《明代山东农业开发史》（2006年）等。

农业思想史方面的论著主要有阎万英的《中国农业思想史》（1997年），钟祥财的《中国农业思想史》（1997年），郭文韬的《中国传统农业思想研究》（2001年），孙林的《新中国农业经济思想史》（2001年）等。

以上所列基本涵盖了20世纪以后我国农史的主要著作。这些诞生于各个时期的著作，为我们比较全面了解中国悠久的农业经济文化提供了可能，也为我们今天在较高起点上进行农业经济史研究创造了条件。应该说，在许多方面，农业经济史研究的成果卓著，不乏学术精品。限于篇幅，下面只是就我国农史著作中的几个问题略述观见。从总体上看，一些方面的研究成果比较薄弱。我国农史专题性研究成果数量最多，但多数集中在土地制度的研究上。其次是赋役、作物栽培、耕作制度、粮食生产等。在断代史中，主要集中于近代农业经济史的研究，相比而言，古代社会则主要集中在明清以及宋等少数几个朝代。另外，通史性的著作更是数量很少，且大都在20世纪90年代之前。通史性的著作均是以朝代的顺序展开讨论，有的写至近代，很少提及新中国农业经济史的发展历程。因此，可以说农业"通史"中没有真正做到"通"。关于农业经济史的著作大都产生于20世纪90年代以前，这些著作的一些观点伴随着新的论点的出现以及考古材料的发现，有必要进行重新补充。1998年之后出现的众多的农业经济史在中国农业经济史研究的体例创新与内容上有所突破，专题性、区域性方面的著作较多，这些著作都对中国农业经济进行了新的分析，对于农业经济史研究也开辟了新的思路。

三　本研究主要解决的问题

（一）清末、民国初是内蒙古农业经济形成过程的关键时期，目前为止，有关内蒙古农业形成的系统研究尚未出现，只有地方志、农业志或蒙古族近现代史料中描述了屯垦、招垦、开垦的过程。所以本研究利用国内外史料，进行收集、整理，完成内蒙古农业发展近现代史的系统研究。

（二）1958年到1978年是内蒙古农业发展史上极其重要的阶段。因为对发展历史较短的内蒙古农业来讲，长达20年的计划经济体制，把传统的、分散的、自给自足的农业带入有组织、有计划、具有现代性的农业，不仅使内蒙古农业地位发生巨大变化，更使农业内部结构发生了翻天覆地的变化。所以对人民公社时期的内蒙古农业经济发展进行系统研究和正确评价也是本项目研究的一项重要问题。

（三）对家庭联产承包责任制实施以后内蒙古农业经济发展史的研究，到目前为止虽然学者们从各个角度进行了深入研究，但是从农业系统各领域的组织与制度、结构与分布、生产与消费、服务与管理等方面未能作系统研究。因此，系统全面地研究家庭承包责任制实施和农业产业化经营过程的内蒙古农业经济发展，是本研究的第三个要解决的问题。

四　本研究突破点

（一）本课题研究将补充20世纪20—40年代有关内蒙古农业经济数据统计和文献记载的欠缺部分，突破这阶段农业经济史料的局限性而导致的农业经济发展史上的短板。

（二）内蒙古地区农业与其他地区农业不同，它不仅有纯农业区，也有半农半牧区，所以区域农业结构非常复杂。本项目研究要突破农业史研究的惯例，揭示内蒙古农业经济发展史各阶段的农业内部结构特征。

（三）初步建立起内蒙古农业经济史分期体系和学科框架。本项目根据内蒙古农业经济自身的特点及发展规律，把内蒙古农业经济史划分为8个历史阶段，即原始农业面貌、古代农业的出现与初步发展、传统农业传播与蒙地开垦、近代农业的开端与内蒙古农业成形、新民主主义与社会主义改造时期农业、农村人民公社化与现代农业起步、家庭联产承包制与商品化农业发展，农业产业化与现代农业建设等阶段。

五　本研究思路和研究方法

　　本项目根据所涉及的农业经济史分期体系和学科框架。首先，把内蒙古农业经济史分为8个发展阶段，勾勒出内蒙古农业经济发展的总体脉络，展现本课题的史料价值和学科价值；其次，在历史研究的纵向深入的同时，按照内蒙古农业经济发展史各阶段的农业政策、土地关系、农业经营、农业技术、农业市场与农业效益5个层次进行深入探讨；最后，在研究中，特别是对新中国建立以来的农业经济发展史研究中，将着重分析各阶段的农业政策、土地利用、农业结构、农业组织、农业税费、农业金融、农田水利、作物品种、农业机械、农产加工、农产储运、农产市场、农民收入、农业技术、农业效益15个问题，进行充分考证。在研究当中将采用档案文献整理法、实地访谈法、演绎归纳法、数据统计分析法等研究方法。大量的报刊资料、统计资料、调查资料等能够补充档案、史志之不足的缺点，特别是对日本"满铁"农村调查资料和伪满洲国时期农业史料加以充分利用。

六　本研究的学术价值、理论意义与现实意义

　　众所周知，内蒙古是传统的草原游牧地区。但目前内蒙古地区国民经济中耕种农业的地位越来越显得重要，并且成为国家粮食主产区之一，担负着我国粮食安全保障的重要任务。研究整理和考究内蒙古农业经济发展史，不仅能够丰富历史知识，还能掌握内蒙古农业经济发展的历史脉络，鉴古至今，把握区情，有助于当代内蒙古自治区经济与社会发展政策制定，具有现实意义。

　　改革开放以来少数民族经济史研究发展颇快，研究领域不断拓宽，研究成果日益增加。但发展不平衡，偏重在社会形态和社会性质的讨论。长期以来中国经济史研究中民族经济史研究薄弱的状况没有根本改变，中国少数民族经济史作为中国经济史的独立分支学科尚未形成。这种状况亟待改变，无论从学科发展的需要还是现代产业发展要求，加强少数民族经济史研究均为当务之急。任何事物都有其产生的根源和发展过程，都有其来

龙去脉，内蒙古农业经济发展史也不例外，只有在总的情况中及其相互联系中进行抉择分析，才能认清它的本质。对内蒙古农业经济发展历史，以充分大量可靠事实资料为根据，深入探究分析其产生与发展的历史背景和现实需求，掌握农业领域各个支系统的内在联系和相互作用，总结和归纳适合内蒙古地区农业的可持续发展道路，具有重要的学术价值。区域经济研究是一种宏观与微观相结合的中观研究，它能根据所研究问题的不同性质，确定不同水平的具体化程度，并采取不同的变数组合。内蒙古自治区是少数民族地区，人文环境对农业经济发展影响颇深，具有自身的农业经济发展规律和特点，在农业经济发展史学科发展中具有重要的理论意义。

七　本研究的内容构成

本研究遵循经济史研究方法按时序的经济实绩进行安排结构，对内蒙古农业经济的过去有了新的认识，而且以制度变迁为主线分析农业经济变迁，透视农业经济发展史，从中探索内蒙古农业经济发展的一般规律，对内蒙古地区农业经济演变过程作深层次的分析，具体内容有以下几点。

第一，内蒙古地区古代农业面貌。本章根据考古发现，阐述黄河流域、西辽河流域的古代农业痕迹，秦汉时期的屯垦，北魏、隋唐时期的农业生产技术，宋辽、金元时期的农业制度"授田制"，明代"板升农业"开发，农作物类型和农具种类以及农业生产技术。

第二，蒙地放垦与传统农业传播。本章参考历史文献资料，对17世纪清朝在内蒙古地区进行屯垦、18世纪的"借地养民"政策，19世纪末的"移民实边"政策、20世纪初北洋政府的"边荒条例"之后的内蒙古地区垦殖规模、土地所有制、农业赋税、粮食生产、农产品市场等农业经济结构以及日本帝国主义推行的殖民地农业经济进行分析。

第三，社会主义改造与农业生产组织化。本章依据1947年土地制度改革和农业合作化运动的一系列制度变革为主线，分析土地改革历程和农业生产组织化过程的基础上，探讨社会主义改造时期的农业生产结构特征、农业赋税与粮食管制等农业经济发展态势。

第四，计划经济体制与农业经营集体化。本章根据统计数据和政策汇编资料，着重分析计划经济体制下人民公社时期内蒙古农业经济体制、农业结构、生产效益、资本投资、基础设施建设以及农产品流通等微观经济活动进行详细分析。

第五，家庭承包责任制与农业生产商品化。本章对实施"统分结合"农业双层经营体制后内蒙古地区家庭承包责任制的实施过程、农业生产条件、农业结构、农业布局调整和商品农业基地建设、农产品流通改革以及农业经济效益进行分析。

第六，市场经济体制确立与农业生产现代化。本章在整理市场经济体制下推行的一系列农业增产政策和产业化政策的基础上，分析内蒙古农业生产条件、农业结构调整、农业产业化基地建设、农产品市场体系改革以及农业经济效益。

第七，市场经济深入与农业经营产业化。本章分析了市场经济深入发展中农业政策实施与内蒙古农业生产要素变动，农业经济结构调整、农业产业化经营、农产品市场体系建设以及农业经济效益等现代农业建设。

目　　录

第一章　内蒙古地区古代农业面貌

内蒙古自治区位于祖国北部边疆，由东北向西南斜伸，呈狭长形。地处内陆高纬度地区，受温带大陆性季风气候的影响，农业开发时间比较晚。光能源丰富，日照充足，但热量偏低，无霜冻期偏短。无霜冻期受纬度及地形影响，差异较大，平均120—130天，最短的不足100天，最长的达165天。全区有效积温和无霜冻期可以满足小麦、玉米、谷子、糜黍、莜麦等主要农作物一年一熟的需要，旱作农业比重大，干旱频率高，号称"十年九旱，三年一大旱"。全区不同农业区自然条件，作物分布和耕作制度差异明显。区内地形复杂，大兴安岭呈东北—西南方向贯穿于自治区东部，阴山山脉东西向横亘于自治区南部，全区总降水量在50—450毫米之间，由东向西递减，而热量资源则由南向北随着纬度增高而逐渐减少。这样的地形和气候条件，使各农业区生态条件、作物分布和耕作制度呈现明显的地域性差异。大兴安岭岭北、阴山以北丘陵区，适合种植春小麦、莜麦、马铃薯、油菜、胡麻、杂豆等生育期短、耐寒性较强作物。大兴安岭岭东南、西辽河中上游地区适合种植玉米、高粱、大豆、谷子、蓖麻等作物，而黄河流域、土默川地区气温较高、水利条件较好、适合种植春小麦、玉米、向日葵、甜菜、瓜类等作物。

内蒙古地区新石器时代已出现原始农业。据考古发现，赤峰地区和鄂尔多斯高原出土的石器和碳化稷、粟等不仅说明了内蒙古地区原始农业的存在，还证明了内蒙古西辽河流域和黄河流域原始农业的发展程度。春秋战国时期，呼和浩特一带使用三角形带孔农具石锄及耒、耜、锸等多种用途的农具，进行刨田、整地、打垄、挖沟洫。在耕作方法上已经由"熟荒耕作制"发展为"撩荒轮作制"。211年至219年，内蒙古河套地区、呼和浩特周围和额济纳地区进行移民屯垦，并广泛应用铁木复合农具和铁犁牛耕法，开始农田灌溉事业。220年至907年，黄河流域和西辽河流域农业生产得到快速发展。秦汉时期，在土默川、河套、鄂尔多斯、西辽河流域、阴山南麓以及阿拉善、大兴安岭南麓等地区都出现了程度不同的耕垦农业，并铁制农具普遍用于农业生产。北魏、隋、唐时期，实施军屯、民垦，推行"均田制"，兴修水利工程，推广轮作换茬、制肥选种、中耕除草技术和曲辕犁等农具，并采取了减免租税、救济灾民等措施，使这一带的农业经济有较大的发展。960年至1367年，北方少数民族崛起后募民垦荒、开发水利、设立农业管理机构和政策措施，促进了农业生产技术进步，提高了农业经济效益，给内蒙古地区农业发展奠定了基础。宋、辽、金、元时期，内蒙古地区种植农作物品种已有了麦类、谷类、豆类和经济作物。辽代契丹族所种作物有水稻、麦类、蔬菜、瓜类、麻类、粟等。16世纪20年代，阿拉坦汗在土默川建起板升农业，种植谷、麦、豆、黍外，还栽培瓜、茄、芥、葱等蔬菜，使这一地区成为农牧业生产繁荣的半农半牧地区。

第一节　内蒙古地区原始农业痕迹

一　西辽河流域

中国大约于距今一万年前便从原始采集经济中逐步产生了农业，在内蒙古辽河上游的西拉木伦河、乌力吉木仁河、老哈河等流域，有距今五千多年的红山文化属于种植业为主的经济类型。红山文化，东从医巫闾山，西到张家口，北越过西拉木伦河，南达大凌河流域及燕山南麓的长城地带。包括兴隆洼文化、赵宝沟文化、红山文化、小河沿文化、富河文化，统称为"红山文化"。这时期使用的农业工具主要是石斧和尖头木棒，以石斧砍伐地面上的树木，然后用火焚烧，用尖头木棒点种。

（一）西辽河流域原始农业形式

赤峰市敖汉旗宝国吐乡兴隆村东南的"兴隆洼文化"遗址，出土的文物中有锄形石器、磨制的石斧、磨盘。据考古发掘证实，在这里距今7000—8000年前的原始农耕部落过着以农为主，兼有采集、狩猎的生产活动。①它作为一种较早时期发生和存在的新石器时代考古学文化类型，分布范围已经远远超过了敖汉旗的界域，有更充分的调查资料表明：今通辽市奈曼旗以及松嫩平原西南部的吉林通榆县境内为兴隆洼文化的东缘，今赤峰市西拉木伦河流域及克什克腾旗境内为北缘，向西一直达今河北三河县与迁安县境内，向南基本包括了今辽宁大凌河流域。②1983年，中国社会科学院考古研究所内蒙古第一工作队发掘，判定内蒙古西辽河流域"兴隆洼文化"时期，以狩猎—采集经济占据主导地位。并在第一地点首次发现经过人工栽培的碳化粟，表明当时已经出现了原始农业经济。至红山文化和夏家店下层文化时期，农业经济开始成为主导性经济部门，狩猎—采集经济作为补充。

早在20世纪30年代，日本学者和法国学者以及中国学者梁思永等，先后调查赤峰市红山附近的古代文化遗迹，认定此地区为比较复杂又很典型的新石器时代古文化遗址。20世纪50年代中期，著名考古学家尹达先生通过对赤峰市红山后考古学内涵的精确区分，提出和命名了"红山文化"这个考古学文化的新类型。③确定红山文化时代具有明显的农耕文化发展特点，是一种以原始农业经济为主流的新石器时代的考古文化体系。但是，即使如此，也并不意味着红山文化时期就是一个纯粹的原始农耕经济时代，在红山文化先民的社会经济活动中，畜牧狩猎经济仍然居于农业经济的辅助地位。也就是说，从距今八千年的兴隆洼文化、赵宝沟文化类型、发展到距今五千年的红山文化类型，以及以后的小河沿文化类型、夏家店下层文化类型，基本延续了远古时代西辽河流域原始农耕经济及其文化起源与发展的基本线索，表明原始农业经济的发生与发展，始终未能达到与畜牧业经济的完全分离。如：赤峰北部的乌力吉木仁河流域发现的"富河文化"以森林草原地带为主要活动区域，有定居的村落，有掘土工具、谷物磨碎工具，证明有一定的原始农业。说明富河文化先民的原始农

---

①　《内蒙古自治区志·农业志》编委会：《内蒙古自治区志·农业志》，内蒙古人民出版社2000年版，第17页。

②　席永生、任爱君、杨福瑞等：《古代西辽河流域的游牧文化》，内蒙古人民出版社2007年版，第4页。

③　尹达：《新石器时代》，生活·读书·新知三联书店1979年版。

耕部落亦农亦猎，原始农业占相当的比重。①民族学和考古学的比较研究表明，赵宝沟文化的原始经济形态主要是耜耕农业，同时也保留有刀耕火种的农业形式。耜耕农业诚然提高了劳动效率和生产力水平，增加了粮食产量，但是，农业生产的食物在当时还不可能满足整个聚落内居民全年的生活所需。因此，赵宝沟文化经济形态中除农业外，狩猎和采集经济仍是重要的而且必要的补充。延续红山文化后的小河沿文化，农业工具明显减少。作为距今约5000—4000年前的冷期中发展起来的文化类型，低温或干旱气候下的农业水平也明显低于红山文化时期，小河沿文化狩猎和农业并重。距今约4000年前，夏家店下层文化兴起，西辽河流域进入了青铜器文化时代。由此可见，史前农业发展到了较高阶段。由于这一时期是大温暖期，比较适宜植被的恢复和土壤的发育，促进了夏家店史前农业发达，渔猎成为补充，家畜饲养盛行，定居文化，聚落有功能分化。考古发现，夏家店下层文化遗址在奈曼旗南部的黄土台地、丘陵地区46处，赤峰市境内发现2700多处，主要分布在黄土丘陵台地上，包括教来河流域、孟克河流域、老哈河流域上中游。

（二）西辽河流域新石器时代农具

遍布赤峰市各地的"红山文化"遗址也出土了新石器时代赤峰地区原始农耕中使用的石斧、石锛、石锄、石刀、石耜、石磨盘和石磨棒等农具，距今有五六千年历史。兴隆洼文化、赵宝沟文化遗址出土了大量的斧、斧形器、锛、凿、耜、锄、石球、镞、刀、磨盘、磨棒、饼形器、魔石等大型石器和相当数量的细石器。其中以磨制石器占绝大多数，也有打制、压制和琢制的。依据用途，可以把农居分为五类。（1）砍伐农具：石斧（含斧形器）、石锛、石凿；（2）翻土农具：石耜、石锄；（3）收割农具：石刀；（4）加工工具：石磨盘、磨棒；（5）储藏农具：大型筒形罐。②小河沿文化遗址已经发掘的地点有敖汉旗白斯郎营子、石羊石虎山和翁牛特旗石鹏山一带，常见形制多样的石斧和制作精细的石铲，而石耜

---

① 《内蒙古自治区志·农业志》编委会：《内蒙古自治区志·农业志》，内蒙古人民出版社2000年版，第17页。

② 席永生、任爱君、杨福瑞等：《红山文化与辽河文明》，内蒙古人民出版社2008年版，第44页。

和石犁几乎没有，遗存的性质介于红山文化和夏家店下层文化之间。[1]夏家店下层文化时期农具以石、骨质料的农业生产工具为主，石器中磨制石器、细石器与打制或打磨兼制石器共存，以磨制为主。条形石斧、扁平石铲、矩形石刀、亚腰形石锄、三角形细石镞和刮削器等，磨制石铲、石刀和打制石锄，都是在木柄上使用的农业生产工具。

（三）西辽河流域原始农作物

原始农业最初普遍种植的作物为稷（粟），因为原始农业生产力低下，耕作技术粗放，缺乏灌溉知识，在榛莽初开情况下，杂草丛生、虫害盛行，稷黍作物比较耐旱耐瘠，生产期较短，适于在干旱地区种植。赤峰市郊区四份地、蜘蛛山出土的新石器时代炭化稷、粟等粒实，距今已有四千多年的历史。新石器时代随着原始农业的兴起，出现了各种农业生产工具。期初主要是尖头木棒和石斧，随后尖头木棒发展为耒、耜，而石、骨、蚌器又出现锛、镬、锄、铲、刀、镰和磨盘、磨棒等。赤峰市宁城县南山根出土的西周末、春秋初的铜锄和春秋时的骨铲、石刀，夏家店发掘出春秋时的石刀。敖汉旗发掘出土战国时期的铁镬、铁梯形锄等工具都说明了西辽河地区原始农业发展程度，使用农具已经历由石器、铜器到铁器的变革。[2]农史学家认为撂荒农作制是人类发明农业后第一个农作制度，是以火耕为其技术特点。其中又可分为生荒耕作和熟荒耕作制两个阶段，前者更原始。考古学家们发现，约距今7000—8000年左右中国的农业便进入了熟荒耕作制的阶段。在内蒙古西辽河流域发现的这些新石器时代农耕文化遗址说明，这一地区的原始农耕部落，已经脱离了最原始的火耕农业阶段，进入了耜耕时代或熟荒耕作制阶段。

二　黄河流域

20世纪40年代，考古学家在各地发掘地下资料证明，最早的农业生产都是在山区或高地边缘，而不在河流平原和三角地带，随着人口的增

---

① 席永生、任爱君、杨福瑞等：《西辽河流域早期青铜文明》，内蒙古人民出版社2007年版，第48页。

② 《内蒙古自治区志·农业志》编委会：《内蒙古自治区志·农业志》，内蒙古人民出版社2000年版，第17页。

加，社会生产的发展，要求扩大耕地种植面积，于是逐渐从有限的山区住地、宅旁、隙地或附近地区向其他较远的平原地区扩展。如：阴山南麓土默特地区的黄河沿岸文化遗存，有海生不浪、白泥窑子、章盖营子、碱池、皮条沟、冯彦、根庆沟、西豪赖、大石窑、盘家沟、黑城苗家窑等遗址都属于高地向平原地区过渡地带。

（一）黄河流域原始农业发端

考古发现，距今约40万年前，阴山脚下土默特地区大窑村南山，发掘旧石器时代的砍砸器、尖状器、刮削器、石核、石片等打制石器多件；距今35000年前，黄河流域"河套人"骨骸有数十处发现；旧石器和细石器遗址在河套地区各地均有分布。河套地区农业的起始大约在新石器时代中晚期，河套内外众多史前遗址包含着大量农业文化遗存。如：属于仰韶文化类型的内蒙古白泥窑子、海生不浪等遗址，有精打细磨的石斧、石刀、石镰、石铲、石磨盘、石磨棒等原始农业工具出土；属于河套龙山文化类型遗址的准格尔旗二里半遗址，农具制作更为精致，种类和器型较前增加，有石镑、石斧、石铲、多孔石手镰等，说明内蒙古黄河流域的原始种植业明显有所发展。[①]

距今约6000—7000年前的新石器时代，大青山南麓人类搭房盖屋，磨制各种石器，烧制陶器，过着以原始农业为主的生活。新石器时代文化遗存，有大青山南麓文化遗存和大黑河上游文化遗存。其中，大青山南麓文化遗存有阿善、转龙藏、韩沁坝、古城湾、古雁、黄土坡、姚家湾、大窑南山八道沟等遗址；大黑河上游文化遗存有美岱脑包山、二十家子、石人湾、卧虎山、红旗营子、乃莫板升、古力半、白塔村等遗址。新石器时代生息于土默特地区的古人类的经济生活与生产活动，是以原始农业为主，包括家畜饲养和渔猎的多种经济。石斧用于砍伐树木和开辟土地，石铲、骨铲和陶铲用于松土和播种，窖穴用于贮藏农产品，石磨和石磨棒用于加工谷物；猪、狗、羊骨头的出土，表明家畜饲养业已占有相当比重；出土的石镞、骨角矛、石球、鱼钩、网坠和野生动物遗骸，则说明先民们的渔猎也很活跃。鄂尔多斯高原的准格尔旗东部新石器时代遗址群及伊金霍洛旗东南的尔吉奈曼沟遗址、乌尔兔沟、新庙村等地都位于黄河流域高

---

① 张波：《河套地区古代农业发展述略》，《干旱地区农业研究》1992年第3期。

地，所发掘的古文物器，种类繁多，有石磨器、石斧、石刀、石纺轮、园刃刮剥器、石器镞、尖状器、长条形刮剥器。这些细石制作的石器属原始农业生产工具，说明鄂尔多斯高原的原始农耕部落，在黄河流域的高地已开始了原始农业并定居生产。与黄河中下游和内蒙古东部新石器文化蓬勃发展相比，内蒙古中南部的新石器文化产生的较晚。内蒙古中南部最早的文化遗址在岱海地区出现，岱海文化中的石虎山类型距今约6700年前，这比黄河中下游及内蒙古东部地区距今8000年左右的新石器文化晚得多；岱海地区的农业文化并不是自生的，而是仰韶文化中不同的文化类型传播的结果。距今6850—6330年前是阴山一带全新世气候最适宜期，仰韶半坡文化（距今6800—6300年）的农人由于人口的压力或者其他原因，沿着黄河向北、向人口稀少的地方扩散，这是包头地区的第一批农业拓荒者。[1]距今约5800年左右，冀北豫南的大司空文化和来自东部的红山文化与前期进入内蒙古中南部仰韶文化本地化产生的新文化融合，出现了海生不浪文化。从文化内涵看，海生不浪文化阿善类型受大司空文化的影响很深。[2]从包头地区仰韶文化晚期的阿善和西园遗址所展现出的社会形态看，农业占了很大的比重。阿善二期用的农业生产大型石制生产工具比例占到了51%，陶器占到22%，陶器在生产工具中占据的比例较大，可以反映定居农业的发展。[3]

（二）黄河流域原始农业形式

在原始农业萌芽产生之前，先民们曾经历了漫长的渔猎经济阶段。农业的出现是经济发展到一定阶段的产物，大窑文化遗址出现的大量石制农具、证明当时的农业已经有了一定程度的发展。但是，当时先民们的农业生产力和生产工具无法满足日益增长的人口和生活需求。人们逐步开始在经营原始农业的同时，延续渔猎经济而补充生活需求。农业和渔猎经济之间有着相互补充的关系，当渔猎经济无法承担人口增加的压力时，人们为了生存，不得不改变生活方式，发展农业经济。因此，黄河流域原始农业形式基本保持农业与渔猎经济混合形式。大窑文化后期，黄河流域先民们

---

① 李荣辉、李春雷：《包头地区史前文化与农业》，《农业考古》2018年第1期。
② 田光金：《论内蒙古中南部史前考古》，《考古学报》1997年第2期。
③ 李荣辉、李春雷：《包头地区史前文化与农业》，《农业考古》2018年第1期。

从渔猎经济慢慢转向原始的"刀耕火种"式的农业。春秋战国时期，"畎田法"已传入河套地区，汉武帝征和四年（前89）"代田法"推广到河套地区。河套地区广泛分布着细石器文化，当时采用石器工艺制作的石核、石链、刮削器、尖状器等工具共存，表明河套地区原始农业是种植业为主、采猎畜牧为辅的综合性农业经济。原始社会后期，西北黄土高原农牧业已发生分化。由于河套地处半干旱草原带，当引黄灌溉尚未开发之时更适宜畜牧，遂形成游牧为主的经济区。这时期考古遗址中农耕工具和定居日用的陶器显著减少，农业经济地位明显下降。

（三）黄河流域原始农业工具

公元前307年，赵武灵王在内蒙古西部置云中、雁门、代三郡，并移民开发经营田畜，发展旱地农业。春秋战国时期，随着奴隶社会制度的崩溃，封建社会制度的萌芽和建立，铁制农具及铁木结合的农具出现，原始农业已逐步转入传统农业阶段。考古界在呼和浩特一带出土的三角形带孔农具石锄及耒、耜、锸等多种用途的农具，说明土默川一带从事耕垦的农民已开始采用比原始制农具较先进的铁制农具，进行刨田、整地、打垄、挖沟洫。据考证，在呼和浩特一带，当时在耕作方法上已经由"熟荒耕作制"发展为"撂荒（休闲）轮作制"。战国时期这一地区随着云中郡的建立，农业生产已逐步成为主体经济之一。农业生产工具不断改进，从耕作平磨土地使用的犁、耙、锸、镢、多齿耙，中耕除草用的锄、铲，到收割用的镰、铚等已大致齐全，农业生产水平有了较大的提高。[1]1976年，考古发现的旧石器时代"大窑文化"遗址，分布在呼和浩特东北郊的山丘地带，以及托克托县黄河沿岸的高台地上。新石器仰韶文化时期，沿黄河岸边的先民已过着半穴居的农业生活。今托克托县海生不浪村发掘的新石器时期居住遗址和用来耕种收割、加工谷物的石制工具等，证明当时原始农业已初起。战国时，托克托县为赵国北方辖地。据历史记载，当时"赵地方二千里，带甲数十万，粟支十年"。[2]说明战国时期黄河流域农业已有发

---

① 《内蒙古自治区志·农业志》编委会：《内蒙古自治区志·农业志》，内蒙古人民出版社2000年版，第137页。

② 托克托县《托克托县志》编纂委员会：《托克托县志》（下），内蒙古人民出版社2003年版，第699页。

展，内蒙古地区已种植糜黍，鄂尔多斯高原的准格尔旗纳林镇一带已生产糜子。

人类文明的诞生往往是与大河有着密切的关系。人的生存是离不开水的，特别是在十分落后的母系制社会的经济形态下，远古的先民们无法离开他们赖以生存的水源。西辽河流域红山文化遗址，黄河流域大窑文化遗址，充分说明了内蒙古地区原始农业的产生与河流和水源是分不开的。正是这些河流的泛滥、沃土的沉积，为定居农业的产生提供了必要条件。从西辽河流域红山文化的分布区域来看，人们主要居住在临近水源的台地上，依山傍水，西拉木伦河、老哈河、大凌河以及黄河流域的大黑河及其支流为当时远古先民们的生存提供了充足的水源和肥沃的土地。当然，气候条件的变化也是原始农业发展的重要条件。施雅风先生通过对中国全新世大暖期气候与环境的研究，认为我国全新世大暖期出现于距今8500—3000年前。其中，稳定暖湿的鼎盛阶段在距今7200—6000年前，植被带的北迁西移给西辽河流域和黄河流域原始农业发展创造了有利条件。[①]西辽河流域和黄河流域是蒙古高原向华北平原的过渡地带。西辽河流域北部为大兴安岭南段的山地；燕山山脉坐落在西南，地势西高东低，海拔一般在500—1500米之间；西拉木伦河发源于大兴安岭山地，整个流域范围内地貌形态以大兴安岭南段的山地、高原、台地、丘陵、平原等为地貌类型。黄河流域地貌是平原与山脉过渡地带，有利于原始农业的开垦。这里的黄土地疏松、细软，适合于农作物种植，而且对于石器时代以石、木、骨等较为简单、粗糙、实用工具进行耕作也比较适合。因此，至少在8000年前，原始农业就起源于内蒙古西辽河流域和黄河流域。

第二节 古代屯垦与内蒙古农业初步发展

内蒙古地区屯垦历史悠久，早在战国时期，秦、燕、赵三国采取修筑长城和移民实边，开垦土地。秦汉时期在河套、鄂尔多斯高原及包头以西、阴山以南的土默川地区，垦殖方式主要是靠移民及徙谪罪人。西汉时期，实施屯垦实边政策，在北疆诸地与陇西紧要处建立城邑屋宇，置备田

---

① 李玉洁：《黄河流域的农耕文明》，科学出版社2010年版，第16页。

具，募民开垦，采取守土御敌的"募民种塞下"政策。这一政策两汉坚持不懈，把内蒙古地区的屯田垦殖事业延续了数百年之久。[①]隋唐时期，效仿汉代屯垦政策，采取兵民合屯、兵民合营方式进行屯垦。北宋时期比较重视农业垦殖生产；辽代效仿唐朝屯垦，实行兵耕屯田（公田）和募民耕之（营田）政策；元朝实行军民垦殖，供给漠北草原的粮食；明朝在鄂尔多斯地区采取以屯养军、屯兵戍边政策；而后来的清朝基本沿用明朝方法，置屯田，用于兵屯、民屯、商屯、旗屯、回屯制度；民国时期，北洋政府和国民政府继承了放垦蒙地政策，发布许多奖励条例，变本加厉地推行放垦政策。

一　秦汉屯垦与内蒙古农业

据史料记载，秦汉时期，由于屯垦业的兴起，内蒙古地区农业区域不断扩大，在如今的呼和浩特市、包头市、巴彦淖尔市、鄂尔多斯市、乌海市、阿拉善盟、乌兰察布市、赤峰市、兴安盟东部以及呼伦贝尔市等地都不同程度地出现了耕垦农业。在这些耕垦地区种植的作物，在呼伦贝尔市扎赉诺尔区发掘出土的有汉代的粟、黍、麦、荞麦。秦汉时期，内蒙古地区的旱作农业已形成较为配套的耕作技术，并开始发展灌溉农业。秦汉首次大规模开发，使内蒙古地区形成农牧并存的格局，屯垦农业的基本特点是秦代十多年的点状开发到西汉中后期的片状精深开发。

公元前216—前215年，秦始皇统一六国后，使蒙恬将兵30万北击匈奴，收复了"河南地"，夺取了高阙（今内蒙古临河西北石兰计山口）、阴山（临河西北的狼山）、北假（今河套以北、大青山以南地区）。并设置郡县，把内地大批人口迁移到河套地区进行屯田。

公元前200年，云中、定襄（今呼和浩特市郊区东南45千米二十家村西）地区铁木复合农具、铁犁牛耕法开始广泛应用。公元前209年至前174年，被匈奴冒顿单于击败的东胡残部，逃入乌恒山（今赤峰市老哈河流域）一带经营农业，种植稷等谷物，并以谷物酿酒。公元前206年至前24年，居延（今额济纳旗一带）、朔方（今河套地区）一带种植的农作物

①　《内蒙古自治区志·农业志》编委会：《内蒙古自治区志·农业志》，内蒙古人民出版社2000年版，第153页。

已有粟、麦、大麦、裸麦、黍、稷、胡豆、芥菜、葵、薯、高粱等。①秦汉时期，铁制农具普遍应用于农业生产。内蒙古地区出土的汉代农具有铁犁（呼和浩特出土）、铁镰（额济纳旗出土）、铁铲（宁城县出土）、铁镬（呼和浩特出土）、铁锄（宁城县、额济纳旗出土）、铁锸（额济纳旗出土）等农具，从掘土、开荒、耕翻、整地、碎土、中耕、锄草、松土、收割基本配套。

公元前127—前119年，汉武帝任用卫青、霍去病为将，打败匈奴后在河西及上郡、朔方、西河（今河套南）一带实行屯田。公元前127年，西汉王朝开始向西北及内蒙古边疆地区大规模移民垦殖。其中，公元前127年往朔方地区移民10余万人垦殖；公元前120年，朔方以南新泰中移民70余万口屯垦；公元前104年，上郡、朔方、西河、河西地区移民60万人屯垦。公元前119年，在朔方郡、五原郡屯垦开渠。从而内蒙古西部已有农田灌溉事业，"自朔方以西至令居（今甘肃永登县西北）往往通渠，置田官、吏卒五六万"。今磴口县包尔特勒等地尚有汉渠遗址。公元前140—前87年，汉武帝通渠朔方，逐步奠定了引黄灌溉工程和灌溉农业的基础。作物种类也已从新石器时代的黍和稷发展到汉代多种粮食、经济作物和少数蔬菜。汉代，内蒙古地区农业技术也有所发展，如公元前89年，搜粟都尉赵过发明耦耕、耧耕技术，在居延地区推广代田法。赵过根据西北地区多干旱的气候特点，采取上田弃田的原则，将种子播在垄沟内，中耕锄田草时将垄背土锄入沟内培壅作物根部，第二年将垄沟变垄背，使土地轮耕轮休，这样既有利于作物的抗倒、抗旱，又能充分利用地力，每亩产量比缦田增产一斛以上，甚至成倍增长。为配合代田法的推广，赵过还改进耦犁、用以开沟起垄，并发明了三腿耧，"三犁共一牛，一人将之，下种挽耧，皆齐备焉，日种一顷"，大大提高了功效。这一耕作工具长期为内蒙古西部地区农民在农业生产中广泛应用。②昭帝始元四年（公元前83年），卫律为匈奴单于献计谋，打算筑城、建楼以储存谷物，准备利用汉人坚守漠北，对汉朝作长期的抵抗。

---

① 《内蒙古自治区志·农业志》编委会：《内蒙古自治区志·农业志》，内蒙古人民出版社2000年版，第18页。

② 《内蒙古自治区志·农业志》编委会：《内蒙古自治区志·农业志》，内蒙古人民出版社2000年版，第137—138页。

汉宣帝五凤四年（公元前54年），"以谷贱时增其籴"，以利农。谷贵时减价而粜，名曰常平仓。说明边郡地区已有余粮，汉王朝已有能力采取设"常平仓"利用边郡余粮备荒，平抑粮价。汉元帝元年（公元前48年），匈奴呼韩单于上书言人民困之，汉元帝诏云中、五原郡转谷二万斛以给之。《居延汉简》也记载，汉元帝时由于内地人民困乏，曾调边郡十一农都尉之余谷以自给的事实。以上这些史料都说明，汉代内蒙古地区屯垦业的兴起，粮食生产的发展，不但解决了边疆军民的需要，而且还能解决国家的不时之需，帮助内地和边疆汉人、匈奴人民度过灾荒。[①]

汉代活动在北方的匈奴是个游牧民族，一些历史文献资料记载，匈奴也有农业。内蒙古北部草原地区、蒙古国、俄罗斯西伯利亚南部和外贝加尔地区匈奴遗址中发现有铁制犁铧、铲头、锄、镰等农具，说明当时匈奴已用牲畜牵引木犁耕作，掌握了翻地、播种、收割的耕作技术。汉代开发河套农业，特别重视水利建设。据《史记·匈奴列传》记："汉渡河，自朔方以西至令居，往往通渠，置田官，吏卒五，六万人。"同书《河渠书》亦记汉武帝时"用事者争言水利，朔方、西河、河西、酒泉皆引河及川谷以溉田"。乌兰布和沙漠东部亦发现汉代引黄灌溉的渠迹。《史记·平准书》记"朔方曾筹建一大型工程，调用渠工数万人，耗费巨一卜万，历二、三期，唯以诸种原因未能成功"。汉顺帝时，渴者郭瑛亦曾组织兵民大规模地"激河浚渠为屯田"，采用"激而上行"的无坝引水技术。河套气候干旱，沿河平原多沮枑盐碱，得益黄河的粪溉淤灌遂成千里沃野，正如东汉人虞诩所赞"因渠以概，水春河槽，用功省少而军粮饶足"。[②]

二　北魏、隋唐时期内蒙古农业

337年，鲜卑族慕容在辽河流域（包括赤峰和通辽市部分地区）建立燕国，收容中原遗民，推广农业，给每户贫民耕牛一头。386年，北魏拓跋珪建立北魏，398年定都平城（今山西大同市），称盛乐城（今和林格尔县土城子一带）为北都。北魏王朝统一北方后，在北都一带置朔州、领五

①　《内蒙古自治区志·农业志》编委会：《内蒙古自治区志·农业志》，内蒙古人民出版社2000年版，第138页。

②　张波：《河套地区古代农业发展述略》，《干旱地区农业研究》1992年第3期。

郡十三县并统领六镇，在这地区经济上采取"息众课农"的政策。①不久又在河北（河套之北）、五原至固阳塞（今内蒙古五原县至包头市北）大片地区推广经验，实行屯田，获得粮食百余万斛，并把收获所得按一定比例分给屯田民。②485年，孝文帝在沃野、怀塑、武川、抚冥、怀荒、柔云等地和（今五原县西北、武川县及其东北、兴和县西北、河北省张北县东北）、云中（今和林格尔县）、河西及关内等地方发展农业。实行"三长法""均田制"，进一步促进了北都一带农业经济发展。③

488年，北魏孝文帝太和十二年，诏"六镇、云中、河西及关内六郡，各修水田，通渠灌溉"。583年，隋文帝令朔州总管赵仲卿，于长城以北，大型屯田，以实塞下。军屯、民垦的地域包括今河套地区及当时呼和浩特一带的定襄郡、榆林郡的部分地区。到了隋朝，虽然隋朝的垦殖地域不是很大，但经过短期的经营，也确实收到"岁剩粟万余石"的效果。④在唐朝，阴山一带和河套平原均属关内道统辖，在今呼和浩特一带置胜州榆林部。621年建立云中都护府，推行"均田制"，采取减免租税、救济灾民，扩大屯田范围，兴修水利工程，使这一地带的农业经济有较大的发展。652年，在九原郡（今包头）开陵阳渠，782年浚之以灌田。785—805年，刺史李景略在九原郡开咸水渠及永清渠，灌田数百顷。811年，韩重华在震武（今呼和浩特、包头两市，鄂尔多斯北部、乌兰察布西部等地）发展农业生产，垦田300顷。后又募人为15屯，每屯300人，人耕百亩，就高为堡，东起震武（和林格尔县西北），西逾云州，极于中受降城（今包头市西），凡600余里，列栅20，垦田3800余顷，岁收粟20万石。⑤魏晋南北朝时，内蒙古地区的耕作技术，平作和垄作都有了较大发展。魏晋时期，发明并推广铁齿耙，在耕和耱之间加了耙地工序，使平作耕法形

①　张泽咸、郭松义：《中国屯垦史》，中国台湾文津出版社1997年版，第50页。

②　《内蒙古自治区志·农业志》编委会：《内蒙古自治区志·农业志》，内蒙古人民出版社2000年版，第139页。

③　《内蒙古自治区志·农业志》编委会：《内蒙古自治区志·农业志》，内蒙古人民出版社2000年版，第138—139页。

④　《内蒙古自治区志·农业志》编委会：《内蒙古自治区志·农业志》，内蒙古人民出版社2000年版，第138—139页。

⑤　《内蒙古自治区志·农业志》编委会：《内蒙古自治区志·农业志》，内蒙古人民出版社2000年版，第138—139页。

成。这一耕、耙、糖三位一体的耕作体系，一直延续到现在仍在内蒙古西部平作地区使用。北魏、隋唐时期，内蒙古地区农业生产技术有很大进步。河套农业开发再度出现高潮，规模可直追两汉，基本措施亦是承袭汉代的开渠屯田。据《唐六典·尚书工部》载，至开元天宝时，河套地区屯田多达230处；唐朝时期，每个兵屯的耕地多在万亩以上，兵屯的规模大。唐朝中期废除军屯，于是各类民屯在河套代之兴起。①

北魏、隋唐时期，农业生产技术进一步改进。在呼和浩特一带耕作中注意耕翻耙糖保墒、中耕除草、轮作换茬、制肥选种。从托克托县发掘出土的陶罐看，充分说明了北魏、隋唐时期内蒙古一些屯垦地区的粒种选育技术已达到了一定水平。尤其是曲辕犁的使用在农业生产工具发展中具有突破性的作用。812年，宰相李绛在鄂尔多斯西部地区的灵州地区屯田中，推广使用了曲辕犁，提高了这一地区农垦耕作水平。在南北朝时期，北部一带耕翻平整地、播种、中耕锄草、收获和粮食加工的传统农具已基本配套，反映了唐代内蒙古地区农业生产技术已发展到了一定的水平。

三　北方民族盛兴与内蒙古农业

宋朝统一中原后，内蒙古地区多为契丹、党项等北方游牧民族占领。916年，契丹族领袖耶律阿保机在临潢（今巴林左旗附近）建立契丹国。耶律阿保机当政后，将大批汉人和渤海人安置在赤峰地区，专门从事农耕，并引入中原农业生产技术和工具进行垦殖。农作物有蔬菜、果实、稻米、高粱之类，锄、锹、镐、犁、铧等农具已普遍使用，并出现水浇地。②辽代是赤峰地区农业发展史上的一个黄金时代。在内蒙古西部的丰州城、云内州城和东胜州城周围的黑河畔、青冢附近、大青山南麓至黄河岸边等处的村落多半是农业人口的居住区，丰州滩一带农业生产发展迅速。与宋、辽并存的党项族的西夏，在巴彦淖尔西部地区的土地、水利开发利用已达到一定规模，种植稻麦等作物面积较稳定，并初步具有抗御自

---

①　《内蒙古自治区志·农业志》编委会：《内蒙古自治区志·农业志》，内蒙古人民出版社2000年版，第449页。

②　《内蒙古自治区志·农业志》编委会：《内蒙古自治区志·农业志》，内蒙古人民出版社2000年版，第19页。

然灾害的能力。①游牧民族建立的政权，大多数是排斥农业的。匈奴、东胡、突厥、回鹘是这样，后来蒙古、女真、满族在其进入中原以前也都排斥农业。但是，契丹族摒弃了其他民族的这一偏见，积极接受了中原农耕文化，并在其腹地大力推广农业经济。辽初，辽太祖阿保机采纳韩延徽之献策，安置俘虏的汉人在北地从事垦艺，并以州县制的方式保证农业经济的发展。契丹封建制确立后，又出现了租种契丹贵族田地的汉人佃户。辽朝在农耕方面也有所创造，据宋朝派往辽朝的使臣记述"自过古北口，居民都住草房板屋耕种，没有桑拓等树木，因为怕吹沙壅塞田地，种地都在垄上"。

1123年，北金时期推行"授田制"，把大批女真和契丹族移到临潢府（今巴林左旗一带）附近垦殖。1125年，呼和浩特一带为金管辖的西京路丰州。1192年，金章宗在其辖区推广西汉末创造的区田法，推广到赤峰地区，开始集中施粪肥、浇水并采取综合措施提高单产。区田法有宽幅点播区种和方形点播区种两种，因便于集中浇水、施肥、是古代干旱地区的高产栽培法。金代丰州地区有户22683，云内州有户24868，东胜州有户3531，共计51082户，30多万人。②是金朝人口较为密集的地区之一，绝大多数居民都是从事农业生产并兼营畜牧业。另外，从额尔古纳河右岸界壕边堡遗址中发现金代石臼、石杵、石磨及铁铧、铁链渣等遗物；在大兴安岭东济沁河流域也发现近代的铁铧，证明金代在大兴安岭东西麓都有农田耕种。辽金两代以西辽河流域为中心从事农业开发，前后延续了300余年。300年的农业开发进程中相继引发出一些令人思考的问题，如辽前期包括西拉木伦河、乌力吉木伦河流域在内的辽上京地区为主要农业区，农业人口的流向表现为迁入型，发展到辽中期不但停止了人口迁入，而且出现大量农业人口迁出现象，数年之内大约10万农业人口从上京地区迁向位于老哈河流域的辽中京地区。伴随着农业人口的移动，农业核心区表现出从西拉木伦河流域—老哈河流域—大凌河流域逐步转移的过程。

13世纪初，弘吉剌部聚居的达里诺尔附近，已形成以耕钓为业的"人

---

① 《内蒙古自治区志·农业志》编委会：《内蒙古自治区志·农业志》，内蒙古人民出版社2000年版，第140页。

② 《内蒙古自治区志·农业志》编委会：《内蒙古自治区志·农业志》，内蒙古人民出版社2000年版，第140页。

烟聚落"。在元世祖初年的文书中也有弘吉剌部、亦乞列思"种田户"的记载。在弘吉剌部驻地应昌府（今克什克腾旗境内），每年可籴贮粮近一万石，被列为元朝120处屯田之一。1282年，王恽在《便民二十五事》震武屯田条说："新城、砂井（汪古部落）、静州等仓，供饷繁重和籴粮斛浩大，应就近屯田以实沙、静诸仓"。1292年，于燕赤哥斥地区及红城周围已进行屯田，开耕荒田千顷。屯田的地方即今呼和浩特之南和林格尔县及大黑河、小黑河流域。①1368年，元朝汗廷北迁以后，蒙古地区的农业生产虽然面临劳动力、农具和种子缺乏等困难，但是从来未荒废。当时已经有小麦、大麦、粟、粳米、豆、甜瓜、西瓜、梨、杏、桃、茄子、葱、蒜、萝卜、葫芦等作物。据萧大亨的记载，16世纪时，蒙古人的农作物种植"与我塞下不甚相远，其耕具有牛、有犁；其种子有麦、有谷、有豆、有黍……但其耕种，惟藉天，不藉人，春种秋敛，广种薄收"。16世纪初，大批汉族农民和士兵由于避难、逃荒、哗变等原因流入内蒙古地区，进一步促进了农业发展，他们大量流入内蒙古兀良哈三卫、土默特和鄂尔多斯地区，到16世纪末，仅土默特地区就流入农民10余万之多，由于他们的辛勤劳动，使得土默特地区"开良田千顷""村连数百"。

宋、辽、金、元时期，内蒙古地区种植作物品种有麦类、谷类、豆类和经济作物等，品种比以前又有了增加。辽代契丹族所种作物有水稻、麦类、蔬菜、瓜类、麻类、粟等并有养蚕业。契丹人早在五代时期就开始种西瓜，在丰州滩一带耕作技术改进较快。元代在丰州地区的农业生产注意因地制宜，施肥注意不同的土壤和作物用不同的肥料，并推广绿肥技术。耕作时生地要深而猛，熟地要浅而廉，耙地细而匀净，并注意土壤保墒。金代从出土的文物看，农具已十分齐全，有犁铧、镰、手镰、锄、锄钩、耘锄、镝、叉、锹、锄刀等。金代的犁铧由铧、犁镜、趟头、犁牵引组成，并有大、中、小不同规格，根据不同土壤，使用不同规格的犁铧，进行深耕或浅耕、中耕和秋耕。

内蒙古地区的古代北方民族，在迈进文明社会的时候，原来聚居在这一带的匈奴、鲜卑、突厥、东胡、契丹、女真和蒙古族等游牧民族，亦曾创造出许多游牧文明。约在公元前4世纪初，原居住在黄河中下游地带的

---

① 《蒙古族简史》编写组：《蒙古族简史》，内蒙古人民出版社1986年版，第83页。

华夏系的农业民族逐渐溯河而上，进入长城以北地区，带来了农耕文明，中原地区的传统文化曾一度在这里广泛传播。汉代以后，北方游牧民族崛起，农耕文明就随之减弱或南下撤退，于是又恢复了游牧为主的经济生活。内蒙古地区在以后的历史发展过程中，游牧文明和农耕文明曾经多次接触和碰撞，古代北方各族在这里曾创造出丰富的各种文化，其中有不少游牧民族吸收和融合了农耕文明，创造出了新的文化。

第三节　阿拉坦汗招垦与板升农业发展

明朝统一中原后，为了巩固边疆，外设九边、皆立卫所，而事垦僻，以策隶卫，以屯养军。明时屯田，重在边壤，边地驻军三分戍守，七分种田。[①]1371年，明朝在鄂尔多斯地区设东胜州，治所在榆林（今准格尔旗和托克托一带），后改分左右卫，所属兵民耕牧河套中，进行屯垦。在呼和浩特一带，16世纪初托克托地区设立东胜卫，成为明朝北方军事要塞的枢纽地带。明朝初期在这一地区采取了清边政策，使原丰州滩上从事农牧业生产的居民不得安宁，农业生产一度遭到破坏。大部分居民内迁，田园荒芜，原来农牧业生产比较兴盛的丰州滩变成一片荒滩。16世纪20年代，阿拉坦汗率土默特部，入驻丰州滩，更名为土默川，发展板升农业，使这一地区成为蒙汉民族共同生活的半农半牧地区。

一　板升农业的发端

16世纪20年代，阿拉坦汗率土默特部入住土默川后势力不断增强。1534年开始，阿拉坦汗要求与明朝开展贡市贸易。明朝政府拒绝与蒙古的"贡市"，对蒙古实行经济上的封锁政策。在屡遭拒绝的情况下，阿拉坦汗谋求解决游牧对经济社会发展的制约问题，即在适合开发农业的蒙古地方兴办农业。1546年，阿拉坦汗就曾在"砖塔城用牛犋，耕城五六顷"，种"谷、黍、蜀秫、糜子、又治窑一座"，希望通过此举表明开发决心，起到

---

① 《内蒙古自治区志·农业志》编委会：《内蒙古自治区志·农业志》，内蒙古人民出版社2000年版，第155页。

率先垂范的作用。农业发展，首先要有足够的从事农业生产的劳动人口。阿拉坦汗决定在土默川发展农业之际，1524年和1533年明朝大同镇先后发生两次兵变。据《明史纪事本末》载，"初，大同之变，诸叛卒多亡出塞，北走俺答诸部"。明朝的军卒绝大多数是农民出身，脱掉戎装就是身怀熟练农业生产技能的劳动力。阿拉坦汗对于他们的到来，表示欢迎并加以妥善安置。大同边卒等汉人虽然不能为农业开发提供更多劳动力，但使阿拉坦汗对农业和集聚农业生产劳动力的认识得到进一步深化。正是在这种认识的基础上，阿拉坦汗开始执行善待、招来汉族人口的政策，吸引了更多农业劳动人口的到来。1546年，阿拉坦汗"用牛二犋，耕城约五、六顷，所种皆谷、黍、蜀秫、糜子"，并多次向明朝"请瓯脱耕具及梨、耧、种子"。[1]1551年以后，阿拉坦汗兴办农业，号召明境农民前来垦种，于是大批汉族农民陆续来到此地，从事耕作。土默川地区经过阿拉坦汗的细心开发经营，很快形成了"联村数百"的板升农业区。[2]1554年，土默川上建起板升（蒙古语，意为城郭），成为土默川万户的政治中心。为了发展这一地区的农业生产，阿拉坦汗吸收和招纳大批汉民，发给牛羊耕畜，鼓励他们开荒耕种，并颁布有关规定，予以保护和优待。1556年前后，在土默川地区从事农业生产的汉民已逾5万人。他们"开云田、丰州地万顷，连村数百"，板升农业已初具规模。其耕作方式虽较粗放，但所产麦、豆、黍、高粱、糜子等粮食已基本可自足。1571年，阿拉坦汗为发展"板升"农业，接纳一批汉人入蒙，因而相继传入瓜、胡萝卜、茄子、芥菜等蔬菜。1583年土默川一带汉族人增加到10万左右，开地万顷，连村数百，年收获粮食不仅达到"可充众食"，并运输外地。万历年间，板升地区农业进一步发展。据萧大亨记载："今观诸夷耕种，与我塞下不甚相远。其耕具有牛，有犁；其种子有麦、有谷，有豆，有黍，此等传来已久，非始于今日。唯瓜瓠茄芥葱韭之类，则自款贡以来，种种具备。"[3]无论是生产工具的采用，还是谷物、蔬菜品种的丰富程度，都已经达到了与明长城沿

---

① 土默特左旗《土默特志》编纂委员会：《土默特志》（上），内蒙古人民出版社1997年版，第240页。

② 土默特左旗《土默特志》编纂委员会：《土默特志》（上），内蒙古人民出版社1997年版，第106、240页。

③ 晓克主编：《土默特史》，内蒙古教育出版社2008年版，第138—140页。

线地区没有明显差别的水平。农业的发展，不仅使土默特万户过去游牧经济表现出的单一性、脆弱性得到一定程度的克服，经济状况有了明显改善，还促进了蒙汉民族的交流和融合。汉族农民从蒙古族牧民学到养畜经验，蒙古族牧民从汉族农民学会了耕作技术。当时土默川一带除种植谷、麦、豆、黍外，还栽培瓜、茄、芥、葱等蔬菜，使这一地区成为蒙汉人民共同发展农牧业生产的半农半牧地区。16—17世纪漠南蒙古地区从事农耕的人越来越多，成为蒙古地区的一支农业大军。①

二　板升农业的经营方式

16世纪，土默特地区农业经营方式是以户为单位，在领主支配下进行佃种。佃农向领主交租并服差役、兵役，每个佃农都必须依附于一定的"领主"。板升农业区共分大小板升44部，各设头领，开垦万余顷土地。阿拉坦汗把板升汉人分给他所委托的头目统治，最初由丘富独当此任，丘富死后，赵全、李自馨、周元等为大头目。赵全有众万人，李自馨六千，周元三千，其余王延辅、张彦文等各千人。赵全等人又将部众分割为大板升十二部，小板升三十二部，多者八九百人，少者六七百人，各有头领。②板升农业区汉人农奴必须向蒙汉农奴主缴纳实物地租，即所谓"耕田输粟，反资虏用"或者也叫作"耕纳"。除了实物地租外，汉人农奴还要负担一定的劳役。但与内地农民相比，板升农业区汉人的实际处境好得多。③农业生产动力主要是耕牛，农业生产工具都较齐备。耕地用的有犁、耙、耖、劳，播种用的有耧车、砘车和中耕除草用的锄、铲等以外，还有施肥、排灌、收割、脱粒、收藏等用具。农业生产技术方面，对耕地的整治，一般注意深耕，还要反复耕翻一次或二次，以使土质松软细碎。此外，当时农业生产也掌握了选择作物优良品种，种植栽培技术和施肥、田间管理、灌溉、除虫病等方面行之有效的经验。并且开始注意了作物前后茬口关系，实行轮作、间作、套种等农业增产与提高土地利用率和生产率

①　斯钦布和、谢丽梅：《明清时期呼和浩特汉族移民初探》，《赤峰学院学报》2005年第5期。

②　曹勇年：《蒙古民族通史》第3卷，内蒙古大学出版社，第283页。

③　曹勇年：《蒙古民族通史》第3卷，内蒙古大学出版社，第285—295页。

的有效措施。清初，板升农业区的土地因战火而荒弃，在清廷先后发动征服喀尔喀蒙古、青海、新疆蒙古和回部的战争过程中，土默川地区成为军辎供应基地。根据"就地筹糈"的政策，从土默特的牧地中划出大量土地当作满足军队饷的"庄头地"、供应驿站人马的"台站地"、军粮供应的"大粮地"、分给公主、格格的"公主地"等。在黑河、浑河、清水河流域开垦面积达2万余顷，广泛招来汉族农民耕种。蒙古人的户口地亦租给汉族农民耕种，汉族赤贫农民便由最初是春来秋归的"雁行"逐渐转变为定居。

三　板升农业的生产技术

阿拉坦汗时期，土默特地区发展板升农业，无论在农业生产工具，还是农业生产技术、水利灌溉等方面发展都相当于中原地区传统农业的水平。农业生产工具与山西、陕西沿边地区相似，据《夷俗记》载："今观诸夷耕种，与我塞下不甚相远，其耕具有牛有梨"，也有锄、耧、镰、连加等。[①]土默特地区种植的农作物已有了粮豆作物、经济作物、瓜菜作物、果品等四大类。粮豆有高粱、春小麦、大麦、荞麦、玉米、马铃薯、黍、黄豆、红豆、扁豆、豌豆、菜豆、蚕豆等；经济作物有菜籽、麻子、胡麻；瓜菜作物有西瓜、香瓜、黄瓜、番瓜、葫芦、白菜、芥菜、葱、韭、蒜、萝卜、茄子、菠菜、青椒等；栽培的果树有葡萄、杏、沙果、苹果、海棠、山梨等。耕作栽培技术也较发达，与宋、辽金、元时期相比大幅度提高。在耕耘、选种、播种、施肥、灌溉等方面注意集约经营，如实行压青、造绿肥、担水灌溉农田。在一些作物中套种小日期作物，如在大田中套种荞麦、萝卜等，以提高单位面积产量。农田水利方面，板升农业利用大小黑河、神拉乌素河、浑河等土默川的河流和大青山南北18道半沟沟水进行农田灌溉。

阿拉坦汗时期，在土默川地区发展板升农业，不仅在农业生产技术和管理方面吸收了中原地区先进技术，还在选种、播种、施肥、灌溉等方面使内蒙古中西部地区农业生产效率大幅度提高。但是，由于当时生产力水

---

① 土默特左旗《土默特志》编纂委员会：《土默特志》（上），内蒙古人民出版社1997年版，第242页。

平仍然较低，土默特地区农业生产一直处于靠天吃饭状态，春种秋敛，广种薄收，遇到水灾、旱灾，收成便没有保证。

第四节　古代屯垦农业发展特点及其意义

考古遗址是考证古代历史的有力证据之一。在内蒙古地区不同时期的人类活动遗迹有广泛的分布。旧时期时代，内蒙古东部西辽河流域和西部黄河流域诞生过兴隆洼文化、赵宝沟文化、红山文化以及大窑文化。从它们所产生的年代看，农耕文化集中分布在距今8000年至5500年前之间，显示了内蒙古地区原始农业发端的痕迹。在距今4500年至3500年前之间，以富河文化、小河沿文化、夏家店下层文化为代表的西辽河流域农耕和海生不浪文化、大黑河文化为代表的黄河流域农耕，充分说明了新石器时代内蒙古地区古代原始农业进入第二期高峰。近两千年以来，通过秦汉、北魏、隋唐时代的屯垦，内蒙古中西部地区古代农业进入第三期高峰。而东部西辽河流域古代农业发展随着契丹、女真、蒙古等北方民族盛兴，进入了第三期高峰。14—17世纪西辽河流域农耕文化衰落，被游牧文化替代。在西部黄河流域，明朝辖属局部地区进行屯垦，16世纪中叶土默川地区阿拉坦汗推行板升农业。直到19世纪清朝政府经过屯垦、放垦、开垦，才出现了内蒙古地区传统农业的雏形。

第一，原始农业发展具有明显的波动与农牧更替。原始农业的出现是暖湿气候的考古证明，气候的冷暖、干湿变化对内蒙古地区农牧文化更替具有很大影响。据考古发现，距今8000年前左右西辽河流域和黄河流域出现过温暖湿润气候，发育了西辽河流域的兴隆洼文化和黄河流域的仰韶文化。5300年前左右的红山文化衰落，4000—3500年前的夏家店下层文化兴起，充分说明了温暖湿润气候的再度出现，西辽河流域原始农业的几次波动。3500年前后，内蒙古地区又一次发生过以"变干"为特征的气候突变，农耕文化消失，狩猎游牧文化盛兴。经过2000年左右的气候渐变过程后，至距今1000年左右，内蒙古地区迎来了又一个相对温暖湿润期，传统农业得到快速传播。中国有句古话："国以民为本，民以食为天。"农业是以食物生产为主要目的的一种经济活动，但它并非是人类获取食物及其他生活资料的最初方式。在人类历史长河中，人类绝大多数时间是以采集渔猎为生，这种只会利用现成的天然产品的经济活动被称为"摄取经济"。农业发明距今一万年前后，人们开始种植作物和饲养畜禽，依靠自己的活动增殖天然的产品，从而进入所谓"生产经济"的时代。人类社会的经济面貌由此发生了革命性的变化，奠定了此后几千年人类古代文明的基础。①内蒙古地区的原始农业形态，基本上与考古学上的新时期时代相始终。生产工具以石质和木质为主，广泛使用砍伐工具，刀耕火种，实行撂荒耕作制，种植业、畜牧业和采集狩猎业并存，这是内蒙古地区原始农业生产方式和生产结构的主要特点。

第二，古代屯垦农业具有国家经营下非均衡性军屯、民垦的特征。屯垦是我国古代特有的一种农业生产组织方式，它通过集体耕作进行大田农业劳动。②内蒙古地区屯垦始于秦汉时代，自此以后，直至明清，历代几乎都在内蒙古地区进行过屯垦，而且主要是军屯。古代交通不便、运输困难，边防驻军所需粮食要由内地运送，不仅供应难，沿途消耗极大。因此，沿黄一带出现了军队就地生产，或移民迁徙或招募百姓进行屯垦，保证粮食自给。军屯、民垦是内蒙古古代农业的基本特点，国家经营是它的组织特点，而不同朝代屯垦事业的非均衡性是古代农业发展的显著特征。

第三，古代屯垦具有粮食增产与生态破坏并行的特点。历代屯垦实践证明，屯垦在历史上产生了富有成果的积极作用，同时也产生了农业非均衡发展和生态环境的破坏。在历代，沿边不安全地区以及险要地带驻军设屯，有利于国防安全，在一定范围内达到了强兵足食的目的。但是，不同朝代的屯垦开发极不均衡和随意开发，导致了内蒙古黄河流域、西辽河流域土地资源被掠夺性使用、生态环境遭到严重破坏。到了明代，由于朝廷对内蒙古地区的实际控制削弱，明朝政府废除军屯政策，加上牛具种子的缺口不断扩大、自然灾害的频繁出现以及屯垦军户、民户的负担加重，使屯军的逃亡现象日趋严重，加速了屯地的民地化。屯地民地化后，内蒙古土默川地区阿拉坦汗实施移民招垦政策，推行"板升农业"，土默川一带出现了众多民屯组织和农耕村落，内蒙古中西部地区逐渐形成为农牧交错

---

① 李根蟠：《中国农业史》，中国台湾文津出版社1975年版，第3页。

② 张泽咸、郭松义：《中国屯垦史》，中国台湾文津出版社1997年版，第1页。

的半农半牧地区。

　　秦汉、北魏、唐代以及辽金、元明时期，内蒙古地区的屯垦，对一定历史时期国防安全与民生保障起到了积极作用，更为内蒙古地区发展农业经济奠定了基础。但是，任何事情有其积极和消极两方面的影响。纵观内蒙古地区屯垦史，黄河流域、西辽河流域以及阴山南北地区的农业开发，虽然加快了内蒙古地区原始农业向传统农业转变的步伐，但由于长期进行非均衡、局部地区的开发利用等，对鄂尔多斯草原、巴彦淖尔草原、科尔沁草原以及土默特草原的沙化和退化造成一定影响。

第二章　蒙地放垦与传统农业传播

　　蒙古草原历来是游牧民族活动的舞台，13世纪以来，蒙古人实际上并不能完全脱离植物性食物，但由于本身种植业基础比较薄弱，往往需要从外部取得相当数量的粮食供应。这种情形既造成了游牧民族对农耕民族经济上的依赖性，也是两者发生矛盾冲突的重要原因。在元朝统治期间，蒙古地区农业有较大发展，又可以从内地取得粮食等物资供应。经过元末的战争，退回漠北的蒙古人几乎完全回到单纯的游牧经济。后来虽然进入漠南河套地区，但这里的种植业也受到了严重的摧残。明朝政府又把交市作为制驭蒙古人的一种手段，时开时闭。蒙古人与明朝政府的多次武装冲突即与要求通市、索粮接济有关。明朝中叶以后，蒙古地区自身的种植业也有所发展。

　　清朝的统一，为内蒙古地区的农牧业发展创造了有利条件。清政府为了就地解决蒙古族部众对粮食的需要，采取扶持蒙古发展农业的政策，派官员到蒙古地区传授农耕水利技术，供应生产资料。当时蒙古族本身也有发展种植业的要求。清政府为了解决对准噶尔战争的军粮供应，在北疆一些地方屯田和鼓励垦殖，也促进了当地农业发展。内蒙古地区农业的迅速发展，主要是由于汉族人民的大量流入。清初，在圈地运动中失去土地的农民大批北移。随后"圈地令"虽然废止，但中原地区人口激增，灾荒不断，为了寻求生存空间进入蒙古地区的流民不断增多。清初，政府实行蒙汉分治、蒙地禁垦的政策，严格控制关口出入之人，但不久就发生了松动，"禁止汉民出关"变为"禁取蒙妇为妻"。康熙末年，对出口垦民登记注册，给予印票，等于承认汉民出边的合法性。雍正元年（1723年）为了安顿河南、直隶的灾民，允许灾民到口外开垦蒙地，即所谓的"借地养民"。这更加速了汉民的大批出塞。在清政府的倡导下，经过各族人民将近一个世纪的辛勤劳动，以卓索图盟为主的蒙古东部地区，归化城土默特地区、察哈尔南部地区、伊克昭盟南部和河套部分地区已基本上被开发。乾隆八年（1743年）土默特两旗原有土地75048顷，牧地只占2%①，其余土地已被开垦。在东部蒙古地区，康熙中后期，喀喇沁王曾奏请募民入耕获准，各地流民纷纷而来，乾隆十二年达二三十万之多，足迹遍及卓索图盟和昭乌达盟。嘉道年间，流民向北面哲里木盟的郭尔罗斯和科尔沁发展，使这些地方成为稳定的半农半牧区。这些农区和半农半牧区的形成，使蒙古部众和边外汉民的粮食问题获得基本解决。康熙后期，蒙古人生计方式已经初步改变。雍正时，有些盟旗建立仓储积谷备荒，口外的粮食甚至被运销到京城和华北各地。

清朝大规模垦殖，特别是清代末年的放垦，使内蒙古地区出现数量众多的农业区和半农半牧区，为形成现代内蒙古地区农业生产格局奠定了基础。康熙末年，内蒙古地区已出现牧区、农区、半农半牧区等不同的经济区域。清代末年，由于俄日势力的入侵，清政府以"移民实边"之名，在内蒙古地区从西到东大肆放垦荒地，私垦改为官垦，其规模大大超过了历代王朝。1902年（光绪二十八年），清朝实行"移民实边"政策，开始在绥远地区、察哈尔盟、乌兰察布盟、伊克昭盟、昭乌达盟和哲里木盟进行大规模开垦。并设立垦务局，招来农民进行垦种，征收农业赋税，导致汉族农民大量流入内蒙古地区，也加速了蒙古地区土地私有化制度的形成。1914年，北洋政府颁布《禁止私放蒙荒通则》和《垦辟蒙荒奖励办法》，1915年又公布了《边荒条例》，内蒙古地区大小军阀大肆开展蒙地放垦的活动。东部地区奉系军阀张作霖以武力强迫东蒙王公放荒，西部地区晋系军阀阎锡山占领绥远大肆放垦，进行了移民、招垦、军垦。日俄战争结束后，日本帝国主义积极策划向东北及内蒙古地区大量移植日本农民。1905年，日本政府提出向中国东北进行开拓移民的计划，通过债务关系侵占土地或勾结封建买办势力强占蒙地。"九·一八"事变后，内蒙古东部地区沦为日本殖民地，日本侵略者根据军事、交通、治安、农作物栽培等方面的需要，在内蒙古东部选定大郑铁路沿线、西辽河上游地带、三合地带等地开拓地面积达2000万公顷，进一步推进了内蒙古地区的农业扩大。经

---

① 李根蟠：《中国农业史》，中国台湾文津出版社1997年版，第279—281页。

过清朝政府的"借地养民""蒙地放垦""移民实边"和民国政府"边荒条例"以及日本侵略者的"开拓移民"等一系列掠夺蒙地政策，对内蒙古农业地区的渗透不断加深，传统农业的土地制度、生产技术和农产品市场流通方式快速传播，加快了内蒙古地区农业经济的发展。

第一节　借地养民与蒙地开垦

清代是内蒙古地区屯垦大发展时期，清代屯垦主要有兵屯（绿营兵）、民屯、商屯和旗屯（满洲兵）、回屯等，并经过了 1651—1738 年的"招垦政策"和 1723—1724 年的"借地养民"政策。康熙三十五年（1696 年），康熙皇帝西巡西安、途径保德、府谷、神木、榆林等地时官员、军卒反映："沿边州县，土地瘠薄，军民生计维艰"，希望能允许出边垦殖。鄂尔多斯各旗贝勒向康熙皇帝奏请"愿与民人伙同种地，两有俾益"。同年，陕西、山西官员开始组织移民出边垦殖事宜。①从此清初规定的长城以北、鄂尔多斯部西南边沿划出的 25 千米宽、500 千米长的"禁留地"禁令开放，汉民纷纷涌入旗境，沿长城外逐渐向各旗地开放。

一　借地养民

清朝在明朝垦殖基础上，沿用屯田，使农业生产得到进一步发展。清朝初期，内地汉民遭受天灾人祸，大批汉人纷纷逃亡内蒙古地区，开垦荒地为生。清王朝政府在内蒙古地区占据大批土地的目的是供应宫廷开支，主要形式包括内务府领地、皇族领地、八旗军官领地、供应军队粮食的"大粮地"、供应八旗军官和绿营军官俸禄的"军用驻防地"，以及下嫁给蒙古王公的公主、格格领有的公主府地六种。为了满足占领地的开发，需要大量的劳动力，因此招来了大批汉族农民耕种。同时，清政府还开放了一部分牧场，招来关内汉民进行开垦。开垦范围从大兴安岭东南麓到西辽河流域以及察哈尔地区和土默特地区、鄂尔多斯地区的一部分土地，但规模面积不大。此外，内蒙古地区蒙古各部因长期战乱而陷入困乏、财政枯

---

① 　《准格尔旗志》编委会编：《准格尔旗志》，内蒙古人民出版社 1993 年版，第 94 页。

竭之危，进行小规模的私垦。1648年（顺治五年），清政府开始试行"借地养民"政策。在不废除蒙地"封禁令"的前提下，有限度地允许一部分地区招佃垦殖。[①]如：1662年（康熙元年），卓索图盟喀喇沁右旗扎萨克向理藩院申请，从关内选招熟练农户开垦牧场，得到了理藩院的许可；是年，晋、陕两省北部遭灾，清政府鼓励晋、陕地区农民移居到河套地区进行农耕；次年，康熙还接见鄂尔多斯部蒙古王公，答应了他们与汉族农民合伙种地的请求。由此，蒙古王公招民垦种，晋陕贫民陆续涌入河套地区开垦。[②]

1697年（康熙三十六年），清政府对东北及内蒙古的垦殖采取限制政策。除部分军垦"听兵治田"外，禁止汉民出关垦殖。准允汉民在长城外50里以内耕垦，但禁止挈家者出关。汉民从古北口和喜峰口入境蒙地开垦，春来秋归，越境耕种者日益增多，加之蒙古上层为贪地租而私自放垦，农田面积迅速扩大。雍正初（1723—1724年），直隶、山东一带连遭饥荒，清政府为了缓和矛盾，令理藩院拟定了"借地养民"对策，清廷说服各蒙古王公接收灾区人民进入蒙地耕种，这种政策一直延续到光绪年代。[③]

雍正年代，清政府对流民采取保护政策，公开允许察哈尔各地招垦。并在张家口、多伦诺尔、独石口等地设置理事同知，管理垦殖事宜。清朝实行招垦的另一原因是，为了解决满洲贵族入关后，造成广大无地少地汉族农民开荒种地，以收取租粮，供应宫廷、军队和皇族国戚之需。因此，垦殖规模逐渐扩及鄂尔多斯、土默特、察哈尔、昭乌达盟的敖汉、奈曼、翁牛特等旗及科尔沁东部诸旗。

1748年（乾隆十三年），东部土默特右旗租给汉族农民耕种的土地为1643顷，喀喇沁左旗为400顷，喀喇沁中旗为431顷，就这一年仅喀喇沁

---

① 《内蒙古自治区志·农业志》编委会：《内蒙古自治区志·农业志》，内蒙古人民出版社2000年版，第155页。

② 张植华：《清代河套地区农业及农田水利概况初探》，《内蒙古大学学报》（哲学社会科学版）1987年第4期。

③ 《内蒙古自治区志·农业志》编委会：《内蒙古自治区志·农业志》，内蒙古人民出版社2000年版，第156页。

中旗已有汉族佃民103屯42924户；[1]察哈尔东西旗（正蓝、正白、镶黄、镶白）被垦殖耕地达20万亩之多。[2]之后，移民垦殖范围又扩大到科尔沁部及郭尔罗斯部，大批汉族农民流入蒙地，私垦的人数不断增加。私垦人数的快速增加，导致租地、借款现象频繁出现，蒙汉人民的冲突事件随之增加，加剧了社会矛盾。为了稳住蒙古地区，清廷才下令封禁私垦，规定种种限制，但始终没有抑止私垦之势。1753年，乾隆又批准开发察哈尔富贵山等地围场和大青山土默特十五沟等地，允许无业贫困农民承垦。

近百年实施的"借地养民"政策，不仅加速了内蒙古地区农业生产，还促进了农业经济发展。如：顺治、康熙年间，哲里木、昭乌达、卓索图三盟各旗已开始建仓存谷以备饥荒，有些地方修渠引水，改良农具，玉米和马铃薯已传入内蒙古地区。据《承德府志》所载，热河管内1784年汉族农民已达56万人，1872年则增加到88万人。在人口增加，荒地尽辟，地租剥削日益加重的情况下，垦荒的人不断地向北，向蒙古腹地深入。1802年（嘉庆七年），郭尔罗斯地区已有宽230里、纵180里的土地被开垦。1812年，前往种地的"流民"增加到7000余人。[3]1876年（光绪二年），清政府废除汉族妇女出关禁令，并大量丈放土地，进行大规模垦殖。1882年，山西巡抚张之洞在丰镇、宁远两厅设置丰宁押荒局，并进行押荒招垦。1895年，清朝废除了对东北和内蒙古地区的禁令，内地汉族农民开始移入哲里木盟的科右前旗、科右中旗、扎赉特旗开垦荒地，种植玉米、荞麦、谷子、马铃薯等作物。

二　农业生产技术

农业生产技术方面，蒙古族学会耕作技术，大部分是在汉族移民影响下进行的。由于热河地区的土默特、喀喇沁两部和归化城土默特部汉族移民较早，这里的蒙古人从事农业也早，农业生产技术已接近内地。康熙年间，归化城土默特旗、鄂尔多斯乌审旗、鄂托克旗南部的部分蒙古人，在

---

①　金海、齐木德道尔吉、胡日查、哈斯巴根：《清代蒙古志》，内蒙古人民出版社2009年版，第295—296页。

②　《内蒙古自治区志·农业志》编委会：《内蒙古自治区志·农业志》，内蒙古人民出版社2000年版，第156页。

③　《蒙古族简史》编写组：《蒙古族简史》，内蒙古人民出版社1986年版，第248页。

与出塞汉族农民的长期交往中学会了种田，掌握了农业生产技术。光绪十九年（1893年），俄国人波兹德涅耶夫经过地属察哈尔镶红旗的孔岱村时，看到这里的察哈尔蒙古人都"从事农业，完全不搞畜牧业"。蒙古人耕种原来极其粗放，称为"满撒子"，这种农耕方式到乾隆年间逐渐变为精细，清末蒙古农民还掌握了开渠灌溉技术，黑河流域灌溉地已有5000顷左右。归化城土默特蒙古人掌握了园艺技术，办起了塞外稀见的果园。清朝时期，内蒙古地区农作物品种也较以前齐全。在土默特一带种植的作物大体可分为粮豆作物、经济作物、瓜菜作物、果品四大类。粮豆有高粱、春小麦、大麦、荞麦、莜麦、玉米、马铃薯、黍、黄豆、黑豆、红豆、扁豆、豌豆、菜豆、蚕豆等；经济作物有菜籽、麻子、胡麻；瓜菜作物有西瓜、香瓜、黄瓜、番瓜、倭瓜、葫芦、长白菜、圆白菜、芥菜、葱、韭、蒜、芫荽、萝卜、茄子、菠菜、苤蓝、青椒等；栽培的果树有葡萄、杏、梨、沙果、槟果、苹果、黄海棠、红海棠、樱桃、山梨等。耕作栽培技术也较宋、辽、金、元时期有大幅度提高；在耕耘、选种、播种、施肥、灌溉等方面注意集约经营，实行压青、造绿肥、担水灌溉农田；种植技术方面，一些作物中套种小日期作物，如大田中套种荞麦、萝卜等，以提高单位面积产量。①

三　农业经济特点

清代初期，沿用明代屯垦制度，大兴屯垦，屯垦分兵屯（绿营兵）、民屯、商屯、旗屯（满洲兵）。随着屯垦大规模的发展，加速了土地私有化制度的发展。从明末到清初，呼和浩特一带土地所有形式已出现地主、自耕农、半自耕农、佃农和雇农等，其中绝大部分土地为只有1%的地主占有。清道光初年到光绪末年，蒙地大量放垦，河套地区来自北方各省的移民逐渐增多。少数大地主从蒙旗王公和召庙租获大量土地，又以高额租金转租给移民，从中盘剥渔利。这种租地关系，名曰"包租地"，年限20—30年。清代末年，内蒙古西部地区外国教会也占有大面积土地。光绪九年（1883年），天主教把萨拉齐厅、河套及伊克昭盟划为西南蒙古教

---

① 土默特左旗《土默特志》编纂委员会：《土默特志》（上），内蒙古人民出版社1997年版，第345页。

区，收买蒙古王公大片土地。1900年，天主教会占有黄土拉亥河两岸土地东西百余里，南北两百余里，共有10000多公顷。

清朝晚期，征收田赋按土地征收赋税，每亩耕地赋银1两，另加丁银1—2钱，统称地丁钱粮。田赋负担，正常年景，尚可承受，遇有灾年，多数农户无力缴纳。如1840年，山西省丰镇厅、宁远厅、归化城厅、托克托厅、和林格尔厅、萨拉齐厅等地区未能完成征收田赋。同治七年（1868年），清廷实施"地丁钱粮解征折米"政策，征收田赋，归化厅480石、萨拉齐厅1454石、丰镇厅1470石，托克托厅1280石、宁远厅3769石，和林格尔厅2332石。由于连年旱灾，1864年，归化城、和林格尔厅、萨拉齐厅、托克托厅、丰镇厅、宁远厅等上缴田赋欠六分之一。[①]光绪五年至十二年（1879—1886年），归绥道实有耕地51047顷，应征田赋米15525石。其中，庄头地417顷，应征米1392石；民地19047顷，应征米14132石。光绪十三年（1887年），归化城、萨拉齐、丰镇、清水河、托克托、宁远、和林格尔7个厅，民地19047顷82亩，应征粮折色银（赋税改征其他实物或货币称折色）17586两1钱9分，其中起运银935两7钱6分，存留银16650两4钱3分。光绪十九年（1893年），山西省归化城受灾耕地3393顷，征银7297两；宁远厅受灾耕地573顷，征米53石；和林格尔厅受灾耕地211顷，征粮285石。由于遭灾年征收田赋过重，各地农户减少，耕地荒废，无人垦殖，经清廷批准，停征银米4年。[②]

清代，农业发展引起了内蒙古地区政治、经济、社会的一系列变化。汉人的不断流入和耕地面积的日益扩大，促使内蒙古地区府、厅、州、县的设置和蒙古封建领主制的削弱；经济上最大的变化是封建王公土地占有制的动摇和新的经济关系的出现。清政府为了贯彻民族隔离政策，防止蒙汉民族人民的结合，采取设置州县的办法，由新设的地方官与旗扎萨克分别管理蒙、汉人民。农业的发展，促进了内蒙古地区土地私有制的形成和发展。旗扎萨克除官地租和自有私产外，逐渐失去了对其余土地的占有权。王公贵族占有的土地通过土地的租佃、典押和买卖逐步转变为土地私

---

① 《内蒙古自治区志·粮食志》编委会：《内蒙古自治区志·粮食志》，内蒙古人民出版社1997年版，第16页。

② 《内蒙古自治区志·粮食志》编委会：《内蒙古自治区志·粮食志》，内蒙古人民出版社1997年版，第16页。

有制。通过租佃取得土地的汉人，与蒙古封建主基本上一种契约关系。土地的买卖导致了新的阶级分化，一些蒙古世袭贵族因出卖土地而开始没落，一些蒙汉农牧民因经济上升变成地主。这种趋势的发展不仅动摇了内蒙古地区封建领主制度，还改变了内蒙古地区单一的畜牧业自然经济结构，带动了其他行业的发展。

第二节　"移民实边"与蒙地放垦

光绪二十四年（1898年）至宣统三年（1911年）为清朝政府实施蒙地励垦政策时期。这一时期历史只有13年，但其垦殖的规模之大，涉及地域之广，放垦速度之快，都是空前的。由于日、俄势力的入侵，边疆危机日益加重，国库日益枯竭，清朝内阁大学士张之洞，山西巡抚刚毅、胡聘之，黑龙江将军增祺等先后上奏，请开禁令，放垦蒙地，以实边防。1902年（光绪二十八年），清朝实行"移民实边"政策，开始"丈放蒙荒"，境内各旗对历年所开放农田重新丈量，企图把汉区农民移入蒙区，开发蒙荒，并通过拍卖荒地来筹饷练兵，借以达到充实边疆，抵制日、俄势力的目的。

一　移民实边与蒙地放垦

1898年，黑龙江将军恩泽奏请放垦。当时哲里木盟所辖的杜尔伯特旗、扎赉特旗、北郭尔罗斯3个旗已设置垦务局，招来农民进行垦种。接着郭尔罗斯前旗、科尔沁右翼三旗、科尔沁左翼中旗、巴林两旗、扎鲁特旗两旗，阿鲁科尔沁旗和其他部分地区陆续开垦。[①]如：1902年，科右前旗首次放垦洮儿河、教来河一带6.25万垧土地，1904年相继开放洮儿河两岸，并在双流镇设置洮南府；扎赉特旗首次放垦嫩江两岸荒地45.69万垧、熟地2969垧，1904年在嫩江右岸的莫勒红岗子一带进行放垦，设置太赉厅；1906年杜尔伯特旗境内放垦33.27万垧，设置安达直隶厅；1903年在

---

① ［日］南满洲铁道株式会社总务部调查科编：《满洲农业》，大空社1931年版，第8—13页。

郭尔罗斯后旗松花江以北荒地放垦20万垧，设肇州厅。1906年，科右中旗境内开放得力斯台草原，共放垦64.8万垧土地；1908年又放垦高力板草原，次年设置突泉县；1905年，在科右后旗境内放垦，在解家窝铺设置安广县。①

1905年，热河都统廷杰上奏清廷，"仿移民实边政策放垦巴林左旗和巴林右旗"。1907年，阿鲁科尔沁及东、西扎鲁特三旗垦务开办，共放垦13300余顷。②1908年，成立蒙荒局，对内蒙古地区进行大规模开垦。1909年，巴林左、右二旗，西拉沐伦河流域西北荒地放垦8181余顷。1902—1908年，在绥远地区共放垦土地757.1万亩，搜刮押荒银272.7万多两。东部哲里木盟7个旗共开垦土地245.3万多垧，搜刮押荒银386万两。③1907年，置边垦总局于呼伦、实行军垦制度。1912年，巴林王共5次向上报效荒地，确定地段为南至巴林桥、北至西乌珠穆沁旗，长约200余华里，东至查干沐伦河，西至克什克腾旗的宇宙地、刘家营子，宽约50—60华里，共开垦50多万亩。在昭乌达盟查干沁沦河一带召集农户垦荒，种"二八地"或"三七地"，放垦面积达4200平方千米。④经过10年的放垦，哲里木盟科左前旗和郭尔罗斯前旗的大部分已经完全变成农业区，其余地区则变成了半农半牧区，形成了以嫩江两岸松嫩平原农耕区和洮儿河下游农耕区。⑤

内蒙古中西部乌兰察布盟、伊克昭盟及察哈尔等地的放垦，是由1902年清政府命贻谷为督办蒙旗垦务大臣开始的。贻谷上任后立即设立垦务局，筹措察哈尔、绥远省各蒙旗的耕垦事务。1902—1908年，绥远地区共放垦土地757.1万亩。从此，西部各盟、旗大兴垦务，开渠辟地千里，原抵制放垦的乌兰察布、伊克昭盟，在威逼利诱下也相继报垦了各旗的土

① 赵春雷：《清末民国时期内蒙古东部农耕研究——以哲里木盟为中心》，内蒙古大学2012年版，第23页。

② 薛智平：《试论清代卓索图盟、昭乌达盟的放垦》，《内蒙古垦务研究》（第1辑），内蒙古人民出版社1990年版，第314页。

③ 《蒙古族简史》编写组：《蒙古族简史》，内蒙古人民出版社1986年版，第277页。

④ 《内蒙古自治区志·农业志》编委会：《内蒙古自治区志·农业志》，内蒙古人民出版社2000年版，第157页。

⑤ 赵春雷：《清末民国时期内蒙古东部农耕研究——以哲里木盟为中心》，内蒙古大学2012年版，第19页。

地。由于大规模放垦遭到盟旗人民的反对，清政府为平息民愤，不得不以"败坏边局，启蒙取巧，蒙民怨恨"为由，将贻谷撤职查办，内蒙古西部地区的垦务热才逐渐冷却下来。①

二　土地所有制与管理形式

清政府大规模放垦蒙地，蒙古王公贵族大量私招汉族佃农，导致汉族农民大量流入内蒙古地区，同时也加速了内蒙古土地私有化制度的形成。进入内蒙古地区的耕种荒地汉族农民没有土地所有权，都以佃耕形式支付地租耕种蒙地。由于各地情况不同而出现复杂多样的佃耕形式及借地形式，朝廷放垦土地管理形式也各有不同。对于蒙古人，自耕地及吃租地分为"内仓地、福分地、外仓地、庙仓地、驿马站地、共有地、脂粉地"七种。其中，王公及其亲族的所有地称为内仓地，内仓地又分为王公亲族所有的大仓租地和旁系所有的小仓地；蒙旗官吏在服役期间，由王公给所辖旗民永远耕种的土地称为福分地；为蒙旗扎萨克办理全旗行政经费开支而放垦的土地称为外仓地；为喇嘛庙香火地、属喇嘛所有地称为庙仓地；王府及其公署建立的驿站传送信息而设置的驿站地称为驿马站地，驿马站地属外仓地的一部分，由汉族农民耕租，收入租费充驿站所需经费；为蒙古人大部落与小部落共有土地，作为春秋两季祭敖包地称为共有地外，还有为王公侍妾所有，收入地租归侍妾修饰之用的脂粉地。②

对于汉人佃耕土地管理方式有"典当地、押租地、退租地、烂价地、死契地、白茬地、揽头地"七种。典当地，由蒙古人和汉人形成文契，有的明记期限，到期支付典价可以回赎。有的当契或典契是活契，任何时候都可以回赎；押租地，由佃耕的汉民向蒙古人先交部分地租保险金，以后汉人逐年从所交保险金中扣除地租，蒙古人扣完净保险金后即抽回土地；退租地，由蒙古族地主让汉人提供适当数量的钱作为抵押，许诺以后减少地租；烂价地，由佃耕汉人付出一定数额的租金，在规定限期内获得所租

---

① 《内蒙古自治区志·农业志》编委会：《内蒙古自治区志·农业志》，内蒙古人民出版社2000年版，第157页。

② 《内蒙古自治区志·农业志》编委会：《内蒙古自治区志·农业志》，内蒙古人民出版社2000年版，第158页。

土地上的产品，租地一般双方议定年限，到期后蒙古地主无偿抽回土地；死契地，由租地文契记明不许赎，出租土地者等于转让土地所有权；白茬地，是不要押租钱而允许耕种的土地，土地所有权归蒙古王公贵族、台吉、塔布囊所有，只在合同上记明必要的事项，一般以3—5年或5—10年为期，汉人借种到期如要延续耕种可换契；揽头地，由汉人揽头人从蒙古国王公贵族手里以低额包价或押租租用大量耕地，然后再以高额租金转租给佃民，揽头人从中获取大量租金。①

西部鄂尔多地区实施的土地佃耕形式与东部地区有所不同。例如：达拉特旗放垦土地分为"永租地、户口地、善召地、马场地、回领地、随缺地、赔教地、借地和学田地"九种。永租地是垦务局向蒙旗永久性租借所垦土地，地权仍归蒙旗所有，垦务局再把借租的土地招户耕种，佃户每年按照租地章程分春秋两季缴纳地租。赔教地是庚子条约签订后，蒙古人参与杀洋人、烧教堂的被迫向教会赔款，达拉特旗应赔款37万两，但无力赔款，以放垦土地赔偿而形成的。户口地是清朝按驻在兵员拨给户口地，每兵种地一顷，以所获从作饷银，以维持生计。善召地是拨给蒙古人供给召庙香火与喇嘛维持生活所需的垦地。马场地是拨给蒙古人放牛马羊所需牧场用地。回领地是蒙旗报垦后，蒙古人民因生活所需，缴纳押荒银领回的垦地。随缺地是拨给蒙古王公官佐，可以随职升迁而移转使用原有垦地。借地由清廷鉴于内地人员大量流入，为维持流入人员生计，下旨借给汉人耕种的蒙旗土地。学田地是拨给学校以维护学校公务开支费用的土地。②

三　农业经济特点

19世纪中叶以后，由于受内地农村的社会危机和农民起义影响，流民出关数量迅速增加。蒙古封建领主们招纳他们私垦土地，坐吃地租，加上清政府强行开垦蒙地，使原已形成的农区和半农半牧区愈益扩大。随着蒙

---

① 《内蒙古自治区志·农业志》编委会：《内蒙古自治区志·农业志》，内蒙古人民出版社2000年版，第158页。

② 《内蒙古自治区志·农业志》编委会：《内蒙古自治区志·农业志》，内蒙古人民出版社2000年版，第158页。

地开垦的不断扩大，内蒙古地区农产品产量也逐年增加。所生产的粮食品种除了高粱、玉米、豆类、谷子、糜黍、小麦、荞麦，还有稻子、大麦、燕麦等。这些农产品不仅满足产地各族人民的生活需要，还进入纯牧区的商品市场，并运销于邻近各省。

近代内蒙古地区农业经济有着明显的区域性特点。从事农耕的大多数仍是汉族农民，从事农耕的蒙古族基本上都生活在蒙汉杂居的农业区、半农半牧区，而且只要条件许可，他们往往兼营畜牧业。再则是由于牧场减少，不得已放弃熟悉的旧业，从事农耕。随着农业生产的增加，农民出售粮食数量也增多，内蒙古地区经营粮食业者逐步发展，产生了购销粮食的粮店和集市，归化城周围农村和后山也建起了粮库。如：清光绪十二年（1886年），归化城开设第一家粮店，商号名称为天荣店，设在南柴火市街，出股资本16600余银元；光绪十四、十五年又相继开设西盛店、德丰店，西五十家街大德长、通顺街天元公、上栅子街万盛店、小召半道街德丰店、东五石家街兴和店等粮食交易市场，农民多到粮店出售，现货成交。粮店购销业务，除自身收购、销售外，主要是做"过手买卖"。遇有外来买主时由粮店做中间介绍人，粮店负责对卖主所要出售的粮食定等、定价、过斗，粮店向卖方收取佣金2%和斗脚钱0.3%，当天没有买主的落市粮油，由粮店收买囤积，待机出售。粮店除经营粮食外还兼营油、盐。

清朝晚期至民国初期，全区粮油市场交易形式有以下几种：集市出售：在城镇和交通要道的农村因习惯形成的粮市或集市，指定交易日期，有逢五逢十，有逢单或逢双，有逢一、四、七或二、五、八或三、六、九日为集市贸易日。在路途出售：粮店派采购人员在农民进城（市）卖粮的途中截车采购。粮店出售：粮店、粮栈收购，当时成交者钱货两清，成交不了的可寄存于粮店、粮栈代卖，寄存时间较短者不收保管费，超过一个月以上者收费。批量预约出售：农户在粮油生长期与粮店、粮栈订立契约，决定出售数量、价格及交粮时间，买方先付给一部分价款，粮食交到后结清；对交买卖，订立预卖契约，规定交粮期限，到期交粮收款。售给粮贩子：粮贩子拥有大车、畜力、劳力、资金，鉴于附近农民距市场较远，运送粮食困难，乘机收买农民粮谷，运至市镇售予粮店，其收买价格比市镇出售价相差甚多，扣除运费，尚有较高的利润。清朝晚期，虽然战乱未停，但政局没有大的波动，粮食价格比较稳定。道光二十年（1840

年）归绥道每石小米售价 1.84—3.34 银两；到宣统三年（1911 年），其价格仍维持在 1.75—2.63 银两。道光、咸丰、同治、光绪、宣统 5 个年代 12 个年度归绥道的粮食市场价格小米价格在 0.71—3.34 银两，小麦价格在 0.89—3.18 银两，荞麦价格在 0.37—2.87 银两，高粱价格在 0.44—2.26 银两，豌豆价格在 0.72—2.36 银两。

清朝末年，清政府通过"移民实边"政策，大面积开垦蒙地，内蒙古地区农业生产从长城沿线延伸到西辽河流域和嫩江流域，向西黄河流域以及河套地区，彻底改变了内蒙古地区单一的畜牧业自然经济结构。特别是内地移民的大量增加、定居，出现了大批村屯、城镇，商业、手工业也随之发展起来。

第三节　"边荒条例"与开垦蒙地

1911 年，辛亥革命推翻清朝以后，北洋政府和国民政府继承了蒙地放垦政策，发布了许多奖励条例，变本加厉地推行放垦政策。1914 年，北洋政府颁布《禁止私放蒙荒通则》和《垦辟蒙荒奖励办法》，1915 年又颁布了《边荒条例》。接着在内蒙古地区的大小军阀也纷纷制定了兴办蒙垦，搜刮租银的各种《规划》《办法》《条例》，大肆开展蒙地放垦活动，远远超过了清末"放垦蒙地"的规模。根据《边荒条例》的规定，放垦蒙古游牧地段，由各旗扎萨克呈请蒙藏院转呈大总统核准开办，所收荒价半归国家半归该旗。即：袁世凯政府控制放垦蒙荒大权，坐收荒价的一半；勒令旗民放荒的蒙古封建王公既受嘉奖，又可分享荒银。而与蒙古封建王公相勾结的汉族地主、地商，有恃无恐地实行包揽土地，左右地价，渔利中饱。结果蒙古族牧民的牧地被垦而陷于贫困破产，汉族农民则付出荒价租银惨遭剥削，蒙垦的实质就是如此。由于北洋政府的蒙垦方针既定，地近内蒙古地区的各路军阀于是争先恐后地参与放垦蒙荒。

一　蒙地军垦

蒙地军垦是民国初期内蒙古地区推行放垦蒙荒的主要方式。奉系军阀张作霖以武力强迫东蒙王公放荒，1916 年又强迫达尔汗亲王旗，开放辽河南北沃土4000余方；1922年占有通辽以西沃土2800余方；1924年强迫博王旗，将斯卜海的土地开放2000垧，并签订租借99年的合同；是年吴俊升和杨宇霆同时侵占博王旗松林哈特一带耕地2200—2300垧。同年，张作霖拟定了《内蒙开垦大纲》，一面移民招垦，一面由军队屯垦。内蒙古西部地区为直、皖、奉、晋各系军阀以及国民军轮番混战的场所，开放蒙地是各路军阀筹集军饷的主要手段。1926年晋系军阀阎锡山占领绥远以后，不仅大肆放垦，而且制定了《清理积欠荒租办法》和《整顿荒租处分规则》，命令1925年以前民欠荒价岁租限期交清，否则土地归公另放。从清末到1928年，绥远地区共放垦清丈荒地19.85万顷。其中，清末时期放垦7956顷，占40%；1912年至1913年放垦1234顷，占0.6%；1914年至1928年放垦11.89万顷，占59.4%。放垦蒙荒，使军阀、官僚、地主、地商成为巨富。吴俊升靠放蒙荒聚敛财富达7000多万元，大地主王同春在河套占良田数万顷，年收粮秣近2万石左右，并拥有百余人的地主武装。临河县已垦土地90万亩，占地30万亩的地主有两户，占地10000亩以上者有4户，占地1000亩以上者有9户，天主教堂占地14万亩，这16户地主所占耕地占全县垦地的十分之九。[①]

　　1927—1929年，热河省主席汤玉麟等军阀，以武力占领敖汉旗、喀喇沁旗、赤峰郊区、翁牛特旗、巴林左旗、阿鲁科尔沁旗，强行放垦军屯。1928年，兴安区屯垦公署所属第一、第二、第三团分别进入科右前旗索伦、葛根庙和科右后旗的察尔森，共开荒87535亩。1932年，太原绥靖公署主任阎锡山派3个师垦队、3个军垦殖队、31个兵垦连队陆续进入河套、在五原、临河屯垦。经过近20年的开垦，1940年巴音塔拉盟（今呼和浩特、包头地区）共开垦194.3万亩、察哈尔盟713.3万亩、乌兰察布盟704.5万亩、伊克昭盟767.9万亩。[②]

二　农业赋税

　　民国初期征收田赋，由于军阀统治，内蒙古地区未有统一标准。1941年下半年起民国政府规定，征收田赋由粮银改征实物。依民国三十年

---

① 《蒙古族简史》编写组：《蒙古族简史》，内蒙古人民出版社1986年版，第343—344页。
② ［日］山田武彦、关谷阳一：《蒙疆农业经济论》，日光书院出版1944年版，第209页。

（1941年）各省县征赋税总额，每元折征稻谷2市斗为标准，产麦区征收等价小麦，产杂粮区征收等价杂粮。因赋额有限，不足以供军、公粮的需要，又在征实外核定征购数量，参照市场价格付给一部现金及一部粮食库券，粮食库券用以收购粮食支付代价之用。自民国三十二年（1943年）起5年平均偿还，每年以面额五分之一抵缴田赋应征的实物，至民国三十六年（1947年）全数抵销。利率为周息5厘，以实物计算。粮食部给绥远省印发粮食库券114286市石谷券，绥远省实发70489市石。[①]1941年，绥远省实际征购小麦107234市石，糜子191375市石，豆类103464市石；田赋征收实物小麦26213市石，糜子53696市石，豆类10983市石。1942年，国民政府行政院发布《战时田赋征收实物暂行通则》，战时田赋一律征收实物，特殊情况经上级核准，应征实物按照当地市价折纳国币。各省田赋征收实物，以1941年省县征赋税总额，每元折征稻谷4市斗或小麦2市斗8升。是年，绥远省实际征购小麦170142市石，糜子314753市石，荞麦9104市石；田赋征收实物小麦40673市石，糜子78311市石。1943年，为避免通货膨胀，征购改为征借，田赋收入分配，中央三成、省二成、县市五成。征借全部归中央，带征公粮归地方。征购征借粮只定小麦一种价格，其他粮食按照规定折成小麦算价。绥远省征购粮，每石小麦200元，全付法币；征借粮，全付粮食库券。实际收购折小麦数为征实100319市石，征借150000市石，征购250013市石，县级公粮33000市石，合计533332市石。[②]

　　1944年，田赋一律征收实物，按赋额每元征收小麦2市斗8升，税赋征购及征借的标准以实物的一倍为原则，并以赋额的三成带征县级公粮。采购粮，每市石小麦法币300元，按全价三分之二给款，三分之一给平价布。征借粮，全发粮食库券。本年度绥远省，征实、征借、采购及县级公粮分配额53万市石小麦，实际征收482633市石，其中征实100004市石，

　　①　《内蒙古自治区志·粮食志》编委会：《内蒙古自治区志·粮食志》，内蒙古人民出版社1997年版，第17页。市制是20世纪20年代中华民国政府为了全面改用公制，而将中国传统的度量衡改造而成的过渡制度。市制容量单位，一市石等于一百市升，相当于0.1立方米；市制重量单位，也成为"市担"，相当于100市斤，即50千克。

　　②　《内蒙古自治区志·粮食志》编委会：《内蒙古自治区志·粮食志》，内蒙古人民出版社1997年版，第17页。

征借132240市石，采购220388市石。县级公粮30001市石。有半数以上用杂粮折交。民国三十四年（1945年），绥远省规定采购粮食任务250000市石，实际采购250215市石（折小麦）。[1]抗战胜利年，豁免当年田赋，省县级公粮照常征收，以小米、荞麦及小麦为标准，缴纳其他粮，折交比率由各县规定。

1946年，绥远省政府根据耕田及经济状况，征收项目为征实、征借，省公粮、县公粮由各县自行征收。征收品种以小麦为准，稻谷、莜麦可以抵交小麦，但不能超过全县小麦总额的十分之一。产麦过少的县份搭收杂粮，搭收成数：固阳三成；归绥、萨县（土默特右旗）四成；包头、托克托县、和林格尔、安北（乌拉特前旗境内）、黑界地（准格尔旗境内）五成；清水河、东胜十成。杂粮对小麦每百市斤抵交率（16两1斤）：糜子154斤8两，谷子167斤10两，稻谷148斤15两，莜麦115斤14两。每石小麦290市斤，糜子290市斤，谷子240市斤，莜麦280市斤，稻谷216市斤，豆类300市斤，大麦220市斤，高粱280市斤，荞麦230市斤。夏粮，自9月1日开征，3个月征齐；秋粮，10月1日开征，3个月征齐；大青山以北地区各县夏秋粮合并征收，自9月16日起，3个月征齐，逾期缴纳者实行滞纳处罚。[2]

1947年，绥远省的征实、征借粮配额160000市石，实际征收156625市石。为促进征收任务的完成，绥远省政府公布《农户提前交清粮食配售市布办法》，凡按规定时间提前如数交清者，配售给白市布。配售标准，均以绥石计算，交粮1.5石以下者，配售市布5市尺；交粮1.5石以上3石以下者，配售10市尺；交粮3石以上5石以下者仍配售10市尺；交粮5石以上10石以下者，配售15市尺；交粮10石以上15石以下者，配售20市尺……交粮45石以上者，配售55市尺（即半疋）。[3]民国三十七年（1948年），绥远省配额征实、征借140000市石，实际征实、征借29600市石。

①　《内蒙古自治区志·粮食志》编委会：《内蒙古自治区志·粮食志》，内蒙古人民出版社1997年版，第18页。

②　《内蒙古自治区志·粮食志》编委会：《内蒙古自治区志·粮食志》，内蒙古人民出版社1997年版，第18页。

③　《内蒙古自治区志·粮食志》编委会：《内蒙古自治区志·粮食志》，内蒙古人民出版社1997年版，第18页。

征购粮料，包括采购军粮、省准备粮、县公粮、征实征借、马料5种。征购粮料配额依据，主要是按照各县市乡保本年耕地、人口、产量和民国三十五年、三十六年两年配额及治安情况作为分配任务的基准，采取逐层分配办法，一次分配到户。采购军粮、省准备粮、县公粮、征实、征借均以小麦为主（每市石145市斤），并准许折交莜麦、稻谷、糜子各一部。税租完全征收糜子，马料收购莜麦、黑豆、豌豆、荞麦、大麦、高粱、糜谷等杂粮，均以150市斤为1市石。[①]

三　农业经济特点

（一）农业技术

1928年，呼和浩特地区种植甜菜采取育苗移栽技术。1933年五原农事试验场场长张立范采用紫花苜蓿与粮食轮作方法并得到推广。1936年，五原农事试验场试种从欧洲引入的甜菜种子，第二年以五原屯垦处为中心推广。1939年，绥远农业改进所在临河世成西村试种水稻及冬小麦成功。1940年，伪蒙疆政府在呼和浩特市建立了中央农林试验场分场。1940年绥远省政府在狼山县境建军垦农场，安置随军烈士家属和作战伤残官兵在临河、五原、晏江、狼山等县5个合作农场。1941年，绥远省农业改进所张立范等在河套丰济渠口协和乡试种水稻200亩成功，亩产稻谷2石。1942年推广到900多亩，亩产稻谷3石。1945年，绥远省农林厅将世成西农业改进所改为绥远省第一农事试验场，并在归绥市建绥远省第二试验场。1946年，美国硬皮甜瓜"华莱士"从兰州引入内蒙古河套地区。1949年全区播种面积63.7万公顷，平均每公顷产量为1185千克，总产量达到75485千克。

（二）粮食生产

1929—1933年，绥远省平均每年播种莜麦29.3万公顷；1932年谷子播种面积为27.39万公顷，总产量为28.4万吨，每公顷产量为1035千克[②]；

①　《内蒙古自治区志·粮食志》编委会：《内蒙古自治区志·粮食志》，内蒙古人民出版社1997年版，第19页。

②　《内蒙古自治区志·农业志》编委会：《内蒙古自治区志·农业志》，内蒙古人民出版社2000年版，第237页。

1936年绥远省玉米籽种植面积达333公顷，每公顷产量1050千克，总产量350吨。[①]1934年，察哈尔盟多伦、宝昌、商都3县莜麦播种面积为2047公顷，总产量为6890吨，每公顷产量仅为304千克。[②]1932年，国民政府主计处统计，绥远省共播种马铃薯9067公顷，总产量53075吨，每公顷5855千克。宝昌、商都县共播种8667公顷，产量为62500吨，每公顷7211千克。[③]1930—1946年，绥远省每年种植大麦4—5.3万公顷，占粮食总播种面积的4%左右。其间的1934年绥远省共种植大麦5.24万公顷，占当年全省粮食总面积的3.77%，每公顷产量890千克，总产量46648吨，其中河套地区每公顷产量为2430千克，总产量占全省的2.8%；1939年种植面积最大，乌兰察布盟和呼和浩特、包头地区大麦种植面积13.76万公顷，总产量达58784吨；1946年绥远省大麦播种面积3.57万公顷，每公顷产量780千克，总产量27820吨；1947年后大麦种植面积逐年减少，播种面积3.03万公顷，每公顷产量727.5千克，总产量为22019吨。[④]

（三）农产品市场

1932—1933年，归绥县平均每个粮店，每月销售5万石粮食，全年60万石，半数以上销售给米面加工业和油、酒业作为生产原料，少量豆类直接销售给消费者。城市居民口粮消费，主要来自米面加工业。归绥地区的面铺、碾坊、油坊、酒坊称为"六陈行"。"六陈行"从粮店购进原料，加工后再销售给消费者。1931年前后，米面加工业达152家（兼营销售），全年营业额70余万元，面铺业45家，资本22640元，从业人员675人。粮食外销，京绥铁路（今京包铁路）通车后，北京、天津等地粮商至绥，委托当地粮栈买粮和发运，民国二十一年至二十二年（1932—1933年），每年平均运往京、津等地粮食30—40万石，由于经营外销粮

---

① 《内蒙古自治区志·农业志》编委会：《内蒙古自治区志·农业志》，内蒙古人民出版社2000年版，第225页。

② 《内蒙古自治区志·农业志》编委会：《内蒙古自治区志·农业志》，内蒙古人民出版社2000年版，第242页。

③ 《内蒙古自治区志·农业志》编委会：《内蒙古自治区志·农业志》，内蒙古人民出版社2000年版，第246页。

④ 《内蒙古自治区志·农业志》编委会：《内蒙古自治区志·农业志》，内蒙古人民出版社2000年版，第268页。

食利润较大，到1934年，归绥地区有外销粮栈7家，即1939年有13家粮店，使用总资本达到59.6万元（详见表2-1）。

表2-1　　　　　　　　　　1939年归绥县粮店情况　　　　　　　　单位：银元

粮店名称	开业时间	使用总资本	出股资本	营业额
天荣店	1886年	67518	3905	179228
西盛店	1888年	64068	3600	351420
德丰店	1889年	83499	9300	351267
德兴店	1916年	30786	9000	128936
天元公	1918年	30936	10000	256820
大德长	1920年	59117	18000	341984
裕源公	1927年	43636	10000	152377
聚丰店	1938年	39602	10000	160795
义丰店	1938年	42176	8000	206077
兴和店	1938年	37120	8000	176945
义兴店	1938年	30756	22500	308640
广巨店	1938年	46447	10000	334593
丰盛店	1939年	20842	6000	66743

资料来源：《内蒙古自治区志·粮食志》编委会：《内蒙古自治区志·粮食志》，内蒙古人民出版社1997年版，第58页。

　　1943年，包头县城有米面店22家，其中12家兼营榨油，年营业额90余万元，从业人员450人。著名米面点有复巨成、公合兴、如盛泉3个，均已开设50余年，义成永30余年，大有魁20余年，广恒茂10余年。粮油商行16家，资本额一般者5000元，最多者2万元，经营本地各种杂粮，年销售10万石，外来大米及各种杂粮年销售8300石，营业额约90万元。著名商号有复盛西、通和店、义盛、复顺恒、恒兴长、公义合，均系经纪性质，代客买卖，每百元抽取佣金3元（卖主2元，买主1元）。每年交易最旺盛时期为9—11月，各家店从业人员共300人。1945—1949年，由于捐税名目繁多，上市粮少，粮价不稳，粮店业经营萧条①。归绥市开业最早、经营规模较大的天荣店，民国三十五年（1946年）以后原股东逐渐退出，民国三十七年（1948年）将资本抽走，濒临倒闭，由最后一任大掌柜

---

　　①　《内蒙古自治区志·粮食志》编委会：《内蒙古自治区志·粮食志》，内蒙古人民出版社1997年版，第59页。

杨元康出面重新集股，勉强经营。丰盛店、广巨店、义兴店、大德长等数家粮店因粮源紧缺先后歇业。归绥地区专营粮食外运的粮栈全部歇业，只剩下几家以经营杂货为主而少量兼营粮食外运业务的商户。"六陈行"大部分米面加工业转给兵站加工军粮，向城市居民提供的消费粮有限，城市消费粮来源紧张，粮价暴涨，广大人民处于水深火热之中，生活极端困苦。[①]民国时期，粮食价格波动较大（详见表2-2）。1925年，赤峰中和粮店谷子价格每石13小洋（银元的90%），公元成粮店每石15小洋；小米每石价格，中和粮店、通盛远粮店、公元盛粮店均27小洋；荞麦价格，中和粮店和公元盛每石24小洋，通盛远粮店26小洋；高粱价格3个粮店每石均20小洋。[②]1926年，临河县农民出售每石粮食价格：小麦、莜麦、黑豆为6元，糜子、谷子、荞麦3.5元。1931年，每石粮食价格，归绥为：小麦29元、糜子17元，莜麦27元，谷子16元，高粱18元；集宁小麦30元、莜麦20元、谷子15元；武川小麦26元、莜麦25元；临河小麦15元、糜子8元、谷子7元；东胜谷子12元、糜子10元；托克托县谷子14元、糜子14元、高粱16元。1933年9月，每石粮价，归绥小麦7.5元、谷子3元、荞麦2元、绿豆7.5元；河套地区小麦5元、谷子2元、荞麦1.5元、绿豆5.5元。[③]

表2-2　　　　1939—1942年归绥、包头私营粮店出售粮食价格　　　单位：元/市石

地区\品种	1939年		1940年		1941年		1942年	
	归绥	包头	归绥	包头	归绥	包头	归绥	包头
小麦	11.43	11.75	12.95	10.93	36.10	42.28	60.00	66.33
燕麦	9.00	8.92	7.70	7.75	33.17	40.53	58.00	54.83
大麦	5.80	—	6.55	—	19.23	—	25.00	—
荞麦	5.93	—	5.10	—	16.32	—	27.00	—
高粱	7.93	7.92	6.50	6.52	17.91	18.38	24.00	29.33
谷子	7.63	6.17	6.05	8.72	18.79	20.70	30.00	31.07

① 《内蒙古自治区志·粮食志》编委会：《内蒙古自治区志·粮食志》，内蒙古人民出版社1997年版，第61页。

② 《内蒙古自治区志·粮食志》编委会：《内蒙古自治区志·粮食志》，内蒙古人民出版社1997年版，第144页。

③ 《内蒙古自治区志·粮食志》编委会：《内蒙古自治区志·粮食志》，内蒙古人民出版社1997年版，第138页。

续表

地区 品种	1939年		1940年		1941年		1942年	
	归绥	包头	归绥	包头	归绥	包头	归绥	包头
大豆	10.17	—	11.25	—	37.50	—	47.33	—
面粉（50千克）	12.81	14.55	18.31	21.00	41.64	43.33	59.10	58.00
莜面（50千克）	9.90	11.33	16.66	19.00	38.28	43.33	55.00	58.00
糜子	8.00	8.83	7.09	9.45	19.72	27.35	35.33	43.57

资料来源：《内蒙古自治区志·粮食志》编委会：《内蒙古自治区志·粮食志》，内蒙古人民出版社1997年版，第145页。

1939年，绥远地区粮价逐渐上涨，引起其他物价、工价上涨。粮价涨，物价、工价更涨，形成轮番涨价，节节上升，越涨越高。春季各种粮价尚稳定，秋收之前粮食且显疲软，自10月份开始上涨，五原县白面由每千克1角4分涨至2角8分，每斗糜子由1.7元涨至3元。最后在城内不论出价多少，均无粮可买。1943年，绥远省政府根据国民政府粮食部的规定，对稻谷、大米、小麦、面粉、糜子、糜米、豌豆、黑豆市场零售价格采取限价政策。第一次限价始于1月15日，以1942年11月30日的市价为最高价格，不准再涨。这个限价不到半个月，由于受市场价格上涨的冲击失去作用，到5月24日，把陕坝地区每石小麦限价调整到310元、糜子170元、糜米320元、黑豆125元，每斤面粉3.30元。到1945年陕坝地区每石小麦又调整到1800元，糜子650元。4月小麦再次调整到4500元，糜子3000元。[1]市场粮价连续暴涨，限价流于形式。

1943年，绥远省政府公布采购军粮价格。国民政府粮食部与省政府洽商决定，一个省内不同地区的定价由省政府决定。但是对政治、经济中心，商业繁荣之城市，由省政府定价，报粮食部核定后公布。是年，河套地区每市石小麦5000元。1946年5月规定，每斤军粮采购价格，归绥小麦100元、白面150元、莜面120元、糜子80元；武川小麦80元、白面123元、莜面80元、糜子40元。1947年7月又调整为铁路沿线每斤小麦580元、莜麦500元、糜子386元、谷子351元。1948年，通货膨胀，物价飞涨，每石小麦暴涨到60万元，市场价格为360万元，市价高于军粮购价5

---

① 《内蒙古自治区志·粮食志》编委会：《内蒙古自治区志·粮食志》，内蒙古人民出版社1997年版，第146页。

倍。①民国时期，内蒙古地区农业垦殖规模在清代末期放垦的基础上进一步扩大。北洋军阀统治时期，内蒙古西部设置绥远特别区、东部设置热河特别区、中部设置察哈尔特别区，进行大规模放垦土地。

1912—1949年，内蒙古地区农业比清代虽有较大的发展，但由于长期受封建生产关系的束缚和帝国主义的侵略、掠夺，军阀、官僚、地主阶级的压迫、剥削，加上频繁的自然灾害，内蒙古地区的农业生产极不稳定，长期停滞不前，农牧民生活十分贫困。因而出现土地荒废，自然资源不断遭到破坏。如：内蒙古中西部地区大批"走西口"流入的农民，由于经受不住军阀、官僚、地主的压迫、剥削，由归绥一带向北逃亡，从大青山前向山后逃亡，因而出现山前已垦地被撩荒，逃到山后的农民开荒种地，种了几年，土地肥力下降，不适宜耕种而废弃。因此，年年开荒，年年撩荒，形成对土地资源的浪费和破坏。在东部西辽河地区，农民在不宜开垦的土地上盲目进行种"漫撒子地"，播种时开垦草地和坨沼，撒下粒种，秋收后就扔掉，次年，再开垦耕种另一片地，广种薄收，粗放耕种，导致大面积天然草原被破坏。

第四节　"开拓移民"与殖民地农业

日俄战争结束后，日本帝国主义积极策划向东北及内蒙古地区大量移植日本农民。1905年，日本政府提出向中国东北进行开拓移民的计划，通过债务关系侵占土地或勾结封建买办势力强占蒙地。1914年，哲里木盟博王旗扎萨克阿穆尔灵圭亲王以所属旗之田赋为担保，订立借款契约，从满铁会社借入8万元，年利8分，规定三年期满，于第四年分四期偿还。快到偿还期时，经日方劝诱，博王旗亲王又向日本人借款26万元，除偿还上述借款外，余下借款将以开垦所属旗内土地20方土地，借日方经营农业、畜牧业及林业。1916年底，日本驻铁岭的三井洋行通过代理人曲魁一与27师骑兵稽查官潘国忠，订立100方土地的买卖契约，以丰益堂名义盗卖达尔罕旗（今科左中旗）西辽河两岸荒地100方的土地。"九·一八"

---

① 《内蒙古自治区志·粮食志》编委会：《内蒙古自治区志·粮食志》，内蒙古人民出版社1997年版，第139页。

事变前，日本通过强占、购买、租赁、抵押、"合办"等形式，实际控制内蒙古东部大片土地，并取得土地的所有权。如："东蒙古拓殖盛德公司拟把开垦荒地作为第一种经营项目，佐佐江农场在通辽县占有4.8万多亩土地，早间农场在通辽县占地4.1万亩，华峰公司在东扎鲁特旗占地14.4万亩，隆育公司在西扎鲁特旗占地54万多亩，哈番农场在通辽县占地1万亩，蒙古产业公司在林西占地32.4万亩，华兴公司在奈曼旗经营水田。"[1]内蒙古东部地区彻底沦为日本殖民地。1933年，伪满洲国颁布实施《满洲国经济建设纲要》，制定了农业开发具体方策，不断加强对东蒙古地区土地的开垦力度。1934—1940年，在呼伦贝尔盟开垦447850公顷，特别是1938—1940年间，平均每年开垦面积为30000公顷的速度增加。[2]从此揭开了日本侵占时期"兴安省"的农业统制的序幕[3]。

一 开拓移民

1934年，满铁公主岭农事试验场在王爷庙（今乌兰浩特市）押木营子建牛马实验研究基地。1935年，日本政府制订了大量向满洲移入开拓民的计划，并把开拓满洲作为十大国策之一。1936年，日本关东军司令部制订了《满洲农业移民百万户移住计划》。规定，从1937年开始20年间分四期移入开拓民100万户、500万人。开拓移民用地，根据军事、交通、治安、农作物栽培等方面的需要，在内蒙古东部选定大郑线地带、辽河上游地带、西辽河上游地带、三合地带等四个地区，涉及哲里木盟、昭乌达盟、兴安盟、呼伦贝尔盟200万公顷土地。至1942年，开拓地面积达2000万公顷，其中耕地达351万公顷。[4]1936—1940年，伪满洲国在牙克石附近和呼伦贝尔三河地区办起了机械化农场群，规模最小的300公顷，最大的为10000公顷。1937年，伪满洲国在索伦旗（今呼伦贝尔市鄂温克自治

---

① 郝维民主编：《内蒙古革命史》，内蒙古大学出版社1997年版，第175页。

② 齐齐哈尔铁道局总务科资料股：《兴安东省情况》，徐同功译，内蒙古地方志委员会编印《内蒙古史志资料选编》（第五辑），1980年版，第89页。

③ 中央档案馆、中国第二历史档案馆、吉林省社会科学院合编：《日本帝国主义侵华档案资料选编（14）东北经济掠夺》，中华书局1991年版，第32—33页。

④ 《内蒙古自治区志·农业志》编委会：《内蒙古自治区志·农业志》，内蒙古人民出版社2000年版，第21页。

旗）、东新巴旗、陈巴尔虎旗建立三处旗营机械农场。1939年底，伪兴安南省有日本集合开拓民1团51户107人，1941年底分散开拓团51户174人。①1943年，日本决定大量开拓移民入植伪兴安南省计划。如：伪兴安南省科右前旗哈拉黑200户，扎赉特旗宝力根花500户，保安沼600户以及集团开拓团400户的义勇开拓团②，开拓团向北延伸到大兴安岭深处的阿尔山。在兴安北省的呼伦贝尔地区，日本开拓移民入植牙克石、乌奴耳等地，先后入植集合开拓团29户81人，分散开拓团19户81人。③1941年，伪兴安东省巴彦旗垦地入植500户朝鲜集团开拓民，阿荣旗入植9个开拓团2600人。④到1944年，伪兴安南、北、东三省入植的开拓团共26个，移民户数1236户，人口3370人。⑤

二　土地制度

日本帝国主义，除了内蒙古东部地区进行开拓移民外，对内蒙古各地区进行了掠夺资源政策。1937年，日本侵略者在察哈尔北部和绥远地区成立"蒙古联盟自治政府"后与"察南自治政府""晋北自治政府"联合组成蒙疆联合委员会。1939年，在这个委员会的基础上成立伪"蒙疆联合自治政府"。日本侵略者把侵占的东北、内蒙古东部地区和察哈尔、绥远地区作为实行"以战养战"和经济掠夺的重要基地。农业的发展，促进了土地私有制的形成和发展。旗扎萨克，除官地租自有私产外，逐渐失去了对其余土地的占有权力。王公贵族占有的土地所有制通过土地的租佃、典押和买卖逐步转变为土地私有制。通过租佃取得土地的汉人，与蒙古封建主基本上已是一种契约关系。土地的买卖导致了新的阶级分化，一些世袭贵族因出卖土地而开始没落，一些蒙汉农民因经济上升变成地主，这种趋势

---

①　森久男、房建昌：《日本侵华战争时期兴安开拓团概述续二》，《中国历史地理论丛》1997年版，第187页。

②　《开拓兴安沃野本年入植计划决定》，《盛京时报》1943年2月28日。

③　《关于设置开拓团之件》（兴安北省地3号），李茂杰主编《伪满洲国政府公报全编》（第134册），线装书局2009年版，第561页。

④　《开拓入植地调查议定本年具体计划》，《盛京时报》1941年9月23日《阿荣旗大阪开拓村建设可观》，《盛京时报》1942年6月21日。

⑤　森久男、房建昌：《日本侵华战争时期兴安开拓团概述》，《中国历史地理论丛》1996年第3期。

的发展逐渐动摇了内蒙古地区封建领主制度。东部蒙古地区，1936年伪满洲国政府出台"蒙地整理案"，把伪兴安东、南、北省和伪热河省土地划分为"开放蒙地"和"未开放地"。按照"权力关系"、"土地事务管理"和"税制"，把"开放蒙地"权利奉为伪满洲国政府所有。[①]如：1943年，西科前旗耕地总面积87013坰，其中，乌兰哈达、居力很、巴公府、乌兰毛都等非开放地24759坰，王爷庙、太本站、四品镇、宁家屯、兴安镇、白辛扎拉嘎、哈拉黑、杨家屯等开放地62255坰，垦殖一直处于快速增长的态势，并且垦殖范围早越过开放范围。[②]

三 农业经济特点

（一）粮食生产

玉米生产：玉米是单产较高，为高产作物，1770年传入内蒙古。内蒙古地区在汉族农民移入的同时即有了玉米的种植。因蒙地放垦年代不同，各地开始种植玉米的时间也不一致。呼伦贝尔盟玉米种植始于清光绪三十一年（1905年），1930年种植面积达1933公顷，1941年、1942年面积分别达到2.57万公顷和2.49万公顷，每公顷产量1238千克和1154千克，总产量为31438吨和28762吨。1941年，布特哈旗播种面积1.39万公顷，占耕地面积的29.0%，阿荣旗占14.1%，莫力达瓦旗13.7%；兴安盟，玉米种植始于光绪十七年（1891年），1941年和1942年播种面积分别为5.79万公顷和5.7万公顷，每公顷产983千克和1040千克，总产量为56789吨和55769吨。1941年突泉县播种面积1.98万公顷，占全播种面积的25.9%；科右前旗1.46万公顷，占14.9%，科右后旗占22.6%，扎赉特旗占14.0%。哲里木盟，1941年和1942年玉米播种面积6.25万公顷和7.86万公顷，每公顷产953千克和1059千克，总产量为59541吨和83187吨。1941年，科左中旗播种面积2.36万公顷，通辽县1.49万公顷；赤峰市1941年和1942年玉米播种面积分别为0.64万公顷和0.7万公顷，每公顷产830千克和842千克，总产量为5315吨和5893吨。1941年东部玉米播种面积占粮豆播种

---

① 蒙古研究会：《满洲帝国蒙政十年史》，《蒙古研究》（第四卷第五、六号合并号），第45页。

② ［日］井手俊太郎：《关于西科前旗蒙地管理状况》，蒙古研究（第五卷第四号），第38—44页。

面积的 6.27%，产量占粮豆产量的 9.05%。西部区，中华人民共和国成立前玉米种植面积很少，1936 年，绥远省玉米种植面积仅 333 公顷，每公顷 1050 千克，总产量 350 吨。[①]

谷子生产：1941 年，昭乌达、哲里木、兴安、呼伦贝尔 4 个盟共播种谷子 751475 公顷，占总粮食作物面积的 31.3%，总产量 535160 吨，占东部粮食作物总产量的 31.6%，平均每公顷 712 千克。其中，昭乌达盟谷子每公顷产量为 712 千克，哲里木盟为 711 千克，兴安盟为 694 千克，呼伦贝尔盟岭东三旗（布特哈旗、阿荣旗、莫力达瓦达斡尔自治旗）为 779 千克。[②]20 世纪 40 年代，伪满洲国把农作物布局划分时，把昭乌达盟和卓索图盟划为粟粱区，以谷子、高粱为主；把哲里木盟和兴安盟划为粱粟区，以高粱、谷子为主；呼伦贝尔盟东三旗划为黍粟区，以糜子和谷子为主。当时划分的情况是，昭乌达盟播种面积为 443278 公顷，总产量为 315504 吨，占全盟粮食总播种面积的 40.1%，总产量的 41.4%；哲里木盟为 223719 公顷，总产量为 158976 吨，占全盟总播种面积的 24.3%，总产量的 25.9%；兴安盟为 60725 公顷，总产量为 42170 吨，占全盟粮食总面积的 21.6%、总产量的 20.9%；呼伦贝尔盟东三旗谷子播种面积为 23753 公顷，总产量为 18510 吨，占全盟粮食总面积的 18.7%、总产量的 16.3%。谷子生产，昭乌达盟面积占东部总面的 59.0%、总产量的 59.0%；其次为哲里木盟，占东部谷子总面积的 29.8%、总产量的 29.7%；兴安盟占东部谷子总面积的 8.1%，总产量的 7.9%；呼伦贝尔东三旗占东部谷子总面积的 3.2%、总产量的 3.5%。[③]

麦类、薯类生产：1938 年伪满洲国在牙克石、扎兰屯建原种圃，集中繁殖小麦原种，在内蒙古东部地区推广。1941 年，伪满洲国农作物奖励委员会决定推广的小麦品种有 7 个。东部地区莜麦生产主要分布在经棚、林西一带地区。20 世纪 30 年代末 40 年代初，克什克腾旗莜麦面积占粮豆面

①　《内蒙古自治区志·农业志》编委会：《内蒙古自治区志·农业志》，内蒙古人民出版社 2000 年版，第 225 页。

②　《内蒙古自治区志·农业志》编委会：《内蒙古自治区志·农业志》，内蒙古人民出版社 2000 年版，第 237 页。

③　《内蒙古自治区志·农业志》编委会：《内蒙古自治区志·农业志》，内蒙古人民出版社 2000 年版，第 237 页。

积的20%，林西县占16%，翁牛特左旗占7%。[①]1941年，克什克腾旗莜麦播种面积9314公顷，每公顷产量764千克，总产量为7125吨；林西县莜麦播种12300公顷，每公顷产量690千克，总产量为8475吨。据南满洲铁道株式会社调查部《满洲农产统计》，东北沦陷时期内蒙古东部36个旗县共播种马铃薯18427公顷，每公顷产量1076.3千克，总产量为19833吨。

（二）农产品市场

东北沦陷时期，1940年9月，伪满洲国政府公布《粮谷管理法》，同时实行粮谷收购制度。每年农历五、六月间，由县（旗）公署实业科和兴农合作社抽出人员，配合村公所到各村逐户签订粮谷收购契约。内容包括：出售粮食农户的姓名、地址、品种、数量，由农户自报，区长核准。秋收后按预定数要粮，同时按出售粮谷数量发给少量的布票和钱。[②]1941年，对兴安东省、兴安南省、兴安西省、兴安北省逐级摊派粮谷3.87亿千克。1942年改为强迫出售，伪满洲国政府对省、省对县、县对村逐级摊派粮谷出售量，再由各村摊派到户。[③]指定满洲粮谷有限公司为收购粮的代理人，由兴农合作社组织收购，责成农户送到指定地点。1943年，兴安南省90.51万人，负担出售粮2.99亿千克，平均每人330千克。通辽县粮食产量17781万千克，负担出售粮10430万千克，占产量的58.7%，农业人口195720人，平均每人533千克；西科前旗粮食产量6782万千克，出售粮5675万千克，占产量的83.7%，农业人口86295人，平均每人658千克。出售后，许多农民含着眼泪去交纳收购粮，自己用野菜糠麸度日。[④]

配售物资制度是与收购粮制度同时实行的。1941年实行"先钱制度"，在每年签订粮谷收购契约时每百千克粮食先付给负担出售粮任务的农民一元钱，按预付款多少实行重点配备物资。1942年以后，逐渐形成制度，配售生活必需品的品种增加，适用收购农产品和种类亦逐渐增加，除

———————

①　《内蒙古自治区志·农业志》编委会：《内蒙古自治区志·农业志》，内蒙古人民出版社2000年版，第242页。

②　[日]高桥贞三：《满洲经济统制法》，满洲修文馆1943年版，第211—226页。

③　《内蒙古自治区志·粮食志》编委会：《内蒙古自治区志·粮食志》，内蒙古人民出版社1997年版，第19页。

④　《内蒙古自治区志·粮食志》编委会：《内蒙古自治区志·粮食志》，内蒙古人民出版社1997年版，第19页。

主要粮食品种外，还有特用农产物，这项配售物资已成为农产品价格的一部分，1943年已占农产品价格的大部分。

粮食配给方面，1938年11月，伪满洲国公布《粮谷管理法》，逐步对粮食、油脂油料实行统制，在取消自由市场的同时，建立由农事合作社经营的农产品交易市场，农民出售粮食，必须到农产品交易市场。1940年，伪兴安各省兴农合作社交易市场共计29个，其中兴安南省17个，兴安东省5个，兴安北省1个，兴安西省6个。上市量，1940年，粮谷32175万千克，油料972万千克；1941年，粮谷30306万千克，油料580万千克；1942年，粮谷28348万千克，油料1738万千克；1943年，粮谷28411万千克，油料173万千克。[1]西部地区，于1937年沦陷后日本人用同统治伪满洲国一样的手段统制粮食市场。因此，粮食贸易自由交换变成统一管理的农产品交易市场。1941年，太平洋战争爆发，粮食非常紧张，粮食贸易都统到"收购粮"一个渠道，农产品交易市场名存实亡，这种局面一直持续到1945年8月日本投降。

1938年伪满政府规定，新开发水田，种植水稻须经行政官署许可，除满洲粮谷股份有限公司不得收购大米。满洲粮谷股份有限公司收购的大米只能卖给取得地方行政官署许可的粮食贩卖者，收购或出售大米价格需经兴农部大臣批准。粮食贩卖业者，必须经产业部大臣所指定地区行政官署许可，成立粮食配给合作社，粮食配给合作社决定零售价格、对合作社成员及其他人员的配给数量。1939年12月，伪满洲国公布《小麦粉专卖法》，面粉及经法令特定的代用面粉（高粱面、玉米面）为政府专卖，除政府和取得政府许可的人不得加工、进口和出口。面粉及代用面粉的贩卖，由政府指定贩卖者进行。面粉贩卖人以三年为一个期限，由专卖署长指定。面粉贩卖人不得把面粉及代用面粉供给计划外的人，面粉贩卖人不得以高出政府规定价格贩卖面粉及代用面粉。[2]1940年1月，伪满洲国实行"粮谷凭票配售制"。大米配售对象是日本人和朝鲜人，对中国人配售

---

① 《内蒙古自治区志·粮食志》编委会：《内蒙古自治区志·粮食志》，内蒙古人民出版社1997年版，第20页。

② 《内蒙古自治区志·粮食志》编委会：《内蒙古自治区志·粮食志》，内蒙古人民出版社1997年版，第61页。

高粱、玉米、谷子等粮谷。①日本关东军和满铁公司在1932年和1933年先后颁布《满洲特产交易统制方案》《满洲特产交易改善纲要案》，通过日本满铁、三井、三菱等会社，控制通辽、开鲁、林西、库伦等地的大豆流通。②东北沦陷后，通辽与关内交通及贸易隔绝，粮食销路不畅，价格下跌。1935年，日本入侵华北，关内外交通和贸易开始恢复，粮食销量增加，价格回升。1938年，伪满洲国实行粮食统制，大量征收和抢购粮食，市场粮食紧张，人心恐慌，粮食黑市猖獗，粮价猛涨。1939年每50千克粮食价格与1934年相比，大豆价格增长350%，高粱增长304%，玉米增长351%，谷子增长430%，小麦增长311%，稻谷增长294%，绿豆增长779%，马铃薯价格增长了280%（见图2-1）。1943年10月，伪满洲国农产公社公布的粮谷买入价格，也是收购粮的价格，较之市价相差悬殊，一般低于市价30%—50%。如：东部地区粮食及豆类每50千克的平均价格，高粱5.16元，玉米5.27元，谷子5.72元，黍子7.02元，荞麦6.20元，豌豆7.34元，红小豆7.51元，白小豆7.12元，杂豆6.96元，绿豆9.68元。③

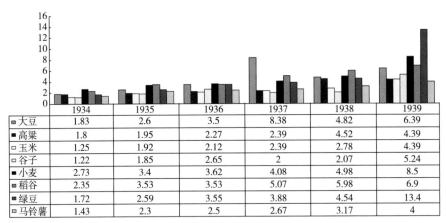

	1934	1935	1936	1937	1938	1939
大豆	1.83	2.6	3.5	8.38	4.82	6.39
高粱	1.8	1.95	2.27	2.39	4.52	4.39
玉米	1.25	1.92	2.12	2.39	2.78	4.39
谷子	1.22	1.85	2.65	2	2.07	5.24
小麦	2.73	3.4	3.62	4.08	4.98	8.5
稻谷	2.35	3.53	3.53	5.07	5.98	6.9
绿豆	1.72	2.59	3.55	3.88	4.54	13.4
马铃薯	1.43	2.3	2.5	2.67	3.17	4

图2-1　1934—1939年通辽粮食价格表（单位：元/50千克）

资料来源：《内蒙古自治区志·粮食志》编委会：《内蒙古自治区志·粮食志》，内蒙古人民出版社1997年版，第138页。

①　《内蒙古自治区志·粮食志》编委会：《内蒙古自治区志·粮食志》，内蒙古人民出版社1997年版，第62页。

②　［日］满铁新京支社调查室编：《大豆流通机构的变迁》，1943年版，第25—26页。

③　《内蒙古自治区志·粮食志》编委会：《内蒙古自治区志·粮食志》，内蒙古人民出版社1997年版，第139页。

日本在东北实行殖民统治时期，通过"伪满洲国"政府实施的《满洲国经济及建设纲要》，揭开兴安各省的农业统治政策。先后设立兴农部、兴农合作社，颁布粮谷统制法令以及农业开发和农产品增产计划等，充分暴露其强烈的掠夺性和破坏性，使内蒙古东部地区经济遭到严重破坏。在土地资源方面，日本殖民者实施的所谓"蒙地奉上"的国策，掠夺内蒙古东部各旗土地权益。在粮食资源方面，颁布粮谷统制法令、设立"农产公社"，在协和会、兴农合作社及行政机构三位一体的体制下，实行农产品收购政策和粮食配给制度，掠夺了大量的粮食资源。①

第五节　蒙地放垦、垦殖特点及其影响

清朝大规模垦殖，改变了内蒙古地区延续几百年的游牧经济状态，使内蒙古地区社会经济逐渐变为半农半牧区，也为形成现代内蒙古地区农业生产格局奠定了基础。但在一个多世纪的垦殖过程中，清政府实施的"借地养民""移民实边"政策，随后民初北洋政府推行的"边荒条例"以及日本帝国主义实施的殖民地农业，使内蒙古地区农耕北界从清代初期的"柳条边墙"推到松嫩流域。清代初期，内蒙古地区农耕停留在辽河下游的边墙内地区，"柳条边墙"成为显著的农牧分界线。但经过"借地养民"、"移民实边"和"边荒条例"政策以及日本殖民统制等一个世纪的掠夺，彻底打破了持续几个世纪的游牧经济，进入了农牧混合经济形式。

第一，蒙地放垦终结了"请旨私垦"，进入了"官放圈垦"。农耕的北上，首先发生在19世纪中期的"禁垦时期"，以塔子沟等三个厅的设置及其管理范围的不断扩大作为标志；其次，在卓索图盟和昭乌达盟大面积铺开。东部的哲里木盟农耕则以长春厅、昌图厅的设置为标志，直至20世纪初的"请旨招垦"时期才完成了第一次的北上。在清末放垦之前，哲里木盟南部和东部的平原、丘陵、河谷地区，卓索图盟大部和昭乌达盟敖汉、奈曼、翁牛特等旗的部分地区已成为农区或农牧交错区。由此，蒙地从"请旨私垦"阶段进入"官放圈垦"阶段。拉开了全面开垦蒙地的序

---

① 齐百顺：《日本侵占时期兴安省经济统制政策研究》，辽宁民族出版社2016年版，第355—373页。

幕，宣告了清王朝禁垦蒙地政策的最后终结。农耕北界的第二次北上是在清末的短时间内完成的。解禁后的蒙地在清朝"移民实边"的幌子下，遭遇大规模、掠夺性的垦殖，从此农垦推入蒙旗腹地。农垦范围扩到洮儿河下游白城及其以北地区，并西南沿西辽河沿岸，经开鲁县直到西拉木伦河流域的林西。放垦蒙地的基本特征是，彻底废弃禁垦蒙地的政策。以国家行政命令"丈放招垦"原属于蒙古盟旗所有的土地、牧场，也包括放垦或继续放垦"总管制"蒙古各旗和其他官有牧场，"清理"各旗原有未纳入地方官府管辖以及征赋范围的"私垦"土地。

第二，"移民实边"加速了蒙地农牧交错化。随着推行"借地养民"政策和"移民实边"政策，大批内地流民流入内蒙古地区垦耕。当在蒙旗垦耕的流民数量和蒙地开垦面积达到一定规模时，针对这一部分流民设置府、州、县、厅，由此管理垦耕农民。蒙地县厅的建立标志着"所辖区为已成农耕区"，象征着放垦蒙地从被动转为主动，无计划变为有计划。东部哲里木盟，从"移民实边"政策实施以来至清朝灭亡，连续设置30个府、州、县、厅，垦殖贯穿禁垦、私垦和官垦的整个过程。但卓索图盟、昭乌达盟一带第一次大规模的垦荒集中于清初到乾隆时期，比起哲里木盟开垦早近百年。光绪二十八年（1902年）后的"新政"时期，卓索图盟和昭乌达盟才进入第二次放垦高潮，范围主要集中在西拉木伦河流域。当农垦推到西辽河流域后，粮田连片大规模垦殖才成为可能。由于传统农耕对水资源的依赖性极强，东部内蒙古的垦殖在其推进过程中主要集中于雨水相对丰润的沿边墙平原区或灌溉条件尚有保障的河流两岸。从此，西辽河流域、嫩江流域变成以农为主的农牧交错区。

第三，"边荒条例"蒙地被掠夺进一步加深。1915年，北洋政府颁布"边荒条例"，控制和放垦蒙地的诸多《条例》《办法》，使蒙地的放荒不仅没有停止，反而更加规范化、规模化。该时期，各系大小军阀对蒙旗土地的抢占、乱垦更是成了他们敛财的首选途径，使得蒙旗土地开垦的规模和速度已远远超过了清末。另外，由于清末的土地放垦是"丈放在先，开垦在后"，所放的土地并不全部得以垦殖，这是民国初期蒙旗土地的开垦特征之一。有些蒙古王公则贪图地租和开荒的奖赏，也私自放垦土地，加之军阀强行放垦土地，东部内蒙古腹地蒙旗所放垦殖土地比重大幅度的增加。其中，屯垦集中在地处交通便利、地势平坦的哲里木盟北部草原地区，屯垦扩展到洮儿河中上游地区。屯垦军和内地移民成为该区农耕劳动力的主力，同时当地部分牧民逐渐转化为农牧兼营或纯粹的农耕人口。至此农耕北界已越过西拉木伦河、老哈河以及乌尔吉木伦河两岸，逼近东北平原的沙质草原地区，使内蒙古东部大面积牧草地消失。

第四，"开拓移民"使蒙地彻底陷入殖民统治。"九·一八"事变前，日本通过强占、购买、租赁、抵押、"合办"等形式，实际控制内蒙古东部地区大片土地，并取得土地的所有权。伪满洲国时期，日本急于侵占更广阔的土地，满足更多的物资需求，在东北地区疯狂地掠夺矿产资源、森林资源以及农畜产品，进行殖民统治。土地和农畜产品是日本侵略者掠夺的主要对象，实行经济"统制"政策成为日本帝国主义掠夺内蒙古东部地区最有效的途径。日本殖民者通过地籍整理、土地审定、开拓移民等方式，强占大片土地。实行具有强制性的粮谷、日用品、牲畜"配给制"和"出荷制"，掠夺农畜产品资源。垄断经济使内蒙古东部地区农牧业遭受举世罕见的掠夺，农牧民所受的压榨程度之深，生活生产破坏之大也是史上罕见。与此同时，日本侵略者设定百万町步的开拓移民区，收容大量移民，使之人口迅速增加，导致土地承载能力超越，水土流失，土地沙化等生态破坏现象。不仅如此，由于日本移民的进入，内蒙古东部的农村租佃关系和雇佣关系更加精细化，佃农、雇农在数量方面也得到迅速增长。移民区由于土地被日本人全部收夺，使当地中国人大量沦为佃农或雇农。

内蒙古地区自近代以来，经过"借地养民""移民实边""边荒条例""开拓移民"等一系列封建、军阀、殖民统治者的土地资源的掠夺政策，大量的牧草地被强制性地开垦，农耕边界快速向北推进。随着农耕边界的向北推进，大批流民涌入内蒙古地区西辽河流域、嫩江流域，不仅加快了传统农业的传播，带来了内地农业生产技术，促进了蒙汉民族的交流，改变了内蒙古地区单一游牧生产方式，在一定程度上为以后的农业经济发展奠定了基础。

第三章　社会主义改造与农业生产组织化

中国共产党在抗日战争时期提出减轻农民地租负担和借款利息的政策后，1946年开始在内蒙古东西部地区开展了"二五"减租减息工作。1947年5月，内蒙古自治区政府在王爷庙成立，标志着中国共产党在民主革命的实践中创造性地提出了民族区域自治的基本政策，引导蒙古民族解放运动走向了正确的发展道路。内蒙古自治区成立之后，首先面临的问题是铲除旧的封建剥削制度，建立新的社会制度。所以，对原有的土地所有制进行改革，建立"耕者有其田"的新的土地制度。1947年10月，中国共产党公布了《中国土地法大纲》后，内蒙古自治区在解放区开展农村土地改革运动，并先后在东西部地区进行了土地改革运动。1952年，全区土地改革顺利完成后，广大各族农民为了克服在发展农业生产中遇到的困难，积极要求组织起来，实行互助合作。1951年，党中央发出《关于农业生产互助合作的决议（草案）》，自治区各地本着积极领导、稳步发展的方针，引导农民走"组织起来，发展生产"的道路，使互助合作运动迅速发展起来。在自愿互利的基础上，积极开展爱国丰产活动，建立起具有民族地区特色的联合社和半农半牧区特色的农牧业结合合作社。1954年，全区在大力发展初级农业生产合作社的同时，自治区各地一些办的比较好的初级农业生产合作社基础上试办了高级农业生产合作社。1956年底，全区已组织建立高级农业生产合作社9622个，入社农户达121.8万户，占总农户的83%，基本实现了高级农业合作化。

农业生产合作化过程中，各地农业生产结构无论在种植结构还是生产结构以及资金投入方面发生了重大变化。与此同时，在党和各级政府的领导下，农产品流通管理逐渐走入正规化轨道，在公粮征收、农业赋税以及粮油市场、建立粮油购销机构等方面取得了显著成就，并逐渐把主要农产品流通纳入统购统销体制内。

第一节　土地改革运动

减租减息，是中国共产党在抗日战争时期提出减轻农民地租负担和借款利息政策。1946年，内蒙古东部哲里木盟、卓索图盟、昭乌达盟、兴安盟、纳文慕仁盟、呼伦贝尔盟等6个盟34旗、县、市开展了"二五"减租减息工作。西部绥远省地区，1950年11月颁布《减租令》，同时公布《绥远省新区减租条例》，规定各地一律实行"二五"减租。1947年10月，中国共产党公布《中国土地法大纲》，宣告中国彻底"废除封建性半封建性剥削的土地制度，实行耕者有其田的制度"。内蒙古自治区先后于1947年至1948年和1951年至1952年在东、西部地区进行了土地改革运动。

一　东部地区土地改革

1947年11月，中国共产党内蒙古工作委员会召开兴安盟群众工作会议，决定在内蒙古解放区兴安盟、纳文慕仁盟、呼伦贝尔盟以及当时归辽北省领导的哲里木盟和归热河省管辖的昭乌达盟、卓索图盟农村全面展开了土地改革运动。对于土地改革，中共内蒙古工作委员会和自治政府决定，"废除封建土地所有制，使蒙汉族劳动人民摆脱封建地主阶级的压迫和剥削，实现耕者有其田"政策。并根据《中国土地法大纲》和中央有关内蒙古地区开展土地改革运动的具体指示，认真贯彻"依靠贫农、团结中农、有步骤、有层次地消灭封建制度"。为了发展农业生产，内蒙古自治区认真贯彻落实土地改革总路线、总政策，结合本地区的民族特点、地区特点和当时的斗争形势，制定了一系列具体措施，开展了土地改革运动。废除封建土地所有制，使各族劳动人民摆脱封建地主阶级的压迫和剥削，实行耕者有其田。

1948年4月，自治区东部解放区完成土地改革。1948年5月，中共内蒙古自治区工作委员会、内蒙古自治区政府联合发出《关于确定土地发展生产》的通知，对确定地权、奖励开荒与奖励畜牧业生产作出了具体规

定。并根据中国共产党中央委员会公布的《中国土地法大纲》精神，制定
了《内蒙古土地制度改革法令（草案）》。确定废除封建性及半封建性的
土地制度及其他一切不合理的土地制度、剥削制度、奴隶制度以及各种特
权，在内蒙古畜牧区内实行放牧自由、农业区内实行耕者有其田。内蒙古
自治区政府对半农半牧区的土地改革政策是："农业占优势的地方，对大
中地主的固定大垄土地、耕畜分给贫苦农民，对小地主与富农的土地不
动。农业区的政策是：把大中地主的土地、耕畜、农具分给贫困农民，但
同时必须留给与一般农民同等的一份；对出租户口地的小地主，不斗不分
其财产；对蒙古族富农的剥削不超过其总收入50%的，其财产一般不动，
只分其土地的多余部分；对中农的土地坚决不动。"①1948年冬，内蒙古
自治区政府在总结全年农业生产、安排1949年任务时提出为了提高农业
生产技术和增加产量，一是奖励多开荒，1949年任务是4.8万垧；二是改
良耕作方法；三是防备水灾，兴修水利；四是政府投资60亿元在呼伦贝
尔和纳文慕仁盟发展水稻4500垧地等政策措施。1949年，内蒙古自治区
政府给农民颁发了土地执照。

二　西部地区土地改革

1947年，自治区西部地区的绥蒙区党委召开第一次土地会议。会议着
重研究了关于进一步贯彻党中央《关于清算减租及土地问题的指示》精
神，如何将减租减息政策逐步转变为没收地主土地、分配给农民的政策问
题，部署了下一阶段的土地改革运动。同年10月，绥蒙区党委决定，在
土地改革运动中主要采取全行政村联合斗争的形式，召开全村无地少地农
民会议和全村农民大会，斗争地主。11月，绥蒙区党委在山西朔县神头镇
召开会议，决定在绥东南实行土地改革。1948年2月，根据中共中央晋绥
分局指示，绥蒙区党委决定，坚决纠正地主不分田、富农分坏田的错误，
分给地主、富农一份地。分地原则一般是富农可略少于农民，地主可略少
于富农，但不要规定百分比例的死标准。1949年，绥蒙区党委发出关于新
区土改的指示。指出新区土改一般应分两个阶段，第一阶段打击地主，中

---

①　《内蒙古自治区志·农业志》编委会：《内蒙古自治区志·农业志》，内蒙古人民出版社
2000年版，第114—115页。

立富农；第二阶段，平分土地，包括富农土地在内，但待遇上对待富农应与地主有区别。同时，在土改中要严格注意保护工商业，从长期观点筹划经济与财政。绥蒙政府宣布凡新解放区内，所有地主、富农出租的土地，均实行"二五减租"。即：按原租额减去二成半；凡公有地、庙地、无主地及政府宣布没收大奸霸的土地，均由农会或春耕委员会，无代价地统一调剂给贫困军工烈属及无地少地贫困农民耕种。1949年4月，内蒙古自治区政府提出农业生产要改进和提高，包括选种、施肥、精耕细作、防治病虫害、推广新农具、保护和繁殖耕畜等六项要求。

内蒙古西部地区解放比东部地区晚，土地关系和民族关系比较复杂，旗县并存、农牧矛盾、永租地等问题较为特殊。汉族人口多，蒙古族土地多；蒙旗土地占有的过程与性质同一般地主占有土地不同。因此土改中，除蒙古族地主外，不能按照处理一般地主占有土地的方法来处理一般蒙古族农民的土地问题。蒙古族农民农业生产粗放，大部分蒙古族农民虽然以经营农业为主，但不习惯参加农业生产劳动，依靠出租土地过生活，收租粮较少。在伊克昭盟准格尔旗经营农业的蒙古族农民，出租土地的户占90%，蒙古族农民的经济生活一般比较贫困。由于历史上统治阶级强制大量开垦牧场，迫使蒙古族牧民迁移到水草缺乏的地区生存，造成农牧矛盾。1951年11月，自治区西部地区全面进行土地改革。12月，绥远省人民政府发出《关于新区普遍实行减租和调剂土地问题的决定》，规定所有地主、旧式富农及一切机关、团体、学校、庙宇、教会等所出租的土地，一律实行减租。1951年12月，绥远省人民政府公布施行《绥远省土地改革实施办法（草案）》《绥远省蒙旗土地改革实施办法（草案）》，《绥远省关于蒙民划分阶级成分补充办法（草案）》《土地改革干部八项纪律》。1951年底，中共绥远省委和绥远省人民政府决定在半农半牧区进行民主改革，贯彻"以牧为主、照顾农业，保护牧场，禁止开荒"的政策，在这些地区不进行土地改革，只是根据当地蒙汉农民群众的要求，适当地调剂个别大地主的土地。在农业占优势的地方，大、中地主的固定的大垄土地、耕畜平分给贫苦农民，小地主与富农的土地不动。在土改中，对喇嘛庙仓，因涉及宗教政策，采取慎重的方针。即对喇嘛庙所属的土地，当地蒙古族农民如有要求，可酌量征收其一部分。对喇嘛和喇嘛庙享有的封建特权则宣布一律废除。对喇嘛实行团结、改造的方针，喇嘛如愿意经营农业也分给与当地蒙古族农民同样一份土地，鼓励喇嘛从事生产劳动。在旗县并存的蒙汉族杂居农业区开展土地改革运动时，组织民族联合的土地改革委员会与土改工作团，适当配备了蒙古族干部，认真宣传和贯彻党的民族政策，合理处理民族纠纷。由于土地改革中注意贯彻上述方针政策，西部地区土改运动得以顺利进行。从1951年至1952年，绥远省1416个村240余万人口的农业区土地改革完成。①

三　半农半牧区民主改革

在内蒙古自治区，除了农业区和牧区外，还有面积广阔的半农半牧区。在这些地区，既有农业区的特点又有牧业区的特点。而阶级关系和生产方式又与农业区和牧业区不同，既是农牧业经济交错结合的地方，又是蒙汉民族农牧民杂居的地区，存在极其复杂的土地关系、农牧关系和民族关系。因此，自治区政府认识到在这些地区进行民主改革，既不能套搬农业区土地改革的做法，也不能完全采取牧业区民主改革，必须从这些半农半牧区的阶级关系、民族关系和社会经济特点出发，采取切合这些地区实际的方针政策，既要解决好阶级矛盾，又要调整好农牧关系和民族关系。

1947年7月，中共绥蒙会决定在半农半牧区不进行土改，而进行不同于牧区的民主改革。在废除封建土地所有制与牧场所有制，废除封建阶级一切特权，废除一切地主、王公、高利贷者对贫苦农民的一切债权的前提下，制定了半农半牧区"发展农业，发展畜牧业，适当提高贫困农牧民生活"的民主改革方针。初期，一些地区贯彻上述方针中，由于对半农半牧区的特点认识不够，仍然套搬农业区土地改革的政策，出现了一些"左"的做法，扩大了打击面，影响了民族关系和农牧关系。1948年7月，乌兰夫在哈尔滨举行的内蒙古干部会议上进一步明确了半农半牧区民主改革的政策，提出：（1）在半农半牧区农业占优势的地方，大、中地主的土地、耕畜平分给贫苦农民，小地主和富农的土地、耕畜不平分；（2）畜牧业占优势地区，大牧主的役畜平分给贫苦牧民，畜群不分；（3）个别蒙奸恶霸

---

① 《内蒙古自治区志·农业志》编委会：《内蒙古自治区志·农业志》，内蒙古人民出版社2000年版，第117页。

地主的土地，牲畜和财产，经政府批准可分给农牧民。[1]通过贯彻执行上述政策纠正了在半农半牧区进行民主改革中出现的问题。

在半农半牧区进行民主改革工作中，中共绥蒙会又制定了半农半牧区实行"以牧为主，兼顾农业，保护牧场，禁止开荒，有计划、有步骤地发展生产"的方针。并根据蒙汉群众的意愿和自然条件，特别是根据蒙古族群众的要求，确定了半农半牧区的范围，划分农田与牧场的界限。对于自然条件适宜农牧业经济并存的地方采取了农牧并重的政策；对于适宜农业生产且已耕种的地方则维持现状；对于不适宜农业，农业生产经营不善又易引起农牧矛盾和民族纠纷的地方，一般采取了适当封闭耕地的方法，帮助农牧民逐渐转向各自擅长的生产领域，以利农牧业协调发展，同时大力提倡"蒙汉互助，发展生产"，使蒙汉民族农牧民相互支持，农牧业互相补充，既协调了蒙汉民族关系，又调整了农牧业生产，促进了半农半牧区经济的发展。

内蒙古东西部地区，经过土地改革运动，彻底摧毁了封建统治基础，消灭了农村封建剥削，把地主的土地分给了贫苦农民，实现了"耕者有其田"，使许多无地或少地的农民分得了土地和耕畜、农具、房屋、粮食等财产。据兴安盟和纳文慕仁盟所辖9个旗县不完全统计，各族农民在土改中分得的土地445万亩，平均每人分得15亩，耕畜15.6万头，房屋65273间，农具1.5万多件，粮食11.9万石。[2]内蒙古西部地区经过土改，农民占有的土地大大增加。雇农每人平均由土改前的0.7亩增加到10.95亩，贫农由2.7亩增加到11.47亩，中农由8.2亩增加到15亩。对无地少地的蒙古族农民比汉族社员多分配了1倍左右的土地。据统计，全区无地少地的各族农民共分得土地1132万亩，65800头耕畜，16.8万间房屋，27.7万余件农具，6186万斤粮食。在半农半牧区调整出120万亩牧场。[3]

---

① 《内蒙古自治区志·农业志》编委会：《内蒙古自治区志·农业志》，内蒙古人民出版社2000年版，第117页。

② 《内蒙古自治区志·农业志》编委会：《内蒙古自治区志·农业志》，内蒙古人民出版社2000年版，第118页。

③ 《内蒙古自治区志·农业志》编委会：《内蒙古自治区志·农业志》，内蒙古人民出版社2000年版，第118页。

第二节　农业生产组织化与农业经济发展

一　农业生产互助组

土地改革完成后，广大各族农民为了克服在发展农业生产中遇到的困难，积极要求组织起来，实行互助合作。1951年，党中央发出《关于农业生产互助合作的决议（草案）》，自治区各地本着积极领导、稳步发展的方针，引导农民走"组织起来，发展生产"的道路，使互助合作运动迅速发展起来。至1952年底，全区已组织各种类互助组达13.9万个。其中，常年互助组占34.3%，参加各类互助组的农户有68万多户，占总农户的51.6%。[①]农业生产互助组的形式，主要分为临时互助组（或季节互助组）和常年互助组。临时互助组，有的地方叫换工插犋组。其特点是，生产资料私有，大多是通过亲朋好友关系，自愿组织起来。互助形式灵活多样，有的插犋换工，有的以畜换工，有的以工换工。互助规模一般3—5户、4—5个劳动力、3—4头牲畜，记工算账简单易行，大都在春耕、夏锄、秋收等农忙季节在一起互助集体劳动。常年互助组比季节性临时互助组形式较高级一些，规模一般在10户左右，10个左右劳动力，8—9头牲畜，[②]有简单的生产计划和农业生产技术分工，评工计分较细致，有的还实行农业和副业相结合的劳动互助。

在半农半牧区和民族杂居地区，还出现一批蒙汉民族农牧民联合组成的农牧业结合的生产互助组。各族农牧民在自愿互利的基础上，取长补短，发扬团结互助精神，走上共同发展农牧业生产的道路。如，原临河影罗圈湾村的蒙汉民族联合互助组，汉族组员帮助蒙古族组员五十八耕种62.5亩地，而五十八帮高铭国等汉族组员放牧65只羊，发挥了各族农民的特长，使互助组的农牧业得到共同发展。自治区发展互助组合作运动初期，部分地区因注意贯彻自愿互利原则不够，一度出现强迫编组、大把

---

① 《内蒙古自治区志·农业志》编委会：《内蒙古自治区志·农业志》，内蒙古人民出版社2000年版，第119页。

② 《内蒙古自治区志·农业志》编委会：《内蒙古自治区志·农业志》，内蒙古人民出版社2000年版，第119页。

青、伙种伙分，不清工算账等偏向；一些地区在纠正上述偏向时，又出现放任自流现象，使许多互助组流于形式。[①]为克服这些偏向，各地政府加强了领导，进一步贯彻"自愿互利"的原则，强调互助合作的形式应根据发展生产的需要和各地不同情况，灵活多样，不求划一，并采取措施，对各类互助组加以具体扶助。（1）发放农贷适当照顾发展生产好或生产有困难的互助组；（2）新式农具优先贷给互助组；（3）推广优良品种优先照顾互助组；（4）奖励劳模，优先奖励好的互助组。1952年6月，内蒙古自治区在乌兰浩特召开农业生产互助合作会议，着重讨论农村互助合作中存在问题及爱国丰产竞赛运动，使全区的互助合作运动逐步走上健康发展的道路，涌现出一大批爱国丰产模范互助组。

农业生产互助组虽然是以私有制为基础，但通过互助合作，解决了农民在发展生产中遇到的劳动力、耕畜及其他生产资料不足的困难，有利于耕作技术上的取长补短，提高了耕作水平，促进了农业生产的发展，显示出一定的优越性。据自治区西部地区1952年对106个互助组中112户组员的调查，粮食作物平均亩产88.5千克，超过西部地区平均亩产40.4千克的118%；油料作物平均亩产35.5千克，超过西部地区平均亩产18.5千克的92%。[②]一些基础好的常年互助组还积累了一部分公共财产，进行一些小规模的农田基本建设，购置了部分公有的生产资料。1952年对西部地区98个互助组的调查，互助组购置的大型农具有302件，牲畜159头（只），并开设油坊、粉房、磨坊13座，积累粮食380多石，存款2200多元。有48个互助组修渠75条，42个互助组打井144眼，49个互助组营造公有林830亩。1953年底，绥远省在两年内建立31700多个季节性农业生产互助组，9800多个常年互助组，组织起来的农户占总农户的45%以上。[③]

互助组合作运动中涌现出一批模范互助组和带领群众走互助合作道路的带头人。其中，有闻名全区的兴安盟扎赉特旗的莫日格策互助组、科右

---

① 《内蒙古自治区志·农业志》编委会：《内蒙古自治区志·农业志》，内蒙古人民出版社2000年版，第119页。

② 《内蒙古自治区志·农业志》编委会：《内蒙古自治区志·农业志》，内蒙古人民出版社2000年版，第120页。

③ 《内蒙古自治区志·农业志》编委会：《内蒙古自治区志·农业志》，内蒙古人民出版社2000年版，第120页。

前旗的温永海互助组，呼伦贝尔盟布特哈旗的谢文升互助组、阿荣旗的栾克昌互助组，哲里木盟科左中旗的韩珍互助组、通辽县的李富互助组、乌兰察布盟凉城县的郭老虎互助组、和林格尔县的王太互助组，巴彦淖尔盟乌拉特前旗的余占海互助组等，带领群众走合作化的道路，发展农业生产中，起到了积极的促进作用。[①]

二　农业生产合作社

（一）发展初级农业生产合作社

1952年，内蒙古自治区在互助合作运动广泛开展起来的基础上，根据生产发展的需要，在农业生产劳动模范莫日格策、韩珍、谢文升、郭老虎等常年互助组的基础上试办了17个初级农业生产合作社。1953年，党中央提出过渡时期的总路线，明确提出对农业实行社会主义改造。是年10月又发布《关于发展农业生产合作社的决议》，提出要积极而又谨慎地引导农民逐步过渡到社会主义，把领导互助合作运动由建立互助组为主转到建立初级农业生产合作社阶段上来。内蒙古自治区根据党中央的指示，把一批条件较好的常年互助组，扩建为初级农业生产合作社，共建立初级合作社176个。1954年，全国掀起大办初级社的热潮，自治区各地也开始大批建立初级农业合作社。至1955年，全区初级农业生产合作社已发展到6994个，入社农户19.17万户，占总农户的17.27%。[②]全区大部分农村已经乡乡有社。从生产发展情况看，大部分初级社在较合理规划利用土地资源，集体兴修农田水利，推广科学技术方面都比互助组显示了较大的优越性，产量超过了互助组。据1955年7月呼伦贝尔盟莫力达瓦旗、阿荣旗、布特哈旗调查，已有的449个初级农业生产合作社中，生产发展，社员收入增加，管理有序，群众满意的一类社214个，占总社数的47.6%；生产发展，大部分社员收入增加。但在管理工作上存在一些问题的二类社217

---

①　《内蒙古自治区志·农业志》编委会：《内蒙古自治区志·农业志》，内蒙古人民出版社2000年版，第120页。

②　《内蒙古自治区志·农业志》编委会：《内蒙古自治区志·农业志》，内蒙古人民出版社2000年版，第120页。

个，占总社数的48.3%；问题多、经营差的初级社18个，占4%。[①]这个调查资料说明，大部分初级农业生产合作社经营较好。

1955年7月，毛泽东主席作了《关于农业生产合作化问题》的报告，同年10月在党的七届六中全会上通过了《关于农业合作化问题的决议》，这两个文件都批判了农业合作化运动中出现的右倾保守思想。根据报告和党的七届六中全会精神，内蒙古自治区党委迅速召开了各级干部会议，自上而下地检查了在领导农业合作化运动方面的右倾保守思想，组织大批干部深入农村，宣传贯彻了中央指示，全区迅速掀起一个新的办社高潮。至1956年1月，全区初级合作社发展到16000个，参加农户占75%以上，[②]基本实现了社会主义的农业合作化。这些初级农业生产合作社中，实行土地和基本生产资料入股，统一经营，收益按入股的土地和劳力比例进行分配。由于各地农村具体条件的不同，土地和基本生产资料入股方式不尽相同。大致有以下几种形式：

土地入股形式："死租活给，死租死给"，部分合作社实行土地入股无报酬。大部分实行"死租活给"的办法。据呼伦贝尔盟阿荣旗、莫力达瓦旗、布特哈旗的449个初级社的调查，实行"死租活给"的356个社，占79.2%；实行"死租死给"的66个社，占14.6%；实行无报酬的42个社，占0.93%。[③]

主要生产资料入股方式：牲畜入社，大部分实行私有、公用、公喂，有少数实行作为股份基金作价归社，还有极少数实行私有、公用、私喂；农具入社，主要实行农具私有、合作社租用，有一部分实行作价归社或作价入社作股份基金，有部分实行作价入社付息，也有少部分实行合作社向社员借用等办法。初级农业生产合作社生产管理形式大致有常年包工、季节包工、临时包工和生产组长派工等几种形式。实行常年包工的只是少数，实行季节包工、临时包工的占大部分，相当数量的社还是实行临时派

---

①　《内蒙古自治区志·农业志》编委会：《内蒙古自治区志·农业志》，内蒙古人民出版社2000年版，第121页。

②　《内蒙古自治区志·农业志》编委会：《内蒙古自治区志·农业志》，内蒙古人民出版社2000年版，第121页。

③　《内蒙古自治区志·农业志》编委会：《内蒙古自治区志·农业志》，内蒙古人民出版社2000年版，第121页。

工。劳动评工，大部分初级社实行"死分活评"，有部分社实行"死分不评"和"打头制"等办法。初级农业生产合作社的生产计划（包括种植计划、劳力使用计划、财务收支计划），都由合作社社员选举的社务委员会（也有称社务管理委员会），根据国家、合作社、社员生活需要而制订，经社员大会通过。社务委员会，由主任、副主任、财务人员及有生产经验的农民组成。在初级社迅猛发展的过程中，一度出现工作简单粗糙，部分地区出现强迫命令，不根据农民自愿，强迫组织合作社，搞形式主义的偏向。自治区各地针对不同情况，结合生产进行了整顿、巩固、提高的工作。

（二）建立高级农业生产合作社

1954年，在大力发展初级农业生产合作社的同时，自治区各地一些办的比较好的初级农业生产合作社基础上试办了20多个高级农业生产合作社。1955年农业部选定农业增产模范，哲里木盟科左中旗巴彦塔拉努图克新民农业生产合作社，平地泉行政区土默特旗四区太平庄乡新茂农业生产合作社被评为模范。[1]1956年，在全国掀起发展高级农业生产合作社的高潮下，自治区各地也出现了不顾客观条件，片面追求高级合作社的数量，盲目把小社并大社成立高级社，有些地区高级社直接由几个互助组合并组成。至1956年底，全区已组建高级社9622个，入社农户达121.8万户，占总农户的83%，基本实现高级农业合作化。[2]

自治区高级农业生产合作社，是社会主义性质的集体经济组织，土地和基本生产资料都归集体所有，取消土地报酬，实行按劳分配。高级农业生产合作社的规模，大部分是100户左右，大的社有600多户。土地、耕畜、大型农机具等生产资料作价归社，集体统一经营，统一调配使用。社员的零星树木、家禽、小农具归社员私有。高级社设若干生产队或作业组，实行"统一经营，分级管理，明确分工，个人负责"的生产管理制度。对各生产队或作业组，实行耕地、耕畜、农具、劳力"四固定"。大

---

① 中国社会科学院、中央档案馆编：《中华人民共和国经济档案资料选编·农业卷（1953—1957）》，中国物价出版社1998年版，第118页。

② 《内蒙古自治区志·农业志》编委会：《内蒙古自治区志·农业志》，内蒙古人民出版社2000年版，第122页。

部分高级社推行"包工、包产、包财务",超产奖励,减产扣工分的"三包一奖"制度,有的合作社实行"以产记工"的办法,生产队对社员劳动评工采取计分办法。一些经营较好的高级社在劳动计酬方式上实行定额管理,即把全年各种农活,按照不同季节,不同技术水平,及农活轻重、难易程度、统一安排,按劳动力所能完成的数量、质量评记工分。一些管理较差的高级社评工记分比较简单,在生产队或作业组的范围内实行平均主义的按日记分。

在实现高级合作化过程中,特别在处理生产资料作价入社等问题上,一些地区没有坚持自愿互利的原则,侵犯了中农的利益。一些高级社管理干部作风不民主,强迫命令、瞎指挥、生产管理混乱、铺张浪费严重,普遍存在窝工现象。这些问题都引起了社员的不满,影响了社员生产积极性的发挥,由此有的地方发生社员要求退社的现象。据1957年5月统计,仅在昭乌达盟要求退社的农民达1502户。

（三）成立有特色的农业生产合作社

内蒙古自治区的农业合作化运动发展规律,和全国各地基本相似,但也有自治区自己的特点。自治区在实现农业合作化运动中,根据党中央的方针、政策,结合自治区各地实际、组织了一批具有民族特点、地区特点的农业生产合作社。

1. 民族联合社

内蒙古自治区的农业区除蒙古族和汉族聚居外,还有达斡尔族、鄂温克族、朝鲜族、回族、满族等多民族从事农业生产。这些少数民族多数居住在蒙汉民族杂居地区。根据这一特点,发展农业合作化过程中,考虑有利于经济发展和民族团结,在一些少数民族聚居地区建立单一民族的农业生产合作社外,其他多民族杂居区,根据群众的自愿,建立了民族联合社。自治区党委和人民政府把办好的民族联合社作为自治区农业合作化运动中一项重要特殊任务,采取了特殊政策。如:凡是民族杂居地区,办单一的民族社或民族联合社,必须尊重各民族人民的意愿,完全由各民族人民自己决定;民族联合社领导成员中,必须有与各民族社员大体相适应的各民族的领导干部;实行经济民主,记账和公布分配结果,凡是必需的,同时用两种文字;在劳动组织上,照顾各组社员的特长,帮助农业生产技术较差的蒙古族和其他少数民族社员提高农业生产技术水平；尊重各族人民的风俗习惯、语言文字、宗教信仰，加强民族团结，加强爱国主义和国际主义教育；允许社员在不妨碍集体生产的条件下自养少量牲畜，农业社在饲草、牧场和劳动力安排方面给予照顾；对蒙古族和其他少数民族的社员，允许自养骑马、奶牛和食用羊，其数量应允许多于汉族社员。

这些规定的实施，保证了民族联合社的健康发展。全区农业合作化运动中，建立的13500个农业生产合作社中，民族联合社有3800多个。这些民族联合社在农牧业生产中，都显示了很大的优越性。1956年，全区所有的民族联合社都增加了产量，有的增产幅度在20%以上，大部分少数民族社员增加了收入。据对24400个少数民族社员收入情况的调查，增加收入的约占69%，收入不增不减的15%，减收的约占16%左右。为了解决这部分少数民族社员减收问题，各地党组织和政府帮助合作社采取适当安排劳动力，合理调整社内不同工种间的劳动报酬，注意充分发挥各族社员的生产特长，如发挥蒙古族社员擅长经营畜牧业和朝鲜族社员擅长种植水稻等，适当提高其劳动报酬；对土地多、劳动力少、农田作业技术差的少数民族社员给予了一定的土地报酬（主要在西部地区）；对贫困的少数民族社员，优先用公益金给予适当补助等措施，使减收的少数民族社员逐步增加收入。

2. 农牧业结合

自治区的农业区和半农半牧区，农牧业都占相当大的比重。大多数农牧民除了耕役畜外，还拥有一定数量的牧畜，并习惯和擅长饲养放牧牲畜。在牲畜较多的农业区和半农半牧区，组织了农业与畜牧业相结合的生产合作社，即农牧结合社。在社会主义改造中，除了贯彻农业合作化的主要方针政策外，还根据畜牧业经济的特点，慎重地规定了牲畜入社处理办法，基本原则是把牲畜和耕畜区别对待，在土地、耕畜等主要生产资料入社后，对社员私有牲畜，采取多种过渡办法，进行社会主义改造。主要有四种形式：

第一种是农牧业生产由合作社统一安排，劳动力统一调配使用，农业集体经营，牧畜社员私有，由合作社统一放牧，畜主付放牧工资，牧业收益归畜主，社内所得工资全部并入农业收益统一分配。第二种是土地和牲畜统一入社（母畜以头入社，散养畜由合作社代放），统一经营，牧业收益按劳动力和牲畜比例分红，其劳动力所得部分并入农副业收益中，按农牧副业劳动日统一分配，其中有的合作社土地不分红。第三种是牲畜折价作股入社，或作价为股份基金，由合作社统一经营，牧业收益按劳力和牲畜比例分红。第四种是牲畜作价，用国家贷款或社员投资购置，由合作社统一经营，其收益除归还贷款外，完全按劳动日分红。

农牧结合社中有许多是农牧结合的民族联合社，也有单一民族组成的农牧结合社。农牧结合社在生产中显示了很多优点，能够统筹安排农牧业和副业生产，并根据每个劳动力的特长，实行分工分业，提高了劳动效率，促进了农牧业生产，使农牧业能在统一管理下能实现相互支援、相互促进、共同发展。合作社生产的粮食和饲料为发展畜牧业提供了物资保障，出售畜产品的收入为发展种植业提供了所需资金，牲畜的粪肥为种植业提供大量有机肥料。农牧业结合，有利于农田、牧场统一规划，既扩大农田又保护牧场，能够更好地解决了半农半牧区农牧矛盾问题。

3. 土地不分红

自治区地多人少，劳动力不足，在农业区和半农半牧的一些地区，农民在历史上就有合伙种、合伙分、土地不取报酬的习惯。在合作化运动中，一些地区农民要求组织土地不分红的合作社，某些地方领导由于对客观历史情况缺乏具体分析，对群众自愿组织起来的这种不分红的合作社进行"纠正"，照搬其他地区的经验，硬性规定实行土地分红而引起农民的不满。自治区党委和政府及时纠正了这一偏向。允许群众从实际出发，自愿组织土地不分红合作社，并加强了对土地不分红合作社的领导。然而，转入高级合作化时，这部分不分红的合作社迅速转向高级社。

第三节　农业生产结构及其特征

一　种植结构

1947—1957年，内蒙古自治区农业发展经历了土地改革、民主改革和社会主义改造阶段，农业经济发展取得了前所未有的成果。1947年，全区年末实有耕地面积396.7万公顷，农作物总播种面积为347.9万公顷。1950
年，随着土地制度改革和耕地的整理开发，全区耕地面积扩大到472.6万
公顷，其中水田面积2万公顷，占总耕地面积的0.4%；水浇地面积33.5万
公顷，占总耕地面积的7.1%；是年全区农作物播种面积为423.8万公顷，
其中粮食作物占91.7%，经济作物占6.7%（表3-1）。粮食生产五大作物中
谷子播种面积73.3万公顷，占粮食作物播种面积的17.3%；糜黍播种面积
49.3万公顷，占粮食播种面积的11.6%；莜麦播种面积40.3万公顷，占粮
食播种面积的9.5%；小麦和玉米播种面积分别是29.6万公顷和24.7万公
顷，分别占粮食作物播种面积的6.9%和5.8%；水稻种植面积2.0万公顷，
只占粮食播种面积的0.5%。马铃薯和大豆种植面积分别是17.1万公顷和
11.7万公顷，分别占粮食作物播种面积的4.0%和2.8%（表3-2）。经济作
物生产主要以油料作物为主，蔬菜、麻类、烟叶以及其他经济作物为辅。
1950年，油料作物播种面积为25万公顷，占经济作物播种面积的88.3%。
其中，胡麻和油菜分别播种9.4万公顷和3.4万公顷；蔬菜、麻类、烟叶和
其他作物播种面积分别占13.1%、2.8%、0.4%和23.3%（表3-3）。

表3-1　　　　　　　　　　　　耕地面积和播种面积　　　　　　　　　　单位：万公顷

年份	年末实有耕地面积	水田	旱地	水浇地	总播种面积	粮食作物播种面积	经济作物播种面积
1947	396.7			29.5	347.9		
1948	417.0	0.9	416.1	31.6	372.7	337.2	27.1
1949	433.1	1.4	431.7	32.1	389.6	352.8	28.0
1950	472.6	2.0	470.6	33.5	423.8	388.8	28.3
1951	506.3	1.8	504.5	39.8	469.7	416.0	46.2
1952	517.4	1.5	515.9	52.9	494.9	436.0	49.7
1953	531.9	1.6	530.3	54.3	477.6	428.7	40.5
1954	531.6	1.1	530.5	55.5	484.9	437.8	36.6
1955	542.3	1.4	540.9	57.9	488.6	435.8	41.9
1956	569.9	3.3	566.6	68.0	531.0	472.9	42.8
1957	571.5	4.3	567.2	64.5	527.9	463.2	48.6

资料来源：《内蒙古统计年鉴》，2004年。

经过几年的农业结构调整和农田水利建设，1957年全区年末实有耕地

面积达 571.5 万公顷，比 1950 年增加了 21%。其中，水田面积扩大到 4.3
万公顷，水浇地面积 64.5 万公顷，分别比 1950 年增长了 2 倍左右。是年，
全区农作物播种面积达 527.9 万公顷，比 1950 年增加了 24.6%。其中粮食
占 87.7%，经济作物占 9.3%，但粮食作物种植结构变化不大。粮食作物中
谷子播种面积仍是最大，总播种面积 84.7 万公顷，占粮食作物的 16%；其
次是糜黍播种面积占 12.9%，莜麦占 12.2%，小麦和玉米播种面积分别占
12.1% 和 6.9%；水稻播种面积虽然比 1950 年大幅度增加，但在粮食作物
中比重较少，仅占 0.76%；薯类和大豆播种面积也有所增长，分别占 4.1%
和 4.6%。

表3-2　　　　　　　　　　　主要粮食作物播种面积　　　　　　　　单位：万公顷

年份	农作物总播种面积	粮食作物播种面积	小麦	玉米	水稻	谷子	莜麦	糜黍	薯类	大豆
1947			22.6	19.1	0.8	61.0	32.0	42.0		14.7
1948			25.0	20.1	0.9	63.8	33.1	46.0	16.2	14.9
1949	389.6	352.8	26.7	22.4	1.4	65.7	35.3	46.7	16.6	16.5
1950	423.8	388.8	29.6	24.7	2.0	73.3	40.3	49.3	17.1	11.7
1951	469.7	416.0	33.9	19.1	1.6	73.5	52.7	56.5	21.8	11.1
1952	494.9	436.0	43.9	22.9	1.5	79.8	60.8	71.5	22.1	15.8
1953	477.6	428.7	47.6	24.4	0.8	77.0	62.0	69.1	21.1	21.7
1954	484.9	437.8	58.0	26.4	1.6	73.3	60.4	70.4	20.6	22.7
1955	488.6	435.8	60.2	31.9	1.4	71.9	64.7	68.8	19.8	26.9
1956	531.0	472.9	60.1	50.6	2.9	88.7	59.6	71.9	21.9	24.2
1957	527.9	463.2	64.0	36.2	4.0	84.7	64.2	68.1	22.4	26.8

资料来源：《内蒙古统计年鉴》，2004年。

　　经济作物中，油料作物播种面积仍是最大，共有 43.1 万公顷，占经济
作物总播种面积的 88.7%。其中，胡麻占 52.7%，油菜占 12.5%，其他油料
作物占 34.8%；烟叶、麻类和蔬菜等播种面积也有所增加，分别占经济作
物播种面积的 0.6%、0.35% 和 13.6%；甜菜从 1955 年开始种植，当年播种
面积 0.8 万公顷，占经济作物的 1.9%。1957 年增加到 1.4 万公顷，比上年
增加了 0.6 万公顷；其他经济作物播种面积占 33.1%（详见表3-3）。

表3-3				主要经济作物播种面积				单位：万公顷
年份	经济作物播种面积	油料	胡麻	油菜	甜菜	烟叶	麻类	蔬菜	其他作物播种面积
1947	20.4	18.7	7.8	2.3					38.6
1948	27.1	25.0	8.5	2.4		0.2	1.0	4.7	8.4
1949	28.0	25.8	9.2	1.9		0.2	1.0	5.0	8.8
1950	28.3	25.0	9.4	3.4		0.1	0.8	3.7	6.6
1951	46.2	36.4	14.3	5.0		0.2	0.9	4.2	7.5
1952	49.7	46.6	17.7	6.9		0.2	1.5	5.1	9.3
1953	40.5	38.4	17.2	6.0		0.2	1.2	4.7	8.3
1954	36.7	34.9	17.3	4.8		0.2	0.9	5.6	10.4
1955	41.9	39.6	21.5	4.8	0.8	0.3	0.9	6.0	11.0
1956	42.8	39.8	21.6	5.6	1.0	0.3	0.9	6.3	15.3
1957	48.6	43.1	22.7	5.4	1.4	0.3	1.7	6.6	16.1

　　资料来源：《内蒙古统计年鉴》，2004年。

二　生产结构

　　1947—1957年，全区粮食生产取得了显著成就，1952年粮食产量348.5万吨。1954年产量达到399.5万吨，特别是小麦、玉米、稻谷、薯类、大豆生产量持续增加，谷子、莜麦、糜黍产量至1955年占居前三位。1956年，全区粮食总产量达465.5万吨。但1957年由于多数地区遭遇旱灾、水灾、病虫害以及霜冻、大风、冰雹等特大自然灾害影响，主要农作物单位产量减少，总产量下降到302.5万吨。

　　1947年，全区小麦产量10万吨，每公顷产量435千克，占粮食总产量的5.4%；1952年，小麦产量增加到25万吨，每公顷产量578千克，占粮食总产量的7.2%；从1953年起，自治区政府提倡有计划地增加小麦面积，精耕细作，大力开展良种的评选和推广，在水浇地小麦进行大规模品种更换，迅速扩大了优良地方品种的种植面积。在土默川平原推广了小白麦和芒麦品种，播种面积达2.67万公顷，占该地区小麦面积的60%。增产10%—20%；阴山丘陵旱作区推广了大白麦，种植面积1.3万公顷，占该地区小麦播种面积的25%左右；东部地区评选出大青芒、多伦小麦、大肚子、红芒等品种迅速推广到呼伦贝尔盟岭北和岭南地区。1957年，全区小麦总产量增加到52.5万吨，每公顷产量825千克，占粮食产量的17.4%，位居全区粮食产量第一（详见图3-1）。

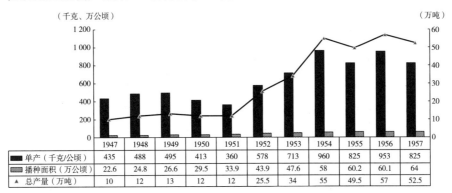

图3-1　1947—1957年全区小麦生产情况

资料来源：《内蒙古自治区志·农业志》编委会：《内蒙古自治区志·农业志》，

内蒙古人民出版社2000年版，第223页。

玉米产量1947年19万吨，每公顷产量994.7千克，占粮食总产量的10.2%；1951年播种面积19.1万公顷，由于旱灾单位产量减少，总产量减少到11.5万吨；1952年后全区玉米播种面积逐年增加，每公顷产量达到1000千克以上，总产量30万吨以上。1956年，提倡多种高产作物，扩种玉米，西部区玉米种植面积随之增加。当年土默川平原和河套灌区调入东部区玉米品种，种植面积达到5.44万公顷，全区总产量曾达到78.5万吨。1957年，西部玉米播种面积有所下降，但每公顷产量提高到9529.5千克，比1947年的944.7千克增加10倍，占全区粮食总产量的11.2%（详见图3-2）。

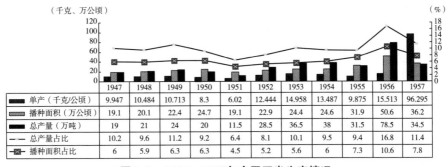

图3-2　1947—1957年全区玉米生产情况

资料来源：《内蒙古自治区志·农业志》编委会：《内蒙古自治区志·农业志》，

内蒙古人民出版社2000年版，第230页。

　　自治区水稻生产主要分布在呼伦贝尔盟、兴安盟、哲里木盟、昭乌达盟和巴彦淖尔盟。1947年总产量为1.2万吨，每公顷产量为1515千克，仅占粮食总产量的6.5%。1949年巴彦淖尔盟水稻播种面积达4933公顷，约占全区水稻面积的35.3%。50年代初，水稻产区分布发生变化，巴彦淖尔盟稻田面积逐年扩大，占全区水稻播种面积的50%以上；而呼伦贝尔盟、兴安盟、哲里木盟和昭乌达盟的种植面积则逐年减少，由1949年的9067公顷下降到1952年的6533公顷。伊克昭盟沿黄河地区和包头市开始种植水稻，但面积66.7—200公顷左右。1950年，水稻总产量突破2万吨，但单位产量下降到1223千克，1952年单位产量突破2000千克。1955年总产量突破3万吨，1956年总产量达到6.59万吨，比1947年增加了5.5倍，每公顷产量从1947年的1515千克增加到2250千克，1957年单位产量减半，总产量下降到4.17万吨（详见图3-3）。

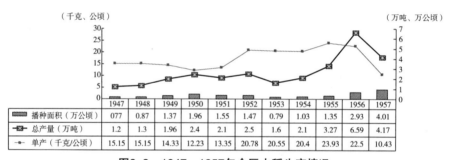

（千克、公顷）　　　　　　　　　　　　　　　　（万吨、万公顷）

	1947	1948	1949	1950	1951	1952	1953	1954	1955	1956	1957
播种面积（万公顷）	077	0.87	1.37	1.96	1.55	1.47	0.79	1.03	1.35	2.93	4.01
总产量（万吨）	1.2	1.3	1.96	2.4	2.1	2.5	1.6	2.1	3.27	6.59	4.17
单产（千克/公顷）	15.15	15.15	14.33	12.23	13.35	20.78	20.55	20.4	23.93	22.5	10.43

图3-3　1947—1957年全区水稻生产情况

资料来源：《内蒙古自治区志·农业志》编委会：《内蒙古自治区志·农业志》，
内蒙古人民出版社2000年版，第235页。

　　1949年，全区谷子生产量43.5万吨，占粮食总产量的20.5%；1953年77万吨，占粮食总产量的21.4%；1956年达到85.5万吨，1957年单位产量下降，总产量减少到51万吨。糜子产量1952年曾达到42.7万吨，随后逐年下降，1957年总产量为33.8万吨。马铃薯产量1949年统计18.1万吨，1952年达到42.9万吨，1958年减少到29.2万吨。大豆产量从1947年开始逐年增加，到1957年产量增加到14.6万吨。莜麦产量，1947年为16.9万吨，1952年增加到33万吨，占粮食生产量的9.5%。1954年和1956年两度达到53万吨，1957年减少到32.7万吨，占全区粮食总产量的10.8%。马铃薯生产主要分布在锡林郭勒、乌兰察布大青山以北，呼伦贝尔盟大兴安岭南北两麓，伊克昭盟、呼和浩特、包头以及兴安盟、昭乌达盟西北部等高寒冷凉地区。其他地区虽有种植，但面积不大，且主要做蔬菜用。全区马铃薯产量1949年18.1万吨，1952年增加到42.9万吨，1958年播种面积增加到39.4万公顷，总产量达到77万吨，占粮食总产量的16%，是历史最多的一年。大豆生产主要分布在自治区东部盟市，1947年总产量6.3万吨，1952年增加到12.2万吨，1957年总产量达到14.6万吨，占粮食总产量的4.8%。[①] 经济作物生产，1947年开始，自治区政府采取了不影响粮食生产的同时，积极扩大油料作物生产的政策，从而使全区胡麻、油菜、甜菜、烟叶、麻类和蔬菜生产得到了较大发展。1947年胡麻籽、油菜籽等油料作物生产量6万吨，蔬菜生产量21.1万吨。1952年，油料作物产量达到17.5万吨，比1947年增加192%，油料作物中胡麻籽收获5.2万吨，油菜籽收获0.7万吨，分别比1947年增加了3.3倍和3倍；甜菜作物，1952年开始生产，产量为0.1万吨，到1957年产量增加到22.1万吨，成为全区重要的经济作物；烟叶和麻类产量比较稳定，1957年产量分别为0.2万吨和0.6万吨；蔬菜生产量1947年开始逐年增加，1957年达到66.4万吨，比1947年增加了3倍多（详见表3-4）。

表3-4　　　　　　　　　　主要经济作物产量　　　　　　　　单位：万吨

年份	油料	胡麻籽	油菜籽	甜菜	烟叶	麻类	蔬菜
1947	6.0	1.6	0.7		0.2	0.3	21.1
1949	9.0	2.5	0.7		0.1	0.4	44.9
1952	17.5	5.2	2.1	0.1	0.1	0.8	46.4
1957	13.0	7.5	1.5	22.1	0.2	0.6	66.4

资料来源：《内蒙古统计年鉴》，2004年。

三　农业资金投入

1947—1952年，内蒙古自治区完成土地改革后，农民的生产积极性大幅度提高。自治区政府维系迅速恢复国民经济，在财力紧张的情况下，仍

---

① 《内蒙古自治区志·农业志》编委会：《内蒙古自治区志·农业志》，内蒙古人民出版社2000年版，第236—267页。

拿出相当部分资金用于农业生产建设，农业投入从无到有。农业基本建设投资1951年和1952年共投资117万元。其中，财政支农支出由1948年的1万元增加到1952年的370万元；农业贷款余额从1949年的12万元，增加到1952年的1479万元。国家累计投入农业资金达4268万元。农业总产值6年累计达到118.4亿元，年平均为19.7亿元。1953—1957年，全区农村完成了社会主义改造，极大地调动了农民走互助合作化道路发展生产的积极性，其间国家共投入资金2.98亿元用于农业生产建设。农业资金的大量投入，加强了农业基础地位，使自治区农业生产迈上了新的台阶。其中，农业基本建设投资累计达4673万元，占农业总投资的15.7%；支农支出达9047万元，占农业总投资的30.4%；农业贷款余额16050万元，占农业投资的53.9%。在此期间，农户投资也有了较大的提高。1954年农户投资共14057.8万元，1955年增加到19111.6万元，1956年和1957年农户投资减少，分别为3951.8万元和6546.3万元。[①]

第四节　农业赋税与农产品市场流通及管理

一　农业赋税

1950年，自治区人民政府制定《1950年度内蒙古自治区农业税条例》，凡有农业收入之土地，除另有规定者外，均由收入所得人缴纳农业税。征收率，以土地等级之常年产量征收20%，另附征地方粮2%。农民送粮，以70华里为义运里程，超过70华里者，每增加10华里降低征收率0.1%。征收品种以高粱为主粮，其他粮种的折合率：高粱1斤折合小麦5.2两，大豆6.6两，稻谷7两，谷子1斤，玉米1斤2两，小米6两，莜麦9两，稷子、糜子、荞麦1斤3两。应征土地119.4万垧，常年产量77097万千克，决定公粮负担15500万千克，实际征收入库15221万千克，完成98.2%。同时制定锡林郭勒盟、察哈尔盟农业税征收条例，凡利用土地取得农业收入者，均须缴纳农业税，包括公营农场、学田地以及机关、部队

---

① 《内蒙古自治区志·粮食志》编委会：《内蒙古自治区志·粮食志》，内蒙古人民出版社1997年版，第207页。

经营农业生产之土地，一律照章纳税。征收办法，依据自然亩常年产量划分土地等级，按比例税制征收13%，另附征地方粮2%。土地等级由旗县人民政府根据当地实际情况公布实施。农户土地的常年产量，由村（嘎查）组织农业税调查评议委员会调查评定。租佃土地农业税的负担办法：已实行土地改革的地区，按业主佃户双方所定之契约缴纳，无契约者，按双方所得比例分纳，政府统一向出租人登记征收；未实行土改的地区，为照顾佃户生活，在上述负担比例的基础上，佃户减一成，业主加一成，分别按增减后的比例负担。公粮征收，以莜麦为主粮，小米、小麦12两（当时16两=1斤）折合莜麦1斤，荞麦、燕麦、糜子1斤半折合莜麦1斤。农民送粮，百华里以内为义务制，超过百华里者，每增加10华里，降低征收率0.1%，不足10华里者不降。①

　　1951年，根据中央财政部公布的《农业税查田定产实施纲要》，在原有基础上进行查田定产工作。全区经过查田定产的常年总产量为177000万千克，实际总产量为187742万千克，实际产量超过常产6.1%。征收税率，改为按土地产量差别依率计征的办法。每垧常产在550千克以上者，征收21%，550千克以下者，征收16%。加上附征地方粮2%，每百千克公粮征收公草折粮4千克，实际负担率为550千克以上的土地为26.0%，550千克以下的土地为19.8%，平均略低于1950年24.8%的负担水平。②1952年，取消附加税，征收税率调整为：常产550千克以上的土地23%，550千克以下的土地16%。与1951年相比，550千克以上的土地降低税率3.04个百分点，550千克以下的土地降低税率3.84个百分点。③1953年，全区粮食总产量359676万千克，征收公粮42925万千克，实际负担率为11.9%，比1947年的30.9%降了19个百分点，比1949年的14.6%又降了2.7个百分点。④公粮征收工作，贯彻执行了中央提出的"种多少田地，产

　　①　《内蒙古自治区志·粮食志》编委会：《内蒙古自治区志·粮食志》，内蒙古人民出版社1997年版，第22页。

　　②　《内蒙古自治区志·粮食志》编委会：《内蒙古自治区志·粮食志》，内蒙古人民出版社1997年版，第22页。

　　③　《内蒙古自治区志·粮食志》编委会：《内蒙古自治区志·粮食志》，内蒙古人民出版社1997年版，第22页。

　　④　《内蒙古自治区志·粮食志》编委会：《内蒙古自治区志·粮食志》，内蒙古人民出版社1997年版，第22页。

多少粮食，依率计征，依法减免，增产不增税"的负担政策。通过改进征收办法，调低税率、放宽减免、提高运费、增设仓库、缩短送粮里程等措施，使农民负担逐步减轻，逐步趋于合理。

二　公粮征收

　　1947年9月，内蒙古自治区政府颁发《民国26年度征收公粮公草暂行办法》，从10月1日起开始征收公粮、公草。公粮征收，采取按人口平均占有土地分级累进的办法。征收率，以每垧地平均收获量2石为标准，最低征收收获量的10%，最高不超过20%。根据人均占有土地分为7个等级：一级，每人平均占有土地1垧地者，征收公粮2斗，不累进；二级，每人平均占地有1垧地至2垧者，除每垧负担公粮2斗外，再累进征收10%；三级，每人平均占有土地2—3垧者，除每垧负担公粮2斗外，再累进征收20%；四级，每人平均占有土地3—4垧者，除每垧负担公粮2斗外，再累进征收30%；五级，每人平均占有土地4—5垧者，除每垧负担公粮2斗外，再累进征收40%；六级，每人平均占有土地5—6垧者，除每垧负担公粮2斗外，再累进征收50%；七级，每人平均占有土地6—7垧者，除每垧负担公粮2斗外，再累进征收60%；超过七级的每垧地征粮4斗，不再累进。[①]

　　1948年9月，内蒙古自治区政府发布《民国27年征收公粮公草暂行条例》及其实施细则，公粮征收实行按常年产量依率计征的办法。计征公粮的常年产量，根据不同土地的平年产量水平，以高粱、谷子为估算标准，定位6个等级。土地等级由民主评议确定：一级，每垧年产1050千克；二级，每垧年产900千克；三级，每垧年产750千克；四级，每垧年产600千克；五级，每垧年产450千克；六级，每垧年产300千克。征收率，按规定的常年产量征收20%。公粮征收以谷子、高粱为标准，交纳其他粮食折合率：大豆0.9市斤，荞麦1.3市斤，玉米1.2市斤，燕麦1.4市斤，小麦

---

　　①　《内蒙古自治区志·粮食志》编委会：《内蒙古自治区志·粮食志》，内蒙古人民出版社1997年版，第20页。

0.5市斤，稻谷0.7市斤，糜子1斤。[①]

　　1949年，征粮土地等级改为以政府发放土地执照的等级为计算产量的等级，即每垧年产250千克以内者为一级，250—300千克者为二级，以下每增加100千克产量，土地增加一级。征收率，按土地等级产量征收21%，其中地方附加1%，与征税一次征收，各级政府不另行加派征收任务。征收品种以高粱为标准粮，折合比率：谷子1市斤，大豆0.7市斤，稻谷0.75市斤，玉米1.3市斤，荞麦、糜子、稷子1.1市斤，小米0.6市斤。送粮义运里程，调整为70华里，超过70华里者，每增加30华里，按送粮数量付给1.5%的运量费，按当地标准粮市价折款发给。是年，农业人口175.3万人，耕地面积139.6万垧，其中应征土地110.9万垧，常年产量70745万千克，应征公粮14850万千克，实际征收入库16055万千克，完成应征任务的108.1%。实际产量11亿千克，实际负担率为14.6%。[②]

三　建立统一的粮油市场

　　中华人民共和国成立后，多种经营并存，私营粮店、粮栈、供销合作社和国营粮食部门都经营粮油。随着国民经济的恢复，粮油生产得以发展，粮油商品量增加，城市人口猛增，对粮油需求量增加。由于国营粮食部门面临着未解决农民出售难和城市居民买粮难等问题，粮食机构逐步建立统一市场。1950年，全区粮食业务经营机构100个，从业人员2528人，负责城乡粮油收购、销售、加工、出口、财政粮的征收、拨付以及管理粮食市场的任务。1951年，自治区人民政府发布《内蒙古自治区粮食管理办法》，规定各城镇集贸市场建立评议委员会，负责粮食等级、价格评议和管理工作。1952年粮食业务经营机构达到148个，从业人员4405人，网点遍布全区铁路沿线城市、城镇及非铁路沿线交通要道、重要集镇。私营粮店、粮栈也发展较快，全区有私营粮食业1754个户，从业人员5246人（见表3-5）。

---

　　① 《内蒙古自治区志·粮食志》编委会：《内蒙古自治区志·粮食志》，内蒙古人民出版社1997年版，第21页。

　　② 《内蒙古自治区志·粮食志》编委会：《内蒙古自治区志·粮食志》，内蒙古人民出版社1997年版，第22页。

表3-5　　　　　　　　1952年全区私营粮食企业户数人数表　　　　　单位：户、人

	合计		批发		零售		加工		摊贩	
	户数	人数	户数	人数	户数	人数	户数	人数	户数	人数
合计	1754	5246	7	149	148	565	1496	4412	103	120
中等城市	417	1589	4	23	99	418	258	1095	56	62
小城市	983	2604	3	126	46	125	887	2295	47	58
集镇	354	1044			3	22	351	1022		

　　资料来源：《内蒙古自治区志·粮食志》，内蒙古人民出版社1997年版，第25页。

　　1953年开始实施粮食统购统销之前，全区粮食市场仍然是多种经济成分并存，统购统销后才过渡到由国家领导下的单一经济成分的粮食市场。这个时期，粮食市场的建立，依然按照恢复国民经济时期的办法。1953年9月，自治区人民政府发出《关于加强粮食市场管理的指示》，对私营粮商加强管理和控制，对已经批准经营粮食的私营粮商，继续经营者，重新登记，并限于在区内买卖，不准向区外贩运，同时严禁区外私商来自治区投机套购；凡未经批准经营粮食的私营商业，一律不准经营或兼营粮食，并不再批准申请经营粮食的私营商业；对私营粮米加工业及小型土磨坊只准在当地采购加工销售，不得运销外地，国营粮食部门可有计划地委托其加工；银行不得对私营粮商贷款；国营运输公司不得代私营粮商向区外运输粮食。11月，国家实行粮食统购统销，同时关闭城乡粮食市场。粮食征购结束后，在原有市场基础上开始恢复、建立没有私商参加的、国家直接领导的初级粮食市场。自治区人民政府粮食局发出《粮食购销管理法办法》，明令取缔私营粮商经营粮食；一切上市的粮食，统由国家收购，禁止私商采购；城乡需粮，由国家或委托合作社供应，禁止私营商店销售；跨行业私营粮商库存的粮食，全部按现价收归国有，取消兼营；一般私人专营粮店，除细粮作价收归国有外，粗粮可经当地政府审查批准，作价代销或转给国营粮食部门委托的代销商；私营加工业，原料和成品均按现价归国有，继续由国家委托加工者，原料不动，成品移交国家指定商店。

　　1954年，对私营粮食商业进行全面改造，改造后全区私营粮商转业的647户，1882人，歇业的260户，825人，其他37户，137人；继续为国家代销售、代加工的810户，2402人。是年《内蒙古自治区粮食初级市场管理办法试行草案》规定，各地在当地政府领导下，吸收工商、粮食、税

务、合作等有关部门组成市场管理委员会，集体领导，分工负责，管理市
场。是年，全区先后恢复、建立粮食初级市场374处，恢复的224处，新
建的150处。通辽市场每天上市粮食0.5—1.5万千克，呼伦贝尔盟31处，
市场每天平均上市粮食7万千克；平地泉行政区71处市场共上市粮食300
万千克，每天2.5万多千克；五原县梅林庙市场开市后上市量一次比一次
多，第一次上市155千克，第二次增加到570千克，第三次又增加到925
千克。全区1954年上市的粮食，除农村余缺调剂外，国家粮食部门收购
8784万千克。1955年，全区新建和恢复粮食市场491处，比1954年增加
31.3%，其中：平地泉行政区154处，河套行政区39处，哲里木盟111处，
呼伦贝尔盟85处，伊克昭盟25处，乌兰察布盟30处，昭乌达盟31处，察
哈尔盟13处，包头2处，呼和浩特1处。开展较好的有295处，占市场总
数的60%。据不完全统计，1—9月全区上市粮食8895万千克，其中国家
（包括合作社）收购8735万千克，占上市量的98.2%；群众间市场成交160
万千克，比例已不到2%。实际上群众间市场交易的粮食多数未能统计进
去。据调查，呼伦贝尔盟80处市场在两个半月上市粮食497万千克，群众
之间成交的216万千克，占上市量的43.5%；平地泉行政区143处市场7—
8月成交粮食123万千克，群众间成交49万千克，占40.2%。

　　1956年，自治区人委发出《关于开展粮食市场工作的指示》，要求粮
食征购工作结束的地区，由旗县级人委宣布结束统购，开放粮食市场。并
公布农民完成征购任务后的余粮，可以在国家粮食市场进行交易，农民之
间进行互通有无调剂，任何人不得干涉。各盟、行政区可试办"吞吐"市
场。经营原则"以吞为主"，上市粮食，在生产者与消费者交易有余时，
由市场负责收购，不足时，由市场负责供销，但供销量不得超过市场收购
量，严禁挪用国库粮食。

　　1957年，根据国务院《关于由国家计划收购（统购）和统一收购的农
产品和其他物资不准进入自由市场的规定》，自治区人委发布《关于取消
粮食（油料）市场的几项规定》，农业生产合作社、个体农民完成粮食
（油料）统购任务后的余粮，余油，只准卖给国家或国家委托的代理部门，
不准卖给私人。统购结束后，允许群众间在本乡范围内，进行品种串换及
有无调剂，但不得用任何方式进行粮食买卖。这个规定，延续执行到1961
年征购结束。

四　粮油购销机构

(一) 国营购销

1947年，内蒙古自治区政府成立后，国营粮食部门根据年景丰歉、粮源多少、销售需要，参照毗邻地区制定收购价格，在收购点和粮食集散市场挂牌收购粮食，这种作价办法，延续执行到中华人民共和国成立。1948年9月，中国共产党内蒙古工作委员会，内蒙古自治区政府联合发出关于征粮购粮工作的指示，贯彻自由买卖的方针，按照"征二购一"的政策，完成购粮任务。责成内蒙古粮食部门市场粮食经营工作。经营方针是"积极收购农民余粮，充分掌握粮食力量，充分供应市场，稳定粮价，安定民心"。当年全区分配购粮任务3000万千克，占应征公粮5969万千克的50.3%；实际收购2923万千克，完成收购任务的97.4%。收购方法是以艾里（村屯）为单位，由努图克（区）党政机关负责，签订收购合同，或者直接向农民收购。1949年，自治区分配购粮任务6540万千克，占当年应征公粮14850万千克的44%，实际收购11575万千克，超过收购任务的77%。[①] 1950年，国家掌握省、自治区所在地（归绥、乌兰浩特）市场，其价格由国家制定与管理；自治区掌握扎兰屯、通辽、林东、包头、集宁、丰镇6个市场价格；其余宝昌、东胜、陕坝等行政区所在地以及旗县所在地市场，由盟、市、行政区参照中心市场价格制定收购牌价。1950年，粮食收购任务8000万千克，实际收购9231万千克，完成任务的115.4%。1951—1952年，全区分别收购粮食9466万千克和23769万千克。1949—1952年国家收购粮食的商品率逐年增加，1949年为7.3%；1950年为8.4%；1951年为10.1%；1952年为14.3%。[②]

1948年，国营粮食部门开始在市场上设立销售网点，直接销售粮食。1948年12月至1949年3月呼伦贝尔盟粮价波动，1950年一季度内蒙古自治区、绥远省粮价上涨。粮食部门认真贯彻中央人民政府政务院财政经济委员会关于抛售物资、回笼货币、稳定物价的指示。在经营上实行快买、

---

① 《内蒙古自治区志·粮食志》编委会：《内蒙古自治区志·粮食志》，内蒙古人民出版社1997年版，第23页。

② 《内蒙古自治区志·粮食志》编委会：《内蒙古自治区志·粮食志》，内蒙古人民出版社1997年版，第23页。

快卖，加速资金周转，克服机关化作风，主动与各方联手，派人到粮店、货栈、机关、团体签订销售合同，召开推销订货会，简化内部手续，从而有效控制了物价上涨局面，保持了粮价稳定。国营粮食部门粮食销量逐年增加，1948年1584.8万千克，1949年1430.5万千克，1950年5094.1万千克，1951年16476.4万千克，1952年18483.5万千克（1948、1949年不包括原绥远省数字）。1952年国营粮食部门取得了粮食市场的领导地位，在兴安盟、呼伦贝尔盟国营粮食商业完全占领粮食市场。1953年，市场细粮开始紧张，全区原计划销售面粉83万袋，实际销售124万袋（不含原绥远省），超过原定计划的50%。在销售过程中，由上升到紧张以至抢购。大米原计划销售7000万千克，超过1952年1倍以上，实际销售10800万千克，超过计划的50%以上。[1]有的市场从第4季度初便采取类似定量供应的控制销售办法，到统购统销开始，趋于缓和。

（二）合作社购销

1949—1952年四年间，全区共组织收购粮食43464.6万千克，其中为国营代购10725万千克，自营32739.5万千克。从历年收购量看，1949年4240万千克，1950年6221万千克，1951年8868万千克，1952年24135.5万千克。从1950年开始供销合作社为国营粮食部门代购粮食，当时全区276个供销合作社，其中156个供销社代购粮食。1953年，全区粮食收购代购比重，兴安盟、呼伦贝尔盟和纳文慕仁盟为国营粮食部门代购任务为90%，哲里木盟、昭乌达盟为80%，察哈尔盟为50%，粮食统购统销以后，1954年6月停止代购。[2]合作社销售方面，1946年，东蒙古人民合作社在西科前旗（今科右前旗）的大石寨、归流河、王爷庙、葛根庙四处设置粮栈开展粮食买卖。当时，人民合作社没有购粮资金，采取与西满实业公司订立卖粮合同的办法，先领粮款用以周转，限20日内交付粮食。1947年在乌兰浩特车站附近收购的粮食，往苏联出口玉米180万千克；直接与东北贸易公司、吉林省军区交换物资的玉米、高粱及小米等105万千

---

① 《内蒙古自治区志·粮食志》编委会：《内蒙古自治区志·粮食志》，内蒙古人民出版社1997年版，第24页。

② 《内蒙古自治区志·粮食志》编委会：《内蒙古自治区志·粮食志》，内蒙古人民出版社1997年版，第61页。

克；销售哈尔滨、牡丹江、齐齐哈尔、白城子一带玉米、小米、荞麦等45万千克，共计330万千克。1948—1949年，粮食公司对合作社实行粮食经销、代销办法。1950年哲里木盟通过合作社销售的粮食占总销售量的65.8%，兴安盟通过合作社销售的粮食占总销售量的24.8%。绥远省供销、消费合作社1951年销售粮食624万千克，1952年销售粮食2805万千克。[①]1954年10月，自治区人民政府财政经济委员会对委托合作社代销粮食的市场划定为：通辽县大林、千家店，科左中旗保康，科左后旗金宝屯，喜桂图旗博客图，布特哈旗成吉思汗，额尔古纳旗三河，临河县黄羊木头，杭锦后旗蛮会，察右前旗吴家地、官村，卓资山县十八台，察右后旗大六号、土木尔台，土默特旗陶思浩，武川县二份子，察右中旗大滩，乌拉特前旗哈业胡同、明安召，固阳县广业公司，达茂旗什哈河，准格尔旗、达拉特旗、鄂托克旗、乌审旗、郡王旗等。

（三）私营粮商

中华人民共和国成立后，国营粮食企业和供销合作社刚刚建立，私营粮商经营粮食占居相当比重。人民政府对私营粮商实行"公私兼顾、劳资两利"政策，保护其合法经营。1950年年底，归绥市粮店由8家增到20家，有天荣店、天元公、兴和店、聚丰店、裕元店、德兴店等。包头私营粮店由5家增到170家，其他各地都有增加。在业务上，粮食部门支持私营粮商经营，归绥、包头每当粮食销售不畅、资金不能周转时，粮食部门收购私商一部分粮食，解决私商资金周转，以此稳定粮价。人民政府对私营粮商实行利用、限制和改造的政策，一方面，利用他们有利于国计民生的积极作用，允许私营粮商合法经营、合理发展；另一方面，限制他们不利于国计民生的消极作用，打击不法粮商的投机活动。1950年8月，包头面粉价格波动，少数投机粮商乘机囤积、贩运、高抬市价，牟取暴利，国营粮食部门大量抛售平抑粮价，稳定了粮食市场。原绥远省私营粮商销售比重：1950年总销售1337万千克，其中私营销售149万千克，占11.1%；1951年总销售3322万千克，其中私营销售627万千克，占18.9%；1952年

总销售7052万千克，其中私营销售1503万千克，占21.3%。[①]1953年实行粮食统购统销后，取缔私商经营粮店，改为委托代销，按粮食部门规定的供应办法，价格销售，付给代销手续费。

五　粮食统购统销

1953年10月16日，党中央作出《关于实行粮食的计划收购与计划供应的命令》，政务院于11月23日发布《关于实行粮食的计划收购和计划供应的命令》（简称"粮食统购统销"），自治区于12月16日召开蒙绥地区粮食局长会议，研究制定了《内蒙古自治区和绥远省关于实行粮食计划收购计划供应的实施办法（草案）》，在全区范围内开始实行粮食统购统销政策。

（一）粮食统购

内蒙古自治区和绥远省发布《关于实行粮食计划收购计划供应的实施办法》后，在全自治区范围内开始实行粮食统购政策。民主改革和社会主义改造时期实施了评产定任务，定产、定购、定销的"三定"以及预购定金的奖励政策。

1. 评产定任务

1953年，国家下达统购任务，农民自报粮食产量和认购数量，经过民主评议，协商定案。具体工作步骤分为三个阶段：第一阶段，做好宣传，落实党在过渡时期的总路线，宣传国家实行粮食统购统销的重大意义。第二阶段，落实任务。逐户动员，报名登记，民主评议，确定卖粮数量。第三阶段，复查结尾。复查第二阶段工作中遗留的问题，动员群众开展增产节约，组织送粮入库。是年全区征购入库粮食14.5亿千克，商品率为40.3%。统购粮占余粮的比重，东部区为80%左右，西部区为85%—90%。国家征购以后，农村人均占有粮食346千克。[②]

---

①　《内蒙古自治区志·粮食志》编委会：《内蒙古自治区志·粮食志》，内蒙古人民出版社1997年版，第59页。

②　《内蒙古自治区志·粮食志》编委会：《内蒙古自治区志·粮食志》，内蒙古人民出版社1997年版，第24页。

1954 年，依照"多余多购，少余少够，不余不够，统购之外，尚留一部分余量"的原则，采取查定与评议相结合的办法，即查定的产量，扣除公粮和消费，按人均余粮数量，分级累进，以率计购，辅之以民主评议。产量，按征收农业税的常年产量，对照当年年景加以评定，即减产的按公粮征收减灾后的实际产量评定；丰产的按常产加丰收成数评定。公粮，按实交粮食数量扣除。消费，按农业总人口评定为 268.5 千克，其中口粮每人 208 千克，牲畜饲料每头 138 千克，种子每垧地 43 千克。各盟、行政区的消费标准，在全区平均标准的控制范围内，根据各地区的各种消费水平、消费习惯、生产播种的实际需要分别由各地区具体规定，口粮每人平均 150—270 千克，牲畜饲料每头平均 125—150 千克，种子每垧平均 35—55 千克。统购，按人均余粮数量，以率计购，最低不低于余粮的 40%，最高不高于余粮的 95%，不足 25 千克者不购，全区平均统购余粮 85% 左右（详见表 3-6）。

表3-6　　　　民主改革与社会主义改造时期人均余粮分级统购率表

级别	人均余粮数量	统购率
一级	25—50 千克	40%—60%
二级	51—75 千克	61%—70%
三级	76—125 千克	71%—80%
四级	126—185 千克	81%—85%
五级	186—300 千克	86%—90%
六级	301 千克以上	91%—95%

资料来源：《内蒙古自治区志·粮食志》，内蒙古人民出版社1997年版，第25页。

1954 年，全区粮食产量 40 亿千克，征购粮食 17.1 亿千克，商品率 42.8%。与 1953 年相比，产量增加 4 亿千克，征购增加 2.6 亿千克，商品率提高 2.5 个百分点，农村粮食占有量增加 1.6 亿千克，人均占有粮食增加 11 千克。这一部分地区购了过头粮，比较严重的是呼伦贝尔盟、哲里木盟、昭乌达盟，3 个盟产量比上年减少 24360 万千克，征购与上年基本持平。征购以后，农村粮食占有量比上年减少 23756 万千克，人均占有粮食分别比上年降低 80 千克、187 千克和 46 千克。全区粮食产量比上年增加 4 亿千克，农村返销粮不但没有减少，反而增加近1亿千克。[①]

2. 三定

1955年8月，国务院颁布《农村粮食统购统销暂行办法》，对农村粮食实行定产、定购、定销的"三定"政策。自治区人民委员会制定《内蒙古自治区农村粮食统购统销暂行办法实施细则》。定产、定购从1955年起，三年不变，增产不增购；定购每年核定一次。个体农民和互助组以户为单位；农业生产合作社以社为单位。定产：根据公粮常产计征等级，参照近年土质变化等情况，按土地划片定等评定。没有公粮常产的，参照公粮常产的等级划片评定。定购：定产扣除应交公粮和按规定标准应留的口粮、种子、饲料，有余粮的为余粮户，国家进行定购。定购比例为余粮的85%，富农提高到95%。为照顾余粮少的农户，依率定购后，余粮不足25—35千克的，由盟、行政区根据不同情况规定按户计算的免购额。定销：对自产粮食不足国家规定最低留粮标准的缺粮户，实行定销。定销的粮食，根据何时缺粮、何时供应的原则，由国家安排供应。

全区定产粮田面积441.4万垧，农业人口669.1万人，耕畜（包括骡、马、牛、驴）166.8万头。落实到户的"三定"产量41.7亿千克，每垧平均944.7千克；农村三项留粮21.43亿千克（其中，口粮16.29亿千克，每人平均243.5千克，种子24972万千克，每垧平均56.6千克，饲料26428万千克，每头平均158.4千克）；公粮54754万千克；余粮14.8亿千克，定购13.2亿千克，占余粮的89.2%；征购合计18.7亿千克，商品率为44.8%。农村留口粮、种子、饲料标准（详见表3-7）。

表3-7　　　　　　　　1955年农村三定留粮标准表　　　　　　单位：市斤

项目 地区	每人平均口粮	每垧土地种子		每头牲畜饲料		
		薯折粮	粮食	骡马	牛	驴
呼伦贝尔盟	540	550	75	600	200	150
哲里木盟	540	550	60	600	260	200
昭乌达盟	540	550	85	500	250	200
察哈尔盟	500	550	155	480	230	150

---

① 《内蒙古自治区志·粮食志》编委会：《内蒙古自治区志·粮食志》，内蒙古人民出版社1997年版，第25页。

续表

项目　地区	每人平均口粮	每垧土地种子		每头牲畜饲料		
		薯折粮	粮食	骡马	牛	驴
乌兰察布盟	500	550	150	480	300	200
伊克昭盟	460	550	84	480	300	200
河套行政区	500	550	240	560	350	200
平地泉行政区	460	550	150	480	250	200
呼和浩特	460	550	100	500	200	200
包头	460	550	100	500	300	200

资料来源：《内蒙古自治区志·粮食志》，内蒙古人民出版社1997年版，第26页。

　　1956年，内蒙古自治区人民委员会制定《内蒙古自治区农业生产合作社粮食（油料）统购统销实施办法》，农业生产合作社的粮食统购统销，以社为单位核定。粮食产、购、销数量，以1955年"三定"到户的数量为基础，采取"以户归社，以社平衡"的办法进行核定。以户归社：把农业生产合作社全体社员1955年的"三定"产量相加，即为农业生产合作社的"三定"产量；把农业生产合作社内余粮户1955年的定购数量相加，即为定购归社数量；把农业生产合作社内缺粮户1955年的定销数量相加，减去1956年原缺粮户的计划增产数量即为定销归社数量。以社为平衡：定购归社数量多于定销数量的，为余粮社，多出来的数量，就是国家对缺粮社的定购任务；定销归社数量多于定购数量的，为缺粮社，多出来的数量，就是国家对缺粮社的定销数量；定购、定销数量基本相平的，为自足社，国家不定购也不定销。农业生产合作社需要增加的用粮，除幼畜和散畜的孕畜按同类耕畜留料标准的二分之一留粮、耕畜的孕畜按同类耕畜的多留五分之一的粮食外，其余（包括人、畜消费，种子和粮食储备等）均由农业生产合作社在增产的余粮内解决，国家不再规定新的留粮项目和增加留粮标准；因灾减产，收获的粮食达不到"三定"产量时，按其实际产量，扣除"三定"归社的必须留粮，余粮按上年的统购比例计购或免购；增产的粮食，超过消费增长需要自愿多卖，通过协商进行增购。

　　1957年，内蒙古自治区人民委员会和人民政府联合发出《关于1957—1958年粮食工作的指示》，对有关政策进行调整。即：农业生产合作社的粮食"三定"产量，由于开荒、核实土地、社员自留地、养猪饲料地和发展蔬菜与经济作物基地等已有变化，合理进行调整。新开荒地和合作化后报实查实的土地，核定产量，计入"三定"总产；养猪饲料地和按计划增加的蔬菜与经济作物基地，按平均单产扣减"三定"产量；社员自留地是否计产计购，由各盟、市、行政区根据当地具体情况确定。耕畜留料适当提高，散畜的孕、幼畜留料适当降低。提高和降低的数量在规定范围内由各盟、市、行政区确定。耕畜提高留料数量，骡马不得超过120市斤，牛不超过40市斤。散畜的孕、幼畜留料标准是骡马最高不超过150市斤，牛不超过70市斤，驴不超过50市斤；耕畜的孕畜不需留料的地区不留；生猪饲料，可以留地，也可以留粮。留地，每户3—5分（市亩）；留粮，每口猪50—80市斤。农业社（户）当年粮食达到调整后"三定"产量的，按定购任务征购。因灾达不到"三定"产量的，按实产扣除三项留粮和公粮，余粮依率计购。粮食统购比率，在1956年全区平均86%的基础上提高到90%，其中，呼伦贝尔盟、哲里木盟、昭乌达盟、河套行政区平均提高到92%；乌兰察布盟、察哈尔盟平均提高到90%；伊克昭盟原购率85%不变；其他地区平均提高到88%。对粮食实产超过"三定"产量的农业社（户），超产部分国家进行增购。增购比率，不低于超产粮食的40%，最高不超过70%。[1]从1957年起，对种植薯类的余粮社（户）采取薯类与粮食分别计购的办法。对薯类单独核定交售任务进行统购。

1955—1957年"三定"期间，农业生产一丰（1956年）、两灾（1955年和1957年），3年平均粮食产量36.7亿千克，地域"三定"产量5亿千克，平均征购12亿千克，3年均未完成定购任务。1955年和1957年，因灾大幅度减产，粮食实产分别低于定产8.4亿千克和11.4亿千克，征购分别完成当年定购任务的64%和54.2%；1956年大丰收，粮食实产46.6亿千克，高于定产4.9亿千克，但仅完成定购任务的92.9%，增产的粮食全部留在农村，国家该购的粮食没有购足，征购以后农村人均占有粮食646千克，比上年增加122千克。[2]

① 《内蒙古自治区志·粮食志》编委会：《内蒙古自治区志·粮食志》，内蒙古人民出版社1997年版，第28页。

② 《内蒙古自治区志·粮食志》编委会：《内蒙古自治区志·粮食志》，内蒙古人民出版社1997年版，第28页。

3. 预购定金

从1954年起，开展粮食预购工作，发放预购定金。是年全区粮食预购任务24417万千克，其中，小麦4178万千克，粗粮17977万千克，大豆2262万千克。预购对象为有余粮出售、资金又比较困难的农业生产合作社、常年互助组和个体农户。预购定金，原则上按预购粮总值40%付给，不计利息。经济较充裕的，低于40%；对困难较大的，高于40%，但最高不超过50%。在粮食成熟前两个月发到农民手中。交粮期限，小麦和粗粮早熟品种10月中旬交清，秋熟品种11月中旬交清；大豆10月15日前入库1500万千克，其余11月末全部交清。1956年，改为按统购统销粮食预付购粮定金。预付金对象为，余粮农业生产合作社。预付金额，按"定购"任务或征购基数中购粮部分的总值，分年度按比例发放。预付定金比例为1956年为17%，1957年为15%，1958年为5%，1959年为5.3%。

4. 统购价格

1954年，国家制定"基本不动，个别调整，毗邻地区摆平"的价格政策。当年的粮食统购价格维持在1953年收购价格的水平，只对个别地区差价偏紧的产地市场的小麦价格作了适当调整。秋季根据农业生产成本资料考证，种植大豆的生产收益低于小麦、玉米，因而将大豆统购价全区平均提高3.38%，主要产地东部地区提高4.59%。这年全区旗县以上市场每50千克的统购价格为：小麦9.40元、稻谷8.16元、大豆6.71元、高粱4.38元、谷子4.31元、玉米4.16元、莜麦6.26元、糜子4.09元、黍子4.18元、荞麦4.35元。[1]1957年，为了发展老、少、边、山、穷区的生产，改善和提高扎赉特旗等20个旗县的人民生活，自治区人民政府决定提高其粮食统购价格。[2]每50千克主粮价格，即东部区高粱、西部区谷子，低于4.00元的一律提高到4.00元，其他品种按品种比价相应调整。是年由于小杂粮与主粮的交换比价偏低，面积减少，产量下降。因此，将绿豆、红小豆、白小豆、豇豆、芸豆、豌豆、扁豆、蚕豆、荞麦、黍子、大麦11种小杂

① 《内蒙古自治区志·粮食志》编委会：《内蒙古自治区志·粮食志》，内蒙古人民出版社1997年版，第141页。
② 20个旗县：阿荣旗、莫力达瓦达斡尔族自治旗、突泉县、扎赉特旗、开鲁县、奈曼旗、扎鲁特旗、科左中旗、阿鲁科尔沁旗、巴林左旗、巴林右旗、临西县、克什克腾旗、清水河县、凉城县、准格尔旗、伊金霍勒旗、乌审旗、杭锦旗、鄂托克旗。

粮豆统购价全区平均每50千克由6.91元提高到7.73元，提高10.8%。

油脂油料统一收购方面，1954—1955年，执行"基本不动，个别调整"的原则，胡麻籽、菜籽、蓖麻籽、线麻籽四种油料统购价。1954年比1953年全区平均提高3.6%，1955年基本没动。1956年，对油料的统购价格作了全面调整，自治区掌握的胡麻籽、芥菜籽、蓖麻籽、线麻籽、葵花籽、芝麻、花生果、苏籽8个品种，全区旗县以上市场每50千克均比1955年提高7.9%。1957年，自治区人民委员会决定提高5种油料统购价格，全区平均蓖麻籽提高15.95%、线麻籽提高14.89%、花生提高29.33%、芝麻提高25.4%。

（二）粮食统销

内蒙古自治区和绥远省《关于实行粮食计划收购计划供应的实施办法》后，在全自治区范围内开始实行粮食统购政策。民主改革和社会主义改造时期实施了城镇统销、牧区统销、农村统销政策。

1. 城镇统销

（1）口粮。1953年11月，根据中央人民政府政务院《关于实行粮食的计划收购与计划供应的命令》，自治区制定《粮食购销管理办法》，禁止私营粮商收购粮食，其所存粮食由国家收购，店员由国家粮食部门录用。市民口粮由国家粮食部门及委托合作社供应，符合条件的私营粮店由国家委托代销。跨行跨业的私营粮商，不论粗细粮食，一律按现价收归国有，取消粮食兼营。半机制与畜力磨一律停止自营，接受国家的加工定货。米面零售业分别安排代销、杂营、加工或歇业。

是年12月，归绥、包头、平地泉、乌兰浩特、海拉尔、扎兰屯、通辽7个城市对面粉实行计划供应，其他地区控量供应。从1955年5月，全区城镇实行"按人定户、按户定量"的供应办法。按照每户经济状况、人口、职业、劳动强弱、吃粮习惯和前几个月的购粮数量经协商核定按户定量。是年10月，自治区人民委员会根据国务院发布的《市镇粮食定量供应暂行办法》制定《内蒙古自治区市镇粮食定量供应暂行办法实施细则》，到12月底，全区129个市镇实行了"以人定量"供应办法。对市镇居民口粮，按照劳动差别、年龄大小和不同地区的消费水平按人分等，分工种，制定标准，定量供应。1956年1月，自治区粮食厅修正1955年核定的工种和供应等别，原定的126个工种定量标准调高了67个，分别提高1—4市斤，占工种总数的53%；参照邻省补充了119个工种等级，工种总数增加到245个。[①]

（2）票证。1955年，自治区粮食厅颁发市镇粮食供应"四证三票"。"四证"是《市镇居民粮食供应证》《工商行业用粮供应证》《市镇饲料供应证》《市镇居民粮食供应转移证》；"三票"是全国通用粮票，内蒙古自治区地方粮票，内蒙古自治区地方料票。粮票、料票是代表粮食的无价证券，凭票面数额分别购买同等数量的粮食、饲料。全国通用粮票在全国范围内流通；内蒙古自治区地方粮票在自治区范围内流通；内蒙古自治区地方料票除了在自治区范围内通用外还可持旗县以上人民政府或自治区有关厅局证明，凭票在跨省区粮食部门购买饲料，外省市区的地方料票，也可持相应证明在自治区范围内使用。各级粮食部门实行粮票库存定额管理，粮票的周转库存定额数量由上一级粮食部门核定，不足定额数量的给予调拨，超出定额数量的上交。各盟市调出、调入的全国、内蒙粮票数量顶抵粮食调出、调入指标。实行粮票收支两条线，收发分管，做到收有凭、付有据，日清月结，定期盘点。

2. 牧区统销

1954年，采取定人足量供应，每人每月控制在25市斤，粗粮不限，细粮控量，内部掌握，发证到户，划定范围，一次批准，按月或季供应。1955年，实行市镇粮食定量供应以后，粮食部门在牧区增设网点，接收合作社经营粮食的业务。对牧区粮食供应，根据经济特点、民族特点和牧民生活习惯，实行"足量供应"政策。

3. 农村统销

1953—1954年，对农村缺粮采取"民主评议，上级政府批准，制订需粮计划，按计划就地供应（由合作社代供）的办法。1955年，对农村缺粮实行按标准发证供应的办法。种子按实际需要核定；饲料，略低于当地的余粮户标准，由旗县人民委员会核定；农业缺粮户及受灾缺粮户的口粮，最高不超过400市斤。国家对农村的粮食供应，贯彻"先吃自己的，后吃

---

① 《内蒙古自治区志·粮食志》编委会：《内蒙古自治区志·粮食志》，内蒙古人民出版社1997年版，第65—66页。

国家的，何时缺，何时供"的原则，一个季度粮食供应量，可一次购买。1957年，农业生产合作社的社员口粮，每人平均不足400市斤者为缺粮社，缺粮部分由国家供应。灾区口粮供应水平，一般的每人每天10—12两原粮，最高不超过1市斤。对于国家划定的专业蔬菜队，按农村粮食统销办法核定粮食供应。从1955年实行粮食"三定"以后，对蔬菜队的缺粮，按邻近农业队的留粮标准核定供应。

第五节　农业生产组织化政策的重大意义

新中国成立前，内蒙古农村也存在封建剥削和阶级压迫。内蒙古自治区成立后，在党中央的领导下在解放区农村开展土地改革运动，废除封建土地所有制，使蒙汉民族劳动人民摆脱封建地主阶级的压迫和剥削，实现耕者有其田。国民经济恢复时期，全区积极开展农业生产组织化运动，组织建立互助组、初级社、高级社等统一经营的农业生产合作社，改善耕作制度、调整农业结构和生产结构，统一农村市场，实现了社会主义改造，为全区农业经济快速发展奠定了坚实的基础，其意义重大。

第一，新中国成立后，为了废除封建剥削制度，解放生产力，自治区分别在东西部地区先后进行了土地改革，制定了一系列具体政策，彻底摧毁了封建统治基础，消灭了农村封建剥削，使无地少地的各族农民得到了土地和生产资料，提高了农民的生产积极性，各族农民积极响应政府号召，投入到以互助合作为中心的大生产运动中。

第二，农业生产组织化把全区农业经济发展带入了新阶段。在农业合作化运动中，内蒙古党委在认真贯彻执行党中央农业合作化方针政策的同时，结合自治区民族特点、地区特点，制定了一些符合实际情况的具体政策和措施。遵循自愿互利、典型示范和国家帮助原则，采取由组织的临时互助组到常年互助组，进而发展初级农业生产合作社，前后历时5年多的时间后转入了高级农业生产合作社。虽然在后期由于受全国农业合作化高潮迅猛发展的影响，自治区大部分地区也出现过要求过急，工作粗糙，改变过快，形式过于单一等缺点和偏向，但总体上还是比较顺利地完成了对小农经济的社会主义改造，引导全区人民走上了集体化的道路。最终把农民个体所有土地，改变为集体所有，并实行了集体劳动和统一经营，把全区农村带入了农业社会主义建设新阶段。

第三，农业生产组织化提高了农业生产力，使农业经济效益快速提高。农业生产互助组虽然是以私有制为基础的，但通过互助合作，解决了农民在发展生产中遇到的劳动力、耕畜及其他生产资料不足困难，有利于耕作技术上的取长补短，促进了农业生产发展。发展初级合作社以及高级合作社，土地统一经营后，为兴修农田水利改善农业生产创造了有利条件。1956年，全区新增灌溉面积达14万公顷，相当于1955年新增灌溉面积的2倍，水土保持工作也有很大的进展。初步控制水土流失面积1400多平方千米，扩大耕地面积达26.67多万公顷，1957年全区粮食总产量达302.5万吨，比1949年增长42.4%。在增施肥料、推广良种、合理密植、种植高产作物、推广新式农具等技术措施方面，也取得了较大成绩，在一定时期内促进了生产力的发展。与此同时，自治区积极调整农业生产结构，合理布局粮食作物、油料作物和经济作物，农业经济结构逐步合理化。

第四，农业生产合作化统一了农产品市场流通，有效控制了农产品价格稳定。建设农产品统一市场和公粮征收制度，调整农业赋税制度，提高了广大农民的生产积极性，大幅度提高了农业生产效率。在农产品统一市场方面实施统购统销制度，依照"多余多购、少余少购，不余不购，统购之外，尚留一部分余粮"的原则，采取评产定任务方法，开展增产节约，组织送粮入库，保障了全区城乡粮食稳定供应。同时，建立全区粮食调运体制，对私营粮食商业进行全面改造，实行粮食市场的统一管理和价格监督，建立稳定的粮油初级市场等，在一定程度上缓解了当时农产品供求矛盾，维护社会稳定，为社会主义建设做出了重大贡献。

20世纪50年代的农业合作化运动是继土地改革之后，中国共产党在农村政治、经济和社会领域实施的又一场重大的变革。这场变革改变了中国农村的土地所有制，实现了从农民个体经营向集体化经营的转变，完成了农村的社会主义改造。社会主义改造和农业生产组织化时期，内蒙古自治区农业经济发展取得了良好的绩效，促进了国民经济的发展。农业全要素生产率稳步提升，粮食产量不断增加。在合作化初级阶段采取了慎重的态度和稳妥的步骤，促进了农业经济的恢复发展，后期虽然出现过一些失误，但很快就得到纠正，使农业合作化运动稳步进行。总之，农业生产组织化解决了当时内蒙古自治区农业生产中劳动力和生产资料不足的问题，发挥劳动力专业分工的优势，同时规模化生产促进了农业技术应用、机械化生产和农业信贷资金的有效利用，产生了规模效益。

第四章　计划经济体制与农业经营集体化

　　1957年底至1958年春，全国农村基本实现高级农业合作化后，迅速掀起大搞农田水利建设，出现了跨社、跨乡，甚至跨县进行协作搞农田基本建设的情况。1958年8月，中共中央在北戴河召开了政治局扩大会议，讨论人民公社问题，并作出了《中共中央关于在农村建立人民公社的决议》，在中央的号召下，全国农村迅速掀起了人民公社化运动。至1958年9月底，除台湾、西藏外，全国农村基本实现了人民公社化。

　　内蒙古自治区的人民公社化运动发展情况和全国的进程大致相同。《中共中央关于在农村建立人民公社的决议》公布后，自治区党委在1958年8月召开了盟市委第一书记会议，要求各地积极有序地领导人民公社化运动。接着自治区党委又在9月9日至10日召开了盟市委扩大会，传达北戴河会议精神，讨论自治区大办人民公社问题，作了进一步的动员和布置。这时，全区农村人民公社已发展到465个。10日到20日，自治区党委召开了第一届第八次全委扩大会议，传达北戴河会议精神，讨论自治区大办人民公社问题。会议作出了《内蒙古党委关于实现人民公社化的初步规划的决议》，根据自治区的实际情况，就有关建立农村人民公社的经济政策、民族关系等问题，作了一些补充规定：提倡建立蒙古族、汉族及区内其他少数民族共同组成民族特色联合公社，要充分注意发挥少数民族社员的生产特长，照顾他们的生产习惯；规定西部地区蒙古族农民参加人民公社后，继续保留土地、草滩报酬，以确保各民族社员生活得到共同提高。对农业区和半农半牧区牲畜入社处理，采取确保牲畜正常发展的慎重方针，牲畜归公社统一经营的前提下，按自愿原则，继续采取了合作社时期行之有效的比例分益、作价归社、分期偿还本息或作为投资而给予一定利息等多种过渡办法。严禁不正常的宰杀和出卖，选拔积极可靠的社员经营牧业，保证农业区和半农半牧区畜牧业的正常发展；允许社员继续自养少数属生活需要的自留畜等。会后，人民公社化运动在自治区迅速升温，至9月末10天左右内，全区把11049个农业合作社合并为682个人民公社，参加农户172万户，占总农户的99%以上，全区农村实现了人民公社化。[①]

第一节 人民公社时期的农业经济体制

人民公社建立过程中，为追求"一大二公"，全部实行政社合一，工、农、商、学、兵相结合的高度集中统一的管理体制。人民公社把社员的所有生产资料、资金、土地等一律实行公社所有，由公社统一管理。取消社员的自留地、土地报酬、畜股报酬，限制社员的自留畜，在分配上实行供给制与工资制相结合的分配制度。1958年，全区平均每社2300户，最大的达13000多户，最小的也有200多户，基本上是一乡一社，有的地区还建立了旗县人民公社联社。高度集中的统一管理，搞共产主义大协作，要求组织军事化、行动战斗化、生产集体化，是人民公社生产活动的行为准则。大办公共食堂、托儿所、幼儿园等，全区农村共办公共食堂12353个，托儿所、幼儿园19067个，缝纫组2063个，粮食加工厂3554个，饲料加工厂1635个。[②]1958年11月，在武昌召开的党的八届六中全会通过的《关于人民公社若干问题的决议》明确规定，现阶段人民公社仍然是集体所有制的经济组织，社员个人所有的生活资料永远归社员所有。自治区党委贯彻中央会议精神，组织了万人检查团，深入农村牧区检查人民公社化运动中出现的问题。1958年12月，自治区党委召开了一届九次全委扩大会议，讨论通过了《关于整顿巩固人民公社若干问题的指示》，在明确认识中央关于人民公社的性质、方针、政策下，提出发展生产是巩固和提高人民公社的中心环节，做好人民公社的收益分配，正确解决积累与消费

① 《内蒙古自治区志·农业志》编委会：《内蒙古自治区志·农业志》，内蒙古人民出版社2000年版，第125页。

② 《内蒙古自治区志·农业志》编委会：《内蒙古自治区志·农业志》，内蒙古人民出版社2000年版，第125页。

的比例关系，搞好人民公社的经营管理，加强生产责任制，实行"四包"（即包产量、财务、措施、劳动工数）、"五固定"（即固定人、畜力、农具、土地、作物）等方针政策。

1959 年 2 月，中共中央在郑州举行政治局扩大会议，起草了《关于人民公社管理体制的若干规定（草案）》，这个文件将人民公社的管理制度规定为：统一领导，队为基础；分级管理，权力下放；三级核算，各记盈亏；分配计划，由社决定；适当积累，合理调剂；物资劳动，等价交换；按劳分配，承认差别。对人民公社、生产大队、生产队的职权范围作出了规定。1959 年 3 月，党中央在上海召开政治局扩大会议，作出了《关于人民公社的 18 个问题》的会议纪要，提出人民公社三级所有、队为基础的制度要稳定一个相当长的时期，对公社化和大炼钢铁中平调生产队的物资、劳力等项的旧账要算清、退赔，公社劳动力用于农业生产的一般不应少于 80%。实行工资制应把评工记分和评定工资级别结合起来等。

为贯彻上述中央两次会议精神，自治区党委召开常委扩大会议，并于 1959 年 4 月发出《关于整顿人民公社工作中几个问题的指示》，要求迅速确定基本核算和分配单位；做好生产小队工作，健全生产责任制，纠正 1958 年一平二调三收款问题。是年 6 月，自治区党委又召开盟市委书记会议，讨论通过了《关于人民公社生产小队部分所有制和管理权限的若干规定》《关于人民公社推行以产计工的办法》《关于人民公社实行供给制的补充办法》《关于人民公社实行工资制的具体办法》等文件，规定生产小队对土地、耕畜、农具、劳动力有固定的使用权，基本核算单位对生产小队实行以产计工或包工包产，社员个人所有的生活资料永远归个人所有。

1960 年 11 月，党中央发出《关于农村人民公社当前政策问题的紧急指示》，即《十二条》。规定人民公社实行三级所有，队为基础的制度；彻底纠正"一平二调"的错误；加强农业第一线，认真执行劳逸结合，有领导、有计划地恢复农村集市等。并重申要坚持各尽所能按劳分配的原则及允许社员经营少量自留地和小规模的家庭副业等政策。1961 年 5 月，党中央又发布《农村人民公社工作条例（草案）》，即《六十条》。就人民公社规模、体制、三级所有制，坚持自愿互利、等价交换原则，生产队的自主权、恢复社员自留地、社员拥有生活资料及小农具等生产资料所有权、评工记分、按劳分配、控制公积金、公益金及基本建设等问题进一步作了明确规定。1961年，自治区召开三级干部会议，贯彻中共中央上述两个文件精神，进一步调整了农村人民公社的管理体制、所有制和生产责任制等一些重大政策。1962年1月，内蒙古党委又召开第一届第十三次全委扩大会议，决定大力整顿三类队。以纠正"共产风"为中心，彻底纠正浮夸风、瞎指挥生产风、干部特殊化作风以及强迫命令作风。对平调的耕畜物资坚决结算退赔，决定从国营牧场、商业牧场收购的牲畜中，调出10万头（只）牲畜，拨给农区，作为落实中央关于彻底退赔兑现的物资，小畜退给社员，大畜退给生产队。

人民公社建立后暴露出来的问题，经过四年多时间的纠偏和整顿，人民公社规模、管理体制、所有制关系、生产经营管理、社员分配等方面与公社化初期的情况相比有很大的改变。第一，把全区690个农村人民公社划分为995个，27000个生产队划分为57000个。[1]社队规模缩小三分之一，缩小后大多数生产队的规模大体上相当于初级农业生产合作社。第二，把原来人民公社一级所有统一管理体制，逐步改为"三级所有，队为基础"，即实行公社、大队、生产队三级所有制，生产队为基本核算单位，发挥生产队的自主权，使生产队之间的平均主义有所克服。第三，普遍恢复了合作化时期行之有效的管理办法，建立了小段包工、季节包工、常年包工、定额管理、"三包一奖"等农业生产责任制。第四，取消了公共食堂，废除了供给制与工资制相结合的大锅饭分配制度，实行定额计分或评工记分，按劳动工分取得报酬的分配制度。第五，恢复了社员的自留地、自留畜、土地报酬及社员的家庭副业、集市贸易。第六，调整了农村人民公社积累与消费比例关系。人民公社化初期，集体提成（公积金、公益金）一般都占可分配总额的15%—20%，经过调整，公积金、公益金两项提成基本控制在占可分配总额的3%—5%左右，一些贫困地区控制在2%—3%。[2]最后，贯彻了勤俭办社方针，加强了财务管理、物资管理、劳动管理、初步克服了上述管理工作中的混乱现象。

人民公社经过几年的整顿和调整，农业生产和农村经济逐步得到恢复

---

① 《内蒙古自治区志·农业志》编委会：《内蒙古自治区志·农业志》，内蒙古人民出版社2000年版，第127页。

② 《内蒙古自治区志·农业志》编委会：《内蒙古自治区志·农业志》，内蒙古人民出版社2000年版，第125页。

和发展，渡过了三年经济困难时期。但是1963年2月，党中央召开工作会议，决定在全国普遍开展社会主义教育运动（即"四清运动"），接着开展"文化大革命"和农业学大寨运动，进一步推行"左"的错误路线。1966年到1976年，十年"文化大革命"，严重地破坏了党在农村的各级组织和各项政策，极大地挫伤了广大农民和干部的积极性，致使向农业投入的财力、物力没有收到应有的效果。自治区农村和全国一样，在"文化大革命"中和"农业学大寨"运动中，人为地制造"阶级斗争"，搞扩大化；不断地变革生产关系，搞穷过渡；不断地批判所谓"工分挂帅""物质刺激""搞大锅饭"。把人民公社经过调整实行的一系列较正确的、有利于农业生产恢复和发展的方针、政策，当作修正主义加以批判和否定。把实行小段包工、定额管理、"三包一奖"等农业生产责任制当作修正主义的"管、卡、压"加以批判。把实行评工记分，按劳分配当作"工分挂帅"加以批判。将自留地、家庭副业、集市贸易当作"资本主义的尾巴"割掉。使人民公社社员的集体劳动变成"大拨轰"，统一分配变成"大锅饭"。农民集体生产的积极性受到严重挫伤，农业生产面临崩溃的局面，至党的十一届三中全会以前，自治区农村约有三分之一的生产队吃粮靠返销，生产靠贷款，生活靠救济。有不少生产队劳动工分值只有一角钱左右，甚至有些生产队社员分红时扣去口粮款还要倒欠，出现"倒分红"。

1976年粉碎"四人帮"以后，特别是党的十一届三中全会后，内蒙古自治区较早地在农村进行了以建立家庭联产承包责任制为主要内容的经济体制改革。1978年，伊克昭盟大部分旗县、巴彦淖尔盟五原县、乌兰察布盟卓资县和呼和浩特市托克托县，在农业生产中推广定额管理、小段包工等责任制形式，发展为"包产到组，联产计酬"责任制形式。这种形式有利于把生产作业组的共同利益和产量直接联系起来，但由于作业组是由生产队统一分配、组合而成，因此出现"合作不合心"，分配上由"大锅饭"变成"二锅饭"的现象。1979年，自治区对一些地方实行"口粮田"或"包产到户"责任制。托克托县的中滩公社最贫困的河上营大队试行"口粮田"，当年这个大队粮食总产量达到24.5万千克，一举摘掉了吃"返销粮"的帽子。伊克昭盟大部分旗县和其他一些盟市的一些贫困社队，则试行"包产到户"责任制。这种农民家庭为承包单位的方式，把农民家庭的劳动成果与劳动报酬紧密结合在一起，增加了农业生产效益。

　　1980年，内蒙古自治区召开会议，认真分析农村出现的各种生产责任制形式，明确提出允许"包产到户""包产到劳动""口粮田"等一切可以增产增收的生产责任制并存，由社员群众根据实际情况自行决定，不能用行政命令的方式硬性规定实行某一种责任制的比例，应从实际情况出发，允许多种经营形式、多种劳动组织形式、多种报酬办法同时存在，不可拘泥于一种形式搞一刀切，更不能违背群众的意愿，限制农村经济体制改革工作的进行。从自治区各地农村实践的情况看，绝大多数社员最欢迎的是"包产到户"生产责任制。1979年全区实行"包产到户"的只占5%，1980年增加到20%，1981年迅速增加到65%。[①]"包产到户"责任制在生产中显示了巨大的优越性，充分调动了社员的生产积极性，1980年全区在遭受特大旱灾的情况下，仍有7000多个"三靠队"摘掉了"吃粮靠返销粮"的帽子，占全区"三靠队"的三分之一。甜菜、油料产量分别比上年猛增70%和20%以上，创造了历史最高水平。农牧民人均收入比上年增长16.3%，1980年至1981年4月底，全区销售的返销粮只占原计划销售的32.4%。1982年绝大部分社队除"包土地"之外，其他生产资料也全部作价归了户，社队不再统一经营。"包产到户"变成"包干到户"，即"大包干"责任制。实行这种责任制的生产队占总队数的83%，1983年发展到99%。[②]

　　1983年1月，党中央发出《关于当前农村经济政策若干问题》，规定将政社合一的人民公社体制，有步骤地改为政、社分设。同年，中共中央国务院颁发了《关于实行政社分设，建立乡政府的通知》，自治区农村在1983年至1984年，经过试点，在全区农村基本完成了人民公社政社分设的工作，建立了1053乡，10175个村，48896个村民小组。[③]农村基层经济组织，根据生产发展的需要，在群众自愿的基础上设置。一般以土地公有为基础建立社区性的合作经济组织，有的叫农业生产合作社或经济联合

---

①　《内蒙古自治区志·农业志》编委会：《内蒙古自治区志·农业志》，内蒙古人民出版社2000年版，第130页。

②　《内蒙古自治区志·农业志》编委会：《内蒙古自治区志·农业志》，内蒙古人民出版社2000年版，第130页。

③　《内蒙古自治区志·农业志》编委会：《内蒙古自治区志·农业志》，内蒙古人民出版社2000年版，第53页。

社，有的以村（生产大队或联队）为范围设置，有的以队为单位设置，有的与村民委员会分立，有的一套班子、两块牌子。乡级农机、农技、植保、经管、兽医等为农业生产经营服务的事业单位，也进行了相应的改革，向企业化和服务化体系方向发展。

第二节　人民公社时期的农业经济结构

一　农业产业内部结构

人民公社时期，内蒙古自治区农牧林渔业总产值在国民生产总产值的比重，1958年为44.7%，1983年下降为33.9%。农牧林渔业总产值1958年为12.5亿元，1979年突破20亿元，1983年达到52.43亿元，增长速度缓慢。农牧林渔业总产值中农业比重占据64%—66%，农业产值中种植业占据85%—93%，但是生产总值增加速度缓慢。如：1962年农业比重占农牧林渔业总产值中68.2%，种植业比重在农业中占86.1%，与此相比，农业总产值才11.63亿元，种植业产值才10亿元。其他林业、渔业和畜牧业产值较少。1983年，人民公社解体前，全区农牧林渔业总产值中农业产值比重仍保持66%以上，种植业产值在农业产值中占86.3%的高位（详见图4-1）。

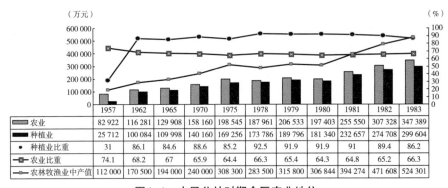

（万元）	1957	1962	1965	1970	1975	1978	1979	1980	1981	1982	1983
农业	82 922	116 281	129 908	158 160	198 545	187 961	206 533	197 403	255 550	307 328	347 389
种植业	25 712	100 084	109 998	140 160	169 256	173 786	189 796	181 340	232 657	274 708	299 604
种植业比重	31	86.1	84.6	88.6	85.2	92.5	91.9	91.9	91	89.4	86.2
农业比重	74.1	68.2	67	65.9	64.4	66.3	65.4	64.3	64.8	65.2	66.3
农林牧渔业中产值	112 000	170 500	194 000	240 000	308 300	283 500	315 800	306 844	394 274	471 608	524 301

图4-1　人民公社时期全区农业地位

资料来源：《内蒙古统计年鉴》，2004年。

二　土地利用结构

人民公社时期的25年间，内蒙古自治区耕地面积虽然快速增长，但始终稳定在500万—600万公顷左右。1958年全区年末实有耕地面积555.3万公顷，1961年扩大到609.7万公顷，1962年后逐年减少，1968年减少到531.2万公顷，1969—1980年基本保持530万公顷左右，1983年减少到506.5万公顷。农作物播种面积最多的1961年为580万公顷，占总耕地面积的95.2%，播种面积最少的1983年为463.1万公顷，占总耕地面积的91.4%，农作物播种面积比较稳定。农作物生产中，粮食作物播种面积占绝对优势，经济作物播种面积10%左右。1960年，粮食作物播种面积486.24万公顷，经济作物播种面积56.11万公顷，粮经播种面积比例为84.6∶9.8；1970年粮食作物播种面积453.46万公顷，经济作物播种面积35.3万公顷，粮经播种面积比例演变为89.2∶6.9；1975年后粮食作物比重减少，占81%以下，经济作物超过10%。1980年粮食作物播种面积减少到388.23万公顷，经济作物播种面积增长到61.11万公顷，粮经播种面积比例为80.9∶12.7。粮食作物播种面积最高年为1961年503.1万公顷，占总播种面积的86.7%；最低年为1983年383.7万公顷，占总播种面积的82.9%。经济作物播种面积最高年为1980年61.1万公顷，占总播种面积的12.7%；最低年为1971年32.2万公顷，占总播种面积的6.4%。在耕地面积中旱地占绝对优势、水浇地面积徘徊在100万公顷左右，水田面积"大跃进"时期一度扩大到近10万公顷，之后一直处于1.5万—4万公顷之间（详见图4-2）。

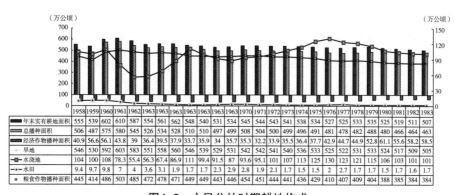

（万公顷）	1958	1959	1960	1961	1962	1963	1964	1965	1966	1967	1968	1969	1970	1971	1972	1973	1974	1975	1976	1977	1978	1979	1980	1981	1982	1983
年末实有耕地面积	555	539	602	610	587	554	561	562	548	540	531	534	545	544	543	541	538	534	527	525	533	535	525	519	511	507
总播种面积	506	487	575	580	545	526	534	528	510	510	497	499	508	504	500	499	496	491	481	478	482	488	480	466	464	463
经济作物播种面积	40.9	56.6	56.1	43.8	39	36.4	39.5	37.9	35.9	34	35.7	35.3	32.2	33.9	35.5	36.4	37.7	42.9	44.7	44.9	52.8	61.1	55.6	58.2	58.5	
旱地	546	530	592	603	583	551	558	560	546	539	529	531	542	542	541	540	536	533	525	522	531	533	524	517	509	505
水浇地	104	100	108	78.3	55.4	56.3	67.4	86.9	111	99.4	91.5	87	93.6	95.1	101	107	113	125	130	123	121	115	106	103	101	101
水田	9.4	9.7	9.8	7	4	3.6	3.1	1.9	1.7	1.7	2.3	2.9	2.8	1.9	2.1	1.7	1.5	1.5	2	2.7	1.7	1.7	1.5	1.7	1.6	1.7
粮食作物播种面积	445	414	486	503	485	472	478	471	449	443	446	451	459	451	431	436	429	410	407	409	404	388	385	384	384	

图4-2 人民公社时期耕地构成

资料来源：《内蒙古统计年鉴》，2004年。

据内蒙古农业经济考评资料（1949—1998），人民公社时期，按各盟市耕地面积看，1960年全区年末实有耕地面积602万公顷。其中，乌兰察布盟122.75万公顷，占20.4%；赤峰市99.27万公顷，占16.5%；哲里木盟

95.2万公顷，占15.8%；伊克昭盟66.83万公顷，占11.1%；呼和浩特市50.01万公顷，占8.3%；呼伦贝尔盟44万公顷，占7.3%；兴安盟40.97万公顷，占6.8%；包头市39.84万公顷，占6.6%；巴彦淖尔盟39.29万公顷，占6.5%；锡林郭勒盟30.98万公顷，占5.1%；阿拉善盟0.9万公顷，占0.15%；乌海市0.33万公顷，占0.05%。1970年，全区耕地面积545万公顷，比1960年减少9.5%。平均各盟市年末实有耕地面积减少0.8%。1978年，全区年末实有耕地面积降至532.6万公顷，比1970年减少11.5%。其中，呼和浩特市43.5万公顷，减少13%；包头市34.7万公顷，减少12.8%；乌海市0.37万公顷，增长10.8%；赤峰市86.2万公顷，减少13.2%；呼伦贝尔盟60.56万公顷，增长37.6%；兴安盟34.7万公顷，减少6.3%；哲里木盟74.4万公顷，减少21.8%；锡林郭勒盟26.1万公顷，减少15.6%；乌兰察布盟109.7万公顷，减少10.6%；伊克昭盟26.6万公顷，减少60.2%；巴彦淖尔盟33万公顷，减少16.1%；阿拉善盟1.02万公顷，增长13.3%。全区各旗县市中年末实有耕地面积10万公顷以上旗县有14个。分别是乌兰察布盟商都县16.11万公顷，兴和县10.7万公顷，察右中旗12.3万公顷，四子王旗16.1万公顷；哲里木盟通辽市12.8万公顷，科左中旗14.9万公顷，科左后旗12.4万公顷，库伦旗10.1万公顷；呼伦贝尔盟阿荣旗10.4万公顷；赤峰市松山区11.0万公顷，宁城县10.3万公顷，敖汉旗14.0万公顷；包头市固阳县13.7万公顷；呼和浩特市武川县13.1万公顷。据内蒙古农村牧区社会经济调查队的农业经济考评资料，因耕地总面积减少和人口增长，全区人均耕地面积1960年平均10.92亩，1970年减少到7.31亩，1978年降至6.07亩。其中，呼和浩特市人均耕地面积从1960年的10.9亩，降至1978年的6.3亩。包头市从人均14.2亩降至7.5亩，赤峰市从7.3亩降至4.2亩，呼伦贝尔盟从20.3亩降至11.7亩，兴安盟从11.7亩降至5.2亩，哲里木盟从12.2亩降至5.9亩，锡林郭勒盟从15.2亩降至8.3亩，乌兰察布盟从12.1亩降至7.6亩，伊克昭盟从17.0亩降至4.4亩，巴彦淖尔盟从10.5亩降至4.9亩，阿拉善盟从2.6亩降至2.3亩。按全区各旗县市人均耕地面积占有量看，人均10亩以上旗县市共有7个。呼和浩特市武川县人均耕地面积13.2亩，包头市固阳县10.7亩，达茂联合旗16.5亩，呼伦贝尔盟海拉尔市12.3亩，根河市32.2亩，哲里木盟库伦旗12.6亩，乌兰察布盟四子王旗14.5亩。

三　农作物种植结构

人民公社时期，内蒙古自治区玉米播种面积不断增加，高粱逐渐减少。糜子种植面积从20世纪60年代初开始逐年缩小，谷子面积从1975年开始锐减。1970年小麦播种面积开始超过第一大作物谷子及其他杂粮，居农作物的首位。1975年，玉米播种面积开始超过其他作物列第二位，改变了历来以谷子、糜黍、莜麦和高粱为主的作物结构。经济作物中以向日葵变化最大，改变了以胡麻和油菜籽为主的油料作物的结构（详见图4-3）。

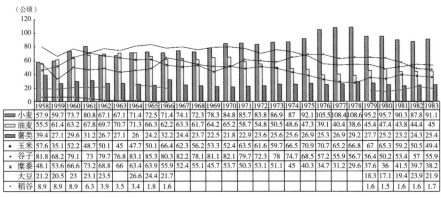

（公顷）	1958	1959	1960	1961	1962	1963	1964	1965	1966	1967	1968	1969	1970	1971	1972	1973	1974	1975	1976	1977	1978	1979	1980	1981	1982	1983
小麦	57.9	59.7	73.7	80.8	67.1	67.1	71.4	72.5	71.4	74.1	72.3	78.3	84.8	85.7	83.8	86.9	87	92.1	105.5	108.4	108.6	95.2	95.7	90.3	87.8	91.1
油料	55.5	61.4	63.2	67.8	69.7	70.7	71.3	66.3	62.2	63.3	61.7	64.2	65.2	58.7	54.8	50.5	48.6	47.3	39.1	40.4	38.6	45.4	47.4	43.8	44.4	45
薯类	39.4	27.1	29.6	31.2	26.7	27.1	26	24.4	23.7	22.5	21.8	24.3	23.3	26.9	29.2	27.7	26.4	25.2	23.2	23.9	25.4					
玉米	57.6	35.1	52.2	48.7	50.1	45	47.7	50.1	66.4	62.3	56.2	53.3	52.4	63.5	61.6	59.7	66.5	70.9	70.7	65.2	66.8	67	65.3	59.2	50.5	49.4
谷子	81.8	68.2	79.1	73	79.7	76.8	83.1	85.3	80.3	82.2	78.1	81.1	82.1	79.7	72.3	78	74.7	68.5	57.2	55.9	56.7	56.4	50.2	53.4	57	55.9
糜黍	48.1	53.6	66.6	73.2	68.8	66	63.4	63.9	55.9	52.4	55.1	45.7	53.7	50.3	53.1	51.1	45	40.3	34.7	31.2	29.6	37.6	36	41.5	39.7	38.2
大豆	21.2	20.5	23	23.1	23.5			26.6	24.4	21.7												18.3	17.1	19.4	23.9	21.9
稻谷	8.9	8.9	8.9	6.3	3.9	3.5	3.4	1.8	1.6													1.6	1.5	1.6	1.6	1.7

图4-3　人民公社时期粮食作物种植结构

资料来源：《内蒙古统计年鉴》，2004年。

1958年，粮食作物种植结构是谷子18.4%，小麦13.0%，玉米12.9%，莜麦12.5%，糜黍10.8%，稻谷2.0%，薯类8.8%，大豆4.8%，其他杂粮占16.8%。1961年，小麦播种面积首次突破80万公顷，以16.1%的比重位居作物面积首位，糜黍14.6%，谷子14.5%，莜麦13.5%，玉米9.7%，稻谷1.3%，薯类6.2%，大豆4.6%，其他杂粮19.7%。1962年"大跃进"结束后，谷子播种面积持续增加，1962—1969年间成为全区最大的粮食作物。而小麦在1962—1964年间成为少于莜麦播种面积的第三大粮食作物，玉米、稻谷、薯类播种面积则三年间持续下降。其中，玉米播种面积在1963年下降到45万公顷，为人民公社历史上播种面积为最低年份；稻谷种植面积在1964年下降到3.4万公顷，比1960年的8.9万公顷减少了61.8%；薯类种植面积在1964年下降到26万公顷，比1958年的39.4万公顷减少了31.5%。与此相反，小麦、莜麦、大豆播种面积有所增加，小麦播种面积

1964年比1962年增加3.7万公顷，莜麦播种面积增加1.6万公顷，大豆播种面积增加了3.1万公顷。1965年后，小麦播种面积持续增长，1970年超越谷子播种面积重新确立全区第一位，成为人民公社时期的最大粮食作物。1965—1969年，小麦播种面积持续增长，但未能突破80万公顷，仅次于谷子的第二大粮食作物。谷子播种面积在1965年历史最多播种面积85.3万公顷，占全区粮食作物播种面积的18.1%，小麦15.4%，莜麦14.1%，糜黍13.6%，玉米10.6%，稻谷0.4%，薯类5.1%，大豆5.2%。

1966—1976年的"文化大革命"期间，稻谷和大豆播种面积数据不清外，其他粮食作物种植结构发生了重大变化，小麦和玉米种植面积持续扩大，谷子、莜麦、糜黍播种面积逐年减少，薯类播种面积平稳发展。1976年，小麦播种面积从1966年的71.4万公顷增加到105.5万公顷，占全区粮食作物播种面积的25.7%；玉米播种面积从1966年的66.4万公顷增加到70.7万公顷，占粮食作物17.2%；谷子播种面积从1966年的80.3万公顷减少到57.2万公顷，占粮食作物的13.9%；莜麦播种面积从1966年的62.2万公顷减少到39.1万公顷，占粮食作物的9.5%；糜黍播种面积从1966年的55.9万公顷减少到34.7万公顷，占粮食作物的8.5%；薯类种植面积虽然从1966年的32.2万公顷减少到25.3万公顷，但从1967年开始播种面积稳定在22万—25万公顷，1976年只占粮食作物播种面积的2%。1977年后，小麦播种面积虽然下降到100万公顷以下，但仍保持着全区粮食作物第一大品种；玉米播种面积1980年后逐年下降，1983年人民公社解体时减少到49.4万公顷，谷子则保持在56万公顷左右，占粮食作物播种面积的14.6%。莜麦和大豆播种面积有所增加，1983年分别占粮食作物的11.7%和5.7%；稻谷和薯类播种面积比较稳定，分别占粮食作物的0.4%和6.6%；其他杂粮占播种面积的14.4%。

人民公社时期，全区经济作物中油料作物占据首位[①]，甜菜、烟叶、麻类等作物[②]虽然历史以来有零星种植，但生产方式较粗放，播种面积小，生产量较少。蔬菜作物和其他类型经济作物在集体生产组织中有了较大的发展，但品种诸多，规模较小，未能形成经济作物中主导产业。经济作物种

---

① 油料作物：向日葵、胡麻、油菜、蓖麻、油用大麻、芝麻、花生、苏子等作物。
② 麻类：大麻（西汉时期五原县地区引进）、青麻（昭乌达盟和哲里木盟一带种植）、亚麻（1905年日本北海道引进）、洋麻（1928年苏联引进）。

植，受"文化大革命"时期的"以粮为纲"政策影响，除油料作物和糖料作物以外多种作物种植面积锐减或停止生产，导致经济作物种植结构极不稳定。由于向日葵、果用瓜和青饲料种植1979年才纳入国家种植计划，内蒙古自治区从1980年开始逐年增加种植面积，并成为全区重要的油料作物和饲料作物。1958年，经济作物播种面积中油料作物占87.8%，蔬菜占18.1%，甜菜占3.9%，麻类占3.9%，烟叶占0.7%，其他经济作物占47.4%。[①]

1979年，经济作物播种面积中油料作物占比仍居79.4%的高位，并且在以胡麻、油菜、葵花三大类油料作物为主的种植结构中，葵花播种面积在油料作物中占13.6%，之后逐年增加。甜菜占比提高到8.5%，烟叶和麻类播种面积分别是0.8%和3.0%，与1958年基本持平，播种面积比较稳定。蔬菜播种面积略下降，占16.9%。果用瓜和青饲料是与向日葵一同引进的新作物，1979年果用瓜种植面积占3.9%，青饲料占29.0%，其他经济作物占58.9%，形成多种经济作物构成的种植结构。1979年后，内蒙古经济作物主要以向日葵、胡麻、油菜、甜菜、蔬菜、果用瓜和青饲料为主的种植结构，成为全区农作物生产的主力。到1983年，油料作物播种面积占经济作物中的比例提高到83.8%。其中，向日葵占26.3%，胡麻占27.9%，油菜占11.6%；甜菜作物种植面积持续扩大，比重提搞到10.4%，青饲料增加到16.4%。烟叶、麻类、果用瓜和其他经济作物播种面积呈现稳中有降的趋势（详见图4-4）。

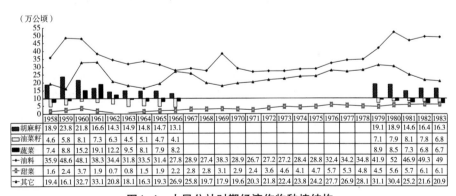

	1958	1959	1960	1961	1962	1963	1964	1965	1966	1967	1968	1969	1970	1971	1972	1973	1974	1975	1976	1977	1978	1979	1980	1981	1982	1983
■胡麻籽	18.9	23.8	21.8	16.6	14.3	14.9	14.8	14.7	13.1													19.1	18.9	14.6	16.4	16.3
□油菜籽	4.6	5.8	8.1	7.3	6.3	4.5	5.1	4.7	4.1													7.1	7.9	8.1	7.8	6.8
■蔬菜	7.4	8.8	15.2	19.1	12.2	9.5	8.1	7.9	8.2													8.9	8.5	7.3	6.8	6.7
←油料	35.9	48.6	48.1	38.3	34.4	31.8	33.5	31.4	27.8	28.9	27.4	38.3	28.9	26.7	27.2	27.2	28.4	28.8	32.4	34.2	34.8	41.9	52	46.9	49.3	49
←甜菜	1.6	2.4	3.7	1.9	0.7	0.8	1.5	1.9	2.2	2.8	2.8	3.1	2.9	2.4	3.6	4.6	4.1	4.7	5.7	5.3	4.8	4.5	5.6	5.7	6.1	6.1
←其它	19.4	16.1	32.7	33.1	20.8	18.1	16.3	19.3	26.9	25.8	19.7	17.9	19.6	20.3	21.8	22.4	23.8	24.2	27.7	26.9	28.1	31.1	30.4	25.2	21.6	20.9

图4-4　人民公社时期经济作物种植结构

资料来源：《内蒙古统计年鉴》，2004年。

---

① 其他经济作物：酒花、小茴香、棉花、蓼蓝。

人民公社时期不仅形成了比较完整的粮食作物和经济作物种植结构，还大力发展了果树、蔬菜、瓜类等园艺作物。1958年，自治区从河北、山西、辽宁、北京、河南等省市调入大量种、条进行育苗。至1962年全区共出圃各种苗木1500万株，1963年在西部地区种植15万株苹果梨及小苹果苗木。1980年，全区果树园达到42场，分布在39个旗县市，果树面积达到2533公顷，产各种水果357.6万千克。[①]果树品种有苹果、犁、葡萄、杏、李、桃、山楂、枣、毛樱桃等。1958年，贯彻"按成划片、就地生产、就地供应、基本自给"的方针。在城市、工矿、林区适当扩大了蔬菜种植面积，提高了单位面积产量，以此保证供应；农业区、半农半牧区以及定居游牧的牧区，做到社社有菜园、户户有菜吃。1960年，为确保蔬菜商品粮，划定城镇蔬菜生产基地。1970年，在呼和浩特、包头、乌海、赤峰、乌兰浩特、海拉尔、通辽和集宁8个城市分别建立蔬菜生产基地。蔬菜基地贯彻"近郊为主，远郊为辅，外埠补充调剂"的方针。除此之外，人民公社时期，有些生产队还发展了养蚕业和养蜂业等副产业。1958年，在呼伦贝尔盟、哲里木盟和昭乌达盟选点试养柞蚕；1962年建立通辽、赤峰、宁城、和林格尔县等6个桑园基地。[②]养蜂，以国营、集体农场为主，以乌兰浩特红城人民公社养蜂场为示范，在准格尔、清水河、凉城、土默特旗各建一处养蜂基地。

第三节　人民公社时期的农业生产效益

人民公社时期，内蒙古自治区粮食作物主要由玉米、小麦、稻谷、谷子、莜麦、高粱、糜黍、荞麦等作物构成。豆类由大豆和食用豆类，薯类由马铃薯、红薯组成，经济作物有油料、甜菜、烟叶、麻类以及蔬菜和果用瓜等作物。粮食作物中小麦、玉米、谷子三大粮食为主，经济作物中油料、甜菜、蔬菜生产为主。薯类以马铃薯生产，豆类以大豆生产为主。

---

① 《内蒙古自治区志·农业志》编委会：《内蒙古自治区志·农业志》，内蒙古人民出版社2000年版，第344—346页。

② 《内蒙古自治区志·农业志》编委会：《内蒙古自治区志·农业志》，内蒙古人民出版社2000年版，第391页。

1958年，全区粮食产量为483万吨。其中，玉米产量占18.8%，小麦产量占8.4%，谷子产量占18.8%，稻谷产量占3.8%，莜麦产量占9.4%，大豆产量占4.0%，其他杂粮杂豆产量占36.8%。油料总产量为13.5万吨，其中油菜籽产量占5.9%；甜菜产量为23.7万吨，马铃薯产量为77万吨。1965年，全区粮食产量为382万吨，比1958年减少20.9%。其中，小麦产量增加63.0%，玉米产量增加11.0%，稻谷产量减少84.7%，谷子产量减少29.7%，莜麦产量减少21.1%。马铃薯产量1965年下降到22.2万吨，比1958年的77万吨减少71.2%；大豆产量比1958年的19.5万吨减少17.9%。1966—1976年，受"以粮为纲"政策和"文化大革命"影响，小麦、玉米、谷子、马铃薯和油料作物、甜菜和蔬菜生产量稳中有增外，其他农作物生产量大幅度减少。

表4-1　　　　　　　　　　　主要粮食作物产量　　　　　　　　单位：万吨

年份	粮食	小麦	玉米	稻谷	谷子	莜麦	糜子	薯类	大豆
1958	483.0	40.5	91.0	18.3	91.0	45.5		77.0	19.5
1960	359.0	54.5	69.0	10.1	56.5	30.5			17.5
1965	382.0	59.5	81.0	2.8	64.0	35.9	34.6	22.2	16.0
1970	469.5	66.0	101.0	3.0	95.0	46.5	42.0	25.0	
1975	519.5	93.5	157.0	1.9	71.5	34.0	36.0	37.5	
1978	499.0	88.0	173.5	3.6	60.0	25.0	26.5	42.0	
1980	396.5	82.7	139.2	4.1	39.7	21.3	19.0	30.0	12.4
1981	510.0	99.8	142.6	4.0	59.9	37.8	36.3	37.6	19.3
1982	530.0	126.7	105.9	4.7	71.2	37.2	23.3	41.6	24.3
1983	560.2	120.9	142.9	4.2	79.2	20.9	26.4	41.9	24.3

资料来源：《内蒙古统计年鉴》，2004年。

1980年后全区推行家庭生产承包责任制，粮食作物和经济作物生产比较稳定发展，种植品种和面积逐年增多，产量也稳步提升。1981年，全区粮食生产量首次突破500万吨，小麦产量达到100万吨，玉米产量142.6万吨，谷子产量60万吨，莜麦、糜子、马铃薯产量均达到37万吨以上，大豆产量恢复到1958年的19.5万吨水平。油料作物产量1980年达到25万吨，其中葵花籽产量16.5万吨，胡麻籽4.6万吨，油菜籽1.8万吨，成为三大油料作物。甜菜产量大幅度增加到81.2万吨，比1965年增加了288.5%；

蔬菜产量达到147.1万吨，果用瓜产量也达到9.7万吨。1983年全区粮食总产量达到560万吨，比1958年增加13.8%。其中，小麦增加200%，玉米增加57%，稻谷减少77%，谷子减少13%，莜麦减少54.1%，糜子产量比1965年减少23.7%，薯类增加88.7%，大豆增加51.9%（详见表4-1）。

一　玉米生产

中华人民共和国成立后，内蒙古自治区玉米播种面积和产量不断增加。1958年全区播种面积为57.6万公顷，播种面积占粮食作物的18.8%，每公顷产量1580千克，总产量为91万吨，至1966年播种面积66.4万公顷，占粮食作物播种面积的18.4%，每公顷产量为1830千克，总产量为121.5万吨，1976年播种面积扩大到70.7万公顷，占粮食作物面积的28.2%，每公顷产量为2048千克，总产量为144.5万吨，成为全区粮食作物的主要品种。1978年后，玉米播种面积逐年下降，到1983年全区播种面积虽然减少到49.4万公顷，占粮食作物播种面积的12.8%，但单位产量提高到2895千克，总产量为142.9万吨，占粮食总产量的25.5%（详见图4-5）。

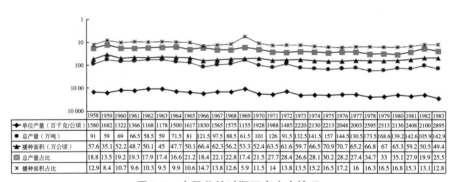

	1958	1959	1960	1961	1962	1963	1964	1965	1966	1967	1968	1969	1970	1971	1972	1973	1974	1975	1976	1977	1978	1979	1980	1981	1982	1983
单位产量（百千克/公顷）	1580	1682	1322	1366	1168	1178	1500	1617	1830	1565	1575	1155	1928	1988	1485	2220	2130	2213	2048	2003	2595	2513	2130	2408	2100	2895
总产量（万吨）	91	59	69	66.5	58.5	59	71.5	81	121.5	97.5	88.5	61.5	101	126	91.5	132.5	141.5	157	144.5	130.5	173.5	168.6	139.2	142.6	105.9	142.9
播种面积（万公顷）	57.6	35.1	52.2	48.7	50.1	45	47.7	50.1	66.4	62.3	56.2	53.3	52.4	63.5	61.6	59.7	66.5	70.9	70.7	65.2	66.8	67	65.3	59.2	50.5	49.4
总产量占比	18.8	13.5	19.2	19.3	17.9	17.4	16.6	21.2	18.4	22.1	22.8	17.4	21.5	27.7	28.4	26.6	28.1	30.2	28.2	27.4	34.7	33	35.1	27.9	19.9	25.5
播种面积占比	12.9	8.4	10.7	9.6	10.3	9.5	9.9	10.6	14.7	13.8	12.6	5.9	11.5	14	13.8	13.5	15.2	16.5	17.2	16	16.3	16.5	16.8	15.3	13.1	12.8

图4-5　人民公社时期玉米生产情况

资料来源：《内蒙古自治区志·农业志》编委会：《内蒙古自治区志·农业志》，内蒙古人民出版社2000年版，第230页。

二　小麦生产

小麦，内蒙古历史上播种面积不大，新中国成立后播种面积不断增加，各盟市均有分布。但集中在水浇地面积大的巴彦淖尔盟、呼伦贝尔盟、呼和浩特市和包头市。1958年，全区播种面积57.9万公顷，每公顷产量为698千克，总产量达到40.5万吨。1958年，由于旱灾，播种面积、单位产量大幅度下降。1960年，播种面积增加到73.7万公顷，单位产量提高到743千克，总产量达到54.5万吨。1960年后的连续三年自然灾害和"文化大革命"影响，小麦生产受到严重挫折，单产基本停滞不前，每公顷产量降到428千克。20世纪70年代是全区小麦生产的一个高峰期，品种结构由60年代的地方品种和引进品种占绝对优势，逐步变成地方品种、引进品种和育成品种三足鼎立局面。育成种子和引进种子的推广，促进了小麦产量的提高。有些旗县良种繁育场采取了三圃式或两圃式提纯复壮方法，提供生产上需要的原种，大大延长了良种小麦的使用寿命。在研发新品种的同时，推广了科学种麦技术，70年代中期，小麦单产明显提高，并涌现出一批高产典型。如：1974年巴彦淖尔盟磴口县坝楞公社友谊二队，平均每公顷产6068千克；呼和浩特市土默特左旗毕克齐公社南园子大队，平均每公顷产6885千克；1975年，包头市固阳县九分子公社兴隆塔生产队，每公顷产7845千克；1976年，乌兰察布盟察右中旗广昌隆公社黄洋沟生产队每公顷产5217千克。在整个70年代，全区小麦平均每公顷产量为921千克。1976年平均每公顷产量达到1190千克，总产量为125.5万吨。1983年，全区小麦播种面积达到91.13万公顷，每公顷产量达到1328千克，总产量达到121万吨（详见图4-6）。

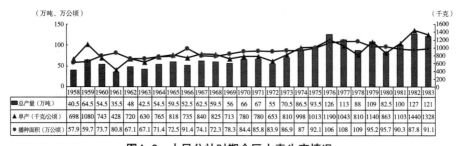

	1958	1959	1960	1961	1962	1963	1964	1965	1966	1967	1968	1969	1970	1971	1972	1973	1974	1975	1976	1977	1978	1979	1980	1981	1982	1983
总产量（万吨）	40.5	64.5	54.5	35.5	48	42.5	54.5	59.5	52.5	62.5	59.5	56	66	67	55	70.5	86.5	93.5	126	113	88	109	82.5	100	127	121
▲单产（千克/公顷）	698	1080	743	428	720	630	765	818	735	840	825	713	780	780	653	810	998	1013	1190	1043	810	1140	863	1103	1440	1328
●播种面积（万公顷）	57.9	59.7	73.7	80.8	67.1	67.1	71.4	72.5	91.4	74.1	72.3	78.3	84.4	85.8	83.9	86.9	87	92.1	106	108	109	95.2	95.7	90.3	87.8	91.1

图4-6　人民公社时期全区小麦生产情况

资料来源：《内蒙古自治区志·农业志》编委会：《内蒙古自治区志·农业志》，内蒙古人民出版社2000年版，第223页。

三　稻谷生产

自治区水稻主要分布在嫩江、西辽河流域及黄河灌区。20世纪30年代后期至40年代，水稻种植分散在东部地区的哲里木盟、昭乌达盟、兴安盟和呼伦贝尔盟等地。西部地区在20世纪40年代水稻种植主要集中在巴彦淖尔盟。50年代初，水稻产区分布发生变化，巴彦淖尔盟稻田面积逐年扩大，占全区水稻面积的50%以上，呼伦贝尔盟、兴安盟、哲里木盟和昭乌达盟的种植面积逐年减少。1958—1960年，自治区水稻种植面积稳定在8.33万—8.87万公顷左右。在此期间，巴彦淖尔盟水稻种植面积迅速扩大，1959年达到5.43万公顷，占全区水稻面积的63%。东部地区兴安盟种植面积1.65万公顷，哲里木盟1.0万公顷，赤峰市0.4万公顷，呼伦贝尔盟0.38万公顷。1961—1966年，巴彦淖尔盟水稻发展带有一定的盲目性，在未考虑排水问题而造成土壤严重盐碱化，不得不将水稻生产大幅度压缩。东部四盟，因农田水利建设不配套，灌溉、排水均不及时，栽培技术不过关以及草荒控制不住等原因，水稻单产偏低。1960—1962年，全区水稻每公顷产量平均仅1245千克，水稻种植面积逐年下降。1961—1965年，全区水稻种植面积从6.67万公顷下降到1.59万公顷，基本回落到50年代初期的水平。1967—1974年，全区水稻种植相对稳定。呼伦贝尔盟基本稳定在1333.3公顷左右，包头市逐步扩大到333.3公顷，兴安盟1968年6400公顷，哲里木盟1972年1200公顷，赤峰市1971年达到5266.7公顷，巴彦淖尔盟1970年恢复到17533.3公顷。20世纪80年代初期，全区水稻面积基本稳定在1.5万公顷左右，主产区又逐步转移到东部四盟市。到1983年，播种面积达到1.65万公顷，每公顷产量增加到2558千克，总产量增加到4.2万吨（详见图4-7）。

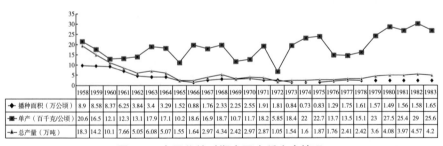

	1958	1959	1960	1961	1962	1963	1964	1965	1966	1967	1968	1969	1970	1971	1972	1973	1974	1975	1976	1977	1978	1979	1980	1981	1982	1983
播种面积（万公顷）	8.9	8.58	8.37	6.25	3.84	3.4	3.29	1.52	0.88	2.33	2.25	2.55	1.91	1.81	0.84	0.73	0.83	1.29	1.75	1.61	1.57	1.49	1.56	1.58	1.58	1.65
单产（百千克/公顷）	20.6	16.5	12.1	12.3	13.1	17.9	17.1	10.2	18.6	16.9	18.7	10.7	11.7	18.2	5.85	18.4	22	22.7	13.7	13.5	15.1	23	27.5	25.4	29	25.6
总产量（万吨）	18.3	14.2	10.1	7.66	5.05	6.08	5.07	1.55	1.64	2.97	4.34	2.42	2.97	2.87	1.05	1.54	1.6	1.87	1.76	2.41	2.42	3.6	4.08	3.97	4.57	4.2

图4-7　人民公社时期全区水稻生产情况

资料来源：《内蒙古自治区志·农业志》编委会：《内蒙古自治区志·农业志》，

内蒙古人民出版社2000年版，第235页。

四　谷子生产

谷子（粟），产地比较集中在自治区东部，一直是赤峰市播种面积最大的作物，但全区各盟市均有种植，是全区普遍种植的农作物。1956年谷子播种面积历史最高88.7万公顷后逐年下降，1958年减少到81.8万公顷，1961年下降到73万公顷，但播种面积仅次于小麦播种面积，居第二位。总产量也从1958年的最高91万吨下降到1961年的59万吨。1962—1969年播种面积又上升至第一位，1969年达到81.1万公顷。由于全区粮豆总播种面积扩大，比重则降到17.5%，总产量占全区粮豆总产量的20.5%，1970年后播种面积和产量逐渐下降。1975年播种面积68.5万公顷，占粮豆总播种面积的9.2%，虽然仍居粮豆作物面积的第三位，但总产量仅占全区粮食总产量的6.0%。1980年全区谷子播种面积仅有50.2万公顷，产量下降到39.7万吨，谷子主产区赤峰市、兴安盟、哲里木盟和呼伦贝尔盟的谷子占当地粮豆面积的比重分别是36.0%、20.6%、14.3%和9.4%。1983年，谷子播种面积有所增加，全区播种面积达55.9万公顷，与1958年相比仍减少了31.7%（详见图4-8）。

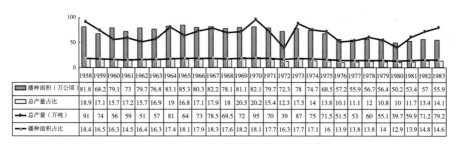

	1958	1959	1960	1961	1962	1963	1964	1965	1966	1967	1968	1969	1970	1971	1972	1973	1974	1975	1976	1977	1978	1979	1980	1981	1982	1983
播种面积（万公顷）	81.8	68.2	79.1	73	79.7	76.8	83.1	85.3	80.3	82.2	78.1	81.1	82.1	79.7	72.3	78	74.7	68.5	57.2	55.9	56.7	56.4	50.2	53.4	57	55.9
总产量占比	18.9	17.1	15.7	17.2	15.7	16.9	19	16.8	17.1	17.9	18	20.5	20.2	15.4	12.3	17.5	14	13.8	10.1	11.1	12	10.8	10	11.7	13.4	14.1
总产量（万吨）	91	74	56	59	51	57	81	64	73	78.5	69.5	72	95	70	39	87	75	71.5	51.5	53	60	55.1	39.7	59.9	71.2	79.2
播种面积占比	18.4	16.5	16.3	14.5	16.4	16.3	17.4	18.1	17.9	18.3	17.6	18.2	18.1	17.7	16.3	17.7	17.1	16	13.9	13.8	13.8	14	12.9	13.9	14.8	14.6

图4-8　人民公社时期全区谷子生产情况

资料来源：《内蒙古自治区志·农业志》编委会：《内蒙古自治区志·农业志》，内蒙古人民出版社2000年版，第241页。

五　莜麦生产

莜麦，除赤峰市高寒山区有小面积种植外，主要集中在中西部各盟市，历史上即为内蒙古西部主要粮食作物之一。新中国成立后，自治区莜麦播种面积和总产量不断增加，1958年前仅次于谷子、糜黍、高粱的第四大粮食作物。1958年，全区总播种面积为55.5万公顷，总产量45.5万吨。

1961—1964年，均超过66.7万公顷，其中1964年最高为71.32万公顷，占全粮豆面积的16.2%；总产量46.5万吨，占全区粮豆总产量的10.8%。[①]1965年后，全区莜麦播种面积不断缩小，主要集中在乌兰察布盟和锡林郭勒盟。1970年，全区莜麦播种面积65.2万公顷，1975年47.3万公顷，1983年降至45万公顷；生产量由1965年的35.9万吨，减少到1983年的20.9万吨，平均每年减少0.83万吨。（详见图4-9）。

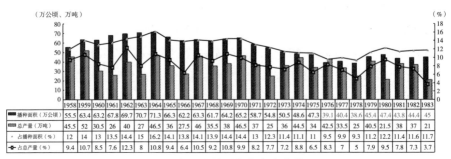

（万公顷、万吨）	1958	1959	1960	1961	1962	1963	1964	1965	1966	1967	1968	1969	1970	1971	1972	1973	1974	1975	1976	1977	1978	1979	1980	1981	1982	1983
播种面积（万公顷）	55.5	63.4	63.2	67.8	69.7	70.7	71.3	66.3	62.2	63.3	61.7	65.2	58.7	54.8	50.5	48.6	47.3	39.1	40.4	38.6	45.4	47.4	43.8	44.4	45	
总产量（万吨）	45.5	52	30.5	26	40	27	46.5	36	27.5	46	35.5	38	46.5	37	25	36	44.5	34	42.5	33.5	25	40.5	21.5	38	37	21
占播种面积（%）	12	14	13	13.5	14.4	15	16.2	14.1	13.8	14.1	13.9	14.4	14.4	13	12.3	11.4	11.1	11	9.5	9.9	9.3	11.2	12.2	11.4	11.6	11.7
占总产量（%）	9.4	10.7	8.5	7.6	12.3	8	10.8	9.4	6.4	10.5	9.2	10.8	9.9	8.2	7.7	7.2	8.8	6.5	8.3	7	5	7.9	9.5	7.8	7.3	3.7

图4-9　人民公社时期莜麦生产情况

资料来源：《内蒙古自治区志·农业志》编委会：《内蒙古自治区志·农业志》，内蒙古人民出版社2000年版，第245页。

六　大豆生产

大豆，历史上大豆全区都有分布，比较集中在昭乌达盟、旧绥远省和伊克昭盟、呼伦贝尔盟、兴安盟、乌兰察布盟。1949—1980年，全区大豆面积在粮食作物总面积中所占比重变化不大，每年大体保持在17.13万—23万公顷，占全区粮豆总播种面积的4.4%—4.7%。赤峰市大豆种植面积在50—60年代居全区首位，占全区总播种面积的52.0%；1958年，呼伦贝尔盟阿荣旗、莫力达瓦和布特哈三旗大豆播种面积占全盟总播种面积的84.7%，并且从60—80年代大体保持这个比例。1983年，全区大豆播种面积21.9万公顷，比1980年的17.1万公顷增加了28.1%，占全区粮食作物播种面积的5.7%，总生产量达24.3万吨，增加了96%，占全区粮食总产量的4.3%，单位产量每公顷达1110千克。1980年后，全区大豆生产逐年增多但盟市比重变化较大，总的趋势是西部减少、东部增加。特别是80年

---

① 《内蒙古自治区志·农业志》编委会：《内蒙古自治区志·农业志》，内蒙古人民出版社2000年版，第242页。

代后，大豆生产向呼伦贝尔、兴安盟集中，在当地粮食作物面积的比重不断增长。呼伦贝尔盟1981年大豆播种面积占粮食作物的15.6%，兴安盟占9.8%，分别占全区大豆总面积比重的32.1%和16.8%（详见图4-10）。

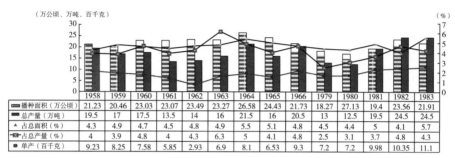

（万公顷、万吨、百千克）	1958	1959	1960	1961	1962	1963	1964	1965	1966	1979	1980	1981	1982	1983
播种面积（万公顷）	21.23	20.46	23.03	23.07	23.49	23.27	26.58	24.43	21.73	18.27	27.13	19.4	23.56	21.91
总产量（万吨）	19.5	17	17.5	13.5	14	16	21.5	16	20.5	13	12.5	19.5	24.5	24.5
占总面积（%）	4.3	4.9	4.7	4.5	4.8	4.9	5.5	5.1	4.8	4.5	4.4	5	4.1	5.7
占总产量（%）	4	3.9	4.8	4	4.3	6.3	5	4.1	4.8	2.5	3.1	3.7	4.8	4.3
单产（百千克）	9.23	8.25	7.58	5.85	2.93	6.9	8.1	6.53	9.3	7.2	7.2	9.98	10.35	11.1

图4-10　人民公社时期全区大豆生产情况

资料来源：《内蒙古自治区志·农业志》编委会：《内蒙古自治区志·农业志》，
内蒙古人民出版社2000年版，第279页。

七　薯类生产

马铃薯是内蒙古自治区主要生产的薯类作物，分布在全区各地，是内蒙古地区分布最广、面积和产量比较稳定的主要农作物之一。面积最大的是乌兰察布盟，其次是呼和浩特市，从50年代至90年代一直没改变。1958年，全区播种面积达到39.4万公顷，占农作物播种面积的8.8%，总产量为77万吨，占粮食总产量的16%，是历史上产量最多的一年。1959—1963年播种面积逐渐下降，1962年下降到26.72万公顷，总产量28万吨，占粮食总产量的5.5%。1964年后，播种面积基本稳定在25万—26万公顷，总产量22万—26万吨，占粮食总产量的6%—7%。[①]如：1965年全区薯类播种面积24.2万公顷，产量达到22.2万吨，1970年播种面积减少到21.8万公顷，但产量增加到25万吨。1975年播种面积增加到29.2万公顷，产量历史最高42万吨，1980年播种面积减少到25.2万公顷，产量也降至30万吨。1981年后马铃薯播种面积和产量逐年增加，1983年基本恢复到1975年水平。

---

① 　《内蒙古自治区志·农业志》编委会：《内蒙古自治区志·农业志》，内蒙古人民出版社2000年版，第247页。

八　杂粮杂豆生产

内蒙古自治区种植的杂粮杂豆有荞麦、糜黍、大麦以及绿豆、豌豆、小豆、芸豆等多种豆类。荞麦，每年的播种面积受气候影响较大。是自治区东部农家品种，生育期65天左右，一般旱地、山地均能种植。主要分布在赤峰市、哲里木盟、兴安盟和锡林郭勒盟。1957年荞麦播种面积29.8万公顷，每公顷产量为322千克，总产量95516吨；1962年播种面积最多达36.5万公顷，但每公顷产量下降到235千克，总产量82219吨；1979年播种面积减少到16.73万公顷，每公顷产量提高到457.5千克，总产量为76564吨；1983年播种面积减少到仅12.1万公顷，每公顷产量为454千克，总产量63137吨。[①]糜黍，在各盟市广为分布。比较集中的产区是伊克昭盟，历史上播种该面积占该盟粮豆面积的一半以上。原为内蒙古地区的主要粮食作物。1958年以后虽然个别年份播种面积略有增加，但总的趋势是不断减少，60年代末开始各盟市面积逐年下降。1981年糜黍播种面积伊克昭盟占49.7%，乌兰察布盟占18.2%，赤峰市占15.5%。[②]内蒙古地区生产大麦的主要用途是作为度荒用粮、解决生产精饲料或制酒、药店用麦芽。主要产区有灰腾梁、大兴安岭、鄂尔多斯地区和乌兰察布盟、锡林郭勒盟的山地丘陵地区。1980年全区播种面积为2.13万公顷，每公顷产量为691.5千克，总产量达16000吨，大麦占当地粮食作物的0.59%，总产量占0.4%。1983年，全区播种面积1.6万公顷，每公顷907.5千克，总产量14540吨，占当地粮食作物的0.42%，占总产量的0.28%。[③]内蒙古地区除了大豆和花生外以食用籽粒品种类型繁多，资源丰富，栽培种类有豌豆、蚕豆、绿豆、小豆、虹豆、普通菜豆、多花菜豆、扁豆、鹰嘴豆等。种植上受自然气候条件和耕作制度影响，东部地区以普通菜豆、小豆、绿豆为主，西部地区以豌豆、蚕豆为大宗。1958年，全区播种面积为11.2万公顷，占全区粮豆总面积的2.7%，平均每公顷产量为601.5千克，各种豆类

---

① 《内蒙古自治区志·农业志》编委会：《内蒙古自治区志·农业志》，内蒙古人民出版社2000年版，第267页。

② 《内蒙古自治区志·农业志》编委会：《内蒙古自治区志·农业志》，内蒙古人民出版社2000年版，第169页。

③ 《内蒙古自治区志·农业志》编委会：《内蒙古自治区志·农业志》，内蒙古人民出版社2000年版，第269页。

所占比例以豌豆最大，达46.1%，其次为蚕豆占25.0%。第三是绿豆、扁豆、小豆，分别占13.7%、8.8%和6.3%。人民公社时期，随着农业经营体制的变化和提倡种植高产作物，食用豆类种植面积逐年下降。据1962年统计，全区食用豆类播种面积8.13万公顷。1978年以后随着经济体制改革和对外贸易发展，食用豆类播种面积、产量呈逐年回升。

九　油料作物生产

内蒙古自治区油料作物主要有向日葵、胡麻、油菜、蓖麻和其他油料作物。其中，向日葵历史上没有大面积种植习惯，20世纪70年代中期才开始进入快速扩大阶段。1978年，全区种植面积2.0万公顷，每公顷产量为50千克，总产量1.5万吨，占油料作物播种面积的5.8%，占总产量的11.8%。1980年，播种面积迅速扩大到16.3万公顷，每公顷产量67.5千克，总产量达16.5万吨。1981年各盟市向日葵面积占全盟油料作物比重为：兴安盟89.3%，赤峰市63.2%，巴彦淖尔盟62.0%，包头市54.7%，伊克昭盟25.2%，哲里木盟21.9%，呼和浩特市18.0%。[①]1983年，全区播种面积15.4万公顷，每公顷产量增加到167.5千克，总产量38.7万吨，播种面积和总产量分别占油料作物的31.4%和71.9%。[②]

油菜是自治区重要油料作物，1958年后由于片面强调高产作物和以粮为纲，油菜仅生产在寒冷山区脊梁坡地，进行低投入粗放耕作。主要集中在伊克昭盟、乌兰察布盟、锡林郭勒盟、哲里木盟、昭乌达盟5个盟和赤峰市等地，但单位产量和总产量极不稳定。1958年，全区播种面积为4.56万公顷，单位产量为172千克，总产量0.8万吨；1960年，播种面积增加到8.05万公顷，单位产量160千克，总产量为1.3万吨，比1959年播种面积增加2.28万公顷，但单位产量减少450千克，总产量减少2.2万吨。1963年播种面积又减少到4.52万公顷，总产量仅为0.8万吨，1966年为播种面积、单位产量和总产量分别降到4.1万公顷、120千克和0.5万吨的低

①　《内蒙古自治区志·农业志》编委会：《内蒙古自治区志·农业志》，内蒙古人民出版社2000年版，第171页。

②　《内蒙古自治区志·农业志》编委会：《内蒙古自治区志·农业志》，内蒙古人民出版社2000年版，第295页。

水平。20世纪70年代生产逐渐恢复，1981年播种面积恢复到1960年水平8.08万公顷，单位产量270千克，总产量1.8万吨。[1]

胡麻，主要集中在西部各盟市和东部的赤峰市。尽管全区胡麻历年播种面积变化较大，但乌兰察布盟和锡林郭勒盟的比重始终居全区胡麻种植总面积的66.5%和13.7%。1959年，播种面积最大时曾达到23.8万公顷，占全区油料作物总面积的49.0%和经济作物总播种面积的42.1%。1960年后，面积基本稳定在13.05万—19.11万公顷。[2]蓖麻，由于受市场销售的影响，年际间种植面积变化较大，主要集中在哲里木盟、兴安盟，赤峰市。哲里木盟始终保持该盟油料面积的60%以上，占全区蓖麻总面积的85%以上。[3]

20世纪60年代，全区油料作物播种面积虽然有所减少，但始终保持在30万公顷左右。1961年播种面积为38.3万公顷，1965年31.3万公顷。1966年到1976年的"文化大革命"时期，减少到平均28万公顷，1976年开始播种面积逐渐回升，到1983年增加到49万公顷。其中，葵花籽占油料作物播种面积的31.4%，胡麻籽占33.3%，油菜籽占13.9%。

十　经济作物生产

甜菜，分布在除阿拉善盟、锡林郭勒盟以外的各盟市，但集中在巴彦淖尔盟、呼和浩特、包头、赤峰市和哲里木盟。历年各盟市种植比例随糖厂加工能力而变化。根据糖厂对原料的需要，自治区在1956年开始进行甜菜基地建设规划，确定萨拉齐县（土默特右旗）、土默特旗左、察右前旗、丰镇县、卓资县、集宁市、武川县、乌拉特前旗、达拉特旗、包头市郊区和呼和浩特郊区11个旗县互为发展基地，计划甜菜种植面积1.4万公顷左右。1958年，全区甜菜面积1.56万公顷，但收获面积仅为0.62万公顷，每公顷产量为13950千克，收购量8.71万吨；1960年播种面积最高

①　《内蒙古自治区志·农业志》编委会：《内蒙古自治区志·农业志》，内蒙古人民出版社2000年版，第303页。

②　《内蒙古自治区志·农业志》编委会：《内蒙古自治区志·农业志》，内蒙古人民出版社2000年版，第295页。

③　《内蒙古自治区志·农业志》编委会：《内蒙古自治区志·农业志》，内蒙古人民出版社2000年版，第171页。

3.73 万公顷，1962 年后播种面积下降，到 1969 年恢复到 3.1 万公顷，产量达到 39.8 万吨。70 年代到 80 年代，全区甜菜播种面积逐年增加，1983 年播种面积扩大到 6.14 万公顷，单位产量也提高到 23025 千克，总收购量突破 100 万吨。①

其他经济作物中，蔬菜生产自解放以来种植面积迅速增加。1961 年最高峰达到 19.13 万公顷，1962 年开始减少，以后基本稳定在 6.6 万公顷左右。②除甜菜、蔬菜外，烤烟也是自治区重点发展的经济作物。1959 年自治区开始大面积种植烤烟，1960 年种植面积达 9333.3 公顷，1966 年后，由计划种植改为自由零星种植。70 年代初期，全国卷烟原料紧张，1974 年自治区又恢复种植烤烟。③线麻生产各盟市均有种植。60 年代以前，伊克昭盟、巴彦淖尔盟和赤峰市面积最大，60 年代后大幅度减少。1958 年，全区线麻播种面积 11.73 万公顷，单位产量为 436.5 千克，总产量 4602 吨；60 年代全区线麻播种面积 10000—15533 公顷，总产量为 3107—4255 吨；70 年代 8933—12733 公顷，总产量为 2636—4327 吨；80 年代后播种面积逐年下降。1981 年伊克昭盟和巴彦淖尔盟种植面积均占全区线麻种植面积的 26.8%，哲里木盟占 7.5%，其余盟市面积都小于 5%。④经济作物，还有果树、蔬菜、瓜类等在人民公社时期大量引进技术和种苗，全区各地进行培育生产，发展国营果树园和蔬菜瓜果基地，形成了品种多样、生产科学的经济作物。1983 年全区烟叶播种面积 0.2 万公顷，比 1980 年减少 0.2 万公顷，产量增加了 0.1 万吨；麻类播种面积 0.3 万公顷，减少 0.9 万公顷，产量减少 0.3 万吨；蔬菜播种面积 6.7 万公顷，减少 1.8 万公顷，产量增加了 41.4 万吨；果用瓜播种面积 1.3 万吨，减少 0.7 万公顷，产量增加了 9.7 万吨。全区各地呈现出农户自主生产大宗粮食和蔬菜瓜果为主，其他经济作物种植面积和产量逐渐减少的局面。

① 《内蒙古自治区志·农业志》编委会：《内蒙古自治区志·农业志》，内蒙古人民出版社 2000 年版，第 321 页。

② 《内蒙古自治区志·农业志》编委会：《内蒙古自治区志·农业志》，内蒙古人民出版社 2000 年版，第 168 页。

③ 《内蒙古自治区志·农业志》编委会：《内蒙古自治区志·农业志》，内蒙古人民出版社 2000 年版，第 322 页。

④ 《内蒙古自治区志·农业志》编委会：《内蒙古自治区志·农业志》，内蒙古人民出版社 2000 年版，第 171 页。

第四节　农业资金投入与农业基础设施建设

人民公社时期，内蒙古自治区大力开展农业基础设施建设。在灌溉农业、旱作农业、商品粮基地、甜菜基地以及农业综合开发方面取得了显著成效，为自治区农业经济发展奠定了坚实的基础。并在修筑黄河防洪堤，节约用水和扩大灌溉面积，推广平整土地等方面取得了显著成绩。

一　农业资金投入

内蒙古自治区农业资金按投资主体分为国家投入（农业基本建设投资、财政支农支出、农业信贷投入）、农村集体经济组织投入和农民个人投入三种类型。

1958—1962年，全区农业资金总投入14.2亿元。其中，农业基本建设投资占11.6%，平均每年投资3298.4万元；支农支出占29.0%，年平均8231.4万元；农业贷款余额占23.7%，年平均6728.4万元；农村集体投入占18.6%，年平均6614.4万元；农户投入占17.1%，年平均4874.6万元。1963—1965年"三年经济调整"时期，农业资金总投入6.33亿元。其中，农业基础设施建设投资占18.6%，平均每年投资3918.3万元；支农支出占29.5%，年平均投资6225.7万元；农业贷款占14.6%，年平均3078万元；农村集体投入占6.3%，年平均1336.3万元；农户投入占31.0%，年平均6529.43万元。"文化大革命"10年，虽有投资，但增长缓慢。70年代末投资较大，但进入80年代投资呈递减趋势。1966—1976年，农业总投资42.46亿元，平均每年投资3.86亿元。其中，农田基本建设投资占13.5%，年均投资5228.6万元；支农支出占28.9%，年均支出11145.5万元；农业贷款占49.8%，年均投资19206.9万元；农村集体投资占7.8%，年均投入5541.7万元。"文化大革命"结束后，农业投资快速增长。1977—1980年，农业总投资额达到47.4亿元，其中，农田基本建设投资占9.6%，年均投资1.14亿元；支农支出占29.4%，年均支出3.5亿元；农业贷款占43.1%，年均投资5.1亿元；农村集体投资占5.7%，年均投入6796.5万元；农户投入占12.2%，年均投入1.92亿元。1981—1983年，农业投资总额为51.3亿元，平均每年投资17.1亿元。其中，农田基本建设投资占3.5%，年均投资5929.3万元；支农支出占21.7%，年均支出3.7亿元；农业贷款占42.4%，年均投资7.2亿元；农村集体投资占1.7%，年均投入2867.7万元；农户投入占30.7%，年均投入5.2亿元（详见表4-2）。

表4-2　　　　　1958—1983年内蒙古自治区农业资金投入表　　　　单位：万元

年份	基本建设投资	支农支出	农业贷款	农村集体投入	农户投入	总计
1958	2434	4784	5273	6774.4	4029.6	23295
1959	2948	8158	4745	11110	2511.6	29472.6
1960	5571	13188	6450	—	2787.5	27996.5
1961	2992	9497	7551	4457.7	4321.6	28819.3
1962	2547	5530	9623	4115.6	1072.6	22888.2
1963	3305	7059	8346	4008.9	8053.7	30772.6
1964	3864	5926	111	—	6172.7	16073.7
1965	4586	5692	777	—	5361.9	16416.9
1966	3760	7109	11278	—	—	22147
1967	2373	5412	12872	—	—	20657
1968	1127	4223	13565	—	—	18915
1969	4530	5051	14939	—	—	24520
1970	4063	5091	14622	—	—	23776
1971	4508	6836	14181	5215.3	—	30740.3
1972	4826	9657	17104	4619.9	—	36206.9
1973	7161	16863	23158	4499.1	—	51681.1
1974	9157	18103	26440	5908	—	59608
1975	7865	20869	29140	5834.2	—	63708.2
1976	8145	23387	33977	7173.8	—	72682.8
1977	7776	26237	38494	6418	—	78925
1978	11649	34582	45889	6994.6	14787.6	113902.2
1979	15856	39042	52236	8552	18964.8	134650.8
1980	10462	39605	67516	5221.4	23849.3	146653.7
1981	5244	33177	68239	3183.1	22884.8	132727.9
1982	6716	37083	73375	3026	34777	154977
1983	5828	41206	75706	2394	99708.9	224842.9

资料来源：《内蒙古自治区志·农业志》，内蒙古人民出版社2000年版，210页。

二　农田水利建设

　　1958年开始在内蒙古黄河灌区进行治理，利用两年时间修筑了黄河三盛公拦河枢纽工程和长180千米总干渠，解决了巴彦淖尔盟河套全区和伊克昭盟黄河南岸干渠的引水问题，保证了76万公顷的灌溉用水。1958年兴修全长58.86千米的土默特右旗跃进渠，1963年呼和浩特大黑河流域引洪淤灌区，有效灌溉面积达1.07万公顷。1972—1977年清水河县境内黄河二级支流清水河上建成石峡口中型水库，以调节洪水为主，兼顾农田灌溉，可灌溉农田400公顷。1965—1967年，修建包头磴口县扬水站，使民生渠供水有了保证，并在1974—1975年又全面扩建，有效灌溉面积达3.5万公顷。[①]

　　1961—1981年，在河套灌区扩修、挖通排水干沟260千米长，使灌溉面积扩大13.3万公顷。1983年建成乌梁素海至黄河间长达24千米的出水工程，扩建输水干渠13条，分干渠40条，支渠222条，新建排水干沟12条，分干沟45条。在鄂尔多斯台地北麓的狭长黄河冲积平原上，70年代开始大规模打井灌溉，1973—1979年打井4140眼。[②]

　　在西辽河、柳河上游丘陵平原灌区，[③]1956—1960年，建成位于开鲁县境内的他那干水库，可灌溉2.7万公顷的水利设施；1958年建成奈曼旗境内的苏家堡水利枢纽，可灌溉农田0.72万公顷；1958—1966年，建成翁牛特旗红山镇老哈河红山水库，与下游平原水库联合灌溉农田15万公顷；1959年建成西辽河左岸莫力庙水库，可灌溉农田2.84万公顷；1964—1965年，建成舍力虎水库，可灌溉农田1.03万公顷；1967—1969年，扩建西辽河苏家堡水利枢纽，可灌溉农田6.7万公顷；1976—1983年，建成宁城县打虎石水库，可灌溉农田1.49万公顷。[④]1980年，全区有效灌溉面积达

　　①　《内蒙古自治区志·农业志》编委会：《内蒙古自治区志·农业志》，内蒙古人民出版社2000年版，第175—177页。

　　②　《内蒙古自治区志·农业志》编委会：《内蒙古自治区志·农业志》，内蒙古人民出版社2000年版，第177—178页。

　　③　西辽河、柳河上游丘陵平原灌区包括：克什克腾旗、林西县、巴林右旗、巴林左旗、阿鲁科尔沁旗、翁牛特旗、赤峰市郊区、喀喇沁旗、宁城县、敖汉旗、扎鲁特旗、科左中旗、开鲁县、通辽市、奈曼旗。

　　④　《内蒙古自治区志·农业志》编委会：《内蒙古自治区志·农业志》，内蒙古人民出版社2000年版，第180页。

110.4万公顷，其中机电灌溉面积37.4万公顷，占总灌溉面积的34%；1981年后全区有效灌溉面积有所减少，但机电灌溉面积快速增加，到1983年有效灌溉面积102万公顷，机电灌溉面积53.6万公顷，已占全区有效灌溉面积的52.6%。改革开放后，全区农田水利建设得到较快速度发展。1980年全区大中小水库总数达657座，水库总库容量58.5亿立方米；到1983年底，水库总数减少到540座，水库总库容量增加到59.1亿立方米。随着农村水库建设，大幅度改善了农业生产条件，防止洪水灾害，除涝面积每年达15万公顷以上，治碱面积每年达到20万公顷以上，大大提高了农业生产效益。

三　农业机械化、电气化的推进

农业投入资金的增加，使内蒙古自治区农业机械化发展。1958年，随着农业集体化生产，农机化建设重点推广半机械化农具和场上脱粒与粮油加工机械化，农机化事业有了初步发展。1966年，全区拥有拖拉机1280台，机引农具5877台，排灌动力7.35万千瓦。机耕作业面积45.9万公顷，机械化水平达到10.4%；机播1.19万公顷，机械化水平达到0.13%。1979年，全区机耕面积228.9万公顷，相当于1965年的5倍，机械化水平达到45.8%；机播91.87万公顷，相当于1965年的77倍，机械化水平达到20.4%。1979年，谷物播种机总数达到12531台，机械播种面积91.9万公顷。20世纪80年代初全区农业机械化发展迅速，呈现出新的特点，农机总动力快速提高，大中小型拖拉机不断增加，使全区农业机械化事业推进新的发展时期。1980年，全区农业机械总动力达572.1万千瓦，1983年达581.6万千瓦。其中，农用大中型拖拉机从1980年的3.32万台增加到3.33万台，总动力减少了5.3万千瓦；农用小型及手扶拖拉机从1980年的1.5万台增加到4.1万台，总动力增加了33万千瓦，机引犁、机引耙和机引播种机4.3万台；农用重载汽车从1980年的4536辆增加到1983年的6661辆，农用水泵拥有量达7.5万台，农业机械化、电气化程度大幅度提高。全区农用电量1983年6.3亿千瓦小时，比1980年增加了1.7亿千瓦小时；但是，由于集体经济组织的解体和家庭承包责任制的实施，全区机耕面积1983年比1979年减少了52.8%，仅有84.9万公顷，在总耕地面积中占比从

33.6%下降到16.8%；机播面积和机收面积分别减少了39%和17.3%，大幅度降低了农业生产效益，但农民生产积极性提高。

第五节　计划经济体制下的农产品流通体系

一　粮油统购

1958—1961年，粮油实行按实产依率计购办法。当年实产，扣除按规定标准应留的三项用粮、留料、应交公粮，余粮余料按1957年调整后的征购比率，依率计购。1960年9月，自治区党委根据中共中央关于城乡粮食消费都要贯彻"低标准"的指示精神，决定降低农村口粮标准、调整部分牲畜留料、提高粮食统购比率。农村口粮：原标准540市斤的地区降低到400市斤，500市斤的地区降低到380市斤，460市斤的地区降低到360市斤，全区平均降低130市斤左右，留粮人口673.9万人，一年减少农村留粮5亿千克。统购比率，不分地区一律调整为90%—95%。油料随同粮食实行依率计购办法，根据当年实际产量，扣除留料，余料统购90%—95%。1961年10月，自治区党委对农村粮食征购政策又进一步作了具体规定：核定粮油征购任务的单位，以生产大队计算余缺，核定征购任务；可以通过核定粮食征购任务的单位，以生产大队计算余缺，核定征购任务；也可以通过生产大队，以生产队为单位核定。国家粮库接受人民公社生产队出售的粮食一律按净重付给单程运费，自行倒流的粮食不付给运费。1961年调整留种标准，芥菜籽每亩3市斤，胡麻，呼伦贝尔盟、巴彦淖尔盟每亩6市斤，其他盟市5市斤，油料商品率在33.8%—56.7%。

1958—1961年的年景，一丰（1958年）、一平（1959年）、两灾（1960—1961年），平均产量40.48亿千克，平均征购14.4亿千克，平均商品率35.6%。产量、征购量、商品率均略高于前三年"三定"时期的平均水平。1958年是个特大丰收年，粮食产量48.3亿千克，创历史最高水平，但由于全民大炼钢铁、大刮"共产风"、大办公共食堂、吃饭不要钱等，粮食损失浪费严重，粮食征购完成14.6亿千克。1962年起自治区实施包干征购政策，一定三年。第一个包干期为1962—1964年，粮食征购以基本核算单位为计购单位，以生产队的包产产量为基础核定；包干任务，在包干产量的基础上，扣除按 1961 年规定标准的三项留粮，根据余粮核定。落实到生产队的粮食征购包干任务 11.6 亿千克。第二个包干期为 1965—1967 年，粮食征购，每年包干任务 12.8 亿千克，其中人民公社 11.97 亿千克，国营农牧场 6750 万千克，劳改农场 1500 万千克。第三包干期为 1969—1971 年，征购包干任务调减为 10.7 亿千克。但 1969 年秋粮征购开始，呼伦贝尔盟、哲里木盟、昭乌达盟分别划归黑龙江省、吉林省、辽宁省，区划变更后，西部 6 个盟市一定三年的征购包干任务为 4.44 亿千克。第四个包干期为 1972—1975 年，一定三年改为一定五年。粮食征购包干任务 9.06 亿千克，实际征购粮食 10.1 亿千克，完成征购包干任务的 111.5%。其中，1972 年灾情严重，粮食总产 32.2 亿千克，征购 5.94 亿千克，占包干任务的 65.6%；1973—1975 年，连续三年丰收，平均粮食产量 50 亿千克，分别完成包干任务的 130.7%、125.7%、123.3%。第五个包干期为 1976—1980 年，1976 年全区核定一定五年粮食征购包干任务 10.88 亿千克，其中西部地区 4.39 亿千克，东三盟 6.49 亿千克。1979 年调减为 8.62 亿千克。1980 年 1 月，又调减为 7.98 亿千克。第六个包干期为 1981—1984 年，征购基数为 7.55 亿千克。包干期内，1981 年征购 9.8 亿千克，完成包干任务的 129.8%；1982 年征购 10.9 亿千克，完成包干的 144.4%；1983 年征购 14.8 亿千克，完成包干任务的 196%；1984 年征购 16.1 亿千克，完成包干任务的 213.2%。

在这六个包干期内，根据地区特点和民族特点，对小麦、大豆、糜子的征购，实行不同于其他粮食的分配政策。小麦征购，每年根据收获季节提前部署征购工作。在年度征购任务以内，单独下达小麦征购任务，单独规定留粮标准，全年统算。社员口粮麦标准，根据小麦生产情况和群众消费习惯，分别规定；油料统购随同包干后，实行以生产队为单位，在包产的基础上扣除三项留料，按余料核定。1975 年以前，实行根据实产，按规定标准留足种子、口粮，余粮按任务征购的办法。1976 年以后，为了体现多产多购，适当多留的原则，采取余麦按比例征购的办法。大豆征购，1980 年以前与其他粮食统一征购。1981 年国家提高了大豆收购价格，取消加价，实行单独包干，全区一定五年的大豆任务 2115 万千克。1983 年对大豆实行计划收购的办法，即计划内的按统购价格收购，计划外的按市场价格收购。糜子征购，因为糜子是生产炒米的原料，1979年根据牧区炒米供应需要，采取按产量征购20%的办法。

二 农产品收购奖励政策

1. 超购加价

1960年，实行超人均销售基数加价。自治区党委决定对向国家多提供商品粮的生产队给予加价奖励。以人民公社基本核算单位，按口粮标准的不同分别确定人均交售粮食基数，超过基数的部分，按统购价格加价10%，1962年7月停止执行，1965年恢复。恢复为，农村人民公社生产队和国营农牧场，以队、场为单位，每人平均向国家交售粮食超过100市斤的，其超过的购粮部分，按平均统购价加价12%。1967年，实行以粮食包干任务为基础，对超包干交售的粮食，一半奖售物资一半奖励现金的超征购基数加价办法。现金奖励，每超额交售1000市斤粮食，东部三盟加价19元，西部地区加价22元。1969年调整为，西部地区每1000市斤粮食加价15元；东部三盟分别按东北三省的规定执行。1971年改为超过征购基数的超产超购部分，加价30%。1974年，对超产增购的粮食，超过40%的部分，加价幅度提高到45%。1979年根据党的十一届三中全会的决定，从新粮上市开始，超购粮食的加价幅度提高到50%。1984年，自治区人民政府决定，从小麦征购开始，对小麦、玉米、谷子、高粱、糜子、黍子、莜麦、荞麦、大麦等9个品种，实行"倒三七"比例加价，即按实际交售的粮食，30%按统购价，70%按超购加价结算；其他零星杂粮品种，加价比例适当下浮，但最低不低于"对半开"。

油料作物统购，1958年开始对超额完成油料统购任务的生产队实行加加奖励办法。1971年开始，实行超过统购包干基数按比例加价的办法，生产队超过统购包干基数交售的油料，其超过部分，在统购价格基础上加价20%。1972年提高到加价30%，1979年提高到加价50%。1982年对葵花籽实行按比例加价收购的办法，40%按统购价，60%按统购价加价50%。

2. 奖售物资

1961年，自治区人民委员会发出《关于国家统购粮食实行奖售物资的通知》，对农村人民公社核定粮食和油料出售任务的生产大队或生产队发放奖售物资。[1]完成征购任务以后超额出售的粮食，按粮食价款实行全额奖售。1962年，根据国务院规定粮油实行单项奖售，[2]不再实行全额奖售。1963年和1964年两次调整粮油奖售标准后，1965年实行普通奖售和超购超奖两种办法。[3]1969年后油料奖售停止实行。

3. 工业品换购

1963年，根据国务院《关于以工业品换购粮食的暂行办法》，自治区以旗县为单位，完成当年粮食征购任务后，开展以棉布换购粮食工作。[4]1966年，开展以化肥换购粮食，用1市斤化肥换购1.5市斤粮食；1974年，用载重汽车和化肥，在丰收超产的重点旗县、社队换购粮食，即1台载重汽车换购30万千克粮食，或者15千克化肥换购50千克粮食。

三　市场管理

1958年，进入人民公社后，政府设立以公社为单位的粮食管理所，配备粮油管理员，落实粮油生产计划和征购任务以及粮食储备工作。1962年12月，全区盟市领导会议决定，粮食市场开放与否，由盟市因地制宜确定，开放市场地区要先行试点，摸索经验，掌握趋势，并报自治区备案。1964年，自治区人委《关于恢复粮、油集市贸易国家开展议价收购工作的通知》规定，在昭乌达盟南部、乌兰察布盟、巴彦淖尔盟和呼和浩特市、包头市恢复粮食集市贸易，呼伦贝尔盟、哲里木盟、昭乌达盟北部粮食市场不开放；锡林郭勒盟、伊克昭盟粮食市场是否开放由盟公署研究确定，

---

① 奖售标准：每出售1500市斤统购粮，奖售棉布15市尺，纸烟3条，胶鞋1双；不足1500市斤的，按比例奖给棉布、纸烟。每百市斤蓖麻籽、芝麻、苏籽奖售棉布4市尺，胡麻、芥菜籽、稍葫奖售棉布3市尺，线麻籽奖售棉布2.5尺，葵花籽奖售棉布2市尺。

② 单项奖售标准：每向国家交售1600市斤购粮，奖售棉布15市尺，胶鞋1双，针织品20市尺，纸烟12盒，食糖3市斤，絮棉0.8市斤。大豆，除按粮食奖售标准外，每1600市斤增加奖售棉布5市尺，针织品5市尺，絮棉1.5市斤。

③ 普通奖售标准：每出售1000市斤粮食，奖售棉布16市尺；每出售1000市斤大豆，奖售棉布18市尺。超购超奖标准：凡超额完成粮食征购基数的生产队，超基数交售1000市斤粮食，奖售60市尺棉布或300市斤化肥或1立方米木材；5000市斤粮食，奖售1台5马力柴油机；7000市斤粮食，奖售1台10马力柴油机；10000市斤粮食，奖售1台20马力柴油机。

④ 1市尺棉布换购小麦、大豆、莜麦、小米、绿豆、虹豆、芸豆、红（白）小豆8市斤；1市尺棉布换购稻谷、荞麦、大麦、其他豆类11市斤。

上报自治区备案。不开放市场的地区和旗县，农村队与队、户与户之间的品种串换、互通有无，由生产大队和生产队负责组织调剂。1966—1973年，全区粮食市场实施部分地区开放、部分地区关闭的状态，一直延续到1973年。1974年，全面关闭粮食市场，生产队完成国家统购任务后余粮、余油和社员节约或自产的粮油，需要出售的，只准议价卖给国家粮食部门，不准入市交易。1978年，有限度地逐步开放粮油市场。《内蒙古自治区集市贸易管理试行办法》规定，国营农牧场和社队集体单位生产的粮油，只准卖给国家，不准入市场交易；社员个人节约和自留地生产的粮油，在统购结束后，可以上市出售。1981年，凡是有粮油征购任务的农牧场、生产队、承包户，完成国家任务后的余粮、余油，允许上集市出售，也可议价售给国家粮食部门。

第六节　农业经营集体化政策效果及其经验

集体经济是我国农业向现代化前进的不可动摇的基础，它具有个体经济所不能比拟的优越性，这是20多年来农业发展的历史已经证明了的。内蒙古自治区农业集体化虽然经历过一些曲折，但总的成就是不可否认的，在特定时期发挥了一定作用。

第一，农业经营集体化失败的原因有多重因素重叠。农业经营集体化，在具体运行当中的失误主要原因，首先未能始终一贯地严格按照群众自愿互利原则办事，不少地方采用政治强制和行政手段多，示范和吸引的办法少；其次未能始终一贯地执行因地制宜、分类指导、循序渐进的正确方针，搞了"一刀切""一锅煮"的错误做法。这些问题，建立高级农业合作社的阶段在一部分地区已经出现。

第二，人民公社化运动中，在更大程度和更大规模上把集体化推向了极端。它比之高级合作社时的土地集体所有、集体劳动的管理制度公有化程度更高，管得更死，分配得更加平均。这种制度模式彻底否定了家庭经营的地位和作用，取消了股金分红，不允许农户拥有耕畜、农业机械等生产资料，一度连家庭副业也当作资本主义加以批判。"大拨轰""大锅饭"发展到登峰造极的地步，形成全区性的"共产风"、浮夸风、瞎指挥风，带来较大的损失。针对这些情况，内蒙古自治区党委、政府认真贯彻党中央对农村人民公社的体制和政策进行了几次调整，才使集体经济逐步稳定下来，使农村集体经济在各盟市旗县得到巩固，取得广大农民的认可和拥护。

第三，受"大跃进"和三年自然灾害影响，全区粮食产量徘徊不前，在1957至1965年的8年间，全区粮食产量仅增长了79.5万吨，年均增速只有2.9%。从1969年开始，内蒙古粮食生产不能自给，开始了将近20年依靠国家调拨粮食的历史。20世纪70年代中后期，随着"文化大革命"的结束，摆脱了长时间"左"倾错误的影响，粮食生产有所恢复。1975年，全区粮食产量达到了改革开放前的最高水平，当年粮食总产量519.5万吨，之后的1978年又回落至499万吨。这一时期，内蒙古粮食生产发展速度明显放缓，全区粮食产量由1949年前的百万吨跨越到3百万吨以上，仅用了8年时间，但由3百万吨跨越到5百万吨却用了将近20年，这一时期的粮食产量年均增长率仅有2.5%，增长速度仅有新中国成立之初恢复发展期的一半。1978年，党的十一届三中全会召开后，拉开了农村改革序幕，工作重点转向经济建设，实施包产到户、包干到户和家庭联产承包责任制，全区农业经济开始步入健康快速发展道路。

第四，人民公社时期，全区推行农业集体化的基础上，农业生产力有了较大的提高，农业生产条件有了进一步改善。1980年，实施家庭联产承包责任制前夕，全区粮食生产量530万吨，农业灌溉面积达到110万公顷，大中型拖拉机3.33万台，各种农业机械总动力580万千瓦，社队企业总产值已占农业总产值的三分之一。在依靠集体经济组织下全区农业生产率不断提高，农业总产值比合作化初期增长5倍以上，农民生活也有所改善，社会主义工业化及其他各项事业的发展也得到必要保证。

第五，农业经营集体化，积累了农业经营管理经验。人民公社的历史地位和作用，其核心在于农民的组织化。这种组织化不是个体的简单相加，更不是简单的共同劳动。其产业分工、劳动分工和社会分工在工业化进程中不断创造了新的组织形式。建立了系统有序的生产体系、经营体系和农产品流通体系，使全区农业从落后的、分散的小农经济向现代化农业经济转变。排除人民公社时期的集体经营规模过大、计划摊派过死，市场约束过大等负面影响，集体化经营管理经验还是值得借鉴的。

农业经营集体化运动，作为我国社会主义制度在农村的伟大实践，其成效是有得有失。人民公社时期，由于极"左"路线的干扰，长时期党的工作重点没有转移到经济建设上来等原因，集体经济的物质技术基础仍然比较薄弱，广大农民人均收入仍在较低水平，使得农民的社会主义积极性受到压抑，集体化的优越性未能充分发挥。但是，对一种制度或经济模式的评价，不能以它不成熟阶段的特征为标准。在当时生产力水平较低、物质条件极其困难的时期，组织广大农民，改善农田水利设施，建立农产品统一市场，稳定农产品价格、保障粮食供给等方面的成就不可否认。

第五章 家庭承包责任制与农业生产商品化

　　自党的十一届三中全会以来，内蒙古自治区贯彻落实党的农业经济政策，调动了广大农民的生产积极性，有力地促进了全区农业经济发展，活跃了农村经济。在积极稳妥地推进农产品价格调整和税收、信贷政策的同时，放宽了对自留地、自留畜、家庭副业和集市贸易的限制，鼓励农村利用各自特点，发挥优势，搞活农业经济等政策。内蒙古自治区实行家庭联产承包责任制后，1983年已有61000多个农村基本核算单位实行了大包干责任制，由上年的83%上升到99%。1984年，内蒙古自治区党委和政府认真贯彻中央一号文件精神，制定了《关于发展农村商品生产，搞活经济的七项规定》，推动了全区农村经济全面增长，大批涌现出农业专业户和经济联合体，进一步促进了商品生产的发展。1986年中央一号文件指出"要进一步摆正农业在国民经济中的地位，继续坚持农业为基础的方针，采取有力措施，保持工业与农业的均衡发展"后，内蒙古自治区加大了农业投入力度，克服了自然灾害给带来的油料和甜菜等经济作物因灾减产，保持了农村经济持续增长势头。1989年，全区遭受了严重的自然灾害，特别是几十年来罕见的旱灾袭击了61%的耕地。在各级政府和农牧民的积极抗灾奋战下克服了各种灾害，粮食总产量达688.6万吨，夺取了农牧业大丰收。1990年，内蒙古自治区种植业获得特大丰收，粮食总产值创历史最高水平，达到973万吨，比上年增长41.3%，比历史最高水平的1988增加228.3万吨，增长30.7%。油料总产量达69.4万吨，甜菜总产量达236.4万吨，分别比上年增加30.7%和37.3%，均为历史上第二个高产年。1991年，在自治区党委和政府的正确领导下，农牧业战线广大干部和群众团结奋战，克服了大部分地区大面积持续干旱对生产带来的困难，又夺得了农牧业生产的全面丰收。农业总产值达164.08亿元，增长3.97%。种植业呈现了粮稳、油增、糖创新纪录的喜人局面，粮食总产量达958.5万吨，是历史上第二个高产年；油料总产71.8万吨，增长3.45%，也是历史上第二个高产年；甜菜总产302.8万吨，增长28.1%。1992年，全区部分地区遭受严重自然灾害形势下，农业生产仍夺得了全面丰收，并从多方面实现了新的突破。如粮食总产首次突破1000万吨大关，达到1047万吨，比历史最高水平的1990年增产74万吨，比1991年增长9.2%。小麦、水稻种植面积扩大，产量比上年增加28.5万吨，占全自治区粮食增长总量的64.41%；油料总产达到81.4万吨，超过历史最高水平的1985年。1993年，党中央、国务院和自治区又制定了一系列发展农业和做好农村工作的重大政策，明确规定在1984年农户土地承包期15年不变的基础上，到期后再延长30年不变。在建立社会主义市场经济体制，国民经济全面向市场经济转轨和高速增长的宏观背景下，内蒙古农业经济又进入新一轮快速发展时期，商品农业的发育与市场机制对农业的调节作用大为增强的环境下，全区积极改革粮食流通体系，调整农业内部结构，保持了主要农副产品供需平衡，促进了全区农业、农村经济可持续发展。

第一节　统分结合与家庭承包责任制的实施

一　稳定完善生产责任制

"大包干"责任制的普遍推行，使农村经历了一场大变革。由于"大包干"责任制发展迅猛，时间短，经验不足，在推行过程中也出现一些新情况、新问题。如，大片土地被分割成小块，农户耕种过于零散；其他生产资料也都作价归户，对保护集体财产注意不够；农田水利建设、农业机械化、作物的良种培育和推广以及抗御自然灾害的能力等也受到了一定影响。同时在推行"包产到户"责任制的这几年，一直在姓"资"姓"社"的争论中发展，干部认识不一，农民心存疑虑，怕政策变化。1983年1月，党中央在《关于当前农村工作的若干问题的通知》中指出："稳定和完善农业生产责任制，仍然是当前农村工作的主要任务。"强调完善联产承包制的关系，处理好"统与分"的关系；林业、牧业、渔业、开发荒山、荒水以及其他多种经营方面，都要抓紧建立联产承包责任制；要建立和健全承包合同制；要加强经营管理，建立健全财务制度以及适应商品生产的需要，发展多种多样的合作经济等。1984年1月，党中央《关于1984年农村工作的通知》中提出，"继续稳定和完善联产承包责任制，帮助农民在家庭经营的基础上扩大生产规模，提高经营效益"；"延长土地承包期，鼓励农民增加投资，培养地力，实行集约经营"；"鼓励土地向种田能手集中"；"允许农民和集体的资金自由地或有组织地流动，不受地区限制"。1984年5月，内蒙古自治区人民政府发布了《关于农村牧区发展商品生产搞活经济的七项规定》，提出在自治区继续稳定和完善联产承包责任制的具体措施。规定指出：土地在原承包期限基础上延长15年以上；对荒山、荒滩、荒沙、荒沟、荒碱地，根据群众意愿和经营能力，不限数量一次或分期划拨到户，种草种树，谁种谁有，长期经营，允许继承、转让；集体的大中小农具、耕畜、车辆以及机电井等，都可以承包到户、到人，也可以联户经营，还可以作价卖给个人。规定还指出，要因地制宜、发挥优势，放手发展各种类型的专业户、重点户和经济联合体。允许从事专业性和开发性生产的户，请帮手、雇工、带徒弟……治理小流域、绿化"五荒"和荒水养育的专业户，在生产有收益后，10年内不交提留，不纳税。

二　双层经营制度

1987年以后，自治区认真贯彻中共中央、国务院《关于1986年农村工作的部署》指出的"地区性合作经济组织，应进一步完善统一经营与分散经营相结合的双层经营体制"的精神，加强了完善双层经营体制的工作。自治区农村多数地区以行政村，少数地区以自然村为单位，建立了集体统一经营层次，同时也进一步稳定了家庭经营层次，使双层经营体制作为农村的一项基本政策长期稳定下来，并不断加以完善。

双层经营体制中农户家庭分散经营的一层是基础层次，必须保证承包农户的经营自主权及合法的收益不受侵犯。对于集体统一经营应该具有的职能，党中央1987年5号文件《把农村改革引向深入》中明确规定：围绕公有土地形成的乡村集体经济组织，"不管名称如何，均应承担生产服务职能、管理协调职能和资产积累职能，尤其要积极为家庭经营提供急需的生产服务。有条件的地方，还要组织资源开发、兴办集体企业、以增强为农户服务和发展基础设施的经济实力"。

根据以上精神，自治区大部分农村集体经济组织，逐步加强和发挥以下几个方面的职能：

（1）经营职能：根据本社队资源及经济条件进行资源开发，办好集体企业，搞好农业基础设施建设，增强集体经济实力。

（2）管理职能：集体经济组织是集体土地、财产的所有者代表，在国家政策、内部章程指导下，具有对计划、土地、劳动力、合同、财务等管理职能。签订管理承包合同，管好集体财产和资金，促进集体经济统一经营和家庭经营协调发展。

（3）生产服务职能：在双层经营体制下，家庭经营是基础，集体经营要为其服务。家庭经营能办的事，由农户自己经营；家庭经营办不了、办不好的事，由集体统一为农户提供各种服务。如良种、化肥、农药的供应；排灌、机耕、植保等生产作业服务；产品的运销、加工等。

（4）协调职能：主要有：①协调国家、集体、个人三者之间的经济关系，并协助农户完成国家合同订购任务。②协调集体经济组织内部各业之间的经济关系。特别是在目前粮食生产利润比较低的情况下发挥出以工补农的经济调节作用。

1990年，全区农村有一定统一服务功能的村有2533个，占总村数的23.9%。做得较好的土默特左旗察素齐镇瓦窑村统一搞农田水利建设，全村筹集资金打机电井2眼，扩大水浇地400多亩，1990年全村生产粮食达到25.5万千克，比上年增长了64%。又多方筹集资金45万元，建砖窑一座，年创收10多万元，农民人均收入达到1100元。巴彦淖尔盟乌拉特中旗乌加河镇五星二组统一推广农业适用技术，1988年开始推广面积覆膜种植玉米、籽瓜，增产增收效果十分明显。1989年推广"八五带田""缩垄增行"技术，1990年又推广"粮食套种"技术，除大面积增产外，又建成200亩吨粮田。全村农民人均收入达到2771元，是1985年的4倍。又如太仆寺旗下皮坊村全村226户，826口人，有耕地4600亩，集体统一组织植树造林、治山治水，到1986年底全村造林面积发展到3075亩，有效地保护农田面积3400亩。同时，他们又大搞农田基本建设，垒石头防风墙，建石埂水平梯田，扩建蓄水塘坝，增加了水浇地面积，改变了生态系统的恶性循环，形成了林多、水多、草多、畜多、肥多、粮多的农业结构。但全区缺乏统一服务功能的村仍占大多数，有5784个，占总村数的54.6%。[①]

三　多种经营形式

80年代，全区农村发生了历史性的变化。农村实行"大包干"生产责任制普遍推行后，除土地承包给农户外，大部分集体生产资料已转为农民所有，农民享有较充分的经营自主权，可以根据自己的生产能力、条件来从事各类专业化生产，可以从事种植业、农副产品加工业、农机服务、储运、建筑以及其他第二、三产业，大批农户开始由"小而全"向"小而专"的方向发展，逐步建立起统分结合的双层经营体制。据1983年的统计，全区农村牧区涌现各类专业户和重点户252480户，占农牧业总户数的9%，其中种植业42300户，饲养业185300户，加工业5500户，饮食服务业和其他专业20000户。随着农村商品生产的发展，许多地区还出现了一批家庭农场、家庭牧场、家庭林场。这些家庭农场、牧场和林场开始搞较大规模的开发性生产，逐步向专业化、商品化生产方向发展。按全区农村专业化特点划分，有谷物、经济作物、水产养殖、果园、林木、良种繁育等专业化与综合发展相结合的家庭农场200多个，家庭农场在发展商品生产中，都取得了较好的适度规模经营效益。在各类专业户、重点户大量涌现，农村商品生产发展的基础上，自治区还出现了一批由专业户、重点户联办的各种经济联合体。与此同时，各地涌现出以农产品加工与农业生产资料制造、农村工业等为主的乡镇企业，它们在国民经济中发挥着越来越大的作用，给农村经济社会发展做出了极大的贡献。90年代初，全区农业综合生产能力和效益进一步提高，逐步建立和完善了适应社会主义有计划商品经济发展的经济体制和运行机制；进一步推进了农村改革和农业现代化建设，调整了农村产业结构，不断地充实和完善以家庭联产承包为主的责任制，确立统分结合的双层经营体制。在农村经济多种经营体系建设背景下，各地农村积极建设了农业社会化服务体系，搞活了乡村集体经济

---

① 《内蒙古自治区志·农业志》编委会：《内蒙古自治区志·农业志》，内蒙古人民出版社2000年版，第133页。

组织、农村供销合作社、信用合作社以及各种农产品经销、加工企业和农民自愿组成的服务实体。

第二节　农业生产条件与农业经济结构

一　基层经济组织

1984年，内蒙古自治区农村乡（社）个数1506个，政社分开乡镇政府1457个，占96.7%；政社分开的村民委员会12931个，已改为经济组织的人民公社761个；政社未分开的人民公社49个，生产大队690个；已实行联产承包责任制生产队6.2万个，实行联产承包责任制的户数299.6万户。家庭联产承包责任制的实施，充分发挥了全区农民的积极性，恢复和扩大了自留地、家庭副业、集市贸易，建立各种形式的责任制等。

1984年，全区乡镇企业总数为39266个，其中乡办企业4726个，村办企业8504个，农民联营合作企业3265个，其他形式合作工业1020个，个体工业企业21751个。[①]1985年，进一步改革基层组织建设，全区乡镇企业数达18.8万个，其中乡办企业5447个，村办企业4593个，农民联营合作企业246个，其他形式合作企业4656个，个体企业17.3万个；乡村两级办的企业有10040个，其中农业企业1478个，占14.7%。[②]全区农村出现了前所未有的发展新局面。1986年全区农村出现了经济联合体，并且数量达到1538个，从业人员17907人；乡村两级企业2.9万个，从业人数31.2万人，分别比1980年增加了79%和17.7%。[③]1987年，全区农村经济联合体1653个，从业人员22591人，分别比上年增加了7.5%和26.2%；乡村两级企业1.1万个，从业人员30.1万人，分别比上年减少62%和3.5%；[④]全区农村经

---

①　中国农业年鉴编辑委员会编：《中国农业年鉴1985年》，农业出版社1985年版，第121—129页。

②　国家统计局编：《中国统计年鉴1986年》，中国统计出版社1986年版，第145、169页。

③　中国农业年鉴编辑委员会编：《中国农业年鉴1987年》，农业出版社1987年版，第195—207页。

④　国家统计局农村社会经济统计司编：《中国农村统计年鉴1988年》，中国统计出版社1988年版，第14—30页。

济联合体发展速度较快，乡村两级企业发展呈现减缓。

1990年全区乡镇企业总数达29.8万个，从业人数97.6万人，总产值达56.2亿元；乡镇企业单位数量中乡办企业数占1.8%，从业人员占19.4%，分别比上年减少了0.2%和1.7%；村办企业数占1.8%，从业人数占11.0%，与上年持平；联办企业数占1.2%，从业人员占4.0%，分别比上年减少了0.2%和0.6%；个体企业数占95.3%，从业人员占65.6%，分别比上年增长了0.5%和1.2%；乡镇企业总产值中乡办企业产值占25.5%，村办企业产值占13.1%，联办企业产值占3.8%，个体企业产值占57.6%，乡办企业和个体企业产值上升，村办企业和联办企业产值不同程度下降。[1]1993年，全区乡镇企业总数42.8万个，从业人数145.4万人，分别比1990年增加了43.6%；从业人员数量增加了49.0%；乡镇企业单位数量中乡办企业数占1.9%，从业人员占18.4%，分别比1990年增加了46.7%和41.3%；村办企业数占1.9%，从业人数占11.1%，与上年持平；村以下办的企业数占96.3%，从业人员占70.5%，分别比上年增长了0.5%和1.2%；1993年，乡镇企业总产值中乡办企业产值占25.5%，村办企业产值占13.1%，联办企业产值占3.8%，个体企业产值占57.6%，乡办企业和个体企业产值上升，村办企业和联办企业产值不同程度下降（详见表5-1）。[2]

表5-1　　　　　　　　农业生产商品化时期的基层经济组织

年份	乡镇总数（个）	村民委员会（个）	乡村户数（万户）	乡镇企业（万个）
1984	1506	12931	299.6	3.92
1985	1533	13628	301.2	18.8
1986	1548	13700	306.1	22.4
1987	1533	13690	312.2	27.6
1988	1534	13741	316.5	28.8
1989	1536	13863	323.6	29.3
1990	1535	13884	330.2	29.8
1991	1547	13914	336.2	31.7

---

① 中国农业年鉴编辑委员会编：《中国农业年鉴1991年》，农业出版社1991年版，第278—280页，第359—367页。

② 中国农业年鉴编辑委员会编：《中国农业年鉴1994年》，农业出版社1994年版，第42—44页，第335—340页。

续表

年份	乡镇总数（个）	村民委员会（个）	乡村户数（万户）	乡镇企业（万个）
1992	1550	13979	338.2	35.7
1993	1550	14011	341	42.8

资料来源：《中国农村统计年鉴（1988—1990）》，《中国农业年鉴》（1985—1987，1991—1994）。

二　农业生产条件

党中央1983年发出《当前农村经济政策的若干问题》后，经过一年的试行，农业生产丰收，农村工作取得了令人鼓舞的进展。内蒙古自治区在稳定和完善联产承包责任制的基础上，努力提高生产力水平，加强农业基础地位。特别是在促进农村商品生产发展中，积极推进农田水利设施建设，提高农业机械化程度，大力发展乡镇企业，推进农村经济多种经营，不断改善了农业生产条件。

（一）耕地面积

1984—1993年的家庭承包责任制与农业生产商品化时期，全区年末实有耕地面积平均每年497万公顷。其中，水田占实有耕地面积的约1.0%，旱地平均占99%，水浇地占旱地面积的22.4%。1984年末，全区实有耕地面积为500.6万公顷，水田面积只占1.9%，旱地面积占98.1%，旱地中水浇地占19.6%。全区水田面积和水浇地面积只占总耕地面积的21.5%，农业生产条件薄弱，传统农业仍占主导地位。为了改变靠天种植的传统农业，自治区政府加大投入商品粮基地建设力度，将水土条件好、粮食生产潜力较大、商品率较高的旗、县、市列入国家商品粮生产基地，推广农业技术，改造中低产田，重点建设小型农田水利。到1993年，全区年末实有耕地面积增加到517.1万公顷，比1990年增加了3.3%，与总面积最少的年份1987年相比增加了6.6%；水田面积1993年达7.4万公顷，占总耕地面积的1.4%，虽然比上年减少了0.5个百分点，但比1990年增加1个百分点。1993年，全区水浇地面积130.8万公顷，已占旱地面积的25.7%（详见表5-2）。水浇地面积的大幅扩大，极大地改变了干旱、半干旱地区粮食生产长期处于"一低、二慢、三不稳"的状态，提高了农业生产综合能力。商品粮基地建设，不仅提高了全区粮食生产能力，还提高了农户家庭经营条件。1987年，全区农民家庭平均每人经营耕地面积6.58亩，其中承包地面积占87.5%，自留地面积占8.5%。1989年，平均每人占有耕地面积6.63亩，自留地0.50亩；1990年，平均每人经营耕地面积6.76亩，比1987年增加了2.7%。其中，承包地面积占88.6%，比1987年增长1.1%；自留地面积占7.0%，比1987年减少1.5%。1991年，全区农村平均每人占有耕地面积7.02亩，自留地0.61亩；1992年，平均每人占有耕地面积7.01亩，自留地0.54亩，分别比上年减少0.1%和11.5%；1993年，全区平均每人经营耕地面积为7.61亩，比1990年增加了12.6%。其中，承包地面积占89.1%，自留地面积占10.9%，分别比1990年增加了0.5%和4.0%。[1]在商品农业发展的驱动下，耕地面积逐渐增加，随之每户平均经营耕地面积逐年扩大。

表5-2　　　　　　　　农业生产商品化时期耕地面积基本情况

年份	年末实有耕地面积（万公顷）	水田（%）	旱地（%）	水浇地（%）
1984	500.6	0.4	99.6	19.6
1985	493.0	0.5	99.5	19.2
1986	489.5	0.6	99.4	20.1
1987	485.1	0.6	99.4	20.9
1988	487.1	0.7	99.3	21.6
1989	491.2	1.0	99.0	22.7
1990	496.6	1.5	98.5	24.0
1991	500.5	1.7	98.3	25.1
1992	508.1	1.9	98.1	25.5
1993	517.1	1.4	98.6	25.7

资料来源：内蒙古自治区统计局编：《内蒙古统计年鉴2004》，中国统计出版社2004年版。

按各盟市耕地面积情况看，1985年全区年末实有耕地面积493万公顷。其中，耕地面积最多的有乌兰察布盟99.6万公顷，占20.2%；赤峰市82.6万公顷，占16.8%；哲里木盟72.4万公顷，占14.7%；呼伦贝尔盟55.7万公顷，占11.3%；兴安盟39.5万公顷，占8.0%；呼和浩特市38万公顷，占7.7%；巴彦淖尔盟30.8万公顷，占6.2%；包头市30.7万公顷，占6.2%；锡林郭勒盟21.5万公顷，占4.4%；伊克昭盟21.7万公顷，占4.4%；

---

[1]　中国统计年鉴编辑委员会：《中国统计年鉴》，中国统计出版社1991—1994年版。

阿拉善盟 0.92 万公顷，占 0.2%；全区最少的是乌海市 0.24 万公顷，占 0.05%。从各旗县耕地面积看，耕地面积 200 万亩以上有哲里木盟科左中旗 216.2 万亩，赤峰市敖汉旗 201.8 万亩，乌兰察布盟商都县 206.7 万亩，四子王旗 214.1 万亩。1990 年，耕地面积增加的盟市有乌海市增加 1.4%，呼伦贝尔盟增加 1.1%，哲里木盟增加 0.2%，兴安盟增加 0.15%，伊克昭盟增加 0.45%，巴彦淖尔盟增加 0.1%，阿拉善盟增加 1.5%；耕地面积减少盟市有呼和浩特市减少 3.7%，赤峰市减少 2.6%，锡林郭勒盟减少 8.1%，乌兰察布盟减少 4.0%。[①]

（二）农业劳动力

1984 年到 1993 年的农业生产商品化阶段，全区农村劳动力基本特点是，乡村人口和乡村劳动力逐年递增，第一产业即农业从业人员总数逐年递减，从事农村工业、建筑业以及乡村服务业劳动者数逐步增加。就 1984 年来看，全区乡村人口 1379.9 万人，其中乡村劳动力 502.7 万人，农业劳动者占 92.9%；以工业和建筑业为主的第二产业人员占 2.0%，交通运输、文教卫生、商业服务、餐饮住宿等第三产业从业人员占 5.1%。1990 年，全区总人口达 2162.6 万人，乡村人口 1414.4 万人，占 65.4%；乡村劳动力 538 万人，占乡村人口的 38.0%。其中，农林牧副渔业劳动力 477.5 万人，占乡村劳动力的 88.8%；从事乡办、村办、村以下办的工业企业以及建筑业劳动者数占 4.3%，交通运输、商业餐饮、文教卫生、农业技术推广、金融保险、乡村经济组织管理服务等服务行业从业劳动者占 6.9%；与 1984 年的就业结构相比，第一产业就业人数减少了 4.1%、第二产业就业人数增加了 2.3%、第三产业就业人数增加了 1.8%，乡村劳动力就业结构未能发生明显的变化，从事农业生产的劳动人数仍然占据绝对优势。1993 年，随着农业结构调整和农业稳定增长，乡镇企业为主体的农村非农产业快速发展，全区农村就业结构也发生了重大变化，工业、建筑业、商业和饮食服务业成为农村剩余劳动力转移主要行业。全年，乡村劳动力总数为 574 万人，比 1990 年增加了 6.7%，工业、建筑业、商业饮食服务业等非农产业转移人数达 102.5 万人，占全部乡村劳动者总数的 17.9%，是历史以

---

① 内蒙古农村牧区社会经济调查队：《内蒙古农业经济考评资料集（1949—1998）》，第 88—89 页。

来非农业产业转移人数最多的一年。乡村就业结构中第一产业，即农业从业人数比重下降到82.1%，比1990年降低6.7%，第二产业就业人数达29万人，占5.1%，向工业行业转移人数16万人，向建筑业转移人数13万人；第三产业转移人数达73.5万人，占12.8%，向交通运输、邮电通信业就业人数8万人，批发零售贸易业、餐饮业及仓储业就业人数8万人，其他非农行业就业人数29万人，就业结构多样化和非农化成为全区乡村劳动力就业新特点、新趋势（详见表5-3）。

表5-3　　　　　　　商品化农业时期乡村劳动力就业情况　　　　单位：万人，%

年份	乡村人口	乡村劳动力	第一产业	第二产业	第三产业
1984	1379.9	502.7	92.9	2.0	5.1
1985	1380.7	505.7	91.5	3.6	4.9
1986	1381.3	509.6	90.5	4.1	5.4
1987	1388.7	515.8	88.9	4.5	6.6
1988	1394.6	519.8	88.1	4.7	7.2
1989	1403.3	523.1	88.5	4.5	7.0
1990	1414.4	538.0	88.8	4.3	6.9
1991	1422.6	558.7	89.5	4.0	6.5
1992	1426.3	561.3	88.2	4.6	7.2
1993	1400.6	574.0	82.1	5.1	12.8

资料来源：《中国农业年鉴》，1985—1994年各版引用，百分比经计算得出。

从全区农民家庭劳动力文化程度状况看，据1988年国家统计局农村社会经济统计司调查，全区平均每百个劳动力中，文盲或半文盲人数为20.0%，小学程度人数41.1%，初中程度人数31.7%，高中程度人数7.0%、中专程度人数0.20%。1993年统计，全区农村劳动力文盲或半文盲14.4%、小学程度35.3%，分别比1988年下降5.6%和5.8%；初中文化程度40.6%，高中文化程度9.1%和中专文化程度0.5%，分别比1988年提高8.9%、2.1%和0.29%；大专毕业人数从无到有，占0.1%。[1]从乡村劳动力分布看，1984年全区乡村劳动力总数为502.7万人，其中农区劳动力444.6万人，牧区劳动力58.1万人。各盟市农区劳动力中，乌兰察布盟113.8万人，占25.6%；赤峰市112.8万人，占25.4%；巴彦淖尔盟43.5万人，占9.8%；哲里木盟

---

① 国家统计局农村社会经济统计司编：《中国农村统计年鉴》，1989年、1994年版。

37.7万人，占8.5%；伊克昭盟32.5万人，占7.3%；呼和浩特市26.1万人，占5.9%；包头市27.1万人，占6.1%；呼伦贝尔盟、兴安盟、分别占4.4%，锡林郭勒盟占2.6%。1993年，全区乡村劳动力574万人，农区劳动力占500万人。其中，赤峰市占26.7%，乌兰察布盟占25.0%，哲里木盟占10.4%，巴彦淖尔盟占8.9%，伊克昭盟占7.4%，包头市占5.7%，兴安盟占4.7%，呼和浩特市占4.6%，呼伦贝尔盟占4.2%，锡林郭勒盟占2.4%。①

（三）农业资金投入

　　商品化农业时期，全区各级财政支农支出1984—1988年持续增长，1988年达62685万元，比1984年增长24.5%，平均每年增长6.0%。1989年大幅度减少，全区财政支农支出36821万元，比上年减少41.3%。1990—1993年，全区各级财政支农资金基本保持在4.3亿元左右。与此相反，金融部门农业贷款和农户家庭经营投入有了快速增长。1984年，全区金融部门农业贷款86724万元，1988年突破10亿元，1993年超过20亿元。农业贷款总额1993年比1984年增长了139%，平均每年增长14%，比1988年增长了105%。在此期间，国家实施放活农村金融政策，提高资金的融通效益为主，对农村信用社实行独立经营、自负盈亏。除国家增加农业投资外，主要依靠农村自身的积累，提倡各地合作经济组织从当年收入中适当提取公共积累，投入农业生产。1986年，国家财政较大幅度增加了支出预算，财政支农资金主要支持发展粮食生产，发展多种经营生产基金，发展乡镇企业以及扶贫、抗灾救灾等方面，对促进农村经济稳定发展，增强农业后劲，起到了积极作用。1990年开始各级财政、金融部门重点支持农副产品收购，要求各级银行部门充分保证粮食收购所需资金，财政支农资金基本倾斜于粮食部门的粮食收购。1992年，内蒙古自治区加大改革力度，增加农业投入，促进农村经济加快发展为目标，农业银行和农村信用社累计发放贷款229783万元，比上年多发放41345万元，增长21.9%。农村信贷重点支持了农业生产、综合开发、科技推广、乡镇企业以及创汇农业等，有力地促进了农村经济的全面发展。1993年，全区财政部门积极开展"三项"试点工作，重点支持产粮大县，加强支持农业社会化服务体系建设，大力支持种子服务设施建设，支持龙头企业带动各种服务业，采取

---

① 内蒙古自治区统计局：《内蒙古自治区统计年鉴1984年》，1994年版。

各地财政拿一点、银行拿一点、单位拿一点、乡村和群众拿一点等"四个一点"办法。全区各地农业银行和农村信用社坚决贯彻党中央关于加强农业基础地位，支援农业发展的指示精神，切实增加了对农业的资金投入，截至1993年底，农业银行、信用信贷各项贷款余额427737万元，有效保障了农业生产的资金需要，积极支持农业综合开发，提高农业综合效益。

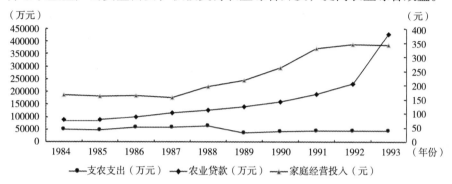

图5-1　商品化农业时期农业资金投入情况

资料来源：《内蒙古统计年鉴》，1985—1994年各版。

由于国家和地方财政支持农业资金主要针对农业农村的基础设施建设和粮食收购方面，农户家庭经营资金需求主要依靠农户投资和农村信用社贷款。1987年，全区金融部门农业贷款额11.49亿元，占全年银行各项贷款总额的6.0%，虽然比上年增长15.6%，但直接借贷给农民家庭经营的所占比例少。1993年，全区金融部门农业贷款额42.77亿元，比上年增长86.2%，与1984年相比增长了近4.9倍，平均每年增长39.3%。随着农民家庭经济收入不断提高，农户对家庭经营投入资金持续增长。1984年，农民家庭经营投入资金167.02元，1988年，农民家庭经营支出194.42元，占总支出的28.6%，比上年增长24.2%；1990年超过217.87元，1991年329.90元。1992年，农民家庭经营支出343.24元，占总支出的32.3%，比上年增长4.0%；1993年，农民家庭经营性支出341.37元，占总支出的29.2%，比上年减少0.5%（详见图5-1）。

1988年年末，全区农民家庭平均每百户固定资产原值1678.2元，比上年增长11.3%。其中役畜、产品畜750.48元，比上年增长3.1%；大中型铁木农具139.26元，与上年持平；农林牧渔业机械322.19元，比上年增长33.8%；工业机械21.14元，比上年减少14.4%；运输机械243.07元，比上年增长 34.1%；生产用房 170.06 元，比上年增长 42.7%；其他生产性固定资产 32.00 元，比上年恢复 12.7%。从农民家庭平均每百户拥有固定资产数量看，每百户农户拥有汽车 0.16 辆，比上年增长 700%；大中型拖拉机 1.1 台，比上年增长 197.3%；小型和手扶拖拉机 12.1 台，比上年增长 68.6%；机动脱粒机 2.14 台，比上年增长 37.2%；胶轮大车 35.5 台，比上年增长 59%；抽水机 3.0 台，水泵 12.9 台，分别比上年增长 151.7% 和 85.2%。每百户役畜 172 头，产品畜 76 头，分别比上年增长 36.9% 和 78.8%。

1993 年末，全区农民家庭平均每百户固定资产原值 2853.42 元，比上年增长 6.1%。其中役畜、产品畜原值 943.21 元，比上年增长 8.6%；大中型铁木农具原值 257.93 元，比上年增长 30.6%；农林牧渔业机械原值 751.75 元，比上年增长 6.5%；工业机械原值 55.55 元，比上年减少 7.4%；运输机械原值 313.83 元，比上年减少 5.4%；生产用房原值 453.64 元，比上年增长 16.7%；其他生产性固定资产原值 77.51 元，比上年减少 43%。从农民家庭平均每百户拥有固定资产数量看，每百户农户拥有汽车 0.16 辆，并无变化；大中型拖拉机 0.81 台，比上年减少 11.0%；小型和手扶拖拉机 16.2 台，比上年增长 13.3%；机动脱粒机 2.5 台，比上年增长 11.9%；胶轮大车 27.7 台，比上年增长 4.3%；抽水机 2.4 台，水泵 16.8 台，分别比上年增长 47.6% 和 23.2%。每百户役畜 106 头，比上年减少 2.4%；产品畜 71 头，比上年增长 37.2%。

（四）农业机械化

随着家庭联产承包责任制的普遍推行，农民对农业机械需求量增加，1984—1993 年，全区农业机械总动力由 593.2 万千瓦，发展到 834.0 万千瓦，平均每年增加 24.1 万千瓦。大中型拖拉机由 3.29 万台，发展到 3.84 万台，20 世纪 80 年代平均每年增加 1300 台，90 年代初有所减少，1993 年农用大中型拖拉机拥有量为 3.84 万台，总动力达 156.0 万千瓦，比 1984 年的 162.9 万千瓦总动力相比降低了 4.2%。但是，家庭联产承包责任制并不是排斥机械化，而且正是由于广大农民有了挑选、购买、使用、经营农业机械的自主权，更多地购买了小型拖拉机和农用排灌溉动力机械、柴油机、农用水泵等，替代了越来越多的人力畜力，使农民从笨重繁忙的农业劳动中解放出来，从事其他生产。例如，1984—1993年，全区农用小型及手扶拖拉机总数由5.8万台，增加到28.8万台，平均每年2.3万台，每年递增4.0%，总动力从1984年的72.8万千瓦，增加到1993年的289万千瓦，平均每年增加了21.6万千瓦；农用排灌溉动力机械由1984年的7.2万台，增加到1993年的17.9万台，平均每年增加了1.1万台，总动力从100.2万千瓦，增加到146.7万千瓦，平均每年增加了4.65万千瓦；农用柴油机由1984年的2.3万台增加到1993年的7.9万台，平均每年增加了5600台；农用水泵由7.0万台增加到14.8万台，平均每年增加了7800台。大中型拖拉机配套农具、农用联合收割机、重载汽车以及机动脱粒机、种子精选机、谷物烘干机、磨面机、碾米机、榨油机、饲料粉碎机等农业机械设备不断完善和增加，总数量和总动力有了大幅度提高，加快了全区农业机械化发展（详见表5-4）。

表5-4　　　　　　　　　商品化农业时期农业机械化程度

年份	农机械总动力	农用大中型拖拉机	小型及手扶拖拉机	农用排灌溉动力机械	柴油机	农用重载	农用水泵（万台）	联合收割机（台）	拖拉机引农机（万台）
1984	593.2	3.29	5.8	7.2	2.3	7063	7.0	2307	3.5
1985	641.7	3.79	8.0	8.9	2.8	8497	7.1	2109	2.9
1986	539.0	4.09	11.2	9.2	3.0	9758	7.1	1503	2.7
1987	614.0	4.29	14.9	10.4	3.9	11513	5.1	1768	2.9
1988	682.0	4.38	18.8	11.5	4.6	12304	5.9	1910	2.9
1989	728.0	4.38	21.9	13.7	5.8	11987	7.6	1927	2.9
1990	760.5	4.29	23.8	15.8	7.0	12417	13.1	2101	3.1
1991	786.4	4.17	25.6	16.9	7.6	12335	13.9	2115	3.3
1992	805.3	4.06	26.7	17.1	7.7	12111	14.8	2259	3.4
1993	834.0	3.84	28.8	17.9	7.9	12148	15.0	2345	4.6

资料来源：《中国农业年鉴》，《中国农村统计年鉴》1984—1994年各版。

商品农业时期，随着农业现代化的快速推进，现代化的机械装备了农牧林副渔各业，内蒙古自治区农业机械化程度有了飞跃性发展。1993年全区农民家庭每百户拥有主要生产性固定资产数量汽车0.16台，大中型拖拉机0.81台，小型拖拉机16.2台，机动脱粒机2.5台，电水泵2.4台。分别比

1985年增加了160%，145%，295%，171%，267%。[1]在发展农业机械化的过程中内蒙古自治区建立和健全农业机械化服务管理体系，积极培养农业机械技术队伍，促进了农业机械化发展速度。1985年，全区遭受严重的自然灾害，机耕面积从上年的110万公顷减少26.5%、机播面减少39.7%、机收面积减少45.4%的情况下，全区积极调整农业生产结构，大力推进农田基本建设，加快了农业机械化程度，1986年开始全区农业机械化程度有了快速稳定发展。1993年，全区农作物机耕面积达310.6万公顷，占总耕地面积的64.1%，平均每年增加了20.1万公顷；机播面积1993年212.8万公顷，占总播种面积的43.2%，平均每年增加了3.1万公顷；机收面积43.2万公顷，占总播种面积的8.9%，平均每年增加0.73万公顷，大幅度提升了农业生产力水平（详见表5-5）。

据内蒙古农村牧区社会经济发展调查队公布的数据，1990年全区农用机械总动力760.5万千瓦。其中，巴彦淖尔盟107.1万千瓦，呼伦贝尔盟107万千瓦，赤峰市104.5万千瓦，哲里木盟91.2万千瓦，包头市65.3万千瓦，伊克昭盟62.5万千瓦，呼和浩特市61.7万千瓦，乌兰察布盟58.2万千瓦，兴安盟46万千瓦，锡林郭勒盟37万千瓦，阿拉善盟14.2万千瓦，乌海市6.4万千瓦。全区人均农用机械总动力平均0.54千瓦。其中，高于全区人均水平的有呼和浩特市0.57千瓦，包头市0.88千瓦，呼伦贝尔盟1.28千瓦，锡林郭勒盟0.71千瓦，伊克昭盟0.64千瓦，巴彦淖尔盟0.99千瓦，阿拉善盟2.25千瓦；低于全区人均水平的有兴安盟0.42千瓦，哲里木盟0.44千瓦，赤峰市0.30千瓦，乌兰察布盟0.26千瓦。

表5-5　　　　　　　商品化农业时期的农业机械化程度　　　　单位：万公顷，%

年份	机耕面积	占耕地面积	机播面积	占播种面积	机收面积	占播种面积
1984	110.0	22.0	57.4	12.4	35.9	7.8
1985	80.8	16.4	34.6	7.6	19.6	4.3
1986	99.2	20.3	39.9	8.8	23.9	5.2
1987	118.2	24.4	68.9	15.4	35.2	7.9
1988	142.2	29.2	56.2	12.3	24.3	5.3

---

[1] 中国统计年鉴编辑委员会：《中国统计年鉴》，中国统计出版社1986—1994年各版。

续表

年份	机耕面积	占耕地面积	机播面积	占播种面积	机收面积	占播种面积
1989	158.7	32.3	65.9	14.4	26.7	5.8
1990	258.2	52.0	146.2	10.1	32.7	6.9
1991	274.7	54.9	176.9	37.1	38.2	8.0
1992	294.5	58.0	206.4	42.5	42.9	8.8
1993	310.6	64.1	212.8	43.2	43.2	8.9

资料来源：《中国农业年鉴》，《中国农村统计年鉴》1985—1994年各版。

全区农业机械化发展水平按各盟市发展情况看，机种、机播面积比例均超过了当地耕地面积的50%以上。1993年机耕面积前五位的有乌兰察布盟65.5万公顷，呼伦贝尔盟53.3万公顷，赤峰市47.0万公顷，哲里木盟45.4万公顷，巴彦淖尔盟27.9万公顷。机播面积前5位有呼伦贝尔盟49.2万公顷，乌兰察布盟45.0万公顷，哲里木盟20.3万公顷，赤峰市26.0万公顷，巴彦淖尔盟21.0万公顷。①

（五）农业水利化、电气化

内蒙古自治区成立30余年来，经过全区各族人民的努力，农田水利建设取得了显著成效。全区已形成了水文、勘测、设计、施工、管理、科研、教育等专业化队伍，拥有了全区整修河流、湖泊、堤防、排水、灌溉等农田水利建设管理技术。1984年，全区大中小水库520座，水库总库容量达59.1亿立方米，农田除涝面积16.0万公顷，除涝能力占易涝面积的62.7%；治碱面积21.5万公顷，占农田治理盐碱地面积的38.7%。经过10年的发展和调整、整修，1993年全区水库总数减少到476座，但水库总库容量增加到72.8亿立方米；除涝面积扩大到24.4万公顷，治理盐碱地面积增加到263.3万公顷，分别比1984年的面积增加了52.5%和12倍多，除涝能力和治碱能力分别比1984年提高了6.6%和12.8%。大幅度改善了农田水利设施，减缓了原来的"大雨大灾、小雨小灾、无雨旱灾"的局面（详见表5-6）。

① 内蒙古自治区统计局：《内蒙古自治区统计年鉴1994年》。

表5-6　　　　　　　商品化农业时期全区水利设施和除涝、治碱面积

年份	水库 （座）	水库总库容量 （亿立方米）	除涝面积 （万公顷）	除涝面积占易 涝面积（%）	治碱面积 （万公顷）	治碱面积占盐 碱地面积（%）
1984	520	59.1	16.0	62.7	21.5	38.7
1985	504	59.1	16.4	64.2	22.4	40.3
1986	503	59.1	16.9	66.3	22.7	40.8
1987	508	59.3	19.3	52.5	22.9	43.6
1988	507	59.3	20.8	56.4	23.6	44.8
1989	505	59.7	21.8	58.8	24.0	45.5
1990	473	73.1	22.5	60.4	25.1	48.4
1991	473	59.4	23.7	66.4	26.3	50.6
1992	476	72.0	24.4	68.0	258.0	50.0
1993	476	72.8	24.7	69.3	263.3	51.5

资料来源：《中国农业年鉴》，《中国农村统计年鉴》1985—1994年各版。

随着农田水利设施的建设，全区农业农村的电气化水平也快速提高。1984年，全区有效灌溉面积98.1万公顷，其中机电灌溉面积53.5万公顷，占总灌溉面积的54.6%，农村总用电量6.3亿千瓦小时。1989年，全区有效灌溉面积达115.3万公顷，比1984年增加了17.5%。其中，机电灌溉面积71万公顷，占总灌溉面积的61.5%，比1984年分别增加了32.7%和6.9%；农村用电量9.9亿千瓦小时，比1984年增加了57%。1992年，全区有效灌溉面积达169.6万公顷，机电灌溉面积101万公顷，占总灌溉面积的59.5%。1993年有效灌溉面积虽然比上年减少了52.9万公顷，但机电灌溉面积增加了3.3万公顷，农村用电量增加了2.2亿千瓦小时，平均每户耕地用电量17.4千瓦小时，比上年增长8.7%（详见表5-7）。

从全区各盟市农业水利化、电气化水平看，1988年，全区有效灌溉面积107.9万公顷。其中，巴彦淖尔盟26.9万公顷，占耕地面积的86.8%；哲里木盟22.7万公顷，占耕地面积的31.9%；赤峰市21.6万公顷，占耕地面积的26.8%；乌海市和阿拉善盟有效灌溉面积只有0.3万公顷和0.9万公顷，但有效灌溉面积占耕地面积的100%；呼和浩特市有效灌溉面积8.3万公顷，占耕地面积的53.5%；包头市有效灌溉面积6.8万公顷，占耕地面积的31.6%；伊克昭盟有效灌溉面积7.3万公顷，占耕地面积的34.2%。呼伦贝尔盟和锡林郭勒盟有效灌溉面积0.8万公顷和0.2万公顷，分别占耕地

面积的 1.3% 和 1.0%；兴安盟有效灌溉面积 3.4 万公顷，占耕地面积的 8.6%。[①]

表5-7　　　　　　　　　　商品化农业时期全区电气化水平

年份	有效灌溉面积（万亩）	机电灌溉面积（万亩）	占总灌溉面积（%）	农村用电量（亿千瓦小时）
1984	98.1	53.5	54.6	6.3
1985	96.5	52.6	54.5	6.7
1986	100.6	55.7	55.4	6.4
1987	103.8	61.7	59.4	8.2
1988	107.9	64.6	59.8	9.2
1989	115.3	71.0	61.5	9.9
1990	125.2	77.2	61.7	9.9
1991	132.3	83.9	63.5	11.4
1992	169.6	101.0	59.5	11.7
1993	116.7	104.3	89.4	13.5

资料来源：《中国农业年鉴》，《中国农村统计年鉴》1985—1994年各版。

1993 年，有效灌溉面积第一位的是巴彦淖尔盟 46.44 万公顷，有效灌溉能力已超出全盟实际耕地面积。第二位是哲里木盟 29.3 万公顷，占全盟耕地面积的 39.9%；第三位是赤峰市，有效灌溉面积 26.1 万公顷，占耕地面积的 31.3%；呼伦贝尔盟和锡林郭勒盟有效灌溉面积只占耕地面积的 1.4% 和 1.9%，乌海市和呼和浩特市有效灌溉面积只有 0.33 万公顷和 9.93 万公顷，但有效灌溉面积占耕地面积的比重高达 89.2% 和 63.9%；包头市有效灌溉面积 8.58 万公顷，占耕地面积的 39.9%；兴安盟有效灌溉面积 4.09 万公顷，占耕地面积的 9.7%；乌兰察布盟和伊克昭盟有效灌溉面积分别是 12.5 万公顷和 11.6 万公顷，占当地耕地面积的 10.3% 和 47.7%。1993 年全区农村用电量为 9.9 亿千瓦小时，其中赤峰市为 32383 万千瓦小时，哲里木盟为 22181 万千瓦小时，巴彦淖尔盟 14621 万千瓦小时，呼和浩特市 13976 万千瓦小时，乌兰察布盟 11342 万千瓦小时，包头市 10956 万千瓦小时。乌海市农村用电量最少，只有 880 万千瓦小时，伊克昭盟 8472 万千瓦小时，兴安盟 7299 万千瓦小时，呼伦贝尔盟 6351 万千瓦小时，阿拉

---

① 内蒙古自治区统计局：《内蒙古自治区统计年鉴》1989年、1994年版。

善盟 3103 万千瓦小时，各盟市农村用电量极不均衡，农业电气化发展全区各地区差距较大。①

据内蒙古农村牧区社会经济调查队编著的《内蒙古农业经济考评资料集（1949—1998）》统计数据，1990 年全区机电井总数为 149569 眼。其中，哲里木盟有 45216 眼，全区首位，占全区总数的 30.2%；伊克昭盟 36912 眼，全区第二，占全区总数的 24.7%；赤峰市有 20953 眼，全区第三位，占全区总数的 14.0%；呼和浩特市 11480 眼，全区第四位，占 7.7%；乌兰察布盟 9716 眼，占 6.5%；兴安盟 8605 眼，占 5.8%；包头市 6385 眼，占 4.3%；巴彦淖尔盟 4239 眼，占 2.8%；锡林郭勒盟 2612 眼，占 1.7%；呼伦贝尔盟 1844 眼，占 1.2%；阿拉善盟 1516 眼，占 1.0%；乌海市 91 眼，占 0.06%。各旗县市区机电井 1 万眼以上有哲里木盟通辽市 12919 眼，开鲁 11269 眼，科左中 10246 眼；5000 眼以上有伊克昭盟达拉特旗 8911 眼，乌审旗 8323 眼，鄂托克前旗 6660 眼，伊金霍洛 6189 眼。

（六）化学肥料施用量

1984—1993 年，全区农业生产稳步增长离不使精耕细作传统农业的科学化、现代化道路以及走生物技术与工程技术相结合的路和适度的工业物质投入。1984 年，全区化学肥料施用折纯量计算共有 16.3 万吨。其中，氮肥 9.5 万吨，占 58.3%；磷肥 3.4 万吨，占 20.9%；钾肥 0.3 万吨，占 1.8%；复合肥 3.1 万吨，占 19.0%。1990 年，全区化肥施用量增加到 34.5 万吨，平均每年增加了 1.82 万吨。其中，氮肥施用量 20.9 万吨，比 1984 年增长了 120%，磷肥施用量 5.4 万吨，比 1984 年增长了 58.8%，钾肥施用量 0.7 万吨，比 1984 年增长了 133%，复合肥施用量 7.5 万吨，比 1984 年增长了 135%。1993 年，全区化肥施用量 46 万吨，其中氮肥 28 万吨，磷肥 8 万吨，钾肥 1 万吨，复合肥 9 万吨，分别比 1990 年增加了 33.3%、34%、48.2%、42.9% 和 20%（详见表 5-8）。除了化肥外，1993 年全区农用柴油使用量为 19 万吨，农药施用量 9200 吨，农用塑料薄膜施用量 8398 吨，地膜使用量 5931 吨。②

①　内蒙古自治区统计局：《内蒙古自治区统计年鉴》1989 年、1994 年版。

②　中国统计年鉴编辑委员会：《中国统计年鉴》，中国统计出版社 1994 年版。

表5-8 农用化肥施用量 万吨（按折纯量计算）

年份	化肥施用量	氮肥	磷肥	钾肥	复合肥
1984	16.3	9.5	3.4	0.3	3.1
1985	19.9	11.3	4.1	0.3	4.2
1986	21.7	12.6	4.1	0.4	4.6
1987	23.9	13.2	4.3	0.5	4.7
1988	26.0	16.0	4.6	0.6	4.8
1989	29.2	18.8	4.8	0.7	4.9
1990	34.5	20.9	5.4	0.7	7.5
1991	37.7	23.7	6.0	0.7	7.3
1992	40.9	25.8	7.1	0.7	7.3
1993	46.0	28.0	8.0	1.0	9.0

资料来源：《中国农业年鉴》，《中国农村统计年鉴》1985—1994年各版。

1985年全区化肥施用量20.9524万吨，从各盟市化肥施用量情况看，巴彦淖尔盟施用量7.44万吨，占35.5%；赤峰市施用量2.91万吨，占13.9%；哲里木盟施用量2.52万吨，占12.0%；兴安盟施用量1.86万吨，占8.9%；伊克昭盟施用量1.49万吨，占7.1%；呼伦贝尔盟1.26万吨，占6.0%；呼和浩特市施用量1.22万吨，占5.8%；乌兰察布盟施用量1.02万吨，占4.9%；包头市施用量9795吨，占4.6%；锡林郭勒盟施用量2011吨，占1.1%；乌海市305吨，占0.1%；阿拉善盟施用量213吨，占0.1%。1990年，全区化肥施用量34.5万吨，呼和浩特市2.38万吨，占6.9%；包头市3.13万吨，占9.1%；乌海市708吨，占0.2%；赤峰市4.69万吨，占13.6%；呼伦贝尔盟2.45万吨，占7.1%；兴安盟2.05万吨，占5.9%；哲里木盟4.84万吨，占14.0%；锡林郭勒盟3463吨，占1.0%；乌兰察布盟1.77万吨，占5.1%；伊克昭盟3.08万吨，占8.9%；巴彦淖尔盟9.5万吨，占27.5%；阿拉善盟2302吨，占0.7%。全区亩均化肥施用量1990年4.87千克，比1985年增加了1.95千克，增长了66.8%。在各盟市化肥每亩施用量超过全区平均水平的有包头市每亩7.76千克，伊克昭盟8.98千克，巴彦淖尔盟20.7千克，阿拉善盟16.5千克。在各旗县市当中化肥施用量每亩超过20千克的有巴彦淖尔盟临河市23.6千克，磴口县40.9千克，杭锦后旗29.2千克，阿拉善盟的阿拉善左旗21千克。

第三节　农业布局调整与农业生产结构

　　党的十一届三中全会以后，内蒙古自治区农村进行了一系列的改革。在全区普遍推行大包干的生产责任制的同时，调整了全区农牧业生产结构，提出了"以牧为主，农牧林结合，因地制宜，各有侧重，多种经营，全面发展"的25字方针。1987年，自治区党委把"在农牧林工协调发展的基础上逐步实现粮食基本自给"作为首项奋斗目标。从而端正了发展农牧林业生产的指导思想，纠正了忽视粮食生产的片面性，加强了农业基础地位的重要性。1990年，自治区实施农牧业生产目标管理责任制，增加农业投入，实行科技兴农计划，建立商品粮基地，为农业稳定增产提供了保障。"民以食为天"，农业是整个国民经济的基础。长期以来，我国坚持农业是单一结构、"以粮为纲"的"左"的思想和政策，虽然费尽心机，粮棉油紧缺的问题一直未能得到解决。党的十一届三中全会以后，经过农业产业结构调整，主要农产品持续增产，彻底解决了长期以来的粮食紧缺局面。内蒙古自治区政府面对农村商品生产快速发展，积极实施农业资源调查和区域规划，根据全区自然地理、经济地理、人文地理特点，系统调整了农、牧、林、渔、副业等农业产业结构，采取了农业向社会化、商品化转变，建立了科学合理的农业产业结构，促进了全区农业经济的现代化进程。

一　农业布局调整

　　人民公社体制结束后，内蒙古自治区农牧业厅1980年完成《内蒙古自治区农业区划》，将自治区农区、半农半牧区划分为7个一级区。1985年，自治区农牧业厅区划委员会编制《内蒙古自治区综合农业区划》，将全区农业区分为3个一级区24个二级区。3个一级农业区包括丘陵平原农林为主多种经营区、高原牧林为主多种经营区、山地林木多种经营区。[①]丘陵平原农林为主多种经营区包括：大兴安岭岭东丘陵平原农（麦、豆）

---

　　①　《内蒙古自治区志·农业志》编委会：《内蒙古自治区志·农业志》，内蒙古人民出版社2000年版，第162—163页。

林牧结合区；大兴安岭岭东南丘陵平原农（杂粮）牧林结合区；岭南丘陵农牧（肉、乳牛）林结合区；西辽河平原农（杂粮）林牧结合区；科尔沁坨甸农牧（肉牛）林结合区；燕山北麓丘陵农（杂粮）牧林结合区；河套至土默特平原农（粮、糖）牧林结合区等。

1981年以来，内蒙古自治区依据自然条件、经济发展水平、生产现状、耕作栽培制度、资源利用和生产发展方向相似、民族特点等原则，将自治区农区、半农半牧区划分为7个一级区。依据地理位置、温度条件、个别考虑土壤条件，将其中的3个一级区划分为8个二级区。1984年后基本形成了大兴安岭丘陵平原旱作农业区、山地丘陵旱作农业区、西辽河平原灌溉农业区、阴山丘陵旱作农业区、土默特平原灌溉农业区、河套平原灌溉农业区和鄂尔多斯高原旱作农业区。[①]

（1）大兴安岭丘陵平原旱作农业区：包括呼伦贝尔盟和兴安盟，总土地面积32万平方千米，耕地100万公顷。其中，鄂伦春自治旗、莫力达瓦达斡尔自治旗、阿荣旗、扎兰屯市为岭东温凉农业区，种植小麦、玉米、大豆、向日葵；以兴安盟全部农业区和半农半牧区岭南温暖农业区，主要种植玉米、谷子、大豆、向日葵；以呼伦贝尔大兴安岭以北的国营农牧场和其他农区、半农半牧区岭北寒温农业区，种植小麦、饲料、马铃薯、油菜。

（2）山地丘陵旱作农业区：包括赤峰市和哲里木盟西辽河平原以外全部，总土地面积84359平方千米，耕地100.3万公顷。其中，赤峰市、哲里木盟南部等山地丘陵农业区和半农半牧区、南部温热农业区，种植谷子、玉米、高粱、油用向日葵、甜菜、芝麻等；克什克腾旗、巴林右旗大部、林西县、巴林左旗、阿鲁科尔沁旗和扎鲁特旗等北部温暖农业区，种植谷子、高粱、豆类、向日葵等作物；西辽河两侧的沙丘、坨甸温热农业区，种植玉米、谷子、高粱、糜、黍、荞麦、蓖麻等作物。

（3）西辽河平原灌溉农业区：包括通辽市、通辽县、开鲁县大部、科左中旗南部、奈曼旗北部及科左后旗的"东大荒"，总土地面积15640平方千米，耕地40万公顷。主要种植玉米、油料、甜菜作物。

（4）阴山丘陵旱作农业区：包括东起多伦县西至乌拉特后旗的阴山丘

---

① 　《内蒙古自治区志·农业志》编委会：《内蒙古自治区志·农业志》，内蒙古人民出版社2000年版，第163—164页。

陵地区，总土地面积127645平方千米，耕地190.5万公顷。划分为阴山以北的温凉丘陵农业区和阴山以南温暖丘陵农业区。主要种植小麦、莜麦、马铃薯、胡麻等作物。

（5）土默特平原灌溉农业区：包括呼和浩特郊区、托克托县、土默特左旗、土默特右旗和包头市郊区的平原地区，总土地面积10865平方千米，耕地28.6万公顷。主要种植向日葵、胡麻、甜菜为主。

（6）河套平原灌溉农业区：包括巴彦淖尔盟狼山、乌拉山以南及伊克昭盟沿黄河的平原地区，总土地面积14600平方千米，耕地33万公顷。主要种植小麦、甜菜、向日葵为主。

（7）鄂尔多斯高原旱作农业区：包括伊克昭盟高原农业区和半农半牧区，总土地面积48000平方千米，耕地面积不稳定，变动于17.1万—42.7万公顷之间。主要种植糜黍、马铃薯、谷子、胡麻、油菜、油用大麻等作物。

二　商品农业基地建设

内蒙古自治区拥有黄河灌区、西辽河流域、大兴安岭东南麓和嫩江右岸以及阴山丘陵区为数众多的甸子地、滩川地，土壤条件、水利条件、耕作技术条件较为优越，粮食生产比较稳定，单产高、商品率高，在历史上已形成为全区的粮食生产基地。1983年内蒙古自治区政府，按照高产、稳产，粮食作物面积一般占播种面积的80%左右，商品率达40%以上，粮食生产发展速度保持在年递增5%以上等要求，把杭锦后旗、临河县、五原县、乌拉特前旗、达拉特旗、赤峰县、宁城县、通辽县、开鲁县、突泉县、扎赉特旗、阿荣旗、布特哈旗、莫力达瓦达斡尔自治旗、土默特左旗15个旗县和分散在其他旗县的水土条件较好、增产潜力大、商品率高的50多个农区人民公社，以及大杨树垦区约134万公顷耕地有计划、有步骤建设成为稳产高产的商品粮基地。当年，自治区政府投资1286万元，各盟市遴选20个乡镇作为商品粮基地建设。[①]商品粮基地投资主要用于小型农田水利建设，技术推广和良种繁育推广两个体系的建设，以及营造农田防护林和扶持群众发展多种经营。基地建设投资41%用于小型水利建设，其余主要用于农业技术推广和良种繁育体系建设。1986年，全区商品粮基地进行调整，增加54个乡镇苏木，使商品粮基地乡镇达到74个乡镇苏木，建设资金国家和自治区总投资2746万元。其中，兴安盟科尔沁右翼前旗8个；哲里木盟科尔沁左翼后旗7个、科尔沁左翼中旗6个、奈曼旗的3个、库伦旗的2个、扎鲁特旗的2个；赤峰市巴林左旗7个、敖汉旗3个、翁牛特旗3个、林西县3个、元宝山区2个、喀喇沁旗1个；乌兰察布盟凉城县4个、和林格尔县3个，四子王旗、达尔罕茂明安联合旗、丰镇县、兴和县、察哈尔右翼后旗、商都县、武川县、卓资县、察哈尔右翼前旗察哈尔右翼中旗各1个；伊克昭盟杭锦旗5个、准格尔旗3个；呼和浩特市托克托县4个；包头市土默特右旗3个。1987年，国家计委、农牧渔业部决定，在"七五"期间继续建设国家商品粮基地。把内蒙古自治区的通辽市、开鲁县和科左中旗3个旗县市列入"七五"第一批国家商品粮基地。

1987年国家和自治区级商品粮基地扩大到16个旗县74个乡镇，总投资3016万元。商品粮基地扩大，把科右前旗和科左后旗列入自治区商品粮基地，基地乡镇扩大到117个。其中，兴安盟5个、哲里木盟5个、赤峰市25个、锡林郭勒盟5个、乌兰察布盟45个、包头市10个、伊克昭盟12个、巴彦淖尔盟14个、呼和浩特市6个。同年，自治区东四盟市12个旗县在原商品粮基地旗县和乡镇的基础上列入国家农业综合开发区。开发区由牙克石市、乌兰浩特市、科右前旗、奈曼旗、通辽市、开鲁县、科左中旗、科左后旗、赤峰市郊区、宁城县、林西县、巴林左旗12个旗县组成，全区商品粮基地旗县达到共23个。1990年，全区商品粮基地范围内农业人口为800万，占全区农业人口的53%；总播种面积257万公顷，占全区播种面积的54%；粮豆播种面积213万公顷，占全区粮豆面积的55%，粮豆总产量达68.8亿千克，占全区粮豆总产量的70%；商品粮25.3

---

① 20个乡镇：乌兰察布盟武川县中后河、哈乐，察哈尔右翼中旗广昌隆，和林格尔县公喇嘛，四子王旗大黑河、西河子，凉城县六苏木；伊克昭盟杭锦旗杰尔格朗图、巴拉亥、永胜、独贵塔拉；包头市土默特右旗党三尧；哲里木盟科尔沁左翼后旗向阳、平安、金宝屯、协尔苏；赤峰市翁牛特旗桥头镇、喀喇沁旗牛营子；呼和浩特市托克托县乃只盖、中滩等。

亿千克，占全区商品粮的75%以上。①

　　建设商品粮基地，采取国家、自治区、盟市、旗县联合投资的办法。1983年至1990年总投资21586万元。其中，国家级7个基地旗县，国家计委、农业部投资1620万元，中央财政发展粮食生产专项投资5000万元，内蒙古自治区财政投资12630万元，盟市财政投资1242万元，旗县财政投资1094万元。投资主要用于小型农田水利建设，投资1.11亿元，占总投资的51.6%；农业技术推广投资5800万元，占总投资的24%；良种繁育投资2500万元，占总投资的11.4%；农业机械化、农田防护林、发展畜牧业等投资2100万元，占总投资的10%。②

　　商品粮基地建设，8年累计完成修筑坝土方工程1.1亿立方米，新打机电井3.3万眼，配套机电井3.2万眼，新增灌溉面积31.6万公顷，改善灌溉面积36.6万公顷，使基地有效灌溉面积达到150万公顷，保灌面积达到81.4万公顷，分别占总面积的40.8%和32.6%。商品粮基地建设还注重发展农机事业，基地范围内拥有大中型拖拉机达2万多台，小型拖拉机11万多台，机耕面积占总播种面积的53%，机播面积占总播种面积的25%，机插秧面积占水稻面积的17%，使农业生产条件逐步得到改善，粮食综合生产能力不断提高，商品粮基地逐步走上稳产高产的轨道。1986—1990年的"七五"期间，内蒙古自治区共承担优质农产品基地建设项目3个，名特优农产品生产建设项目10个，总投资1251.3万元。1990年已经建成投资项目3个优质农产品生产基地，即翁牛特旗油用向日葵生产基地、磴口县河套蜜瓜生产基地和呼和浩特市荞麦精加工厂。优质农产品基地共投资1031.5万元，基地规模达到17333万公顷，良种繁育基地1000公顷，年加工生产能力12500吨。"七五"期间，在国家农业部、财政部的大力支持下，内蒙古自治区共建设名特优农产品生产项目10个，总投资237.8万元。即乌拉特前旗黑瓜子、包头市大紫梨、呼和浩特市大粒甜荞、集宁市玉米笋、察右前旗甘蓝以及翁牛特旗山杏仁、优质油葵，扎兰屯市食用菌、白瓜籽等名优特农产品项目。

------

① 《内蒙古自治区志·农业志》编委会：《内蒙古自治区志·农业志》，内蒙古人民出版社2000年版，第189—191页。
② 《内蒙古自治区志·农业志》编委会：《内蒙古自治区志·农业志》，内蒙古人民出版社2000年版，第164页。

三 农业综合开发

自治区第一期农业综合开发，于1989年7月经国家农业综合开发领导小组批准立项，并开始实施。开发区包括呼伦贝尔盟牙克石市、兴安盟科右前旗、乌兰浩特市、哲里木盟通辽市、开鲁县、科左中旗、科左后旗、奈曼旗，赤峰市郊区、宁城县、翁牛特旗、喀喇沁旗12个旗县市和部分国营农牧场。农业综合开发改造中低产田262.23万亩，开垦宜农荒地65万亩，造林30万亩，新增粮食生产能力45万吨。1990年根据国家《农业综合开发项目验收试行办法》的要求，自治区对农业综合开发以改造中低产田为重点，因地制宜地推进山水田林路综合治理，农林牧渔全面开发。经过调整，农业综合开发范围从289个乡镇苏木，4041个嘎查村减少到158个乡镇苏木、1143个嘎查村。到1991年底，一期开发完成改造中低产田17.5万公顷，开垦宜农荒地4.35万公顷。其中，开发涝洼盐碱地为稻田2.33万公顷，造林2.46万公顷，新增灌溉面积12.37万公顷，改善灌溉面积4.13万公顷，新增和改善4733公顷，建设旱作基本农田约5.33万公顷。增加机械化作业面积11.67万公顷，良种覆盖率基本达到100%。项目区初步建设成为田成方、林成网、渠成系、路相通、农业机械配套的农业生产基地。并且新增粮食综合生产能力60万吨。一期农业综合开发，共完成投资5.63亿元。其中，水利项目投资占60.5%，农业项目投资占10.5%，林业项目投资占4.8%，畜牧业项目投资占3.6%，农业机械投资占19.3%，水产及其他项目投资占1.3%。

四 农业产业结构

随着农村经济改革的深入发展，内蒙古自治区贯彻落实粮食生产政策，积极开展了多种经营方针，促进农业内部产业结构调整，在全区粮棉油生产、农民增收、农业综合能力等方面取得了显著提高。1984年，全区农牧林渔业总产值61.28亿元。其中，农业产值40.88亿元，占66.7%。农业产值中种植业产值34.2亿元，占83.7%。1989年，全区农牧林渔业产值达126.72亿元，比1984年增长了103.5%，平均每年增长10.4%。其中，农业产值增长88.8%，种植业产值增长87.1%。1993年，全区农牧林渔业总产值达220.8亿元，比1989年增长74.2%，与1984年相比增长了260%，比上年增长22.5%。其中，农业产值比上年增长22.8%，与1984年比增长248%；种植业产值比上年增长了25.9%，与1984年相比增长了270%（详见图5-2）。经过10年的农业产业结构调整，种植业在农林牧渔业中的主导地位进一步增强，全区粮食生产综合能力得到了快速提高，农业产业结构形成了以种植业为主，牧、林、渔、副业为辅的多种经营格局。有力地促进了农村商品经济发展，缩小了区域内地区之间的经济差距，有效地适应了市场消费需求，提高了综合经济效益。

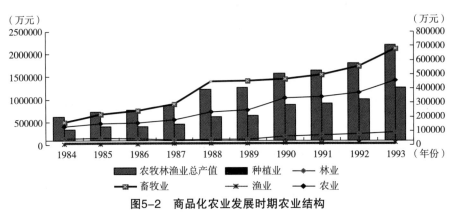

图5-2　商品化农业发展时期农业结构

资料来源：《内蒙古统计年鉴》，2004年。

全区农业产业产业结构变化，从各盟市形势看，1988年全区农业总产值68.53亿元。其中，哲里木盟占20.8%，赤峰市占14.6%，呼伦贝尔盟占14.4%，巴彦淖尔盟占13.5%，乌兰察布盟占11.2%，兴安盟占8.0%，伊克昭盟占5.5%，锡林郭勒盟占5.4%，包头市占3.2%，呼和浩特市占2.5%，阿拉善盟占0.6%，乌海市占0.3%。全区农作物种植业产值38.8亿元，占农业总产值的56.6%。全区农作物种植产值中，哲里木盟占21.6%，巴彦淖尔盟占18.2%，呼伦贝尔盟占13.0%，乌兰察布盟占12.3%，赤峰市占12.2%，兴安盟占9.2%，伊克昭盟占4.1%，包头市占3.9%，呼和浩特市占3.3%，阿拉善盟占0.3%，乌海市占0.25%。从农业产业内部结构按各盟市情况看，农作物种植业产值最多的是哲里木盟，占全区产值的21.6%，最少是乌海市占0.25%；林业产值最多是哲里木盟，占全区林业总产值的20.1%，最少是阿拉善盟占0.4%；牧业产值最多是赤峰市，占全区牧业总产值的16.9%，最少是乌海市占0.3%；副业产值最多是哲里木盟，占全区副业总产值的28%，最少是乌海市占0.4%；渔业产值最多是呼伦贝尔盟，占全区总产值的39.9%，最少是乌海市，占0.03%。

五　农作物生产结构

商品化农业时期，全区农作物生产结构发生了重大变化，在粮食作物稳定发展的前提下，大力发展了经济作物生产，进一步优化了农作物生产结构。全区年末实有耕地面积基本稳定在500万公顷，农作物播种面积465万公顷，粮食作物播种面积占80%，经济作物播种面积占15%（详见图5-3）。

（一）粮食作物生产

商品化农业时期，全区大力发展粮食作物，有效保证了全区粮食供给量，为国家粮食安全保障做出了积极贡献。1984年，全区粮食作物播种面积376.3万公顷，粮食作物播种面积占农作物总播种面积的81.2%，比上年减少1.9%；总产量达594万吨，比上年增长6.1%，每亩产量105千克。其中，小麦播种面积93.2万吨，占粮食作物播种面积的27.8%，产量占总产量的24.3%，每亩产量103千克，播种面积和产量分别比上年增加了2.3%和19.3%；玉米播种面积46.4万公顷，占12.3%，总产量148.3万吨，占24.9%，每亩产量213千克。与上年相比播种面积减少6.1%，产量增加了3.8%；稻谷播种面积从1982年开始逐年增加，主产区转移到东部三盟市。1984年播种面积1.8万公顷，占0.5%，产量6.0万吨，占1.6%，每亩产量216.5千克。与上年相比播种面积和总产量分别增加了5.9%和42.9%。谷子播种面积51.9万公顷，占13.8%，产量73.6万吨，占12.4%，每亩产量94.5千克。与上年相比播种面积和产量分别减少了7.2%和7.1%。薯类播种面积24.6万公顷，占6.5%，产量49.9万吨，占8.4%，每亩产量135千克。比上年相比播种面积减少3.1%，产量增加了20%。大豆播种面积19.3万公顷，占5.1%，产量24.3万吨，占4.1%，每亩产量79.5千克。与上年相比减少了11.9%，产量持平。莜麦播种面积41.4万公顷，占11%，产量32.5万吨，占5.5%，与上年相比播种面积减少8%，产量增加了55.5%；糜子播种面积40.9万公顷，占10.9%，产量26.4万吨，占4.4%，比上年播种面积增加了7.1%，产量持平。（详见表5-9、5-10）。

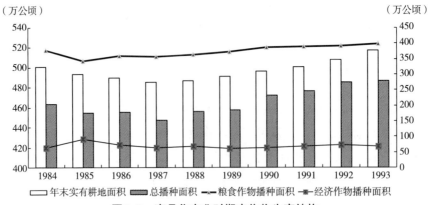

（万公顷）　　　　　　　　　　　　　　　　　　　　　　　　　（万公顷）

图例：□ 年末实有耕地面积　▨ 总播种面积　—▲— 粮食作物播种面积　—✕— 经济作物播种面积

图5-3　商品化农业时期农作物生产结构

资料来源：《内蒙古统计年鉴》，2004年版。

表5-9　　　　　　　　商品化农业改革时期的粮食作物播种面积　　　　　单位：万公顷

年份	粮食作物	小麦	玉米	稻谷	谷子	莜麦	糜子	薯类	大豆
1984	376.3	93.2	46.4	1.8	51.9	41.4	40.9	24.6	19.3
1985	342.2	92.7	43.4	2.4	46.3	36.5	31.1	22.7	21.9
1986	358.1	93.7	54.8	2.7	41.4	34.0	32.4	22.5	26.4
1987	355.7	92.1	66.0	2.8	38.7	33.8	26.8	22.9	27.5
1988	363.6	97.4	66.9	3.5	38.5	28.9	26.8	25.3	31.1
1989	372.1	100.8	69.6	5.3	37.4	26.8	13.0	24.7	31.8
1990	387.5	115.4	77.4	7.9	35.7	26.5	11.7	24.6	30.1
1991	387.9	119.2	81.2	8.8	33.4	25.2	11.0	23.9	30.1
1992	392.5	133.4	77.5	9.4	28.5	18.7	9.8	25.0	35.6
1993	398.7	118.9	76.2	7.3	25.8	17.2	7.9	26.3	57.1

资料来源：《内蒙古统计年鉴》，2004年版。

1989年，全区粮食作物播种面积372.1万公顷，比1984年减少了1.1%，产量677.9万吨，比1984年增加了36.4%，每亩产量124千克，比上年减少8.2%，与1984年相比提高了18.1%。其中，小麦播种面积100.8万公顷，占粮食播种面积的27.1%，比1984年增长8.2%；小麦总产量187.5万吨，占粮食总产量的27.7%，产量比1984年增长了30.0%，每亩产量125千克，比1984年每亩增产22千克。玉米播种面积69.6万公顷，比1984年增加了50%，总产量285.1万吨，占粮食总产量的42.1%，每亩产量281千克，比1984年每亩增产68千克。稻谷播种面积5.3万公顷，占粮食播种面积的1.4%，比1984年相比增加194%；稻谷产量19.2万吨，比1984年增加了220%，每亩产量247千克，比1984年每亩增产30.5千克；全区谷子、莜麦、糜子播种面积在1984年以来持续减少，1989年占粮食播种面积的10.1%、7.2%和3.5%，与1984年相比谷子播种面积减少了3.7%、莜麦减少了3.8%，糜子减少了7.4%。薯类播种面积相对稳定，基本保持25万公顷左右，但产量比上年减少30.6%，比1984年还减少了14.8%。薯类单位产量也出现了下降趋势，1989年每亩产量115千克，比上年减产47千克，比1984年减产20千克，单位产量极不稳定。大豆是商品化农业时期生产快速发展的作物，1989年全区播种面积31.8万公顷，占粮食作物播种面积的8.5%，比1984年增加了67.8%；总产量36.9万吨，虽然比上年减少22.3%，但与1984年相比增加了51.9%；每亩产量达79千克，比上年减产23千克，比1984年减产0.5千克。

1993年，全区粮食作物播种面积398.7万公顷，比1990年增长了2.9%；粮食产量1108.3万吨，比1990年增长了13.9%；单位产量每亩185千克，比1990年增长10.8%。其中，小麦播种面积118.9万公顷，总产量298.5万吨，分别增长2.3%、增长14.1%，每亩产量167千克，增长10.6%。玉米播种面积76.2万公顷，减少1.6%。产量453.9万吨，增长15.5%，玉米每亩产量397千克，增长17.1%。稻谷播种面积7.3万公顷，减少7.6%，稻谷产量33万吨，虽然比上年减少20.3%，但与1990年相比仍增长了6.1%。稻谷每亩产量299千克，增长14.1%。谷子、莜麦、糜子播种面积和产量持续滑坡，1993年谷子播种面积25.8万公顷，产量48.4万吨，分别减少了27.7%和18.5%，与1984年相比分别下降了50.3%和34.2%。莜麦播种面积17.2万公顷，产量12.1万吨，分别减少了35.1%和52.2%，与1984年相比分别下降了58.5%和62.8%；糜子播种面积7.9万公顷，产量9.2万吨，减少了32.5%和32.4%，与1984年相比分别下降了80.7%和65.2%。薯类播种面积和产量基本稳定，1993年播种面积和产量，分别增长了6.9%和4.1%。大豆播种面积57.1万公顷，产量90.1万吨，分别增长89.7%和88.9%。单位产量每亩105千克，比1984年提高了32.1%

（详见表5-9、表5-10）。

表5-10　　　　　　　　　　商品化农业改革时期的粮食产量　　　　　　单位：万吨

年份	粮食	小麦	玉米	稻谷	谷子	莜麦	糜子	薯类	大豆
1984	594.4	144.2	148.3	6.0	73.6	32.5	26.4	49.9	24.3
1985	604.1	148.5	159.8	7.8	78.6	28.6	18.1	48.2	28.8
1986	528.5	130.8	192.7	8.3	38.3	15.9	12.3	36.4	41.0
1987	607.0	125.7	273.3	7.7	52.1	7.3	10.1	33.7	36.7
1988	738.3	163.4	305.5	12.0	46.4	20.9	15.5	61.2	47.5
1989	677.9	187.5	285.1	19.2	31.3	9.0	10.0	42.5	36.9
1990	973.0	261.7	393.1	31.1	59.4	25.3	13.6	61.3	47.7
1991	958.5	280.2	413.7	35.2	45.1	17.0	9.3	46.5	45.1
1992	1046.8	330.3	435.2	41.4	44.3	13.3	12.4	58.7	40.0
1993	1108.3	298.5	453.9	33.0	48.4	12.1	9.2	63.8	90.1

资料来源：《内蒙古统计年鉴》，2004年版。

全区粮食产量按各盟市情况看：1985年，粮食总产量20万吨以上旗县市共有6个，分别是哲里木盟通辽市34.92万吨，占全盟粮食总产量的27.3%；开鲁县20.67万吨，占全盟粮食总产量的16.2%；科左中旗20.07万吨，占全盟粮食总产量的15.7%，三者合计占全盟粮食总产量的59.2%。赤峰市敖汉旗21.73万吨，占全市粮食总产量的16.6%；松山区21.59万吨，占全市粮食总产量的16.5%；宁城县20.22万吨，占全市粮食总产量的15.4%，三者合计占赤峰市粮食总产量的58.5%。粮食产量10万吨以上20万吨以下旗县市共有18个，分别是呼和浩特市土默特左旗10.51万吨；赤峰市巴林左旗12.54万吨，翁牛特旗13.0万吨，喀喇沁旗11.7万吨；呼伦贝尔盟扎兰屯市15.66万吨，阿荣旗18.87万吨，莫力达瓦旗13.94万吨；兴安盟科右前旗14.67万吨，扎赉特旗15.74万吨，突泉县12.72万吨；哲里木盟科左后旗16.13万吨，奈曼旗17.14万吨，扎鲁特旗10.45万吨；伊克昭盟达拉特旗11.1万吨；巴彦淖尔盟临河市15.64万吨，五原县11.65万吨，乌拉特前旗11.2万吨，杭锦后旗13.12万吨。

1990年全区粮食生产量20万吨以上旗县市共有8个，分别是：赤峰市松山区23.65万吨，宁城县25.03万吨，敖汉旗25.16万吨，合计73.84万吨，占全市粮食总产量的45.6%。呼伦贝尔盟扎兰屯市24.59万吨，阿荣旗22.53万吨，莫力达瓦旗28.53万吨，合计75.65万吨，占全盟粮食总产量的63.0%。兴安盟科右前旗28.85万吨，扎赉特旗31.73万吨，突泉县26.29万吨，合计86.87万吨，占全盟粮食总产量的80.4%。哲里木盟通辽市63.8万吨，科左中旗52.55万吨，科左后旗33.12万吨，开鲁县40.0万吨，奈曼旗22.05万吨，合计211.52万吨，占全盟粮食总产量的87.4%。伊克昭盟达拉特旗23.75万吨，占全盟粮食总产量的51.2%。巴彦淖尔盟临河市28.72万吨，杭锦后旗21.12万吨，合计49.84万吨，占全盟粮食总产量的51.9%。粮食产量10—20万吨的旗县市共20个，分别是：呼和浩特市土默特左旗17.5万吨；包头市土默特右旗15.16万吨，固阳县10.1万吨；巴彦淖尔盟五原县18.19万吨，乌拉特前旗16.54万吨；乌兰察布盟丰镇市11.11万吨，商都县12.0万吨，凉城县11.0万吨，察右前旗10.0万吨，察右中旗10.12万吨。按品目产量，据内蒙古农村牧区社会经济调查队数据，1985年玉米生产前5位旗县市区第一位是哲里木盟通辽市21.11万吨，第二位是科左中旗11.09万吨，第三位是赤峰市松山区9.28万吨，第四位是兴安盟突泉县7.86万吨，第五位是兴安盟科右前旗7.85万吨。1990年玉米产量前五位的是哲里木盟通辽市51.32万吨居首位，兴安盟突泉县以19.59万吨产量位居第二位，兴安盟扎赉特旗以17.72万吨排第三，兴安盟科右前旗以16.09万吨排第四位，赤峰市松山区以13.47万吨排第五位。1985年，小麦产量前5位有巴彦淖尔盟临河市以10.11万吨产量位居全区首位，杭锦后旗以8.32万吨产量位居第二，乌拉特前旗以7.12万吨产量位居第三，乌兰察布盟商都县和包头市土默特右旗以4.78万吨位居第四位，哲里木盟通辽市以4.75万吨位居第五。1990年，小麦产量以巴彦淖尔盟临河市产量19.78万吨位居首位，呼伦贝尔盟额尔古纳市以14.82万吨位居第二位，五原县以13.42万吨位居第三，杭锦后旗以12.11万吨位居第四，呼伦贝尔盟牙克石市以11.77万吨位居第五。薯类产量，1985年以乌兰察布盟丰镇市产量3.02万吨位居全区首位，兴和县以2.74万吨位居第二，察右前旗以2.64万吨位居第三，卓资县以2.05万吨位居第四，包头市固阳县以1.92万吨位居第五。1990年，乌兰察布盟丰镇市产量4.0万吨位居全区首位，商都县产量3.55万吨位居第二，察右中旗以3.18万吨位居第三，察右前旗以3.02万吨位居第四，兴和县以2.81万吨位居第五位，全区薯类产量主要集中在乌兰察布盟的局面。大豆产量，1985年后以呼伦贝尔盟和兴安盟为主展开，形成全区大豆主产区。全区大豆产量第一位是呼伦贝尔盟阿荣旗，产量6.57万吨；第二位是莫力达瓦旗6.48万吨，第三位是扎兰屯市3.26万吨，第四位是兴安盟扎赉特旗2.03万吨，第五位是科右前旗0.99万吨。1990年，大豆产量首位是呼伦贝尔盟莫力达瓦旗12.34万吨，第二位是阿荣旗5.4万吨，第三位是扎兰屯市5.3万吨，第四位是兴安盟扎赉特旗4.53万吨，第五位是科右前旗3.95万吨。1984年以来，在商品粮基地建设中，全区各旗县市粮食生产能力大幅度提高，粮食生产以东部四盟市为主、中部乌兰察布盟和西部巴彦淖尔盟为辅，形成了商品粮生产基地。

（二）经济作物生产

1984年以来，内蒙古自治区根据国内外市场需求，按照绝不放松粮食生产、积极发展多种经营的方针，合理安排了粮食作物、经济作物和饲料作物比例，使种植业内部结构更加合理。同时调整品种结构，着重提高了产品质量和产值。1984年，全区经济作物播种面积63.9万公顷，比上年增长9.2%。其中，油料作物占经济作物播种面积的85.0%，甜菜作物占9.5%，烟叶作物占0.3%，麻类占0.3%，蔬菜作物占9.5%，果用瓜占27%，其他经济作物播种面积占36.0%，青饲料作物占18.5%。按经济作物产量看，1984年油料作物60万吨，比上年增长11.1%，每亩产量74千克。其中，葵花籽产量42.1万吨，每亩产量131千克；胡麻子8.4万吨，每亩产量29千克；油菜籽3.0万吨，每亩产量29千克，三种油料作物产量分别比上年增长8.1%、47.4%和100%；甜菜产量141万吨，比上年减少了4.4%，每亩产量为1536千克；烟叶、麻类产量分别是0.3万吨和0.1万吨，与上年持平；蔬菜产量158.5万吨，比上年减少了20.4%；果用瓜产量23.3万吨，比上年增长20.1%（详见表5-11、表5-12）。

1989年，因自然灾害因素和市场价格低迷原因，全区经济作物生产遭遇了历史低潮。全区经济作物播种面积61.9万公顷，比上年减少了7.3%，与1984年相比减少了3.1%。其中，油料作物播种面积比上年减少4.8%，产量减少14.0%；糖料作物甜菜播种面积减少20.4%，产量减少了18.9%；果用瓜播种面积减少11%，产量减少了17.4%；烟叶和麻类生产基本与上年持平，唯独蔬菜播种面积和产量增加了3.3%和11.7%。青饲料播种面积比上年减少了11%，但比1984年增加了6.7%。全区主要经济作物单位生产量看，油料作物每亩产69千克，花生每亩产97千克，油菜籽每亩产23千克，芝麻每亩产14千克，甜菜每亩产1406千克，烤烟每亩产71千克，单位产量比上年大幅度减少。

1993年全区，经济作物播种面积67.3万公顷，虽然比1989年有所增加，但与1985年的91.4万公顷相比仍有较大差距，甜菜作物和蔬菜种植面积以外，油料、果用瓜、青饲料以及其他经济作物均有较大程度下降。1993年播种面积与1985年相比，油料作物播种面积下降了34.3%。其中，葵花籽减少了11.8%，胡麻籽播种面积减少了16.9%，油菜籽播种面积减少了10.2%，果用瓜播种面积下降25%，其他经济作物下降2.3%，青饲料播种面积下降16.7%（详见表5-11）。

表5-11　　　　　商品化农业时期的主要经济作物播种面积　　　　单位：万公顷

年份	总面积	油料	葵花籽	胡麻籽	油菜籽	甜菜	烟叶	果用瓜	其他	青饲料
1984	63.9	54.3	21.5	15.4	6.9	6.1	0.2	1.7	23.0	11.8
1985	91.4	76.6	30.1	18.3	8.8	10.0	0.4	2.0	21.4	11.4
1986	71.6	60.4	25.8	15.6	6.7	7.5	0.4	2.0	26.0	14.4
1987	64.3	54.6	22.3	16.6	6.6	7.5	0.3	1.6	27.4	16.7
1988	66.8	53.7	19.0	17.4	7.3	10.3	0.5	1.7	25.6	14.6
1989	61.9	51.1	17.7	16.4	4.9	8.2	0.7	1.2	23.6	13.0
1990	62.6	51.8	17.2	16.8	6.0	9.5	0.5	0.9	22.2	12.4
1991	68.9	55.1	19.7	17.2	7.5	11.9	0.7	0.9	20.1	11.2
1992	72.4	58.2	22.6	16.9	9.1	10.8	0.4	1.5	20.5	9.8
1993	67.3	50.3	18.3	15.2	7.9	10.9	0.4	1.5	20.9	9.5

资料来源：《内蒙古统计年鉴》，2004年版。

经济作物产量，1993年除了甜菜、蔬菜、油菜籽比上年增产外，其他经济作物产量均有下降。油料作物总产量72.6万吨，比上年减少8.8%，每亩产量96千克，比1989年提高27千克，增长率39.1%。其中，葵花籽产量49.8万吨，比上年减少12.3%，每亩产量181千克；胡麻籽产量9.6万吨，比上年减少13.5%，每亩产量42千克；油菜籽产量5.7万吨，比上年增长3.6%，每亩产量48千克；甜菜产量278.6万吨，比上年增长7.1%，每亩产量1705千克；烟叶产量1.3万吨，比上年增长62.5%；麻类产量0.2万吨，比上年减少85.7%；蔬菜产量326万吨，比上年增长20.8%；果用

瓜产量44.5万吨，比上年减少12.6%（详见表5-12）。按各盟市经济作物
生产情况看：1985年，油料作物产量首位是巴彦淖尔盟五原县产量5.3万
吨，第二位是哲里木盟科左中旗5.25万吨，第三位是临河市5.0万吨，第
四位是杭锦后旗4.66万吨，第五位是乌拉特前旗3.87万吨。1990年，油料
作物生产量第一位是巴彦淖尔盟临河市6.88万吨，第二位是哲里木盟科左
中旗6.0万吨，第三位是巴彦淖尔盟五原县5.94万吨，第四位是杭锦后旗
5.58万吨，第五位是乌拉特前旗4.82万吨，巴彦淖尔盟成为油料作物生产
主产区。

表5-12　　　　　　　　　商品化农业时期的主要经济作物产量　　　　　　　单位：万吨

年份	油料	葵花籽	胡麻籽	油菜籽	甜菜	蔬菜	果用瓜
1984	60.0	42.1	8.4	3.0	141.0	158.5	23.3
1985	79.5	49.5	10.8	4.6	254.2	182.7	33.4
1986	66.0	48.4	7.6	2.2	159.0	220.9	36.9
1987	54.0	38.6	6.4	2.2	167.8	195.4	34.1
1988	56.5	35.0	10.3	3.2	219.0	203.0	36.3
1989	48.6	33.8	6.0	1.7	177.6	226.8	30.0
1990	69.4	41.7	11.5	4.4	236.4	243.3	22.8
1991	71.8	50.1	10.8	3.3	302.8	220.5	27.9
1992	81.4	56.8	11.1	5.5	260.1	271.2	50.9
1993	72.6	49.8	9.6	5.7	278.6	327.6	44.5

资料来源：《内蒙古统计年鉴》，2004年版。

糖料作物甜菜生产量，1985年全区第一位是巴彦淖尔盟临河市32.29
万吨，第二位是包头市土默特右旗23.09万吨，第三位是杭锦后旗20.92万
吨，第四位是五原县19.78万吨，第五位是乌拉特前旗19.57万吨，甜菜生
产巴彦淖尔盟成为全区主产区。1990年，甜菜生产量位居第一位仍是巴彦
淖尔盟临河市27.24万吨，第二位是杭锦后旗20.28万吨，第三位是包头市
固阳县17.83万吨，第四位是哲里木盟通辽市17.4万吨，第五位是赤峰市
17.38万吨，巴彦淖尔盟甜菜生产独占地位有所减弱，甜菜生产逐步向东
部区转移。

（三）园艺作物生产

1980年，全区共有公社、生产大队、生产队三级果园5863个，其中

公社果园199个，生产大队果园3381个，生产队果园2223个。在落实生产责任制过程中，由于对果园怎样实行责任制不明确，毁果种粮现象严重。1985年自治区农业委员会提出以"长期承包（10—15年）和一次性作价归户"或"长期承包，办家庭果园；短期承包（1—3年），定额上交；统一计划、分组作业，责任到人，定额管理"等形式。

　　1984年，全区果园面积2.41万公顷。其中，苹果园0.93万公顷，梨园0.35万公顷，葡萄园0.05万公顷。水果总产量4.62万吨，其中苹果1.43万吨，梨0.62万吨，葡萄0.16万吨。1990年，全区果园面积3.56万公顷，比1984年增长47.7%；总产量6.92万吨，比1984年增长49.8%。其中，苹果园1.28万公顷，增长37.6%，产量2.28万吨，增长59.4%；梨园1.08万公顷，增长209%，产量1.27万吨，增长105%；葡萄园0.12万公顷，增长140%，产量0.55万吨，增长244%。人均水果占有量达到3.2千克。按各盟市水果生产情况看，果园面积第一是巴彦淖尔盟0.85万公顷，第二是哲里木盟0.69万公顷，第三是赤峰市0.68万公顷。水果产量第一是哲里木盟1.61万吨，第二是赤峰市1.26万吨，第三是巴彦淖尔盟0.96万吨。按水果品目看，1990年全区苹果园面积占果园总面积的35.9%，产量占33.0%；梨园面积占30.2%，产量占18.3%；葡萄园面积占3.4%，产量占8.0%。全区各盟市中苹果园面积2000公顷以上盟市有赤峰市、哲里木盟、乌兰察布盟、伊克昭盟、巴彦淖尔盟；梨园面积1000公顷以上有赤峰市、哲里木盟、巴彦淖尔盟，巴彦淖尔盟占全区梨园面积的58.6%。全区各盟市中苹果产量400万千克以上有赤峰市、哲里木盟、乌兰察布盟；梨产量200万千克以上有赤峰市、哲里木盟、巴彦淖尔盟；葡萄产量100万千克以上有包头市、乌海市、哲里木盟。基本形成了苹果生产以赤峰市、哲里木盟、乌兰察布盟为主，梨的生产以巴彦淖尔盟为主，葡萄生产乌海市为主的水果生产基地（详见表5-13）。

表5-13　　　　　　　　1990年内蒙古自治区水果生产情况　　　单位：公顷、万千克

地区	果园面积	其中			水果产量	其中		
		苹果园	梨园	葡萄园		苹果	梨	葡萄
全区	35566.7	12766.7	10746.7	1206.7	6918.0	2283.4	1269.1	550.9
呼和浩特市	1380.0	553.3	153.3	93.3	272.8	178.1	20.9	38.1

续表

地区	果园面积	其中			水果产量	其中		
		苹果园	梨园	葡萄园		苹果	梨	葡萄
包头市	1686.7	960.0	160.0	180.0	600.2	306.5	26.3	146.1
乌海市	580.0	173.3	40.0	366.7	192.5	43.6	16.0	129.4
赤峰市	6826.7	2860.0	1986.7	113.3	1255.0	424.6	273.4	71.2
兴安盟	880.0	26.7	20.0	20.0	468.9	6.8	3.9	5.3
哲里木盟	6886.7	2093.3	1160.0	293.3	1613.1	429.4	287.4	128.8
乌兰察布盟	3040.0	2073.3	33.3	6.67	691.7	454.2	9.1	3.3
伊克昭盟	5226.7	2046.7	860.0	120.0	508.3	177.7	73	15.4
巴彦淖尔盟	8453.3	2086.7	6300.0	100.0	958.5	250.2	545.9	7.0
阿拉善盟	126.7	60.0	26.7	13.3	39.4	11.1	10.5	6.2
呼伦贝尔盟	453.3	—	6.67	—	313.3	—	2.6	0.1
锡林郭勒盟	26.7	13.3	—	—	4.3	1.7		

资料来源:《内蒙古自治区志·农业志》编委会,《内蒙古自治区志·农业志》,内蒙古人民出版社2000年版,第349页。

1993年,全区果园面积扩大到5.99万公顷,比上年增长39.3%。水果总产量11.78万吨,比上年增长34.0%。全区果园面积中苹果园面积2.03万公顷,比上年增长29.3%,产量3.26万吨,比上年增长8.7%;梨园面积1.63万公顷,比上年增长14.8%,产量4.21万吨,比上年增长40.9%;葡萄园面积0.2万公顷,比上年增长81.8%,产量1.09万吨,比上年增长115%。在农业生产商品化进程和市场需求拉动下,全区水果生产进入了快速发展阶段,逐步满足了广大消费者的需求。

第四节　农产品购销双轨制与粮食流通体系改革

一　农产品流通政策调整

1983年,根据国务院批转国家体改委、商业部《关于改革农村商品流通体制若干问题的试行规定》,实行粮油多渠道经营,常年开放粮油市场,撤销粮油议购议销制,由粮食部门统一经营的规定。1984年,根据国务院批转商业部《关于调整农副产品购销政策组织多渠道经营的报告》精神,自治区人民政府决定，绿豆等12种小杂豆、马铃薯及其淀粉、食用葵花籽等6种经济作物退出统购。蓖麻籽，除了哲里木盟继续实行统购外，其余地区退出统购，实行议购议销，开站多渠道经营。1985年，中共中央、国务院决定，粮食取消统购，改为合同定购，自治区人民政府发出《关于粮食取消统购实行合同定购的通知》，定购品种为小麦、玉米、稻谷和东部四盟市的大豆，定购以外的粮食可以自由上市。至此，从1953年以来实行32年的粮食统购制度宣告结束，形成粮食流通"双轨制"格局。是年末，自治区人民政府发出通知，粮食合同定购任务要逐级下达到乡政府，由乡政府负责在春耕前组织基层粮食部门同村民委员会或农民签订定购合同，可一年一定，也可以一定三年。1987年，国家曾几次大幅度上调粮食统购（定购）价格。内蒙古自治区人民政府发出《关于1987年度粮食购、销、调拨和粮食财务实行包干的通知》，通知国家把粮食委托代购改为"议转平"的办法，"议转平"的差价款，钱随粮走，在合同定购价基础上每千克贸易粮价0.128元。

1990年，按照国务院规定，将粮食和油料合同定购改为国家定购。全区粮食定购任务调整为8.775亿千克，油料定购任务调减为1.65亿千克，比1987年2.5亿千克减少0.85亿千克，1991年油料定购任务继续调减为1.5亿千克。完成定购任务以后，除油用葵花籽、胡麻籽继续由粮食部门经营外，其他油料实行多渠道经营。西部地区的食用葵花籽，由盟公署、市政府根据经营条件，配额给粮食部门和供销合作社两家经营，两家经营单位执行统一收购价格和收购标准。1992年，油料实行以需订购的办法，自治区对各盟市不再下达定购任务，定购多少由盟市根据自行安排。1993年根据国家统一规定，粮食定购"三挂钩"中平价供应的化肥、柴油改为价外加价，按评议差价每千克粮食平均加价8分4厘，以货币的形式兑现。1994年国务院决定，在调整粮价时，把"三挂钩"物资的价外加价款纳入提高粮食定购价格的金额以外，不再实行价外加价。

二　农产品市场管理

1988年，自治区人民政府发布《内蒙古自治区市场管理暂行规定》，凡国家制定收购部门和单位组织收购的产品，在完成国家交售任务或合同定购任务之后，允许多渠道经营。并规定，对区内大米（稻谷）、小麦、大豆（含豆饼、豆粕）、食用油脂油料，由粮食部门议价收购，实行国家粮食部门统一经营下的价格"双轨制"，其他部门、单位和个人不得插手经营。还规定，在盟市粮油收购任务未完成之前，严禁任何单位和个人将粮油销往区外。凡区外到自治区内购买粮油者，一经发现，就地没收、拍卖，并处以罚款。其余定购的粮食品种，以盟市为单位完成合同定购任务和"议转平"计划后，实行多渠道经营。是年，内蒙古自治区物价局发出《关于调整部分粮食、油料（脂）收购价格的通知》，合同定购以内收购的粮食，稻谷按"倒二八"，其他粮食按"倒三七"比例计价。

1989 年，自治区人民政府发布《关于加强粮食管理稳定市场的决定》。在粮食收购期间，在当地政府统一领导下，由工商、公安、粮食、物价等有关部门参加，成立粮食市场管理组织。允许机关、团体、企业的伙食单位，自行到区外采购自食自用的议价粮油；允许粮食生产单位和个人，在完成合同定购任务后，到集市贸易市场出售自产少量粮油；允许工商行业、伙食单位、城乡居民等消费者，到市场购买自食自用的少量粮油。并且规定，不准任何单位和个人经营贩运国家粮食部门专营的 15 种粮油。[①]

1990 年自治区人民政府规定，农村粮食交易市场常年开放，允许粮食生产者完成合同定购任务后，持粮油交售凭证，到市场出售粮油或进行品种兑换；饮食、糕点等用量单位，可以到就近的交易市场购买所需的粮油。1991 年，自治区人民政府发出通知，要求各地建立和培育粮食市场体系，重点要抓好产量旗县所在地和旗县以下交通方面的粮食集散地产销直接见面的初级粮食市场建设。1992 年全区 60 个主要产粮旗县中有三分之一的旗县建立起在国家直接领导下、产销直接见面、品种调剂、互通有无的初级粮食市场。据 1994 年的不完全统计，全区以基层粮食库站为依托，已建立起初级粮食交易市场和部分旗县批发市场 160 多处；建立起自治区级区域性专业批发市场 4 处，包括通辽玉米批发市场、扎兰屯大豆批发市场以及内蒙古期货经纪公司。1993 年，粮食经营已全面放开，自治区人民

---

① 国家粮食部门专营的 15 种粮油：小麦、稻谷、大豆、玉米、谷子、高粱、莜麦、糜子、荞麦；胡麻、稍胡、菜籽、油用葵花籽、食用葵花籽和蓖麻籽。

政府决定,将粮食购销调拨包干的管理办法,改为分级管理,产销区直接定货、调剂余缺,盟市自求平衡的办法。1994年,根据中央农村工作会议精神,对粮食管理试行分级负责制。自治区粮食主管部门主要负责全区粮食的总量平衡,实施对全区粮油的宏观调控和行政管理,并管好国家和自治区的储备粮油。①

三 农产品收购政策调整

(一)合同定购

1984年,国家规定粮食、棉花取消统购,改为合同定购。实行由商业部门在播种季节前与农民协商,签订定购合同。定购的粮食,国家确定按"倒三七"比例计价(三成按原统购价,七成按原超购价),定购以外的粮食可以自由上市。如果市场粮价低于原统购价,国家仍按原统购价敞开收购,保护农民的利益。1986年,自治区下达全区粮食合同定购任务12亿千克,国家委托代购计划2亿千克。10月根据年景情况,全区合同定购任务调减为8.2亿千克,国家委托代购计划调整为2.8亿千克。合同定购任务,一年一定,或一定三年。在正常年景保证完成任务,轻灾照购,重灾酌减。合同定购挂钩平价化肥办法,奖售平价化肥的标准由各盟市根据自治区下达的小麦、玉米、大豆和地方安排的稻谷合同定购指标,结合优质化肥力量自行安排。各地在制定粮肥挂钩标准或奖售办法时,对商品粮生产基地、粮食生产交售大户和专业户,适当照顾。定购品种在1985年的基础上增加各种高粱、大黄糜子、大白黍子、杂大豆。

国家委托代购的粮食品种,限于大米、小米、玉米和大豆。是年合同定购入库粮食7.36亿千克,完成秋季调整任务的89.8%;委托代购入库粮食6.03亿千克,完成调整后代购计划的2.15倍。

1987年,全区粮食合同定购任务由上年的12亿千克调减为8.75亿千克。其中,小麦3.5亿千克、玉米3.6亿千克、大豆0.9亿千克、杂粮0.75

① 粮油储备:1990年国务院作出《关于建立国家粮食储备制度的决定》,1992年自治区建立国家粮食储备库和国家粮食储备中专库,1992—1993年全区共建39个。其中,自治区直属1个,呼伦贝尔盟5个,兴安盟2个,哲里木盟6个,赤峰市9个,锡林郭勒盟1个,乌兰察布盟3个,伊克昭盟1个,巴彦淖尔盟4个,呼和浩特市3个,包头市3个,乌海市1个。

亿千克。秋季根据年景情况又调减为 7.78 亿千克。对重灾的乌兰察布盟全部免除了定购任务；呼和浩特、包头郊区和伊克昭盟调减了定购任务；对丰收的哲里木盟增加了区内"议转平"①收购任务。全区入库定购粮食 7.86 亿千克，完成调整任务的 101%。1990 年，按照国务院规定，将粮食合同定购改为国家定购。全区粮食定购任务调整为 8.775 亿千克。

1987 年，根据国务院全面实行粮食与化肥、柴油、预购定金的"三挂钩"政策。以全区 8.75 亿千克的粮食合同定购任务为基数，每百市斤粮食奖售优质标准化肥 6 市斤、柴油 3 市斤，按合同定购粮价款的 20% 发放预购定金。全年，下拨粮食挂钩专项化肥 5.25 万吨，柴油 2.625 万吨，预购定金 5000 万元。1989 年，自治区人民政府根据国务院《关于增加粮食合同定购挂钩化肥数量的通知》精神，将化肥奖售标准调整为每 50 千克大米、大豆奖售标准化肥 15 千克，每 50 千克小麦、玉米和其他杂粮奖售标准化肥 10 千克。当年，全区定购粮食实际奖售化肥 93500 吨。1993 年，根据国家统一规定，粮食定购"三挂钩"中平价供应的化肥、柴油改为价外加价，按评议差价每千克粮食平均加价 8 分 4 厘，以货币的形式兑现。1994 年国务院决定，在调整粮价时，把"三挂钩"物资的价外加价款纳入提高粮食定购价格的金额以内，不再实行价外加价。

粮食收购价格方面，1992 年自治区商业厅发出通知，提高粮食定购价格。中央管理的定购品种，每 50 千克标准品提高金额为：小麦 6 元、稻谷 5 元、玉米 3 元，大豆价格不动。自治区管理的谷子、高粱、莜麦、糜子、黍子、荞麦、大麦每 50 千克分别提高 3—6 元。1993 年，根据国务院决定，自治区建立了粮食收购保护价制度。每 50 千克中等质量标准春小麦 32.5 元、稻谷 35 元、大豆 45 元、玉米 20 元、高粱 21 元、谷子 32 元、莜麦 30.5 元、糜子 28 元。1993 年，提高了大豆购销价格，定购价格全区平均每 50 千克从 45.53 元提高到 55 元。1994 年，自治区根据国务院规定，提高定购粮食的收购价格。每 50 千克小麦，巴彦淖尔盟硬质花麦 52 元，其他盟市 49 元；玉米，东部区每 50 千克 33 元，西部区 41 元，全区平均 37.33 元；稻谷，东部区每 50 千克 52 元，西部区 56 元，全区平均 54.17 元；大

---

① 粮食"议转平"和"平转议"是指平价粮与议价粮相互划转，是 1979 年国家恢复粮食议购，实行评议分开、分别核算以后，根据市场供求需要采取的一种评议价粮食品种兑换的办法。

豆每50千克87元。[①]

（二）议价收购

1983年，粮食市场议购初步形成国家、集体、个人多渠道收购经销粮食的格局。1984年，从新粮上市，将绿豆、红小豆、白小豆、芸豆、杂芸豆、蚕豆、扁豆、豌豆、白豌豆、豇豆、杂豇豆、马铃薯、淀粉等退出统购，改为三类产品实行多渠道经营，扩大议购范围。1985年，取消粮食统购，改为合同定购，定购以外的粮食可以自由上市，粮食系统内部不再受原来分工限制，各企业单位都可直接与农民签订合同收购。1986年，调减了粮食合同定购数量，增产的粮食大多数进入市场调节。1987年，区内议购粮食达12.22亿千克，比1986年增加1.9倍，占当年平价、议价粮食收购数的60%。全区粮食议购量第一次超过合同定购数量，议购成为一种主要收购形势。除议购以外，"议转平"、委托代购、区外采购也是自治区粮食收购主要形式。1987年，粮食"议转平"已成为平衡全区粮食收支重要的手段。是年，自治区人民政府下达粮食"议转平"计划，视同合同定购任务按期完成。全区完成就地"议转平"粮食5.56亿千克。并根据商业部下达的省间"议转平"调拨计划，从区外调入"议转平"粮食3.1亿千克。1989年以后对"议转平"的粮食，采取计划管理与市场调节相结合，行政手段与经济手段并重，分品种管理的办法。"议转平"粮食的差价补贴，在中央每千克贸易粮补贴1角2分8厘以外，不足部分，由自治区和盟市财政共同负担，其中自治区财政按"议转平"计划，每千克贸易粮补贴6分8厘。[②]开展委托代购粮食也是平衡当年平价粮收支的重要办法。1986年，自治区对盟市下达委托代购计划。

到年度末，全区实际完成6.03亿千克，超过计划115.2%。各盟市完成实绩是呼伦贝尔盟10.1亿千克，兴安盟4699万千克、哲里木盟3.53亿千克，赤峰市4494万千克，锡林郭勒盟51万千克，乌兰察布盟1256万千克，伊克昭盟1651万千克，巴彦淖尔盟2370万千克，包头市335万千克。

---

① 《内蒙古自治区志·农业志》编委会：《内蒙古自治区志·农业志》，内蒙古人民出版社2000年版，第473页。

② 《内蒙古自治区志·农业志》编委会：《内蒙古自治区志·农业志》，内蒙古人民出版社2000年版，第467页。

1984—1987年，区外议购粮食改为自治区与盟市相结合，以盟市、旗县为主多渠道组织购进。1984年，购进5169万千克，1985年1.05亿千克，1986年2.54亿千克，1987年4.24亿千克。1979—1987年，从全国24个省市自治区购入议价粮食15.17亿千克，其中小麦4.75亿千克、稻谷8.03亿千克。[①]

（三）油料定购

1990年，油料合同定购随同粮食改为国家定购。全区油料定购任务调减为1.65亿千克，比1987年的2.5亿千克减少0.85亿千克。1991年油料定购任务继续调减为1.5亿千克。完成定购任务以后，除油用葵花籽、胡麻籽继续由粮食部门经营外，其他油料实行多渠道经营。西部地区的食用葵花籽，由盟市根据经营条件，配额给粮食部门和供销合作社两家经营，两个经营单位执行统一收购价格和收购标准。1992年，油料实行以需定购的办法，自治区对各盟市不再下达定购任务，定购多少由盟市自行安排。

第五节　商品化农业时期的农业经济效益

1984年以来，内蒙古自治区积极推进农村经济改革，充分调动了农民生产积极性。全区农村经过统分结合经营方式改革和粮食生产转向多种经营改革，促进了农业生产的专业化，涌现出了一批有技术专长和经营才干的从事各种商品生产的专业户。随着农业生产专业户的不断增加，经营规模的不断扩大，产生了农业生产产前、产中、产后的服务组织，以及新的经济联合体和乡镇企业应运而生。推动了农村分工分业的进一步发展，促进了全区农业由自给半自给经济向专业化商品生产的转化。这种商品生产的转化带来了全区现代农业的快速发展和农村经济繁荣，具体表现在农业生产的土地生产率、劳动生产率和产品商品率的大幅度提高和农民收入的持续增长。

---

① 《内蒙古自治区志·农业志》编委会：《内蒙古自治区志·农业志》，内蒙古人民出版社2000年版，第479页。

一 土地生产率

1984年，全区粮食每亩产量105千克，1986年98千克，下降幅度6.7%。1988年开始粮食每亩产量持续增长，到1993年每亩粮食产量达185千克，平均每年增长12.3千克，增幅为每年6.7%，10年每亩平均产量139.4千克；油料每亩产量1994年74千克，1990年后亩均产量稳步增长，到1993年亩均产量达96千克，平均每年增长6.8千克，增幅为9.8%，10年平均亩产78.5千克；甜菜每亩产量1994年1536千克，1995年每亩产量增加到1689千克后，1986—1989年的4年亩均产量下降，平均产量1435千克，与1985年亩均产量相比下降15%。1990年开始甜菜亩均产量逐渐恢复，到1993年亩产突破1700千克，10年亩均产量1562.2千克；马铃薯每亩产量1994年135千克，1985年亩均产量增长4.4%，1990年全区马铃薯亩均产量166千克，比1994年增长23%，1993年亩均产量161千克，比上年增长2.5%，10年亩均产量137.3千克；大豆每亩产量1984年80千克，1985年亩产103千克，之后亩均产量连续出现一年高一年低的波动，到1993年亩均产量105千克，10年平均每亩产量92.7千克；玉米每亩产量，除1989年东部区遭受自然灾害而略有下降外，亩均产量持续上涨，10年平均亩产达300千克。1984年，全区玉米每亩产量213千克，1988年突破亩产300千克，1993年亩产达到397千克，比平均亩产超出32.3%，比上年增长5.9%，成为全区最主要的、增长最快的粮食作物。小麦每亩产量除了1986和1987年产量下降外，其他年份均有上涨，10年平均亩产128千克，1990年每亩产量突破150千克，比平均亩产超出17.2%。1993年亩均产量167千克，比1990年增长10.6%；稻谷亩均产量与小麦同样，1986年和1987年略有下降外，其他年份均由上涨，10年平均亩产242千克。1993年全区稻谷亩均产量299千克，比平均亩产超出23.6%，比1984年增长37.8%；谷子生产亩均产量极不稳定，10年平均亩产94千克，其中只有5年超过平均产量。1993年全区谷子亩均产量达125千克，比上年增长9.6%，比1984年增长31.6%（详见表5-14）。

表5-14					商品化农业时期主要农产品单位产量			千克/亩	
年份	粮食	油料	甜菜	马铃薯	大豆	玉米	小麦	稻谷	谷子
1984	105	74	1536	135	80	213	103	217	95
1985	118	69	1689	141	88	245	107	221	113
1986	98	73	1415	108	103	218	93	204	62
1987	111	66	1500	98	89	276	91	186	90
1988	135	69	1420	162	102	305	112	227	80
1989	124	69	1406	115	79	281	125	247	57
1990	167	89	1656	166	106	339	151	262	111
1991	170	87	1690	130	100	351	162	266	93
1992	181	93	1606	157	75	375	165	293	114
1993	185	96	1704	161	105	397	167	299	125

资料来源：中国农业年鉴编委会：《中国农业年鉴》，1985—1994年版。

二　劳动生产率

1984年，全区范围内推进延长土地承包期15年工作后，极大地促进了农民种粮积极性。1985年开始全区各级政府和农业部门采取加快建设农业技术推广体系以及实施农业科研、教育、推广的三协作机制，加大财政支持农业力度，促进农业机械化，加快农田水利建设和农业生态环境建设等背景下，商品化农业时期全区主要农产品人均占有量和每一农业劳动力生产的粮食、油料、甜菜等作物均有快速增长。1984年，全区人均占有粮食产量突破300千克。1990年，全区人均占有粮食产量突破400千克，比上年增长40.6%，比1985年增长50.8%。1993年人均占有粮食产量达499千克，比1990年增长9.9%，比上年增长4.0%；按每一农业劳动力生产的农产品产量看，1986年全区劳动生产率均有突破性进展。每一农业劳动者粮食产量突破1000千克大关，达到1069.8千克，比上年增长93.3%，取得了惊人的成果。油料产量1986年每一农业劳动者生产133.7千克，比上年增长57.4%。1992年突破150千克，比1985年增长14.1%。1993年平均劳动生产率略有下降达145.9千克，比上年减少了4.3%。甜菜生产1986年每一劳动者平均321.9千克，比上年增长71.7%。1988年每一农业劳动力生产平均442.4千克，比上年增长30%。1993年全区平均每一农业劳动力生产 560 千克，比上年增长 14.9%，比 1988 年增长 26.6%[①]。

三　产品商品率

长期以来，国家对农产品实行统购派购制度，农民与市场是隔离的。党的十一届三中全会以后，恢复了农村集市贸易，农民开始进入市场交换。从 1983 年开始，国家逐步缩小统购派购的范围，扩大市场调节的比重，先后把多种农产品退出统购派购，并允许农民从事长途贩运。1985 年取消统购派购以后，大多数农产品进入了市场交换，大幅度提高了农产品的商品率。1985 年，内蒙古自治区粮食商品率 22%、油料商品率高达 87.8%、糖料商品率 84.9%、麻类 52.9%、蔬菜 24.7%、烟叶 24.3%、果用瓜 69.6%、水果 100%。1988 年，因市场需求和价格下降影响多数农产品商品率普遍下降。全区粮食商品率提高到 26.4%，比上年下降 2 个百分点，与 1985 年相比提高了 4.4 个百分点。1987 年由于油料、糖料市场价格下降，油料产品商品率 78.8%，比上年下降 5.1 个百分点，与 1985 年相比下降 9 个百分点；糖料商品率 91.7%，比上年下降 3.1 个百分点，与 1985 年相比仍提高 6.8 个百分点；麻类商品率多年保持 100% 的水平，1990 年和 1993 年因种植面积大幅度下降而商品率急速下滑；蔬菜商品率 1988 年 33.6%，比上年提高 4.2 个百分点，与 1985 年相比提高了 8.9 个百分点，呈现出持续上涨趋势；烟叶商品率 1988 年 34.1%，比上年下降 7.1 个百分点，与 1985 年相比提高 9.8 个百分点；果用瓜商品率 1988 年 84%，比上年下降 3.1 个百分点，与 1985 年相比仍提高 14.4 个百分点；水果商品率从 1985 年的 100% 下降到 1988 年的 62.4%，比上年下降 0.8 个百分点。1989 年秋季农产品市场价格迅速上涨，随之全区农产品商品率也快速提升。1993 年，粮食商品率 32.2%，比上年提高了 2.2 个百分点，比 1988 年提高了 5.8 个百分点；油料商品率 86.4%，比上年提高 24.8 个百分点，与 1988 年相比提高了 7.8 个百分点；糖料商品率 74%，比上年提高 3.9 个百分点，但与 1988 年相比，因制糖产业低迷，商品率下降了 17.7 个百分点；蔬菜商品率 33.5%，比上年提高 3.1 个百分点，恢复到 1988 年水平；烟叶商品率大幅度提升到 59.1%，比上年提高 19.6 个百分点，与 1988 年相比提高了 25 个

---

① 中国统计局：《中国农村统计年鉴》，1985—1994 年版。

百分点；果用瓜和水果商品率1993年分别达到84.2%和79.3%，比上年分别提高15.6和27.3个百分点，与1988年相比分别提高0.2和16.9个百分点。[①]

四　农民人均收入

过去，我国在相当长的时间内片面强调以粮为纲，忽视了经济作物和林牧副渔业的发展，结果是农村产业结构单一，农村经济资源得不到充分合理利用，农业生产效益低下，农民收入增长缓慢。党的十三届三中全会以后，特别是1984年开始内蒙古自治区积极鼓励并引导农民调整产业结构，在粮食和经济作物协调发展，产量大幅度提高，农业综合生产能力增强，乡镇企业发展以及农产品市场体系建设等诸多有力措施下，农民收入迅速增长。1984年全区农民家庭人均纯收入336.12元，其中，家庭经营收入303.64元，占90.3%；从集体经济组织得到的收入8.39元，占2.5%；其他非借贷性收入24.09元，占7.2%。1988年，全区农民家庭人均收入大幅度提高，达到499.79元，比上年增长28.6%，与1984年相比增长了48.7%。其中，家庭经营收入占94.7%，比上年提升2个百分点；从集体经济组织和经济联合体得到的收入8.95元，占总收入的1.8%，比上年下降1.1个百分点；其他非借贷性收入17.5元，占总收入的3.5%，比上年下降0.9个百分点。

1990年，全区农民家庭人均纯收入突破600元，比上年增长27.2%，与1984年相比增长了80.6%。其中，家庭经营性收入占95%，从集体经济组织和经济联合体得到的收入10.75元，占总收入的1.8%，其他非借贷性收入19.34元，占总收入的3.2%；1993年，全区农民家庭人均纯收入777.96元，比上年增长15.7%，与1984年相比增长了2.3倍，平均每年增加44.2元。其中，家庭经营性收入比重占88.5%，比上年增长7个百分点，与1984年相比下降了1.8个百分点；从集体经济组织和经济联合体得到的收入72.96元，占总收入的9.4%，比上年增长7.2个百分点，与1984年相比增长了6.9个百分点；其他非借贷性收入达16.56元，占总收入的2.1%，比上年下降1.4个百分点，与1984年相比下降了5.1个百分点（详见表5-

---

① 内蒙古自治区统计局编：《内蒙古统计年鉴》，1985—1994年版。

15）。农民家庭收入已经从单一的农业经营收入演变为多样化收入构成，促进了农民人均收入的持续提高，进一步加强了农业农村经济多元化发展和农村经济繁荣。

表5–15　　　　　　农民家庭平均每人年纯收入及构成　　　　　单位：元/人

年份	全年纯收入	从集体经济、联合体得到的收入	家庭经营收入	其他非借贷性收入
1984	336.12	8.39	303.64	24.09（7.16）
1985	360.41	9.98	335.31	13.60（5.77）
1986	339.53	10.13	312.43	15.97（4.71）
1987	388.77	10.98	360.23	17.09（4.4）
1988	499.79	8.15	473.34	17.5（3.5）
1989	477.50	11.94	448.38	16.87（3.5）
1990	607.15	10.34	577.05	19.34（3.19）
1991	617.99	14.93	582.49	20.57（3.3）
1992	672.17	17.72	631.31	23.14（3.5）
1993	777.96	72.96	688.44	16.56（2.1）

资料来源：《内蒙古统计年鉴》，1993年版。

第六节　农业生产商品化政策效果及其意义

党的十一届三中全会的召开，使长期禁锢的农业生产关系得到解放，以家庭联产承包责任制为主要内容的农业生产经营体制改革全面推开，农民获得了生产经营自主权，极大地激发了广大农民的生产积极性和主动性，为农业发展注入了空前活力，从而翻开了全区农业经济史上的新篇章。

第一，农业生产商品化，改变了内蒙古地区吃粮靠调拨的历史。1984年以来，内蒙古自治区党委、政府坚定不移地贯彻落实党的各项路线、方针、政策，高度重视农业，不断巩固和加强了农业的基础地位，积极实施统分结合的家庭承包责任制，调动了广大农民的积极性。随着改革的不断深化和社会主义市场经济体制的逐步建立，广大农民的市场观念，商品观念和效益观念日益增强。多年来坚持狠抓以水利为重点的农业基础建设，使生产条件不断改善，抗御自然灾害能力进一步增强，农业综合生产能力大幅度提高。广泛推广各种适用技术，加快了农业经营和乡镇企业的科技进步，充分发挥了"第一生产力"的巨大作用。1990年，全区粮食总产量首次接近千万吨级，达到973万吨，比1978年增产474万吨，增长近1倍，结束了长期以来吃粮靠调拨的历史。

第二，家庭承包责任制，提高了农民的生产积极性。商品化农业时期，内蒙古自治区贯彻落实统分结合的家庭承包责任制，极大地发挥了农民积极性。农业综合开发取得显著成效，农业机械化水平大幅度提高，农业综合生产能力不断提高，生产的目标已发生变化，农民商品生产与交换意识增强。尤其是农业生产面向市场之后，农民生产目标更是以利润最大化为主要取向。农民生产的产品也多元化，农民除种植粮食外，还广泛种植了瓜、果、棉花、蔬菜、药材、甜菜等经济作物，这对改善人民生活、增加农民收入都起到了积极的作用。

第三，乡镇企业、第三产业的发展，也为农村经济注入了活力，把城乡经济联为一体。在发展商品经济中，全区农村开展了农户之间在保持生产资料的个人所有的前提下，自愿集资、合股经营、按劳分配与按需分配相结合的一种新的经济联合体，股份合作制的乡镇企业。党的十一届三中全会以来，内蒙古乡镇企业在极为薄弱的基础上迅速发展起来。"六五"期间年均递增25%，"七五"期间年均递增27%，进入90年代后，乡镇企业的发展速度明显加快，经济地位明显提高。1993年，全区乡镇企业数达42.8万个，从业人员达145万人，创产值203.5亿元，占农村社会总产值的51%。但比起发达地区乡镇企业发展差距还较大，乡镇企业资金短缺、管理水平低、产品质量差、设备陈旧简陋、技术力量不足等问题阻碍着乡镇企业的发展。

第四，农业综合开发，促进了农村经济持续稳定发展。1989年以来，内蒙古自治区实施农业综合开发项目，在综合利用农业资源、提高农业生产力、农田水利建设等方面取得了显著效果，发挥了示范和辐射作用。农业综合开发的实施，不仅形成稳定的生产能力，还打破了单一的建设方法和传统的农业生产模式，开辟了转变农业增长方式，发展了现代化农业。并在生态环境改善，农民收入增长方面发挥了重要作用。

第五，农产品流通体系改革，促进了农业生产的商品化。1983年以后，自治区按照国家规定，实行了粮油多渠道经营，常年开放粮油市场，撤销粮油议购议销制，并撤销了杂粮杂豆以及马铃薯等12种产品和葵花籽等6种经济作物的统购制度。1985年，又实施订购品种为小麦、玉米、稻谷和东部四盟市的大豆，定购以外的粮食可以自由上市。至此，从1953年以来实行32年的粮食统购制度宣告结束，形成粮食流通"双轨制"格局。粮食统购制度的废除，不仅极大地促进了农业生产的商品化，更是大幅度提高了农民的粮食生产积极性。

在统分结合、家庭承包责任制体制下，内蒙古自治区农业经济发展取得了历史以来最好的成绩，粮食生产总量、单位产量以及农业生产综合能力都大幅度提高，全区农业经济进入快速发展的轨道。但是，由于自然、经济、社会等诸多方面的因素制约，农业经济的基础还不稳定，发展还不平衡，经济效益比较低，农民收入不高，自我发展与保护能力比较弱。特别是全区农民和农业由传统经济、自然经济向社会主义市场经济的过渡中，随着农业的社会化、商品化及现代化程度不断提高，农业经济内部、外部尤其同国民经济各部门的关系越来越密切，在其发展中出现许多矛盾和困难。因此，要进一步稳定家庭联产承包责任制，完善统分结合的双层经营体制，发展壮大集体经济，大力加强社会化服务体系和市场体系建设，成为面临的重要任务。

第六章　市场经济体制确立与
农业生产现代化

　　农业是国民经济的基础，保持农业的持续稳定发展是实现国民经济登上新台阶的重要保障。经济体制改革以来内蒙古自治区农业经济发生了巨大变化，农业生产力的快速提高和粮食产量的大幅度增加，进一步巩固了农业的国民经济中基础性地位。1994年，实施科教兴农战略，大力推广农业实用技术；保证生产资料供应，稳定化肥价格；深化粮食流通体制改革；加大扶贫攻坚力度；减轻农民负担等一系列的重大政策措施，极大地调动了农民群众发展生产的积极性。

　　1994年，内蒙古自治区农林牧渔总产值309.32亿元，农牧业生产获得好收成，粮食总产量1083.5万吨，为历史上第二个高产年。全区农民人均纯收入969.91元，比上年增长24.67%。继续完善以家庭联产承包为主的统分结合的双层经营体制，不断深化农村牧区的改革。适应市场经济形势，进一步优化农牧林业结构，提高农业整体水平。种植业内部结构更加适应市场需求，高产优质高效的玉米、高粱、大豆、杂粮等作物的播种面积和产量均明显增加。1996年全区粮食生产再传捷报，总产量实现了1535.3万吨，较上年增加479.9万吨，增幅为当年各省区最高；人均占有粮食668.8千克，在全国的位次由改革开放前的第26位跃居为第3位。

　　1997年，尽管全区遭受了严重自然灾害，但是由于各级党委、政府和农牧民群众采取了有效的抗灾自救措施，加大对农牧业的投入，积极推广和应用农业适用技术，使农林牧渔业生产仍然获得丰收。1998年内蒙古农业在西部地区春季遭受"沙尘暴"和东部地区在夏秋之交遭受特大洪涝灾害的情况下仍取得丰收。种植业结构进一步调整，粮食作物中小麦、水稻、豆类播种面积扩大，经济作物调减了甜菜种植面积，增加了蔬菜播种面积，全年粮食总产量1575.4万吨，比上年增长10.8%，创历史最高纪录。

全区农民人均纯收入 1978 年为 134 元，1998 年为 1926 元，增长了 13.4 倍，扣除物价上涨因素，年均递增约 8.4%。农村居民恩格尔系数由 1978 年的 67.7% 下降到 1998 年的 47.4%，这些都充分说明内蒙古农业经济已稳定地登上一个新台阶。但是，在社会主义市场化的进程中，特别是面临着加入 WTO、农业对外的进一步开放，全区农业还是一个弱质产业，尚未改变粗放型的传统农业。从总体素质上看，农产品的质量档次、农业的科技含量、资源利用、经济效益等与国际先进水平相比差距很大，制约农业经济进一步发展，并且受资源环境的约束越来越紧。党的十四届五中全会审议通过的《建议》，突出强调把加强农业放在国民经济的首位，并提出"九五"农业、农村经济发展的三大任务：保证粮棉油等基本农产品稳定增长，粮食生产能力达到一个新水平；保证农民收入有较快的增长，生活达到小康水平；基本消除贫困现象，使农村贫困人口基本解决温饱问题。

第一节　农业现代化政策实施

1994 年是建立社会主义市场经济体制的重要一年，深化农村经济体制改革，提高农业综合生产能力，促进农村经济发展、增加农民收入是主要任务。内蒙古自治区贯彻落实党的十四届三中全会精神，进一步改革粮食购销体制，确保量的供给和价格稳定。1995 年开始，在坚持土地集体所有和不改变用途的前提下，经发包方同意，允许土地使用权依法有偿转让，完善农村基本经营制度，延长耕地承包期和土地使用权有偿转让等政策。1996 年按照《中共中央国务院关于"九五"时期和今年农村工作的主要任务和政策措施》文件精神，在具备条件的地区发展了农业多种形式的适度规模经营。与此同时，支持发展粮食生产大县（旗），建立粮食风险基金制度；着手建立高产优质高效农业示范区，引导农村股份合作制健康发展和深化农村金融体制改革，加快政策性金融和商业性金融的分开步伐。1994 年，中国农业发展银行成立，随后为了保证粮油收购资金封闭式运行，收缩业务范围，将农发行原来承担的扶贫开发、农业综合开发等政策性贷款重新划回农业银行，农发行专门从事粮食收购贷款。1996 年，按照国务院《关于农村金融体制改革的决定》，全区农村信用社与农业银行脱钩，建立了以合作金融为基础，商业性金融、政策性金融分工协作的农村金融体系。1997年，自治区政府认真贯彻落实中央农村工作会议精神，坚持把农牧业放在经济工作首位的思想，继续加强了农业基础设施建设力度，不断改善了农牧业的生产条件。以资源为依托，以市场为导向，以效益为中心，进一步调整农牧业经济结构。在种植业内部结构调整上，围绕着增加单产、稳定总量，提高经济作物比重，发展了效益农业。各地区根据自然特点和资源优势，确定主导产业和主导产品，在市场体系、龙头企业、产业基地和服务体系等要素建设上下功夫，大力发展了种养加、产供销、贸工农等一体化经营组织。

1998年，内蒙古自治区进一步稳定和强化了农牧业的基础地位，努力实现"四增"，即增强综合生产能力，增大科技含量，增加经济效益，增加农牧民收入为目标大力推进了农业产业化。一是重点调整优化了农业结构和区域布局，从单一的粮、经二元结构转向粮、经、饲三元方向转变。二是积极发展农畜产品基地，集中力量培育壮大一批龙头企业，盟市、旗县也重点培育各自的骨干企业，尽快形成公司加农户，龙头企业带基地的生产、加工、销售三位一体，互相促进，利益互补的新机制。三是继续加强农牧业的基础建设。坚持"改低、攻中、促高"的方针，立足于防旱抗旱，加大农业综合开发的规模和发展节水灌溉面积，改造中低产田，实行了"双增双提"发展战略。四是加大以"种植工程"为重点的科教兴农兴牧力度。全面启动了"百乡千村科技兴农示范工程"。五是稳定和完善以家庭联产承包为主的责任制，落实土地延长承包期的新一轮工作，不断完善了土地使用权有偿流转机制。切实减轻农牧民负担，进一步保护和调动了农牧民的积极性。六是加强农村牧区社会化服务体系建设，抓好基层"七站"三定工作，大力发展自办、联办等各种民间服务组织，争取构建多成分、多层次的社会化服务网络的建设。对粮食流通体系改革，国务院提出"四分开、一完善"的原则，要求实施"三项政策"为主要内容的政策措施。1999年，内蒙古自治区认真贯彻党的十五届三中全会精神，紧紧围绕增加农民收入和保持农村稳定两项主要任务，强化了农业基础地位。全区农业经济继续保持稳定增长。在大力调整农业生产结构，优化农作物品种，努力提高农产品质量的同时，进一步巩固粮食生产的基础地位，促进农产品加工转化增值，加快农业科技进步，加强农产品市场建设和农业生态环境改善。

2001年，内蒙古自治区政府继续推进农业结构的战略性调整，全面提高农业素质和粮食生产效益，促进农业富余劳动力逐步从种植业向多种经营、乡镇企业和小城镇转移，多渠道增加了农民收入。与此同时，加快农村税费改革，从根本上减轻农民负担；加大投入力度，加强农业和农村基础设施建设，实施农业综合开发，继续改造全区中低产田，加强商品粮和优质农产品基地建设。2002年开始全区增加了节水灌溉、人畜饮水、乡村道路、农村沼气、农村水电、草场围栏等"六小工程"的投入，有力地推动了农村生产生活条件的改善，促进了农民增收。2003年，全区农村税费改革全面推进，积极探索农业和农民实行补贴的各种有效办法。认真贯彻执行中央农业农村工作会议精神，加大解决"三农"问题的力度，积极实施优势农产品区域布局规划，以良种补贴为切入点，扩大补贴范围，带动优质专用品种的推广，促进区域布局调整，推进优势农产品和特色农产品向优势产区集中。把农业产业化经营作为农村经济组织创新的有效形式，作为发展农村经济，增加农民收入，提高农业竞争力的重要举措和实现农业一体化发展的有效途径。使全区产业化经营组织迅速发展，龙头组织结构趋于合理化，利益联结方式出现新亮点，辐射带动能力继续增强，龙头企业经营管理效益再创新高。并因地制宜地发展了各种形式的订单农业，出现了龙头企业或加工企业＋农户，粮油收购企业＋农户，专业批发市场＋农户，中介组织＋农户等新的利益联结机制。

第二节 农业生产条件与农业经济结构

一 基层经济组织

1994年开始，内蒙古自治区稳定完善以家庭联产承包为主的责任制，统分结合的双层经营体制，延长土地承包期，不断调整基层经济组织结构，努力发展农业农村经济。1995年，自治区为了贯彻落实党中央关于加强农村基层组织建设工作精神和农业部下发的《关于加强农村基层经济组织建设通知》，加强了全区农村基层组织建设，壮大集体经济实力，强化服务功能。并积极推进农业产业化的步伐，有计划、有步骤地开展农民专业协会稳定发展工作。2000年以后，自治区为了适应市场经济体系和农业产业化发展，全区推进撤乡并镇工作，使全区乡镇总数从1994年的1553个减少到2003年的1138个，减少26.7%，大幅度降低了农村牧区行政开支，进一步强化了基层管理能力。随之，全区村民委员会也从1994年的13955个减少到2003年的12269个，减少12.1%。与此同时，自治区进一步完善乡镇企业发展环境，努力改变农业农村二元结构，大力发展乡镇企业，使乡镇企业成为吸收农村剩余劳动力，扩大农民就业，改善农村产业结构，增加农民收入，促进农村经济的繁荣和各项事业发展的重要途径来支持。到2003年全区乡镇的农业企业总数达到11207家，与1994年相比增长了187%，比2000年增长16.3%。乡村农业企业在全部乡镇企业中的占比也逐渐上升，但由于国家宏观经济政策调整和处于市场化改革中，全区乡村举办的农业企业发展极不稳定。例如，1994年全区乡村农业企业数为3900家，在乡镇企业总数中占0.8%；1996年农业企业总数迅速增加到15062家，所占比重上升到21%。1999年乡村农业企业总数减少到5505家，所占比重下降63.5%。2000年农业企业短时间上升，但2001年又回落到4260家，在乡镇企业总数的比重降低到历史最低水平。2002年后逐渐恢复，到2003年所占比重上升到2.6%。可见全区乡村农业企业发展极不稳定（详见表6-1）。

表6-1　　　　　　　　　　全区农村基层组织和经济组织

年份	乡镇总数	村民委员会	乡村户数	乡镇农业企业（占乡镇企业数，%）
1994	1553	13955	343.4	3900（0.8）
1995	1551	13958	344.3	3926（0.8）
1996	1551	13958	345.9	15062（21）
1997	1553	13962	346.1	5905（5.3）
1998	1554	13993	347.7	6312（0.8）
1999	1496	13925	344.1	5505（0.6）
2000	1448	13648	349.0	9634（1.1）
2001	1149	13302	351.7	4260（0.5）
2002	1154	13120	352.3	6349（1.7）
2003	1138	12269	351.0	11207（2.6）

资料来源：《中国农村统计年鉴》，1995—2004年版。

二　农业生产条件

20世纪90年代以后，内蒙古自治区农业生态条件日趋恶化。1995年统计，全区森林覆盖率只有14.2%，而且分布不均衡，沙化面积大约3.4亿亩。占土地总面积的20%，而且每年还以1000多万亩的速度扩展；全区丘陵山地水土流失和风蚀面积3亿多亩，占土地总面积的20%左右，其中尚未治理的占80%左右，土壤结构和肥力受到严重破坏，有893.2万亩耕地存在盐碱化，有的已不能耕种。

（一）耕地面积

在市场化农业发展阶段，内蒙古自治区始终坚持以改造中低产田为主攻方向，适量开垦宜农荒地，以增加粮食生产能力为主要目标，推进成片、高标准地改善农业基本生产条件，增加了对农田基本建设和土地管理切实保护耕地等工作。特别是1994年国务院颁布《基本农田保护条例》以后，在全区范围内开展了划定基本农田保护区工作，按照条例要求，部署各盟市粮、油、名、优、特、新农产品生产基地，同时开展了水田开发和旱地水浇地面积扩大等工作，取得了显著成就。1994年，全区年末实有耕地面积531.0万公顷。其中，旱地面积占98.8%，水田面积占1.5%；旱地面积中水浇地占25.2%。1999年，全区年末实有耕地面积扩大到752.4万公顷，比1994年增长了41.7%。2000年后逐渐减少，到2003年全区年末实有耕地面积降到686.3万公顷，比1999年减少了8.8%。1994—2003年期间，全区耕地面积总量随着粮食生产政策发生变动，但旱地面积占比未发生明显波动，基本保持98.5%的水平。水田面积比重从1994年开始逐渐增加，但1997年后基本稳定在11.0%以上水平。旱地中水浇地面积的占比2000年后稳步增长，到2003年全区水浇地面积已占年末实有耕地面积的30.4%（详见表6-2）。

表6-2　　　　　　　　市场化农业时期的耕地面积及构成

年份	年末实有耕地面积（万公顷）	水田（%）	旱地（%）	其中水浇地（%）
1994	531.0	1.2	98.8	25.2
1995	549.1	1.5	98.5	25.1
1996	592.4	1.5	98.5	25.1

续表

年份	年末实有耕地面积（万公顷）	水田（%）	旱地（%）	其中水浇地（%）
1997	746.3	1.5	98.5	23.6
1998	722.4	1.6	98.4	24.1
1999	752.4	1.5	98.5	25.9
2000	731.7	1.7	98.3	27.0
2001	709.1	1.6	98.4	28.0
2002	709.1	1.6	98.4	29.0
2003	686.3	1.5	98.5	30.4

资料来源：《中国农村统计年鉴》，1995—2004年版。

　　全区耕地面积按农民家庭平均每人经营耕地情况看，1994年全区农民家庭平均每人经营耕地7.77亩。其中承包耕地面积6.86亩，占88.3%；自留地面积0.56亩，占7.2%。1995年农民家庭平均每人平均经营耕地面积7.31亩，1998年平均7.58亩，2003年平均7.5亩。按全区人均耕地面积看，1995年全区耕地面积人均5.8亩，1996年人均6.26亩，1997年人均7.93亩，1998年人均7.71亩。水浇地面积人均水平为1995年1.4亩，1996年1.55亩，1997年1.84亩，1998年1.83亩。从全区各盟市耕地面积分布和人均水平看，1995年全区年末实有耕地面积为549.1万公顷。其中，呼伦贝尔盟102.2万公顷，占全区年末实有耕地面积的18.6%；乌兰察布盟88.18万公顷，占全区的16.1%；赤峰市85.3万公顷，占15.5%；哲里木盟（2000年改为通辽市）78.55万公顷，占14.3%；兴安盟43.8万公顷，占8.1%；巴彦淖尔盟35.3万公顷，占6.4%；呼和浩特市35.3万公顷，占6.4%；包头市30.38万公顷，占5.5%；伊克昭盟25.59万公顷，占4.7%；锡林郭勒盟22.76万公顷，占4.1%；阿拉善盟1.33万公顷，占0.2%；乌海市0.38万公顷，占0.1%。1998年全区年末实有耕地面积为722.4万公顷。其中，呼伦贝尔盟133.1万公顷，比1995年增长30.2%，占全区年末实有耕地面积的17.8%；乌兰察布盟120.3万公顷，比1995年增长36.4%，占全区年末实有耕地面积的16.1%；赤峰市110.4万公顷，比1995年增长29.4%，占全区年末实有耕地面积的14.7%；哲里木盟99.1万公顷，比1995年增长26.1%，占全区年末实有耕地面积的13.3%；兴安盟72.3万公顷，比1995年增长65.1%，占全区年末实有耕地面积的9.7%；巴彦淖尔盟 59.58 万公顷，比 1995 年增长 68.8%，占全区年末实有耕地面积的 7.9%；包头市 47.0 万公顷，比 1995 年增长 54.7%，占全区年末实有耕地面积的 6.5%；伊克昭盟 37.1 万公顷，比 1995 年增长 44.9%，占全区年末实有耕地面积的 5.0%；呼和浩特市 34.6 万公顷，比 1995 年相比减少了 2.0%，占全年末实有耕地面积的 4.6%；锡林郭勒盟 30.6 万公顷，比 1995 年增长 34.5%，占全区年末实有耕地面积的 4.1%；阿拉善盟 1.61 万公顷，比 1995 年增长 21%，占全区年末实有耕地面积的 0.2%；乌海市 0.67 万公顷，比 1995 年增长 75.8%，占全区年末实有耕地面积的 0.1%。[1]

　　人均耕地面积按各盟市看，呼伦贝尔盟人均耕地面积 20.7 亩，居全区第一，人均耕地面积比 1995 年增加了 3.04 亩；包头市人均耕地面积 9.49 亩，位居第二，人均耕地面积比 1995 年增加了 3.32 亩；兴安盟人均耕地面积 9.13 亩，位居第三，人均耕地面积比 1995 年增加了 3.13 亩；乌兰察布盟人均耕地面积 8.88 亩，位居第四位，比 1995 年增加了 2.71 亩；锡林郭勒盟人均耕地面积 8.64 亩，位居第五位，比 1995 年增加了 2.09 亩；巴彦淖尔盟人均耕地面积 7.93 亩，比 1995 年增加了 3.17 亩；哲里木盟人均耕地面积 6.77 亩，比 1995 年增加了 1.18 亩；伊克昭盟人均耕地面积 5.9 亩，比 1995 年增加了 2.45 亩；赤峰市人均耕地面积 4.74 亩，比 1995 年增加了 1.08 亩；呼和浩特市人均耕地面积 4.66 亩，比 1995 年减少了 0.14 亩；乌海市人均耕地面积 4.63 亩，比 1995 年减少了 21.4 亩；阿拉善盟人均耕地面积 4.31 亩，比 1995 年增加了 0.79 亩。从全区水浇地面积各盟市占有量看，1995 年全区水浇地面积为 135.8 万公顷，1998 年 171.7 万公顷，增长了 26.4%。全区人均水浇地面积 1995 年为 1.43 亩，1998 年 1.83 亩，增长了 28%。按各盟市情况看，1995 年全区水浇地面积前五位盟市有巴彦淖尔盟 32.2 万公顷，占全区水浇地面积的 23.7%；哲里木盟 28.7 万公顷，占全区水浇地面积的 21.1%；赤峰市 24.5 万公顷，占全区水浇地面积的 18.1%；伊克昭盟 13.4 万公顷，占全区水浇地面积的 9.9%；呼和浩特市 12.2 万公顷，占全区水浇地面积的 9.0%。1998 年全区水浇地面积前五位盟市有哲里木盟 36.3 万公顷，比 1995 年增长 26.5%，占全区水浇地面积的 21.1%；

　　① 内蒙古农村牧区社会经济调查队编：《内蒙古农业经济考评资料集（1949—1998）》，1999 年版。

巴彦淖尔盟38.1万公顷，1995年增长18.3%，占全区水浇地面积的19.0%；
赤峰市26.3万公顷，比1995年增长7.3%，占全区水浇地面积的15.3%；
伊克昭盟16.2万公顷，比1995年增长20.9%，占全区水浇地面积的9.4%；
包头市14.9万公顷，比1995年增长22.1%，占全区水浇地面积的8.7%。

（二）农业劳动力

1994—2003年，全区乡村人口总体上减少，而农村劳动力就业呈现出
乡村劳动力总数逐渐增加，从事第一产业劳动力比例逐渐下降，从事第二、
三产业劳动力比例逐渐上升等特点。1994年，全区乡村户数343.4万户，乡
村人口1423.4万人，劳动年龄内人口602.7万人，乡村实有劳动力579.6万
人。实有劳动力中，男性劳动力占55.8%，女性劳动力占44.2%，农牧林渔
业劳动力499.7万人，占实有劳动力总数的86.2%。从全区农村家庭劳动力
文化程度情况看，平均每百个劳动力中文盲或半文盲人数占13.6%，小学文
化程度人数占35.1%，初中文化程度人数占41.8%，高中文化程度人数占
9.0%，中专文化程度人数占0.4%，大专以上文化程度人数占0.1%。1999
年，全区乡村户数344.1万户，乡村人口1378.3万人，乡村实有劳动力
621.0万人。实有劳动力中，男性劳动力占56.9%，女性劳动力占43.1%，
农牧林渔业劳动力525.6万人，占实有劳动力总数的84.6%。从全区农村家
庭劳动力文化程度情况看，农村家庭劳动力平均每百个劳动力中，文盲或
半文盲人数9.1%，小学文化程度人数占34.0%，初中文化程度人数占
44.9%，高中文化程度人数占10.3%，中专文化程度人数占1.2%，大专文化
程度人数占0.5%。2003年，全区乡村户数351.0万户，乡村人口1358.1万
人，乡村实有劳动力652.3万人。实有劳动力中，男性劳动力占56.2%，女
性劳动力占43.8%，农牧林渔业劳动力514.4万人，占实有劳动力总数的
78.9%。从全区农村家庭劳动力文化程度情况看，平均每百个劳动力中文盲
或半文盲人数占6.2%，小学文化程度人数占30.2%，初中文化程度人数占
50.2%，高中文化程度人数占10.6%，中专文化程度人数占1.9%，大专以上
文化程度人数占0.9%。[①]全区乡村劳动力资源按就业结构分布看，1994年第
一产业就业人数占86.2%，第二产业就业人数占5.4%，第三产业就业人数

---

① 乡村劳动力文化程度数据，来自国家统计局农村社会经济调查总队编《中国农村统计年
鉴》，中国统计出版社1995年版、2000年版，2004年版。

占8.4%。1999年，第一产业就业人数比例下降到84.6%，第二产业和第三产业就业人数比例分别提高到5.8百分点和9.6个百分点。2003年，乡村劳动力第一产业就业人数比例为78.8%，比1999年降低5.8%，与1994年相比下降了7.4%；第二产业和第三产业劳动力就业比例分别达7.2%和14.0%，分别比1999年增长1.4个百分点和4.4个百分点；与1994年相比，分别增长了1.6个百分点和5.6个百分点（详见表6-3）。

表6-3　　　　　　　市场化农业时期全区农村劳动力结构　　　　单位：万人

年份	乡村人口	乡村劳动力	第一产业（%）	第二产业（%）	第三产业（%）
1994	1423.4	579.6	86.2	5.4	8.4
1995	1421.1	589.5	85.3	6.0	8.7
1996	1418.6	604.3	85.1	6.2	8.7
1997	1412.3	605.4	84.6	5.7	8.7
1998	1405.4	606.9	84.4	5.5	10.1
1999	1378.3	621.0	84.6	5.8	9.6
2000	1376.8	625.8	83.8	6.2	10.0
2001	1372.9	632.5	82.0	6.7	11.3
2002	1370.0	650.6	82.3	6.5	11.2
2003	1358.1	652.4	78.8	7.2	14.0

资料来源：《中国农村统计年鉴》，1995—2004年版。

2003年，全区总人口2379.6万人，乡村总户数为351万户。其中，农业人口占63.1%，乡村人口占55.3%。从各盟市情况看，赤峰市人口447.26万，通辽市309.3万人。人口总数200万以上300万以下的有乌兰察布盟270.6万人、呼伦贝尔盟269.7万人、呼和浩特市213.9万人、包头市209.3万人；100万以上200万以下的有巴彦淖尔盟176.1万人、兴安盟163.8万人、鄂尔多斯市135.97万人；人口100万以下有锡林郭勒盟93.97万人、乌海市41.6万人、阿拉善盟17.96万人。乡村户数最多是赤峰市44.18万户，其次是乌兰察布盟35.54万户。乡村户数20万以下10万以上的有呼和浩特市17.98万户、兴安盟17.56万户、通辽市16.8万户、包头市14.77万户、巴彦淖尔盟12.76万户、鄂尔多斯市11.38万户、锡林郭勒盟10.1万户。农牧林渔业从业人口最多是赤峰市108.6万人，占总人口的24.3%；通辽市83.13万人，占总人口的26.9%；乌兰察布盟70.72万人，占总人口的26.1%；巴彦淖尔盟49.51万人，占总人口的28.1%；呼和浩特市42.62万人，占总人口的19.9%；兴安盟41.3万人，占总人口的25.2%；呼伦贝尔盟28.01万人，占总人口的10.4%；包头市29.71万人，占总人口的14.2%；鄂尔多斯市33.97万人，占总人口的25.0%；锡林郭勒盟33.23万人，占总人口的35.4%；乌海市和阿拉善盟农林牧渔业从业人口2.26万人和3.52万人，分别占总人口的5.4%和19.6%。

（三）农业资金

为了适应市场需求和农业发展模式，全国农业投资由数量型向质量效益型的转变背景下，内蒙古自治区建立了"以国家投资为导向、以信贷资金为支柱、以合作经济为基础、以家庭经营为细胞，以利用外资与横向资金为补充的多层次、多渠道、多方位"的农业投资格局。农业基本建设投资是构成农业固定资产，提高农业综合生产能力的主要资金来源。1994年，全国农业基本建设投资154.94亿元，占基本建设投资的2.4%；水利基本建设投资占农业基本建设投资的63.4%，农林牧渔水利新增固定资产34.9亿元。内蒙古自治区财政支援农业及其事业费达104992万元，农业投资1404万元，占农林牧渔业投资额的18.5%。1999年，全区财政支援农业及其事业费达218848万元，比上年增长27.8%，逐步改善了农业投资长期不足局面，大幅度提升了抗灾减灾能力。2000年，全区财政支出支援农村生产47080万元，占总支出的2.7%；农林水利气象等部门事业费87969万元，占总支出的5.0%。2003年全区各级财政支援农业及其事业费达355478万元，比上年减少2.7%。农林牧渔业投资536642万元，其中农业投资占5.4%，农林牧渔服务业投资125367万元，占23.4%。现代农业的基本特征是运用现代化科学技术，投入较多的物质能量，以创造更大的产出。在农业投入中农业信贷成为农业发展的重要因素。为了稳定发展农业农村，内蒙古自治区继续强化金融部门农业支持力度，市场化农业阶段农业贷款金额持续增长。1994年，农业贷款229180万元；1999年农业贷款614282万元，比上年增长15.1%；2003年农业贷款1136558万元，比上年增长9.2%。农业经济发展必须正确引导农户的微观投入，调动农民增加农业投资的积极性，发挥农户微观投入的潜力和优势。内蒙古自治区在市场化农业改革中，鼓励农户对简单再生产和内涵扩大再生产的投入，保证生产经营性投入的增加，解决小型农田基本建设及农产品加工、运输、储藏及销售等配套设施的建设。1994年，农民家庭人均生产性费用现金支出357.3元，人均家庭经营费用支出290.4元，人均购买生产性固定资产支出66.9元。农民家庭人均生产性费用现金支出732.5元，比上年增长7.6%；人均家庭经营费用支出612.9元，比上年减少20.7%；人均购买生产性固定资产支出119.6元，比上年减少3.2%（详见图6-1）。此外，内蒙古自治区实施地方政府和农村集体经济的中观投资机制，开展农业投资系列化服务，集中投资农业基础设施，改造中低产田，农业资源开发和农村道路修筑等农户经济无法承担、国家又无力顾及的中型投资项目。2003年，全区农村集体对固定资产投资额达21.88亿元，以农产品为原料加工为主的固定资产投资21.2亿元。其中，新建投资13.5亿元，扩建投资3.3亿元，改造投资1.1亿元。[①]按各盟市情况看，支持农牧业生产支出金额前五位第一是呼和浩特市7384万元，第二是赤峰市6019万元，第三是锡林郭勒盟5852万元，第四是乌兰察布盟5274万元，第五是通辽市4729万元。各盟市农林牧水利气象等事业费支出，一亿元以上的盟市有赤峰市、呼伦贝尔盟、巴彦淖尔盟，8000—9000万元的有鄂尔多斯市和乌兰察布盟，5000—7000万元的有通辽市、包头市、呼和浩特市、兴安盟、锡林郭勒盟，2000万元以下的有乌海市和阿拉善盟。[②]

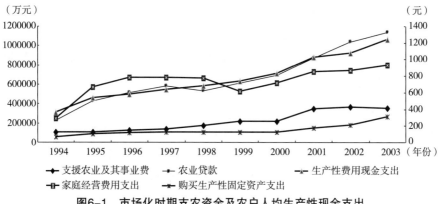

图6-1　市场化时期支农资金及农户人均生产性现金支出

资料来源：《内蒙古统计年鉴》，1995—2004年各年版。

---

①　内蒙古自治区统计局编：《内蒙古统计年鉴2004年》，中国统计出版社2004年版。

②　内蒙古自治区统计局编：《内蒙古统计年鉴2004年》，中国统计出版社2004年版。

（四）农业机械化

1994年以来，全国农业机械服务体系建设有了新的发展，在"农业服务市场化、服务组织实体化、服务实体企业化、企业群体产业化"思路下，全区农业机械化迅速发展，农机拥有量和作业量大幅度增加，农机配备结构和作业结构有所改善，各种农业机械销售额增长，呈现强劲的发展势头。

全区农业机械，1996年农用排灌电动机数量突破10万台，1997年农业机械总动力突破1000万千瓦，农用水泵拥有量突破20万台；1998年农用排灌柴油机数量突破10万台；1999年小型及手扶拖拉机数量突破40万台，联合收割机数量突破4000台。

2003年，随着农民收入提高和购买力增强，全区农业机械总动力达到1616.6万千瓦，农用大中型拖拉机42270台，总动力160.3万千瓦；小型拖拉机498816台，总动力554.8万千瓦；大中型拖拉机配套农具57022部，小型拖拉机配套农具624173部；农用排灌电动机156696台，总动力112.3万千瓦；农用排灌柴油机148554台，总动力135.9万千瓦；农用水泵314816台，大型联合收割机4257台，节水灌溉类机械33393套，机动脱粒机66381部（详见表6-4）。

从全区各盟市农业机械总动力情况看，2003年通辽市农业机械总动力由2000年的196.2万千瓦，2003年增加到231.8万千瓦，增长18.1%；赤峰市由181.3万千瓦增加到234.6万千瓦，增长29.4%；巴彦淖尔盟由176.5万千瓦增加到210.2万千瓦，增长19.1%；呼伦贝尔盟由149.2万千瓦增加到186.4万千瓦，增长24.9%；鄂尔多斯市由125.8万千瓦增加到2163.3万千瓦，增长29.8%；兴安盟由116.1万千瓦增加到138.7万千瓦，增长19.5%；呼和浩特市由117.7万千瓦增加到128.0万千瓦，增长8.8%；包头市由92.8万千瓦增加到2101.5万千瓦，增长9.4%；锡林郭勒盟由59.8万千瓦增加到66.7万千瓦，增长11.5%；阿拉善盟由15.1万千瓦增加到16.6万千瓦，增长9.9%；乌海市由12.0万千瓦增加到15.5万千瓦，增长29.2%。①

---

① 内蒙古自治区统计局编：《内蒙古统计年鉴2001年》，《内蒙古统计年鉴2004年》，中国统计出版社2001年、2004年版。

表6-4 市场化农业时期农业机械化程度

年份	农机械总动力（万千瓦）	农用大中型拖拉机（万台）	小型及手扶拖拉机（万台）	柴油机（万台）	电动机（万台）	农用水泵（万台）	联合收割机（台）	大中型拖拉机配套农具（万部）
1994	858.5	3.6	30.5	8.1	9.7	15.2	2483	4.4
1995	902.5	3.3	32.0	8.3	9.7	15.8	2788	4.3
1996	958.5	3.1	34.5	8.5	10.2	16.0	3138	4.4
1997	1042.5	3.0	36.1	9.3	10.8	22.2	3653	4.2
1998	1125.2	3.0	38.3	10.3	11.0	19.7	3828	4.4
1999	1241.5	3.1	40.9	11.2	11.6	22.1	4096	4.6
2000	1350.0	3.3	43.6	12.3	11.7	23.7	4238	4.9
2001	1424.0	3.5	45.3	12.9	11.9	26.6	4482	4.7
2002	1510.0	3.7	47.1	13.6	12.2	28.5	4410	5.5
2003	1616.6	4.2	49.9	14.9	15.7	31.5	4257	5.7

资料来源：《中国农村统计年鉴》，1995—2004年版。

随着农业机械拥有量的迅速增加和机械化水平的进一步提高，1995年全区机耕面积324.4万公顷，占总耕地面积的59.1%，与上年相比机耕面积增加2.0%，但占耕地面积的比例下降了4.9%；机械播种面积234.7万公顷，占总播种面积的46.2%，比上年机播面积增长6.2%，总播种面积的占比提高了2.1%；机械收割面积51.5万公顷，占总播种面积的10.1%，与上年相比机收面积增加1.6%，机收面积比例在总播种面积比例下降了0.4%。1999年，全区机耕面积超过400万公顷，占总耕地面积的68.2%，比1995年的机耕面积增长了4.2%；1998年，全区机械播种面积达300万公顷，占总播种面积的49.7%，比1995年增长了3.5%；1997年全区机械收割面积超过80万公顷，占总播种面积的14.4%，比1995年水平提升了4.3个百分点。2003年，全区机耕面积404.5万公顷，占总耕地及面积的52.8%，机播面积342.5万公顷，占总播种面积的59.5万公顷，机收面积87.9万公顷，占总播种面积的17.9%（详见表6-5）。

表6-5 市场化农业时期的农业机械化程度 单位：万公顷，%

年份	机耕面积	占耕地面积	机播面积	占播种面积	机收面积	占播种面积（%）
1994	318.0	64.0	221.1	45.7	50.7	10.5
1995	324.4	59.1	234.7	46.2	51.5	10.1

续表

年份	机耕面积	占耕地面积	机播面积	占播种面积	机收面积	占播种面积（%）
1996	341.1	57.4	255.4	48.3	69.6	13.2
1997	373.5	50.1	190.3	32.6	84.3	14.4
1998	392.5	66.3	299.6	49.7	86.0	14.3
1999	403.7	68.2	318.7	52.5	88.2	14.5
2000	404.5	68.3	329.4	55.7	87.9	18.7
2001	404.5	68.3	329.4	55.7	87.9	18.7
2002	424.3	51.7	323.6	55.0	79.5	14.5
2003	432.6	52.8	342.5	59.5	87.9	17.9

资料来源：《中国农业年鉴》，《中国农村统计年鉴》1985—1994年各版引用。

（五）农业水利化、电气化

内蒙古农业生产最大的制约因素是干旱少雨，水资源不足，而且分布不均衡。1995年全区旱涝保收、高产稳产的农田不足总耕地面积的20%，水资源利用率只有33.3%。所以，要实现全区农业的持续稳定发展，必须坚持在水资源合理开发基础上，扩大和改善有效灌溉面积，提高灌溉效率和保证系数，发展节水农业。改革开放以来，全区多年建成的水利工程在防灾减灾中发挥了积极作用，但中小河流水库标准不高，多数水利工程老化失修，农田水利和电气化发展遇到诸多问题。20世纪80年代开始内蒙古自治区将水土流失严重的黄河流域、西辽河流域列入水土保持重点防治区，修建中小型水库，兴修基本农田水利工程。1995年，国务院召开全国农田水利基本工作会议后，内蒙古自治区加大投入力度，因地制宜地修建投资少、见效快的小型水库、小塘坝、小机电井、小提水站和小引水坝等"五小"水利工程。1995年，全区乡村拥有中小水库462座，比上年减少16座；水库总容量72.8亿立方米，除涝面积23.6万公顷，比上年减少1万公顷；治碱面积28.1万公顷，治理水土流失面积492万公顷。2000年，全区乡村中小水库457座，水库总容量74.8亿立方米，除涝面积27.2万公顷，治碱面积2.97万公顷，水土流失治理面积达673.9万公顷，比1995年增长37%。2003年修建中小型水库466座，水库总容量达77.8亿立方米，除涝面积27.6万公顷，治碱面积3万公顷，水土流失治理面积达839.2万

公顷（详见图6-2），有效抑制了水土流失面积的继续扩大，改善了农业
生态环境，提高了农业抵抗自然灾害的能力。

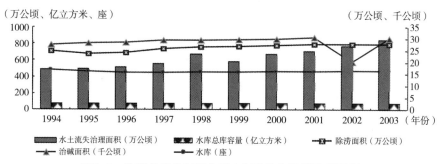

图6-2　市场化农业时期全区水利设施与除涝治理面积

资料来源：《内蒙古统计年鉴》，1995—2004年各年版。

随着全区农田水利工程的顺利进行，全区农田有效灌溉面积和机电
灌溉面积保持较稳定态势，农村用电量稳步提升，在防洪抗旱、水土保
持、农村电气化等方面取得了优异成绩。1994年以来全区积极发展节水
灌溉，大力普及渠道防渗、管道输水、喷灌、滴灌等节水措施，提高水
的利用率。1995年，全区有效灌溉面积177.6万公顷，机电灌溉面积
162.6万公顷，分别比上年增加1.2%和1.3%；机电灌溉面积占总灌溉面
积的91.6%，与上年持平；农村用电量16.7亿千瓦小时，比上年增加
7.7%。1996年全区有效灌溉面积和机电灌溉面积下降幅度较大，有效灌
溉面积123.4万公顷，比上年减少30.5%。1997年后有效灌溉面积逐渐恢
复，2000年达159.1万公顷，但仍比1995年少11%，2003年才恢复到
1995年的水平。全区机电排灌面积1995年162.6万公顷，比上年增长
1.2%，在总灌溉面积中比例91.6%，与上年持平；1999年机电灌溉面积
达201.2万公顷，比1995年增长23.7%，比上年增长8.6%，机电排灌面
积占总灌溉面积的89.5%。2003年，全区有效灌溉面积177.9万公顷，比
上年减少17.1%，回归到1995年水平。机电排灌面积158.6万公顷，比
上年减少29.9%，占总灌溉面积的89.2%，比上年提高12.2%。在此时期，
全区有效灌溉面积和机电排灌溉面积增减波动较大，但农村用电量则得
到持续增长（详见表6-6）。

表6-6　　　　　　　　市场化农业时期全区电气化水平

年份	有效灌溉面积 （万公顷）	机电排灌溉面积 （万公顷）	占总灌溉面积 （%）	农村用电量 （亿千瓦小时）
1994	175.5	160.7	91.6	15.5
1995	177.6	162.6	91.6	16.7
1996	123.4	111.3	90.2	16.7
1997	131.5	173.4	87.9	17.7
1998	206.7	185.2	89.6	18.3
1999	224.8	201.2	89.5	19.4
2000	158.1	140.9	89.1	21.3
2001	212.0	220.1	74.6	22.8
2002	214.5	226.1	77.0	23.6
2003	177.9	158.6	89.2	24.6

资料来源：《中国农业年鉴》，《中国农村统计年鉴》1995—2004年各版。

2003年全区农村用电量24.6亿千瓦小时，比1995年增长47.3%，比2000年增长了15.5%。农村用电量按各盟市情况看，2003年，赤峰市66531万千瓦小时、通辽市39666万千瓦小时、巴彦淖尔盟28630.2万千瓦小时、鄂尔多斯市21050万千瓦小时、呼和浩特市21402.4万千瓦小时、包头市19241.4万千瓦小时、乌兰察布盟13862.5万千瓦小时、呼伦贝尔盟12813.4万千瓦小时、兴安盟10520.2万千瓦小时、阿拉善盟7044.6万千瓦小时、锡林郭勒盟2588.0万千瓦小时、乌海市2974万千瓦小时。比2000年农村用电量大幅度增加，农业生产电气化得到了快速发展。[1]

（六）化学肥料施用量

1994年，国民经济进入市场化改革后，国家加强农业生产资料市场管理，提高农副产品价格，调动了农民的生产积极性，大幅度提升了农户对农业生产的化肥投入比重。1995年，全区农用化肥施用量53.7万吨，比上年增加20.1%。其中，氮肥施用量32.3万吨，占化肥施用量的60.9%，比上年增长20.5%；磷肥施用量10.6万吨，比上年增长2.6%；钾肥施用量1.1万吨，与上年持平；复合肥施用量9.7万吨，比上年增长0.9%。1996—

---

① 内蒙古自治区统计局编：《内蒙古统计年鉴2004年》，中国统计出版社2004年版。

2001年，全区农用化肥施用量平均每年增长2.9万吨，平均每年增长4.7%。2003年，全区化肥施用量超过90万吨，比上年增长12.6%。其中，氮肥施用量超过50万吨，磷肥超过15万吨，钾肥超过5万吨，复合肥超过20万吨。农业生产化肥施用量比1994年增长了109%，氮肥和复合肥用量合计占77.1%，比1994年增长了79.2%（详见表6-7）。

表6-7　　　　　　　　　　　农用化肥施用量　　　　单位：万吨（按折纯量计算）

年份	化肥施用量	氮肥	磷肥	钾肥	复合肥
1994	44.7	26.8	8.0	1.1	8.8
1995	53.7	32.3	10.6	1.1	9.7
1996	61.9	36.3	11.8	1.7	12.1
1997	72.4	44.2	13.1	2.2	13.0
1998	72.8	43.7	14.1	2.3	12.7
1999	76.0	45.0	13.2	2.8	15.0
2000	74.8	42.8	14.4	3.1	14.4
2001	79.3	44.8	14.0	3.9	16.5
2002	82.8	45.9	14.5	4.5	17.9
2003	93.2	50.5	15.6	5.7	21.4

资料来源：《中国农业年鉴》，《中国农村统计年鉴》1985—1994年各版。

随着全区农业现代化快速发展，全区农业生产中使用的农药、农用柴油、农用塑料薄膜、地膜使用量也快速增长。1995年，全区农药施用量0.62吨，比上年增长7.2%；农用柴油施用量30.9万吨，比上年增长61.8%；农用塑料薄膜施用量1.29万吨，比上年增长30.0%；地膜使用量0.74万吨，比上年增长17.2%；地膜覆盖面积15.9公顷，比上年增长9.7%。2003年，全区农药施用量1.06万吨，比2000年增长19.1%，比1994年增长82.8%，平均每年增长480吨。2003年，全区农用柴油使用量34.9万吨，比2000年增长16.7%，比1994年增长82.7%，平均每年增加1.58万吨。2003年，农用塑料薄膜施用量3.2万吨，地膜使用量达2.59万吨，地膜覆盖面积达48.4万公顷（详见表6-8）。

表6-8　　　　　　市场化农业时期其他农业生产资料使用情况　　　　　单位：万吨

年份	农药施用量（万吨）	农用柴油使用量（万吨）	农用塑料薄膜使用量（万吨）	地膜使用量（万吨）	地膜覆盖面积（万公顷）
1994	0.58	19.1	0.99	0.63	14.5
1995	0.62	30.9	1.29	0.74	15.9
1996	0.67	21.7	1.29	0.93	18.3
1997	0.78	23.0	2.81	2.32	50.2
1998	0.83	26.4	3.15	2.63	54.5
1999	0.94	29.5	3.55	3.01	61.3
2000	0.89	29.9	3.46	2.86	56.1
2001	0.89	31.4	3.04	2.46	49.6
2002	1.06	28.7	3.00	2.53	48.8
2003	1.06	34.9	3.20	2.59	48.4

资料来源：《中国农村统计年鉴》，1995—2004年版。

2003年，全区各盟市中呼伦贝尔市化肥施用量82425吨，占全区8.8%，农药使用量2517吨，占全区23.7%；通辽市化肥施用量203815吨，占全区21.9%，农药使用量2346吨，占全区22.1%；巴彦淖尔盟化肥施用量169598吨，占全区化肥施用量的18.2%，农药使用量869吨，占全区8.2%；赤峰市化肥施用量131060吨，占全区14.1%，农药使用量1240吨，占全区11.7%；兴安盟化肥施用量85231吨，占全区9.1%，农药使用量799吨，占全区7.5%；乌兰察布盟化肥施用量49194吨，占全区5.3%，农药使用量353吨，占全区3.3%；呼和浩特市化肥施用量70668吨，占全区7.6%，农药使用量413吨，占全区3.9%；鄂尔多斯市化肥施用量70902吨，占全区7.6%，农药使用量605吨，占全区5.7%；包头市化肥施用量49915吨，占全区5.4%，农药使用量576吨，占全区5.4%；锡林郭勒盟化肥施用量8376吨，占全区0.9%，农药使用量661吨，占全区6.2%；阿拉善盟化肥施用量4870吨，占全区0.5%，农药使用量78吨，占全区0.7%；乌海市化肥施用量5868吨，占全区0.6%，农药使用量111吨，占全区1.1%。[①]

---

① 内蒙古自治区统计局编：《内蒙古统计年鉴2004年》，中国统计出版社2004年版。

第三节 农业结构调整与农业产业化基地建设

一 农业结构调整

自1993年党中央提出延长土地承包期等政策以来，自治区开始了延长土地承包期，完善承包合同工作。1995年，自治区政府贯彻落实国务院批转的农业部《关于稳定和完善土地承包关系的意见》，各盟市旗县成立了由党政主要领导挂帅，有关部门领导参加的领导小组，各级农业和农村工作主管部门组织力量，深入基层调查研究，宣传中央政策，直接参加制订方案、核实人口、丈量土地、续订合同等工作。与此同时，自治区政府贯彻落实党中央关于加强农村基层组织建设工作的精神，建立健全农村集体经济组织，稳定发展了农民专业协会，实施农畜产品生产"米袋子"省长负责制和新一轮"菜篮子工程"。1996年，内蒙古自治区贯彻落实党的农村基本政策，深化农村改革，进一步稳定和完善了以家庭联产承包责任制和统分结合的双层经营体制。按照"明确所有权、稳定承包权、搞活使用权"的原则，建立了土地使用权流转机制，落实了基本农田保护制度，一些地方还发展了多种形式的适度规模经营。与此同时，全区还大力发展了农村社会化服务体系，重视增强集体经济实力，充分发挥乡村集体经济组织在生产服务、协调管理、资源开发、兴办企业、积累资金等方面的职能。1997年，内蒙古自治区贯彻落实党中央、国务院《关于进一步稳定和完善农村土地承包关系的通知》精神，在"大稳定、小调整"政策指引下进行了第一轮土地承包到期后，土地承包期再延长30年的工作。严格控制和管理农村土地，加强对土地的宏观管理，切实保护耕地。同时把"机动地"严格控制在耕地总面积的5%的限额之内，并其承包费纳入了农民上缴的村提留乡统筹费的范围。与此同时，自治区政府作出《关于加快沙区山区生态建设步伐的决定》，要求在"九五"期间，全区完成"两区"治理开发总面积480万公顷，其中人工造林133.3万公顷，种草133.3万公顷，水土保持213.3万公顷；从"九五"初期到2010年，全区要完成"两区"治理开发总面积1466.7万公顷。自治区对"两区"生态建设采取以生态建设为基础，改善生态环境与发展地方经济相结合；坚持生态建设与扶贫开发结合；坚持以防为主，科学治理与合理开发利用相结合；坚持由小到大，先易后难与突出重点、整体推进相结合；坚持生物措施、工程措施与耕作措施相结合；坚持造、封、飞、乔、灌、草、带、网、片相结合。

　　坚持以家庭联产承包责任制为主的统分结合的双层经营体制，实行谁投资、谁治理、谁开发、谁受益以及允许继承、转让和长期不变的政策，多种经济成分并存，多种经营形式并有。积极推行股份合作制，鼓励并允许乡镇苏木、村嘎查和社会各部门、单位及个人，以土地、劳力、资源、资金、种苗、机械、技术等为股份，合作治理开发"两区"，共同投入、共同管理、共同受益。对于荒山、荒沟、荒沙、荒滩、荒水（简称"五荒"）要积极鼓励和推行家庭承包、联户承包、集体开发、租赁、股份合作和拍卖使用权等多种方式，加快治理开发。对集体所有的"五荒"资源，要统一规划、统一管理、可以一次落实到户，限期治理；也可以统一建设，分户经营。

　　1999年，内蒙古自治区认真贯彻落实党的十五届三中全会和中央经济工作会议精神，稳定党在农村的基本政策，深化农村改革，调整农业和农村经济结构，发展高产优质高效农业，加强了水利为重点的农业基础设施建设，改善了农业生态环境。全区经过农业结构调整，战胜了多种自然灾害，特别是历史罕见的特大旱灾，农业生产取得了新的进展。1999年，农业结构调整主要采取了大力发展优质高产高效农业，注重提高农产品质量和优化品种结构。自治区政府根据目前来自农业的收入仍然占据农民纯收入大部分的现实，各地都把调整和优化农业结构作为整个结构调整的首要工作来抓。各盟市在农业结构调整中，改变单纯追求产量的做法，坚持产量、质量、结构、效益的统一，在保持产量稳步增长的前提下，把提高农产品质量和优化品种结构放在突出位置，以质量的提高和品种的优化求得效益的提高。在农作物种植业中，各旗县市利用当前农产品供给充裕的有利时机，加快调整粮食品种，压缩市场滞销的甜菜种植面积，增加了蔬菜、瓜果播种面积。使粮食总产量得到历史上第三个高产年，油料产量达到历史最高水平。在农业结构调整中，各地区重视农产品加工业企业的技术改造，重点发展大规模、高起点、现代化的加工企业，提高加工能力和产品档次，以此提高农产品附加值，创造新的市场需求，引导社会消费。与此同时，加强了龙头企业和生产基地建设。通过龙头企业建立生产基地，通过生产基地带动分散农户，以提供产前、产中、产后的各种社会化服务将农户与市场联结起来，使农民有较为可靠的销售保障，尽量避免生产的盲目性。有些旗县还采用合作制和利润返还等形式，建立合理的利益分配机制，使龙头企业与农民结成利益共同体。

2001年，内蒙古自治区认真贯彻落实党中央、国务院的部署，面向市场，依靠科技，紧紧围绕加强引导和服务，推行了农业结构战略性调整。广大基层干部和农民群众表现了很高的积极性和创造精神，积累了许多有益的经验。一是大力开发、引进、推广优质专用品种和先进实用技术，推动产业升级和产品换代。二是发展农业产业化经营，通过公司＋农户等形式，带动结构调整。三是搞好产销衔接，发展"订单农业"，培育中介组织，开拓农产品市场。四是合理利用当地资源，发挥区位优势，发展有市场、有特色的支柱产业。五是增加农业投入，制定支持措施，从信贷、税收、进出口和维护市场秩序等方面，为结构调整创造良好的条件和环境。经过农业结构调整，全区取得了明显成效。一是农产品品种结构发生了积极变化，优质专用农产品生产快速发展。各盟市适应市场需求，淘汰了一批劣质品种，压缩大路品种，推动优质专用农产品生产发展。二是农业生产结构发生了很大变化，高效经济作物成为新的增长点，大幅度增加了经济作物和饲料作物的种植面积。三是农业生产布局发生了积极变化，主要农产品逐步实行优势产区集中。产业布局的调整开始打破了长期以来的"大而全、小而全"的农业生产格局，农业区域化布局、专业化分工的趋势逐步明显。一些各具特色、各显优势的作物带、产业带逐步形成。四是农村产业结构发生了积极变化，农民增收渠道逐步拓宽。各盟市在努力提高农业生产效益的同时，合理利用农业资源，向农业的广度和深度进军，积极发展农村第二、三产业，加快小城镇建设，组织劳务输出，形成多元化的农民增收渠道。五是在结构调整的实践中，农村经济运行机制、政府的工作方式和农民的思想观念都发生了积极变化，市场机制作用明显增强。农业结构调整推动了经营体制创新，农业产、加、销一体化进程加快，特别是农业产业化经营快速发展，成为带动结构调整的重要力量。

2003年，自治区各盟市认真贯彻执行中央加强农业和农村工作的方针政策，按照统筹城乡经济社会发展的要求，加大了解决"三农"问题的力度，推进农业和农村经济结构战略性调整，加强农村基础设施建设，深化农村改革，发展农村社会事业，保持农业农村经济平稳发展，农民收入稳步增长，大力推进农业结构调整。积极实施优势农产品区域布局规划，以良种补贴为切入点，扩大补贴范围，带动优质专用品种的推广，促进区域布局调整，推进优势农产品和特色农产品向优势产区集中。按照"统一标准、统一检测"的方向，理顺农产品质量检验检疫管理体制，加快统一、权威的农产品质量标准和检验体系建设，促进优质安全农产品发展。落实扶持农业产业化发展的政策措施，加大财政、税收和金融对产业化龙头企业的扶持力度，增强企业的带动能力。改革农技推广体制，按照"经营性服务和公益性职能分开"的思路，加快农技推广改革试点。加强农村市场建设，鼓励发展农产品和农业生产资料的连锁、超市、配送等现代流通方式。这些政策措施调动了企业和农户调整优化农业结构的积极性和主动性，全区农业结构调整迈出新步伐。适销对路的优质农产品发展加快，名特优新产品比重进一步提高；优势农产品产业带建设取得新进展，形成一批专业化程度高、规模大、竞争力强的优势产区；农业产业化和订单农业迅速发展，带动力强的龙头企业和各具特色的专业乡、专业村不断涌现；农产品质量安全管理和检验检测体系建设得到加强，农产品质量安全水平大幅度提高。全区适应市场需求，不断优化农产品品种和品质结构，优质专用农产品发展势头强劲。全区粮食作物播种面积有所减少，油料和青饲料为主的其他作物播种面积继续扩大，粮食作物、经济作物和以饲草料为主的其他作物种植结构由上年的73.8：17.7：8.5调整为70.5：18：11.5。自治区把发展特色农业作为调整农业结构、增加农民收入的重头戏，马铃薯、中药材、食用菌等名优特产品生产在全区逐步展开，对产业化龙头企业的扶持力度进一步加强。

二　农业综合开发

内蒙古自治区农业综合开发实施以来取得了显著成绩，项目区生产条件明显改善，综合生产能力不断提高，经营管理水平不断提高，农民收入稳定增长，并对周围地区发挥了积极的辐射、带动作用。从1989年至1995年，全区已先后在8个盟市、43个旗县实施了不同规模的综合开发。以综合利用资源为宗旨，以提高农业综合生产能力为目标，以改造中低产田、开垦宜农荒地为重点，以水利建设为中心，实行综合投入，运用综合措施，进行综合治理，讲求综合效益，大面积、高标准、集中连片地改变了农业生产条件。6年来全区累计投入资金13.1亿元，共改造低产田522万亩，开垦宜农荒地114万亩，新增粮食综合生产能力134万吨，占全区同期粮食生产能力总增加量的1/4以上。①特别是1992年开始实施的第二期农业综合开发，投资多、范围广、力度大，为全区农业经济持续稳定发展注入了新的生机和活力。1992—1995年，全区二期开发项目区共打配机电井12478眼，开挖疏浚渠道15746千米，其中衬砌1196千米，修建桥、涵、闸等水工建筑物19299座，新增灌溉面积129.5万亩，改善灌溉面积106.4万亩，新增和改善排涝面积58.8万亩。营造农田防护林21.8万亩，修建农田路7550千米。使260万亩中低产田得到改造，49万亩宜农荒地得到开发。②通过综合开发，全区部分商品粮基地防灾抗灾的基础设施得到填平补齐和挖潜改造，形成了稳定高产农田。随着生产条件的改善，项目区粮食、油料、甜菜等农产品产量不断增长。1994年，粮食总产量达到173.19万吨，比开发前增长72.1%；油料和甜菜产量分别达到6.28万吨和41.67万吨，比开发前增长了188.1%和52.7%。③如乌拉特中旗德令山和石兰计项目区周围的群众，1994年集资70万元，投劳17万个工日，自发地改造中低产田；扎鲁特旗第二期农业综合开发改造中低产田任务仅8.5万亩，但全旗50万亩平川甸子地都已按照田、林、路、渠综合配套的模式进行了统一规划，并按照综合治理的要求逐步进行改造。④农业综合开发是一项"国家引导、配套投入、民办公助"的农牧业建设项目。据统计，二期开发以来，项目区农牧民累计集资27525万元，相当于同期中央农发基金的1.49倍。赤峰市三年集资4220.5万元，群众集资占项目总投资的35%。兴安盟科右前旗开发项目区，3年群众集资1251万元，呼伦贝尔盟莫力达瓦达斡尔族自治旗的博荣乡，3年共改造、开发稻田2.2万亩，群众累计集资308万元。⑤1995年，自治区农业综合开发第三期开始，全区按照

---

①　张廷武：《农业发展战略与对策》（下卷），内蒙古人民出版社1997年版，第468—469页。

②　张廷武：《农业发展战略与对策》（下卷），内蒙古人民出版社1997年版，第469页。

③　张廷武：《农业发展战略与对策》（下卷），内蒙古人民出版社1997年版，第469—470页。

④　张廷武：《农业发展战略与对策》（下卷），内蒙古人民出版社1997年版，第471页。

⑤　张廷武：《农业发展战略与对策》（下卷），内蒙古人民出版社1997年版，第472页。

提高农业综合生产能力，保证粮、油、糖产量的稳定增长为目标，改造中低产田，改善生产条件，以科学技术为先导，推动项目区农业增长方式的转变，向高产、优质、高效、低耗方向发展。转变增长方式的同时注重市场需求为导向，调整优化项目区的产业结构，推进了产业化进程。根据国家批复，全区第三期农业综合开发的任务是改造中低产田242万亩，开垦宜农荒地22万亩，造林37万亩，围栏、改良草场和人工种草240万亩；投资规模为85619万元，其中，中央财政资金25500万元，地方财政配套20508万元，专项贷款9400万元，集体和群众自筹30211万元；项目完成后，项目区增加粮食综合生产能力73万吨，农民人均收入提高300元。全区第三期农业综合开发共涉及10个盟市、49个旗县，开发区旗县的数量占全区农牧业总数的55%。哲里木盟项目区34个，秋季新打机电井近千眼，平整土地25万亩；巴彦淖尔盟7个开发旗县共完成土方2500万立方米，占三年计划的70%；包头市组织工程技术人员深入项目区参加工程建设；赤峰市也大规模投入人力物力，加快项目区开发力度。[①]2000年，内蒙古自治区农业综合开发工作进一步围绕着农业结构调整和增加农民收入，继续加强农业基础设施建设，扎扎实实搞好中低产田改造，加强生态环境建设，突出和发挥区域优势，积极推进农业产业化经营，加大科技投入和科技示范推广力度，努力发展高产优质高效农业。

三 农业产业化基地建设

农业产业化是农村经济改革与发展的必然产物，是社会主义市场经济条件下农业发展的战略选择。在"九五"期间，中央对农业产业化经营多次指示，在其重大意义、发展重点、鼓励扶持、利益关系等方面都有政策论述。

1996年以后，全区进一步优化农业结构，根据各盟市自然条件和市场需求逐步调整产业布局，认真选择主导产业，推进了农业产业化发展。如巴彦淖尔盟以小麦为主，哲里木盟和赤峰市以玉米为主，乌兰察布盟以杂粮为主，兴安盟以水稻为主，呼伦贝尔盟以大豆为主推进了产业化发展。农业和农村经济发展进入新阶段以来，农业产业化经营作为农村经济组织创新的有效形式，在促进农村经济发展、农民增收和提高农业竞争力方面

---

① 张廷武：《农业发展战略与对策》（下卷），内蒙古人民出版社1997年版，第483—485页。

发挥着重要作用。1997年中央提出，要因地制宜，积极发展农业产业化经营，重视培育"龙头企业"，处理好龙头企业与农户之间的利益关系，充分调动企业和农民的积极性，抓紧建立健全社会化服务体系后，自治区政府加大农业产业化经营的扶持力度，重点培育了农业产业化龙头企业。

为了扶持农业产业化龙头企业，2000年，由农业部、国家发展计划委员会、国家经济贸易委员会、财政部、对外贸易经济合作部、中国人民银行、国家税务总局、中国证券监督管理委员会（简称"八部委"）联合印发了《关于扶持农业产业化经营重点龙头企业的意见》。自治区党委和政府认真贯彻中央有关扶持农业产业化的精神，结合自治区实际情况，研究制定了一系列对农业产业化的扶持政策，加大了协调和支持力度。2001年，全区各级政府和有关部门进一步加强了对农业产业化工作的指导，在制定扶持政策，培育龙头企业，加强基地建设，完善经营机制等方面开展了有成效的工作，农业产业化经营水平进一步提高，使农业产业化经营组织形式更加多样化。全区各盟市根据不同区域、不同行业和不同产品的特点，发展了各种类型的产业化经营组织。如巴彦淖尔盟的雪花粉、苹果梨，赤峰市敖汉旗的小磨香油和杏仁乳，呼伦贝尔盟的色拉油，通辽市的蓖麻油等。在产业化发展过程中，全区各地积极探索经营模式，总结出了公司＋农户，企业＋基地，生产＋服务，收购＋销售等模式，形成了产加销、贸工农一体化经营模式，使全区农业产业化经营开始呈现出多样化、大发展的格局。随着全区农业产业化经营的快速发展，龙头企业与农户的利益联结日趋紧密，呈现出合同方式、合作方式和股份合作方式等三种较为稳定的利益联结方式。特别是一些地方积极发展专业合作经济组织或各类协会，形成了以合作经济组织或协会为中介，上联企业、下联农户的组织形式，促进了农户与企业的利益联结。

2003年，全区农业产业化龙头企业和中介组织带动性的比重快速增加，利益联结方式出现新的亮点。产业化经营组织与农户的联结方式中，合同、合作、股份合作三种较为稳定方式以外丰富了订单内涵。新型订单除了包括定购产品数量、质量外，还指定最低保护价、提供系列化服务、加入"企业担保、银行贷款、政府贴息"等新的内容，稳定了企业和农户的关系。同时，有些产业化龙头企业引入保险机制，龙头企业通过建立风险基金、参加商业保险等方式降低风险，提高了共御风险的能力，并有效地解决了生产集约化、标准化问题,保障了产品质量安全。与此同时,各类农业产业化经营组织在地方政府的支持下,通过优化资本结构,采取兼并联合、股份制改造、租赁承包等方式进行改制,增强企业活力,完善管理制度,提高经营管理水平,取得了明显的经济效益。

随着农业结构调整步伐的加快,农产品市场化程度的不断提高,订单农业面临良好的机遇和市场环境,呈现出新的发展态势。2000年以来,自治区各级政府把订单农业作为推动农业产业化经营的重要环节,促进农业市场化的有效手段,在推进农业产业化的经营实践中,以产销衔接为重点,以保护农民利益为核心,以维护市场秩序为关键,因地制宜地发展起形式多样的订单农业。"龙头企业或加工企业+农户"模式是全区各地区普遍采取的一种农业产业化经营订单农业形式,还有些旗县采用粮油收购企业+农户,使粮油产业化基地建设迅速发展。此外,全区各地大力发展农民专合作社、专业协会等中介组织发挥信息灵通、渠道广的特点,与农民签订农产品购销合同,促进了订单农业的发展。2003年,全区农牧业产业化取得了积极进展。龙头企业进一步发展壮大,龙头企业辐射带动作用进一步增强,全区140万农牧户与龙头企业建立了产销关系,比上年增加20万户。农业产业化基地建设进一步加强,优质、专用农产品产量持续增加,农业产业化发展呈现出快速发展势头。

四　农业产业结构

1994年以来,内蒙古自治区在完善以家庭承包为主的责任制和统分结合的双层经营体制的基础上,调整农业内部结构,加大农业投入,合理布局农林牧渔业,使全区农牧林渔业总产值不断增加。1999年,国务院办公厅转发了《农业部关于当前调整农业生产结构的若干意见》,内蒙古自治区结合实际情况,相继研究制定了调整种植业生产结构的规划、方案以及政策措施,促进了农作物布局优化,促进了优质农产品的开发,增进了地方特色经济的发展。2003年,全区农林牧渔业总产值达666.38亿元,比2000年增长22.7%,与1994年相比增长115%。其中,农业产值占50.4%,比1994年增长99.7%;林业产值占7.1%,比1994年增长364%;畜牧业产值40.1%,比1994年增长150%;渔业产值占0.7%,比1994年增长78.4%。

农业产值中种植业产值占39.6%，2003年的种植业产值与1994年相比增长了56.9%，但由于1999年开始粮食价格持续低迷，生产资料价格快速上涨等原因，全区种植业产值逐步下降，2003年的种植业总产值比1998下降了12.9%，比上年减少了13.2%（详见图6-3）。

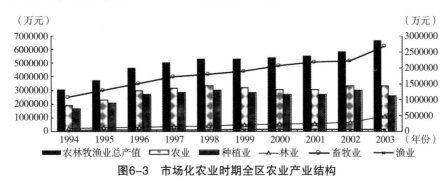

图6-3　市场化农业时期全区农业产业结构

资料来源：《内蒙古统计年鉴》，2011年版。

　　从全区各盟市农业产业结构情况看，各地区农林牧渔业总产值持续增长，种植业和畜牧业产值仍占据较大比重。1994年，农林牧渔业产值前五位是哲里木盟52.0亿元、赤峰市51.7亿元、呼伦贝尔盟41.2亿元、巴彦淖尔盟39.9亿元、乌兰察布盟31.1亿元。其中，种植业产值超过60%的有呼和浩特市、兴安盟、乌兰察布盟、伊克昭盟、巴彦淖尔盟，60%以下、50%以上的有包头市、乌海市、赤峰市、哲里木盟，种植业产值占20%以下的有以畜牧业为主的锡林郭勒盟和阿拉善盟。

　　2003年，通辽市（原哲里木盟）农牧林渔业总产值123.03亿元，其中农业产值占59.3%；赤峰市农牧林渔业总产值103.08亿元，其中农业产值占47.2%；巴彦淖尔盟农林牧渔业总产值76.79亿元，其中农业产值占63.4%；乌兰察布盟农牧林渔业总产值75.62亿元，其中农业产值占51.6%；呼伦贝尔盟农牧林渔业总产值74.98亿元，其中农业产值占36.1%；呼和浩特市农牧林渔业总产值56.13亿元，其中农业产值占40.5%；鄂尔多斯市（原伊克昭盟）农牧林渔业总产值49.74亿元，其中农业产值占46.9%；兴安盟农牧林渔业总产值44.64亿元，其中农业产值占54.2%；锡林郭勒盟农牧林渔业总产值42.81亿元，其中农业产值占25.1%；包头市农牧林渔业总产值36.8亿元，其中农业产值占52.5%；阿拉善盟农牧林渔业总产值6.19亿元，其中农业产值占42.1%；乌海市农牧林渔业总产值2.67亿元，其中农业产值占51.8%。各盟市农林牧渔业总产值持续上升，但农业产值逐步下降。

五　农作物生产结构

1994年，全区农作物播种面积492.5万公顷。其中，粮食作物播种面积402.7万公顷，占农作物总播种面积的81.8%；经济作物播种面积66.3万公顷，占农作物总播种面积的13.5%。1998年全区农作物总播种面积达602.7万公顷，与1994年相比增长22.4%。其中，粮食作物播种面积503.1万公顷，占农作物总播种面积的83.5%，经济作物播种面积85.9万公顷，占农作物总播种面积的14.3%；1998年粮食作物播种面积与1994年相比增长25%，经济作物播种面积增长29.6%。2000年，自治区政府进一步调整优化农业生产结构，以调高农产品质量和效益为中心，以稳定提高粮食生产能力为前提，继续全面调整了种植业作物结构，品种品质结构和区域布局，大力发展了优质高产高效农作物。稳定发展粮食作物生产，突出高效经济作物和饲料作物生产，逐步以"三元"种植结构为目标进行了种植业结构调整。2003年，全区农作物播种面积574.9万公顷，比上年减少2.3%，比1998年减少4.6%。其中，粮食作物播种面积405.1万公顷，比上年减少6.7%，比1998年减少19.5%；经济作物播种面积103.6万公顷，比上年减少0.4%，比1998年增长了20.6%（详见图6-4）。

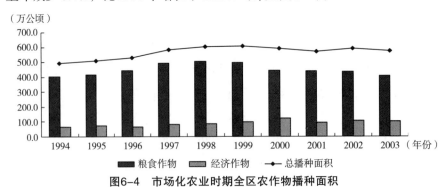

图6-4　市场化农业时期全区农作物播种面积

资料来源：《内蒙古统计年鉴》，2016年版。

（一）粮食作物生产

市场化农业时期，全区粮食作物播种面积发生了较大变化，各类粮食作物播种面积受粮食市场价格波动影响较强。粮食作物总播种面积从1994年开始逐年增加，到1998年达到503.1万公顷，比1994年增加100万公顷，之后逐年下降，到2003年回归到1994年的水平。其中，玉米播种面积直线增长，1996年播种面积超过小麦播种面积，成为全区播种面积最多的粮食作物。2003年，全区玉米播种面积159.1万公顷，占粮食总播种面积的39.3%。与1994年播种面积相比增长了90.1%，比上年增长了1.9%。小麦播种面积1997年达到116.5万公顷的最高年后，受市场价格下降而逐年减少，到2003年播种面积减少到31.8万公顷，与1997年相比减少了72.7%，与1994年播种面积相比减少了69.2%。稻谷种植面积从1994年开始快速扩大，到1997年全区种植面积达12.2万公顷，平均每年增长1.35万公顷。2001年后稻谷种植面积开始减少，到2003年又回到1994年的水平，比1997年相比减少了45.1%。谷子播种面积90年代一直保持在20万公顷以上，2000年开始谷子播种面积减少，到2003年播种面积14.2万公顷，比1999年减少了31.4%，与1994年相比减少了39.1%。莜麦播种面积1994年16.9万公顷，之后每年播种面积大幅度减少，到2003年播种面积只有4.4万公顷，平均每年减少1.25万公顷。糜黍播种面积1994年8.5万公顷，至1997年增加到20.7万公顷，1998年开始播种面积减少，至2003年减少到8.1万公顷，平均每年减少2.1万公顷。马铃薯1994年开始成为全区重点扩大的农作物，播种面积从1994年的25.3万公顷，增加到2003年的53.6万公顷，比1994年增加了111.9%，但比2000年的65万公顷播种面积，还减少了17.5%。大豆也是全区重点发展农作物，播种面积1994年60.4万公顷，至2000年增加到79.4万公顷，平均每年增长3.2万公顷，但是2002年播种面积减少到59.6万公顷，2003年增加到69.7万公顷，播种面积虽然比上年增长16.9%，但比1998年还减少了12.2%（详见表6-10）。

表6-10			市场化农业时期的粮食作物播种面积					单位：万公顷	
年份	粮食作物	小麦	玉米	稻谷	谷子	莜麦	糜黍	薯类	大豆
1994	402.7	103.4	83.7	6.8	23.3	16.9	8.5	25.3	60.4
1995	414.3	101.7	99.2	7.9	23.7	13.7	8.2	35.5	55.7
1996	442.4	109.4	111.6	9.0	25.2	13.0	17.1	41.6	55.5
1997	490.6	116.5	127.9	12.2	25.7	11.3	20.7	46.4	75.8

续表

年份	粮食作物	小麦	玉米	稻谷	谷子	莜麦	糜黍	薯类	大豆
1998	503.1	109.3	147.1	11.8	22.4	10.2	14.9	50.1	77.1
1999	495.1	93.8	157.2	11.7	20.7	9.3	12.4	58.2	73.7
2000	443.6	61.7	129.8	11.8	16.4	6.2	12.8	65.0	79.4
2001	438.3	51.6	151.9	8.6	17.6	3.3	11.5	56.7	75.5
2002	434.3	46.5	156.2	9.0	17.7	4.5	10.0	58.0	59.6
2003	405.1	31.8	159.1	6.7	14.2	4.4	8.1	53.6	69.7

资料来源:《内蒙古统计年鉴》,2004年版。

从全区粮食产量看,1994年粮食总产量突破1000万吨大关,1996年和1998年总产量突破了1500万吨。10年间平均产量为1334.7万吨,2003年种植业在局部地区遭受自然灾害的情况下,粮食产量仍达到1360.7万吨,虽然比上年减少了45.4万吨,但与1994年产量相比增长了29.8%。其中,玉米产量2003年达到888.7万吨,为历史最高产量,占粮食总产量的65.3%。与1994年的产量相比,产量增加了84.3%,平均每年增加了40.6万吨。小麦产量1994年234.8万吨,1996年达318万吨,为历史最高水平。1997年开始虽然播种面积有所增长但遭受自然灾害产量减少11万吨。1999年开始,受国内外市场价格低迷等原因影响,全区小麦播种面积大幅度减少,到2003年因遭受自然灾害,总产量只有79万吨,与1994年相比减少了66.4%,比上年减少了35%。稻谷产量1994年30.5万吨,1997年播种面积增加而产量达到70.6万吨,2000年产量达到72.2万吨,创历史最高水平。但是2001年开始播种面积持续下滑,2003年产量减少到45万吨,比2001年减少了27.2万吨,平均每年减少了9万吨。谷子产量在1994年到1998年的5年间,除1995年产量减少到23.9万吨外其他年份基本保持了40万吨以上,1998年产量达到44.3万吨。1999年后谷子播种面积持续下降,到2003年谷子产量减少到21.4万吨。其中,2000年一度产量减少到15万吨。莜麦产量在10年期间只有1994年、1996年和1998年超过10万吨以外,其他年份产量低于10万吨,特别是2001年产量只有1.3万吨,2003年有所增加,产量达到5.9万吨,与1996年的13.4万吨相比减少了56%。比上年增长了51.3%。糜黍产量与谷子产量基本相似,1994年到1998年,除了1995年产量降到7.3万吨外,其他4年产量均在10万吨以上。1999年到

2003年期间产量基本保持在5万吨左右。全区马铃薯产量在1996年124万吨，比1994年增长124.3%，比上年增长66.9%。2000年，全区马铃薯产量达184.3万吨，为历史最高水平，比上年增长66.5%。2003年全区马铃薯产量169.5万吨，虽然比上年增长了54.9%，但与2000年相比产量减少了8.6%。1994年到2003年的10年期间，全区大豆产量1994年94万吨，除1995年和2003年因产区遭受自然灾害产量下降到52.5万吨和53.6万吨以外，其他年份均有丰收。1997年大豆产量97.4万吨，比上年增长16.8%；2002年产量96.4万吨，比上年增长15.6%（详见表6-11）。

表6-11　　　　　　　　　市场化农业时期的粮食产量　　　　　　　　单位：万吨

年份	粮食	小麦	玉米	稻谷	谷子	莜麦	糜黍	薯类	大豆
1994	1083.5	234.8	482.3	30.5	41.4	10.0	10.7	55.3	94.0
1995	1055.4	262.2	518.4	39.6	23.9	8.8	7.3	74.3	52.5
1996	1535.3	318.9	751.5	51.0	49.3	13.4	11.4	124.0	83.4
1997	1421.0	307.9	677.9	70.6	41.1	7.6	11.0	114.4	97.4
1998	1575.4	282.7	839.8	60.3	44.3	10.0	10.8	127.0	93.8
1999	1428.5	273.1	771.4	68.8	29.2	6.4	5.5	110.7	82.5
2000	1241.9	181.8	629.2	72.2	15.0	2.7	5.3	184.3	85.8
2001	1239.1	127.1	757.0	56.7	25.7	1.3	5.1	108.8	83.4
2002	1406.1	121.5	821.5	56.0	30.3	3.9	5.3	168.5	96.4
2003	1360.7	79.0	888.7	45.0	21.4	5.9	5.5	174.5	53.6

资料来源：《内蒙古统计年鉴》，2004年版。

（二）经济作物生产

市场化农业时期，是内蒙古自治区经济作物生产快速发展时期。1994年，全区经济作物总播种面积66.3万公顷，到2000年种植面积达到122.9万公顷，比1994年增长85.4%，比上年增长26.4%。其中，油料作物播种面积由1994年的20.7万公顷，增加到2000年的87.9万公顷，增加65.5%。甜菜播种面积由1994年的11.8万公顷，减少到2000年的5.9万公顷，减少一半，平均每年减少0.8万公顷；烟叶播种面积由1994年的0.2万公顷增加到2000年的0.8万公顷，增加4倍，平均每年增加857公顷；果用瓜播种面积由1994年的1.3万公顷增加到2000年的4.8万公顷，增加3.7倍，平均每年增加 0.5 万公顷；蔬菜作物种植面积由 1994 年的 7.1 万公顷增加到 2000 年的 20.9 万公顷，增加 2.9 倍，平均每年增加近 2 万公顷；青饲料播种面积由 1994 年的 10.6 万公顷增加到 13.1 万公顷，增长 23.6%，比上年增长 45.6%。油料作物中葵花籽播种面积 2000 年 36.3 万公顷，比 1994 年增长 75.4%；胡麻籽播种面积 2000 年 10.1 万公顷，比 1994 年减少 33.6%；油菜籽播种面积 2000 年达 29.5 万公顷，比 1994 年增长 173%。

2003 年，全区经济作物总播种面积达 103.6 万公顷，比上年减少 0.4%。其中，油料作物播种面积 72.3 万公顷，比上年增加 4.9%。油料作物中葵花籽播种面积 32.8 万公顷，比上年减少 4.9%；胡麻籽播种面积 6.8 万公顷，比上年减少 10.5%；油菜籽播种面积 28 万公顷，比上年增长 24.4%；甜菜播种面积 2003 年 3.7 万公顷，比上年减少 47.9%；烟叶播种面积 0.7 万公顷，比上年减少 40%；果用瓜种植面积 3.6 万公顷，比上年增长 2.9%；蔬菜作物播种面积 19.2 万公顷，比上年减少 7.7%；青饲料播种面积达 56.5 万公顷，比上年减少 29%（详见表 6-12）。

表6-12　　　　　市场化农业时期的主要经济作物播种面积　　　　单位：万公顷

年份	总播种面积	油料作物	葵花籽	胡麻籽	油菜籽	甜菜	蔬菜	青饲料
1994	66.3	53.1	20.7	15.2	10.8	11.8	7.1	10.6
1995	71.3	55.7	20.7	15.1	13.5	14.0	1.3	9.7
1996	64.9	50.6	18.9	14.6	11.8	12.7	8.8	8.4
1997	78.8	49.9	21.6	13.5	11.7	12.6	11.8	9.8
1998	84.3	56.7	27.1	11.5	15.6	11.7	11.5	9.3
1999	97.2	68.0	35.1	10.5	17.5	6.6	16.4	9.0
2000	122.9	87.9	36.3	10.1	29.5	5.9	20.9	13.1
2001	92.4	60.8	32.0	3.8	19.9	5.8	18.2	33.3
2002	104.0	68.9	34.5	7.6	22.5	7.1	20.8	43.8
2003	103.6	72.3	32.8	6.8	28.0	3.7	19.2	56.5

资料来源：《内蒙古统计年鉴》，2004年版。

从经济作物生产量看，油料作物产量 1994 年 65 万吨，1999 年突破 100 万吨产量后，2000 年达 116.4 万吨。其中，葵花籽产量 2000 年 69.1 万吨，虽然比上年减少 3.5%，但与 1994 年相比增长了 55.3%；胡麻籽产量

6.5万吨，比上年减少9.7%，与1996年相比减少了42%；油菜籽产量30.5万吨，比上年增加64.9%，与1994年相比增长了2.7倍。甜菜产量2000年141.3万吨，虽然比上年增产4.5万吨，但与1994年相比减少了39.5%，与产量最高年1996年的320.7万吨相比少了55.9%。蔬菜产量2000年达到759.9万吨，比上年增长27.7%，与1994年相比增长了2.8倍。果用瓜产量2000年161.7万吨，比上年增长32.8%，比产量最低的1994年相比增长了4倍。2003年，全区种植业在局部地区遭受自然灾害的情况下，油料作物产量102.3万吨，比上年减少6.5%。其中，葵花籽产量比上年减少11.1%，胡麻籽产量增加了0.4万吨，油菜籽产量减少了10.3%。甜菜生产，2003年由于受国内外市场价格下跌影响和制糖产业调整以及关闭了一些老产区负债率高、规模小、污染严重的糖厂，产量大幅度下降，比上年减少了49%。蔬菜作物随着城镇化快速进展和菜篮子工程的有力推进，总产量快速增长。2003年，全区蔬菜产量达到846.8万吨，比上年增长12.1%，与1994年相比增长3倍多，比2000年的产量增长了11.4%。果用瓜生产1999年产量恢复到1994年水平，2003年产量103.2万吨，但与上年相比产量减少了14.6%（详见表6-13）。

表6-13　　　　　　　市场化农业时期的主要经济作物产量　　　　单位：万吨

年份	油料作物	葵花籽	胡麻籽	油菜籽	甜菜	蔬菜	果用瓜
1994	65.0	44.5	8.7	8.3	233.6	267.9	121.8
1995	70.2	47.2	8.0	9.5	263.5	308.3	40.5
1996	81.4	53.9	11.2	10.5	320.7	365.4	49.6
1997	73.1	53.5	8.5	8.9	306.4	420.4	61.9
1998	90.3	59.4	10.6	14.1	259.2	433.4	84.4
1999	100.9	71.6	7.2	18.5	136.8	594.9	121.8
2000	116.4	69.1	6.5	30.5	141.3	759.9	161.7
2001	80.6	61.0	1.9	13.0	133.1	768.7	106.9
2002	108.9	70.4	6.5	28.2	195.0	755.3	120.8
2003	102.3	62.6	6.9	25.3	99.4	846.8	103.2

资料来源：《内蒙古统计年鉴》，2004年版。

第四节　农产品市场体系改革

一　农产品流通体制改革

1993年以来，国家把理顺粮食购销价格、保护农民种粮积极性作为深化粮食流通体制改革的着眼点，多次提高粮食定购价，有力地促进了粮食生产发展。但由于生产资料价格继续以较高的幅度上涨，农民因粮价提高而增加的收益被部分抵消，种粮比较效益降低。尽管各地采取了价外补贴、粮肥挂钩等补偿办法，但粮食订购价格低，生产资料价格高的矛盾仍然较为突出。1994年，《国务院关于深化粮食购销体制改革的通知》决定对粮食部门实行政策性业务和商业性经营分开的两条线运行改革。1995年，国家订购粮的粮权属国家，下放给省一级政府使用，并规定各级粮食部门和企业不得擅自将定购粮用于盈利性的经营。定购粮有余的允许转为地方储备，可以用于品种兑换，也可以经省级政府批准后通过市场卖给缺粮地区，其价差收入要由地方财政专项列收列支，用于充实粮食风险基金，不得挪用。

1996年在巩固和完善"米袋子"省长负责制的基础上，中央对粮食购销体制改革主要调整粮食定购价格，调整粮食销售价格和酝酿、设计深化粮食流通体制改革的方案。对小麦、稻谷、玉米、大豆四种粮食平均订购价进行提价。据农业部调查，全国平均50千克小麦由51.8元提高到73.6元，提幅为42.1%；稻谷由53元提高到75.6元，提幅为42.6%；玉米由40.8元提高到61.9元，提幅为51.7%；大豆由87元提高到111元，提幅为27.6%。由于订购价格大幅度提高，以及粮食获得丰收使市场粮食价格下降，粮食订购价与市场价已非常接近，内蒙古玉米出现订购价高于市场价格的局面。1997年，粮食订购价格基本维持上年水平，市场粮价稳中有降。1995—1996年，全国农业生产连续丰收，有力地缓解了多年来粮食供求紧张的矛盾，在粮食供求总量基本平衡的情况下，个别品种出现了暂时的供大于求。受此影响，市场粮价从1996年秋季上市起不断下跌，到1997年上半年部分品种的市场粮价已经低于国家订购价，国家及时出台了保护价敞开收购的议购粮政策。明确提出1997年粮食定购价格一律维持上年水平，即在1996年粮食定购基准价格的基础上按上浮10%执行；保护价按1996年粮食定购基准确定。1998年国务院决定，小麦、玉米、水稻等主要粮食品种由国有粮食收储企业负责收购，收购价格包括订购价格和保护价格，由地方政府根据中央确定的原则即保证农民种粮的合理收益和粮食企业的必要购销储存费用加上微利制定。同时放开粮食销售市场与价格，集贸市场敞开开放。1999年，粮食市场价格下降幅度之大成为近十几年来之最，综合价格基本回落到1994年初的水平。对此国家发展计划委员会下发了《关于1999年粮食收购价格政策的通知》，明确规定"在当前市场粮价较低的情况下，可以将定购价调低到保护价水平"，使内蒙古东部劣质小麦收购价格大幅度下降。2000年，国家继续实行"三项政策、一项改革"为重点的粮食流通体制改革。缩小保护价格的收购范围，内蒙古东部春小麦大幅度降低收购价格的基础上，实行市场收购、市场定价、市场流通，国有粮食企业对这部分粮食按照"购的进、销的出、不亏损"的原则经营。同时调整保护价水平，安排内蒙古东部区玉米保护价为每50千克42—44元，比上年提高了2元。

2003年10月中旬以来，全国粮食及棉花、油料等大宗农产品价格出现6年来首次明显波动，多种"菜篮子"产品价格也普遍上涨，部分产品价格涨幅较大。这一轮粮价上涨，是在放开粮食市场的情况下，由供求关系的变化、市场自发调整等因素，带有明显的恢复性及市场连带效应，具有涨价时间集中、范围广、幅度大的特点。2003年1—8月市场粮价涨跌互现，从9月开始，受国际油料市场价格上涨及国内秋粮减产等多种因素的影响，市场粮价全面上扬。10月份涨价幅度加大，大宗粮食价格均高于上月和上年同期，玉米、稻谷、大豆价格达到2000年以来最高水平。稻谷、玉米、小麦、大豆4种粮食市场平均价比年初提高10%，比9月份和上年同期分别提高了2.8%和12.3%。即每50千克小麦价格53.81元，玉米58.39元，稻谷58.32元，大豆145.49元。

二　农产品市场体系建设

20世纪90年代以来，内蒙古自治区农产品市场体系建设取得了显著成效。在市场的硬件与软件建设、市场主体的培育、政府宏观调控等方面有了进一步加强。全区城乡集贸式市场和农产品批发市场经过多年的建设与发展，大多数集贸市场尤其是批发市场都拥有用水泥硬化的交易场地，交易大棚或门店，部分市场有储藏保鲜和加工设施。市场内部设置通讯、金融等配套服务设施。随着我国农村改革的不断深入和农村经济持续、稳定发展，全区各地大力发展集贸市场、农产品批发市场以及零售网点，农产品市场体系建设取得了显著成效。特别是1994年国务院提出要"建立以批发市场为中心的农贸市场与零售商业相结合的市场网络和商品大流通的格局，形成总量平衡、物流畅通、经营灵活的运行机制"的要求后，自治区各级政府普遍重视和加强了农副产品市场体系建设，各盟市旗县相继兴建了一批农产品专业批发市场。在农产品市场兴起与发展的同时，培育了富有活力的运销组织或联合体，以及各类专业技术协会等。2000年，经过多年改革开放的实践，在农产品流通领域打破了原来的计划经济体制下的国营商业"一统天下"局面。农民个体运销户、经纪人、各类农民合作组织、农业产业化龙头企业等成为主力军。2002年，全区各地积极制定粮改方案及风险金补贴政策、粮食企业改革方案、收购企业资格审批办法、粮食运输方法等配套政策措施。重点抓粮食市场体系建设，促进粮食经营入市主体和市场建设投入主体的多元化，努力创造"放而不乱、活而有序、公平竞争"的市场环境。决定乌海市进行粮食市场化购销改革试点，将中等品以下的稻谷、玉米退出保护价收购。2003年，随着农产品价格上涨，全区各地纷纷开辟了"绿色通道"，农产品运输车辆享受优先通行和减免费用等优惠，保证了农产品市场流通，并大力发展了农产品连锁配送、现代物流等新型农产品市场流通方式，鼓励发展农民专业合作经济组织，提高农民进入市场组织化程度。

第五节　农业现代化的经济效益

1994年以来，特别是1995—2000年的"八五"时期经过农村经济体制改革，内蒙古自治区农业经济在微观经营体制改革中得到进一步完善。以家庭联产承包责任制和统分结合双层经营体制下加快调整了农业经济结构，大力发展种植业，实施"丰收计划"和"星火计划"以及"菜篮子工程"等建设取得了显著成就。市场化农业时期，全区种植业机械化水平和农业综合生产能力持续提高，有效灌溉面积稳步增长，农田水利建设进一步强化，抗灾防灾能力不断提升。同时，加强了农业环境监测、农业气象服务、农业科技攻关、农村能源综合建设，农业综合开发和农产品市场体系改革等有力措施，全区农业经济效益大幅度提升，土地生产率、劳动生产率以及产品商品率、农民人均收入有了显著成效。

一　土地生产率

1994年，全区每亩粮食生产量为179千克，油料生产量每亩82千克，甜菜每亩产量1325千克，马铃薯每亩产量146千克，大豆每亩产量104千克，玉米每亩产量385千克，小麦每亩产量152千克，稻谷每亩产量299千克，谷子每亩产量119千克。到2003年粮食每亩产量提高到224千克，比1994年增长25.1%。1994—2003年期间，粮食土地生产率最高的年份是1996年为每亩231千克，比10年的平均产量199千克相比高出16.1%；油料土地生产率10年平均每亩产量95千克，2003年油料每亩产量94千克，虽比1994年增长14.6%，但比上年下降了11.3%；甜菜每亩产量10年平均为1549千克，2003年亩均产量1773千克，比平均亩产高出14.5%，比上年减少了3.9个百分点，比1994年增长了33.8%；马铃薯每亩平均产量10年间为167千克，2003年每亩产量达217千克，比上年增长11.9%，与1994年相比亩均产量增长了48.6%；大豆土地生产率10年平均每亩81千克。其中只有1994年、1996年和2002年，每亩产量超过100千克，其他年份均是80千克以下，特别是2003年因产区遭遇自然灾害，每亩产量下降到51千克，比平均亩产减少了30千克，下降率达37%，比上年亩均产量减少了52.8%。

玉米每亩产量10年平均每亩产量362千克，其中1994年、1996年、1998年和2003年突破了平均亩产，特别是1996年全区玉米每亩产量高达449千克，比平均亩产高出24%，2003年每亩产量372千克，比上年增长6.0%；小麦每亩产量10年间平均176千克，亩均产量最高年2000年达到196千克，比平均亩产超出11.4%，2003年亩产166千克，比上年下降了

4.6%；稻谷每亩产量10年间平均384千克，基本保持了每年递增状态。2003年是稻谷每亩产量最高年份，亩产达到448千克，比平均亩产高出16.7%，比上年增长了7.7%；谷子每亩产量10年平均102千克，最高年份为1996年达130千克，最低年份2000年为61千克，亩均产量相差69千克，成为粮作物中亩均产量最不稳定的作物。全区农作物生产中土地生产率稳中增长的是甜菜、马铃薯、玉米、稻谷和小麦，大豆、谷子、油料作物土地生产率极不稳定（详见表6-14）。

表6-14　　　　　　市场化农业时期主要农产品单位产量　　　　　千克/亩

年份	粮食	油料	甜菜	马铃薯	大豆	玉米	小麦	稻谷	谷子
1994	179	82	1325	146	104	385	152	299	119
1995	170	84	1252	140	63	348	172	336	67
1996	231	107	1683	196	100	449	194	379	130
1997	193	96	1618	164	86	353	176	386	107
1998	209	106	1472	167	81	381	173	341	132
1999	193	99	1389	127	75	327	194	393	94
2000	187	88	1599	189	72	323	196	407	61
2001	189	88	1537	128	74	332	164	438	97
2002	216	106	1844	194	108	351	174	416	114
2003	224	94	1773	217	51	372	166	448	101

资料来源：中国农业年鉴编委会：《中国农业年鉴》，1995—2004年版。

二　劳动生产率

与农作物土地生产率相比，全区农作物生产的劳动生产率呈现出粮食作物劳动生产率90年代中后期保持较高水平。1996—1999年粮食人均生产量达到647千克，比10年平均人均产量574千克超出了12.7%，比2000—2003年人均生产量552千克高出17.2%。2003年人均生产量572千克，比1994年增长18.7%，比上年减少3.3%，与产量最高1998年的681.9千克相比下降了16.1%。油料人均生产量10年间基本保持了稳定增长态势，2003年全区人均油料生产量43千克，比1994年相比增长了48.3%，比上年减少6.1%，但与10年平均产量相比增加了5千克；甜菜人均生产量1996年达到最高峰141.7千克以后，逐年下降，到2003年因播种面积和总产量减少全区人均生产量仅有41千克，比上年的82千克减少了50%，与最高年的1996年相比人均减少了100千克，与10年平均相比减少了53.8%（详见表6-15）。

表6-15　　　　　市场化农业时期主要农产品人均占有量　　　单位：千克/人

年份	粮食	油料	甜菜
1994	482.4	29.0	104.0
1995	462.0	30.8	115.4
1996	678.4	36.0	141.7
1997	620.9	32.0	133.9
1998	681.9	39.1	112.1
1999	607.0	42.9	58.1
2000	524.2	49.1	59.6
2001	521.4	33.9	56.0
2002	591.3	45.8	82.0
2003	572.0	43.0	41.8

资料来源：中国统计局：《中国农村统计年鉴》，1985—1994年版。

从每一农业劳动力生产的农产品情况看，全区粮食生产每个农业劳动者平均产量为2725千克，最高年份1998年达到3471.7千克，最低年份1994年2167.7千克。1996—1998年平均每一农业劳动者生产粮食3326千克，1999—2003年平均生产量为2550千克，两个时期相差776千克。2003年全区每一农业劳动者粮食生产量2591.7千克，比上年减少2.9%；油料每一农业劳动者生产量195千克，比上年减少5.8%，比1994年增长49.7%，比生产量最高的2000年的221.7千克相比减少了13%。每一农业劳动者的甜菜产量1994年为467千克，2000年减少到269千克，2003年减少到189千克。2003年比1994年下降率为59.5%（详见表6-15）。

三　产品商品率

1994年以来，全区粮食生产的商品率为30%以上，到1999年商品率程度超过50%，2000年后随着粮食生产的专业化和粮饲兼用玉米生产商品进一步提高，基本达到80%以上。油料、糖料、麻类、烟叶、果用瓜等经济作物商品率始终保持在较高水平。1994年油料作物商品率71.7%，糖料商品率 90.2%，麻类商品率 81.3%，蔬菜商品率 27.9%，烟叶商品率 85.7%，水果商品率 82%，果用瓜商品率 81.8%。1999 年，全区油料商品率 64.8%，比上年下降 9.5 百分点；糖料商品率 66.3%，比上年增长 12.1 个百分点；麻类 1997 年生产 100 吨，商品率达 100% 后，生产量锐减；蔬菜商品率 1999 年提高到 45.5%，比上两年的 61%，大幅度下降；烟叶商品率 1999 年 77.3%，比上年增长 4 个百分点，因生产量不稳定而商品率也极不稳定；水果和果用瓜商品率始终高于 80%。[1]2000 年后，随着农产品市场体系改革和建设加快，农产品商品率大幅度提高。特别是 2003 年开始农产品市场价格快速增长，进一步促进了粮食、油料、糖料、蔬菜、水果等农产品的商品化生产。

四　人均收入

1994 年以后，内蒙古自治区始终把农业放在国民经济发展的首位，坚持把发展农村经济、提高农业生产力水平作为整个农业和农村工作的中心，以农民增收为主题、战略性结构调整为主线，不断优化农业结构，积极进行农产品市场体制改革和农业产业化经营。随着全区农业农村经济得到快速发展，农民收入不断增加，长期贫困落后的农村面貌发生了实质性变化，农民人均收入大幅度增加，但家庭经营性纯收入仍占 80% 以上，农业外收入比重仍然处于低位。1994 年，全区农民家庭平均每人年纯收入 969.9 元。其中，劳动者的报酬收入和家庭经营纯收入占 94.4%，转移性收入占 1.8%，财产性收入占 3.8%。

1999 年，全区农民家庭人均纯收入突破 2000 元，比上年增长劳动者报酬收入比例提高 4.1%，家庭经营性纯收入下降 6.8%，转移性收入比例增加 0.3%，财产性收入比例下降 3.1%。2003 年，全区农民家庭平均每人年纯收入达 2267.7 元，比上年增长 8.7%，比 1994 年增长 133.8%，平均每年增长 130 元。其中，劳动者报酬收入 344.6 元，占总纯收入的 15.2%，比 1994 年增长 323.3%，平均每年增加 26.3 元；家庭经营性收入 1818.8 元，占总纯收入的 80.2%，比 1994 年增长了 118%，平均每年增加了 98.5 元，在总纯收入中所占比例与 1994 年相比下降了 10.9 个百分点；转移性

---

① 　内蒙古自治区统计局编：《内蒙古统计年鉴》，1994—2004 年版。

收入由1994年的17.8元增加到2003年的52.6元，年均增长率为19.6%，总收入中的比例从1.8%提高到2.3%；财产性收入由1994年的36.9元增加到2003年的51.7元，总收入中的所占比重从3.8%下降到2.3%，农民家庭收入构成呈现出多样化，逐步改变着单一依靠家庭经营收入的局面（详见表6-16）。

表6-16　　　　　　　农民家庭平均每人年纯收入及构成　　　　　单位：元/人

年份	纯收入	一、基本收入（1+2）	1.劳动者的报酬收入	2.家庭经营纯收入	二、转移性收入	三、财产性收入
1994	969.9	915.2	81.4	833.9	17.8	36.9
1995	1208.4	1134.6	98.6	1036.0	19.0	54.8
1996	1602.3	1550.2	126.0	1424.2	23.4	28.8
1997	1780.2	1750.0	162.6	1587.4	26.2	3.94
1998	1981.5	1934.2	216.8	1717.4	34.1	13.3
1999	2002.9	1948.6	259.4	1689.2	41.1	13.2
2000	2038.2	1978.4	287.6	1690.8	24.6	35.2
2001	1973.4	1922.6	300.1	1622.5	18.3	32.5
2002	2086.0	2014.4	320.0	1694.4	20.6	51.0
2003	2267.7	2163.4	344.6	1818.8	52.6	51.7

资料来源：《内蒙古统计年鉴》，1993年版。

第六节　农业现代化政策效果及意义

1994年，确立中国特色社会主义市场经济体制以来，内蒙古自治区加快建设农业现代化，深化农村经济体制改革，进一步改革粮食购销体制，完善农村基本经营制度，延长耕地承包期，重点优化了农业结构和区域布局，培育和发展农产品生产基地，加强农业基础设施建设，推行农村税费改革，极大地促进了全区农业经济的发展，加快了农业现代化建设。1994年，内蒙古遭受了历史罕见的自然灾害，但粮食生产却克服了种种困难再获丰收，达到1083.5万吨，成为当时历史上的第二个高产年，由此也标志着内蒙古农业生产基本告别了"靠天吃饭"的日子，迈入了依靠科技进步和生产要素投入的全新发展阶段。

第一，农村产业结构进一步优化，乡镇企业稳步发展。随着市场经济制度的确立和农业现代化建设步伐的加快，全区农村经济组织快速发展，乡镇企业、村办企业数量快速增加。吸收了大量农业劳动力，促进了农民收入多样化发展。但是，全区乡镇企业发展不平衡，有些地区对乡镇企业作用的认识不足，未能发挥乡镇企业机制灵活的优势。

第二，农业结构日趋合理化，加快了农业产业化基地建设。全区积极推进农业结构调整，加强农业综合开发力度，加快建设农业产业化基地，使农业产业结构向进一步合理化方向调整，按照市场需求调整了粮食作物生产和经济作物生产比重。与此同时，加快建设了小麦、玉米、杂粮、水稻大豆为主的产业化基地。从此，农业产业化经营作为农村经济组织创新的有效形式，在促进农村经济发展、农民增收和提高农业竞争力方面发挥着重要作用。

第三，现代农业装备条件不断改善，提高了农业生产综合能力。农业机械化程度翻倍增长，农业水利化、电气化水平大幅度提升，化学肥料施用量大幅度增加，农业生产基本实现了现代农业条件。但在农业生态建设、基本农田保护、土壤肥力加强以及调动农民对耕地投入的积极性等方面仍存在诸多不足。

第四，农业基础设施建设强化，农业综合生产能力不断提升。1994年以来，内蒙古自治区加大商品粮基地建设投入，加快了灌区节水改造步伐。但是，农业基础设施建设投入总量不足、农业生态环境日益恶化、中低产田改造率偏低，耕地养分含量下降、耕地污染较严重，严重影响了农业经济效率的提升和农民收入的持续稳定增长。

第五，农产品价格波动较大，农民收入不稳定。由于农产品市场体系建设相对滞后，全区粮食主产区农民收入增长幅度低于全国乃至全区平均水平，许多纯农户的收入持续徘徊甚至下降，城乡居民收入差距仍在不断扩大。农民收入长期上不去，不仅影响到农民生活水平的提高，而且影响了粮食生产和农产品供给，严重制约了全区农业经济的快速健康发展。此阶段农民增收困难，是农业和农村内外部环境发生深刻变化的现实反映，也是城乡二元结构长期积累的各种深层次矛盾的集中反映。

农业现代化进程中，虽然农业结构日益合理化，产业化基地建设顺利推进，但在农产品市场约束日益增强、农民收入来源日趋多元化的背景下，促进农民增收必须有新思路，采取综合性措施，在发展战略、经济体制、生产方式、经营主体等方面应采取有力措施，改善农民生活水平，增强农业生产综合能力，发展农业经济的产业化发展。为此，第一，加强主产区粮食生产能力建设，支持粮食转化和加工业，增加粮食主产区的资金投入，促进种粮农民增加收入；第二，继续推进农业结构调整，挖掘农业内部增收潜力，提高农产品质量安全水平，加快发展农业产业化经营，加强农业科技推广；第三，发展农村第二、三产业，拓宽农民增收渠道，推进乡镇企业改革和调整，大力发展农村个体私营等非公有制经济，繁荣农业农村经济；第四，发挥市场机制，搞活农产品流通，深化粮食流通体制改革，培育农产品营销主体，支持鲜活农产品运销，建立高效率的绿色通道，进一步改善农产品的流通环境；第五，加强农业基础设施建设，继续增加财政对农业和农村发展的投入，改善农民生产生活条件，带动农民就业，增加农民收入。

第七章　市场经济深入发展与农业经营产业化

　　2004—2015年是内蒙古农业农村经济发展卓越成就的时期，实现了粮食产量、农民收入跨越式发展阶段，也是农村面貌变化最大、农民得到实惠最多的时期。在产业化农业发展阶段，内蒙古全面贯彻落实党中央、国务院的一系列决策部署和惠农政策，努力克服自然灾害影响，不断强化农业基础地位，大力推动农业和农村的发展，着力保障和改善民生，农村工作实现了重大突破。"十一五"时期：第一，全区农业综合生产能力大幅提升。全区粮食产量从2004年的1505万吨增加到2010年的2158万吨，由全国的第13位上升到第11位，人均粮食占有量从2001年开始连续10年居全国第3位，成为全国13个粮食主产区和5个粮食净调出省份之一。从2008年起，全区每年向国家提供1000万吨商品粮，为国家粮食安全做出了贡献。第二，农业经济结构进一步优化。种植业向高产、优质、高效方向发展，2010年"两高一优"作物种植面积占到66%，比2005年提高19个百分点。设施蔬菜、马铃薯面积双双突破百万亩，分别达到8.65万公顷和11.93万公顷。第三，农业产业化进程加快推进，粮油、马铃薯、蔬菜瓜果、饲草料等主导产业不断壮大，农产品质量、效益和市场竞争力明显提高。农民专业合作社发展迅速，2010年合作社数突破10000个，成员数发展到9万户以上。第四，生态建设和水利建设迈出坚实步伐。累计完成水利建设投资203亿元，开工建设了一批重点水利工程，农田有效灌溉面积达到300万公顷，节水灌溉面积233.3万公顷。第五，农牧民收入明显提高。不断强化各项惠农惠牧政策，努力拓宽农牧民增收渠道，千方百计增加农牧民收入。"十一五"时期，农民人均纯收入年均增长10%，跨越了3000元、4000元、5000元大关，由2005年的5530元起，连续5年列西部省份首位，2010年居全国第16位。"十二五"时期，内蒙古自治区各地有关部门认真贯彻党中央、国务院的决策部署，主动适应经济发展新常态，推动农业经济发展保持了稳中有进的良好态势，取得了新的发展成就。2015年，全区粮食产量由2010年的2158万吨增加到2827万吨，从全国第11位上升到第10位，实现了"十二连增"，人均粮食占有量居全国第三位。农业产业化进程加快，农产品转化率达到58%，比2010年提高了7个百分点。杂粮、杂豆、马铃薯等加快发展，成为自治区新的特色优势产业。农业机械化水平由2010年的68%提高到81%。农村信息化水平明显提高，信息服务能力显著提升。全区农田有效灌溉面积达到360万公顷，其中节水灌溉面积达到350万公顷。

2011年开始，全区加快推进建设新增百亿斤粮食生产能力工程。第一，以增强农业生产能力和农民增收为目标，以节水灌溉为根本措施，以保护生态环境为前提，通过水利、农业机械化、农业科技服务和防灾减灾等综合措施，转变耕作和生产方式。第二，实施了"四个千万亩"节水灌溉工程，建立了较为完善的水源工程体系，节水灌溉工程体系和灌溉管理社会化、专业化服务体系。第三，围绕建设标准化设施农业基地，全区新增设施农业基地，2015年面积达到10.5万公顷。其中，日光温室5.7万公顷，大中棚4.8万公顷。第四，在培育壮大产业化龙头企业方面，坚持以新型工业化、市场化引领和带动农业产业化。到2015年全区农业产业化龙头企业市场份额进一步扩大，农牧业产业化经营的规模、层次和水平进一步提升。第五，围绕农业产业发展需要，以加快科技创新与成果转化为重点，优化整合和合理利用现有资源，建立并逐步完善农科教结合、产学研协调的现代农业科研和技术推广体系。重点建设和推进农业科研和技术推广公共服务机构。扎实推进农业科技入户，大力推广主导品种和主推技术，强化对农民的科技培训。农业科技的进步，使全区农业科技进步贡献率2015年达到53%，比"十一五"提高了5个百分点，农业综合机械化水平达到了75%。第六，围绕农产品市场和服务体系建设，升级改造重点农产品批发市场，加快建设农产品物流配送等设施。通过继续推进"万村千乡"市场工程，全面发展"双百"市场工程和农超对接，鼓励供销、邮政、农业产业化龙头企业等通过直营、加盟、自由连锁等形式，加快发展连锁经营。

第一节 农业产业化政策实施

一 农业支持政策

2004年，党中央把解决好"三农"问题作为全党工作的重中之重，把加强农业特别是粮食生产作为宏观调控的重要任务，出台了重农支农的《中共中央国务院关于促进农民增加收入若干政策的意见》，实行了一系列政策措施，支持发展粮食生产、促进农民增收。至此，内蒙古自治区针对农村土地第二轮承包中存在的问题，贯彻落实国务院有关规定和《土地承包法》，以维护农民合法权益为核心，着力解决了各种土地承包纠纷，为农业农村经济发展奠定了基础，进一步加强耕地保护力度，严格执行了基本农田保护制度。为了保护农民利益，全区各级政府认真落实农村税费改革的基础上，坚持"多予、少取、放活"的方针政策，进一步减轻了农民负担。为了促进粮食生产和农民增收，全区政府按照国务院出台的《关于抓好粮食生产做好粮食市场供应工作的紧急通知》要求，加强对农用化肥供应、价格稳定、市场管理力度，实施逐步降低农业税税率，取消除烟叶外的农业特产税，建立主产区种粮农民的直接补贴，实施良种补贴和农机具补贴的"两减免""三补贴"政策。与此同时，自治区政府为了搞活农业经济、增加农民收入贯彻落实国务院发布的《关于进一步深化粮食体制改革的意见》，全面开放粮食收购市场，健全粮食市场体系。按照《中共中央国务院关于促进农民增加收入若干政策的意见》和《国务院办公厅关于进一步做好改善农民进城就业环境工作的通知》精神，积极做好促进农村劳动力转移工作。

2005年农业和农村工作的总体要求是，继续调整农业和农村经济结构，进一步深化农村改革，努力实现粮食稳定增产、农民持续增收，促进农村经济社会全面发展。内蒙古自治区认真贯彻落实中央精神，继续加大了"两减免""三补贴"等政策实施力度，切实加强对粮食主产区的支持，建立了稳定增长的支农资金渠道。在加强农田水利、生态建设和提高农业抗御自然灾害的能力的同时，农村基础设施建设，改善农业发展环境等方面加大了建设力度。与此同时，加强了对粮食生产、发展特色农业、农业产业化经营以及农产品加工等现代农业建设。2006年，在统筹城乡经济社会发展，扎实推进社会主义新农村建设上加大力度，拓宽农民增收渠道，稳定、完善、强化了对农业和农民的直接补贴政策，加强了扶贫开发工作。特别是农村现代流通体系建设和农业产业化经营以及发展循环农业上积极推进农业结构调整，按照高产、优质、高效、生态、安全的要求，调整优化了农业结构。2007年，自治区政府贯彻落实中央农业农村发展政策，加大支农惠农政策力度，建立健全和严格执行减轻农民负担的各项制度，加大粮食生产扶持力度，加快发展了优质粮食产业，提高了农业可持续发展。为深入贯彻落实《中共中央国务院关于积极发展现代农业扎实推进新农村建设的若干意见》和中央农村工作会议精神，实施发展现代农业"十大行动"，即增强粮食综合生产能力、推进健康养殖业、促进高效经济作物和园艺产业、加强农产品质量安全监管、推进农业科技创新应用与新型农民培训、提升农业产业化和组织化水平、促进循环农业、加强现代农业设施装备、防控禽流感等重大动物疫病、推广社会主义新农村建设示范等。

2008年，内蒙古自治区稳定发展粮油生产的基础上，加快农业标准化建设，大力发展了无公害农产品、绿色食品，因地制宜发展有机农产品，全面提升了农产品质量安全水平。与此同时，大力支持农业产业化和农民专业合作社发展，实施"一村一品"强村富民工程。为了推进现代农业产业技术体系建设，切实加强了耕地保护和质量建设，加快推进农业机械化发展和农业技术推广，采取各种形式开展农产品促销活动，推动了鲜活农产品"绿色通道"建设。2009年，内蒙古自治区继续稳定发展粮食及油料生产的基础上，大力发展乡镇企业、农民专业合作社和农产品加工业，促进农民收入稳定增长。同时，把加快推进农业机械化、农业科技创新与应用，农产品市场体系建设等作为现代农业产业体系建设推进，取得了较好成效。2010年，面对国内外经济形势复杂多变、农产品价格异常波动、自然灾害多发频发等严重挑战下，内蒙古自治区认真贯彻落实中央决策部署，完善和落实强农惠农政策，继续对种粮农民实行直接补贴，增加良种补贴，扩大马铃薯补贴范围，稳定发展了粮油生产。与此同时，全区各地大力实施新一轮"菜篮子"工程，推进标准化生产，强化农产品市场信息服务和流通体系建设，加快实施"金农工程""三电合一"工程和

"12316"农业信息综合服务平台建设，强化了农产品市场监测预警和信息发布。

2011年，自治区在加大强农惠农政策落实力度、稳定发展粮油生产的基础上，大力发展"菜篮子"产品生产，努力改善农产品流通和市场调控，加快农产品质量安全监管，大规模推进了农作物病虫害专业化统防统治，并进一步优化了农业生产力布局，推进现代农业示范区建设，加快了现代农业产业体系建设步伐。2012年，继续贯彻落实上年各项政策措施的同时，加快推进农业科技创新、基层农技推广体系建设、发展现代农作物种植业，在加强高标准农田建设等方面加大投入。2013年，内蒙古自治区实现粮食生产"十连增"、农民增收"十连快"，农业经济稳中有进的形势下，进一步增加农业"四补贴"规模，实施农业防灾减灾稳产增产关键技术补助和土壤有机质提升补助，稳定发展了粮油生产。自治区各地根据中央一号文件和农村工会议精神，坚持依法自愿有偿原则，引导土地承包经营权有序流转，发展多种形式的适度规模经营，加大对专业大户、家庭农场、农民合作社等的扶持力度。2014年，内蒙古自治区贯彻落实国家完善粮食安全保障体系，强化农业支持保护制度的同时，建立农业可持续发展长效机制，深化农村土地改革、构建新型农业经营体系建设等方面采取了有力措施，加快了农业现代化建设步伐。2015年，内蒙古自治区进一步完善种粮农民直接补贴、良种补贴、农资综合补贴政策，完善农机具购置补贴政策，向粮食主产旗县和新型农业经营主体倾斜。推动划定永久基本农田，坚决执行最严格的耕地保护制度和集约节约用地制度。深入推进高产创建，实施粮食绿色模式攻关。优化调整种植结构，推进马铃薯主食开发和产业化发展。

二　强农惠农政策

党的十六大以来，内蒙古自治区全面落实科学发展观，坚持统筹城乡发展的方略，坚持"多予、少取、放活"的方针，稳定、完善和强化了扶持农业发展的政策，进一步调动了农民的积极性。积极实施了种植良种补贴、粮食直接补贴和农业生产资料综合补贴等措施，并积极开展测土配方施肥、旱作农业示范项目以及节水农业、粮油作物高产创建、农业保险、农机购置补贴和标准粮田建设等项目，大幅度强化了农业生产综合能力。

（一）种植业良种补贴

国家从2002年开始实施良种推广补贴项目。自内蒙古自治区2002年实施国家良种推广补贴项目以来，补贴作物由高油大豆扩展到青贮玉米、小麦、马铃薯、水稻等作物。补贴标准为每亩玉米10元、大豆10元、马铃薯80元、小麦10元、水稻15元，补贴范围由2002年的呼伦贝尔市莫力达瓦旗扩展到全区11个盟市的65个旗县和4个管局和1个公司，补贴规模由2002年的50万亩，逐年增加。

（二）粮食直接补贴

2003年内蒙古自治区按照国家总体安排，开始在东四盟市实行粮食补贴方式改革。2004年国家在全国范围实行对种粮农民粮食直接补贴政策，补贴品种为小麦、玉米、稻谷等主要粮食品种。补贴方式有三种：按计税面积补贴、按计税常产补贴和按粮食种植面积补贴。自治区决定由各盟市自行确定具体补贴方式，多数盟市按照计税面积进行补贴。按照国家有关规定，粮食直接补贴资金源于由中央与地方按比例筹集、共同建立的粮食风险基金。各地粮食直接补贴标准和金额统一按自治区确定的每百斤商品粮补贴3元核定，粮食直接补贴资金达到了自治区粮食风险基金总额的50%以上。

（三）农业生产资料综合补贴

2006年，国家建立了对种粮农民的化肥、柴油、种子、农机等生产资料进行综合补贴的制度。补贴对象为种粮农民，补贴资金由中央财政全额安排。自治区从2006年开始实施农资综合补贴政策，并按照粮食产量、商品量、粮食播种面积以及化肥施用量等因素测算分配拨付各地，兑付给农民。2009年，国家要求新增资金不直接兑付给种粮农户、重点用于支持粮食基础能力建设指示后，自治区对全区抗洪排涝、大棚育秧、农业综合开发以及粮食晾晒烘干等基础设施建设上加大了投入，进一步提高了粮食综合生产能力。

（四）测土配方施肥

自治区按照国家规定，针对农民盲目过量施肥造成肥料资源浪费、农业生产成本增加、环境污染、农产品品质降低等一系列问题，展开了围绕"测土、配方、配肥、供肥、施肥"等指导服务。自治区根据耕地、粮食产量和技术队伍建设情况，每个实施单位投资40—65万元，覆盖全区所有旗县市区和农牧场，建立了长效机制，并作为一项支农惠农的政策措施长期为农民开展测土配方施肥服务。

（五）旱作农业示范项目

2003年，国家在内蒙古自治区实施旱作农业示范基地建设项目。自治区在1996年以来的旱作农业工程的基础上，综合运用生物、农艺、农机、田间工程及信息管理等技术，以优化水资源配置为核心，充分集蓄降水，最大限度提高降水保蓄、利用和效率。在合理安排农业布局和种植业结构的前提下，全区24个旗县①应用了节水保墒技术，采取防旱抗旱措施，最大限度地提高了农业资源利用效率，保障了农业高产、优质、高效和可持续发展。

（六）节水农业项目

内蒙古自治区从2003年开始按照农业部旱作节水农业财政专项项目要求，向全区11个旗县②广大农民推广了农田节水技术，实施蔬菜水肥一体化、抗旱保苗、膜下滴灌等集成技术，通过节水灌溉、水肥耦合等新技术的示范，起到了良好的引导作用，农业节水新技术等得到了极大地推广，为农业增产增收做出了突出贡献。

（七）粮油作物高产创建

2007年，自治区率先在全区范围内启动对玉米、大豆、小麦、马铃薯、向日葵、水稻等农作物进行优质粮油作物高产创建活动。2008年，农业部在全国启动高产创建活动后，自治区开展了玉米、大豆、马铃薯、小麦、油料五大主要粮油作物全面实施的高产创建活动，建立百万亩示范

---

① 24个旗县市区：东胜区、固阳县、武川县、库伦旗、科左后旗、阿荣旗、科右前旗、敖汉旗、巴林左旗、多伦县、商都县、丰镇市、清水河县、大兴安岭农管局、鄂伦春自治旗、莫力达瓦旗、海拉尔区、扎赉特旗、突泉县、科左中旗、宁城县、察右中旗、兴和县、达茂旗、凉城县。

② 林西县、松山区、凉城县、托克托县、科右前旗、达茂旗、伊金霍洛旗、察右中旗、四子王旗、固阳县和化德县。

区，涉及48个旗县的125个乡、363个村、11.6万农户，大幅度提高了农作物单位产量，

（八）标准粮田建设项目

内蒙古自治区从2004年开始立项实施标准粮田建设项目。第一期在阿荣旗、科尔沁区和科左中旗实施，累计投资3154万元；第二期在2006年敖汉旗、莫力达瓦旗、突泉县和松山区，累计投资3699万元；第三期在2008年扎兰屯市、鄂伦春旗、科右前旗、扎赉特旗、开鲁县、奈曼旗、科左后旗、扎鲁特旗、巴林左旗、翁牛特旗、宁城县、土右旗、临河区、五原县、杭锦后旗，累计投资9551万元。项目建设主要围绕提高基础地力、改善耕地质量、增强防灾抗灾能力和技术承载能力。通过土地整治、田间排灌、机耕路等农田基础设施建设，深耕松土、秸秆还田、有机肥施用、平衡施肥等措施，提高了耕地综合生产能力，增强了农业抗御自然灾害能力。

（九）农业保险项目

2007年，国家为了防范农业风险和救助农业灾害，首先在内蒙古等6个省区开展农业保险保费补贴试点，参保农户122.77万户，2009年参保农户262.54万户。农业保险补贴的品种有玉米、小麦、大豆、油菜、葵花籽等，2010年把马铃薯列入保险品种，并提高保额降低了费率。如：水浇地玉米、小麦和马铃薯每亩各400元，葵花每亩250元，旱地玉米和小麦每亩220元，大豆每亩200元，油菜每亩170元。补贴种植业保险的保险费率为：玉米9%，小麦7%，大豆、油菜、葵花为7.5%，马铃薯6%。

第二节　农业生产条件及生产要素

一　基层经济组织

2004年来，内蒙古自治区为适应市场经济体制建设和农业产业化发展，对农村基层管理组织和经济组织进行了大规模调整，进一步优化了农村经济组织，为农业农村发展创造了较好的发展环境。其基本特点是，乡

镇、苏木和村民委员会总数大幅度减少，以核心家庭为主的乡村户数总数持续增加，经济效益较低、环境污染严重的乡镇企业被清理整顿，农民专业合作社为主的农民经济组织快速发展。2004年，全区乡镇、苏木总数1147个。2005年开始实施撤乡并镇措施，到2009年缩减到600个，减少了91.2%。2010年后，考虑到基层政府管理成本持续增长问题和适应城镇化、工业化、市场化的快速发展步伐，逐步稳妥地增加了乡镇苏木数量，增强基层社会经济管理。到2015年全区乡镇苏木总数达到771个。村民委员会是农村牧区管理社会经济的重要组织，随着城镇化、工业化和农业现代化的快速发展和人口结构的急速变化，全区农村呈现出人口老龄化、空心化现象，为了强化农业、农村活力，自治区各级基层政府2004年开始对村民委员会进行调整，全区村民委员会由2004年的12215个减少到2015年的11110个，减少率9.1%。随着社会经济发展和农民收入提高，以及传统观念的变化，全区农村牧区家庭组织从传统的大家庭演变为以夫妇孩子组成的核心家庭，使乡村户数总数快速增加。2004年，全区乡村户数353.2万户，2013年突破400万户，到2015年乡村户数增加到430.9万户，每年平均增加6.5万户（详见图7-1）。乡村户数的持续分化，对农业生产规模化经营和农民收入持续提高带来了极大的挑战。

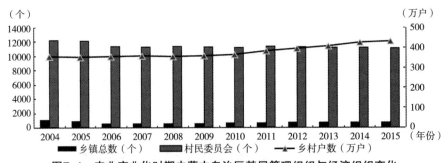

图7-1　农业产业化时期内蒙古自治区基层管理组织与经济组织变化

资料来源：《中国农村统计年鉴》，2005—2016年版。

农村基层组织，按各盟市情况2010年，赤峰市乡镇、苏木共有116个，居全区首位；乌兰察布市80个，居全区第二位；通辽市77个，居全区第三位；呼伦贝尔市72个，居全区第四位；锡林郭勒盟58个，居全区第五位；鄂尔多斯市49个、巴彦淖尔市48个、呼和浩特市40个、兴安盟39个、包头市34个、阿拉善盟24个、乌海市5个全区最少。全区各盟市村民委员会总数首位是通辽市2098个、赤峰市2044个居全区第二位、乌兰察布市1334个居第三位、呼和浩特市1009个居第四位、兴安盟855个居第五位；呼伦贝尔市784个、锡林郭勒盟841个、鄂尔多斯741个、巴彦淖尔市649个、包头市634个、阿拉善盟191个，乌海市19个，全区最少。全区乡村户数2010年，赤峰市100.88万户、通辽市60.69万户、乌兰察布市44.94万户、兴安盟30.88万户、呼和浩特市29.91万户、巴彦淖尔市26.45万户、鄂尔多斯市18.61万户、呼伦贝尔市19.31万户、锡林郭勒盟12.3万户、阿拉善盟2.1万户、乌海市0.95万户。①2015年，呼和浩特市乡镇数40个，村民委员会962个，乡村户数35.86万户；包头市乡镇数39个，村民委员会545个，乡村户数19.58万户；呼伦贝尔盟乡镇、苏木数93个，村民委员会790个，乡村户数37.67万户；兴安盟乡镇苏木数56个，村民委员会866个，乡村户34.68万户；通辽市乡镇苏木85个，村民委员会2092个，乡村户数68.2万户；赤峰市乡镇苏木数123个，村民委员会2057个，乡村户数116.75万户；锡林郭勒盟乡镇苏木61个，村民委员会845个，乡村户数15.18万户；乌兰察布盟乡镇苏木数86个，村民委员会1342个，乡村户数47.24万户；鄂尔多斯市乡镇苏木数42个，村民委员会735个，乡村户数20.4万户；巴彦淖尔市乡镇户数53个，村民委员会650个，乡村户数31.88万户；乌海市乡镇数5个，村民委员会13个，乡村户数0.75万户；阿拉善盟乡镇苏木数30个，村民委员会198个，乡村户数2.69万户。②

进入21世纪以来，在内蒙古农村以各类农民专业合作经济组织为主的乡村经济发展较快。2004年，内蒙古自治区农林牧渔业乡镇企业总数10979个，从业人员66752人，总产值达60.0亿元，全年增加值达18.3亿元，营业收入59.3亿元，利润总额达6.4亿元，上缴税金8132万元，固定资产原值有20.6亿元，固定资产净值达17.6亿元，劳动者报酬4.5亿元。2010年，全区农牧林渔业乡镇企业单位2627个，从业人员31169人。全区农牧林渔业乡镇企业增加值22.63亿元，总产值达77.2亿元，营业收入达77.1亿元，利润总额达7.56亿元，上缴税金1.75亿元，劳动者报酬5.19亿

---

① 内蒙古自治区统计局：《内蒙古统计年鉴》，2006年版和2011年版。
② 内蒙古自治区统计局：《内蒙古统计年鉴》，2011年版和2016年版。

元。2013年，全区乡镇农牧林渔业4740个，从业人员76871人，总产值达414.85亿元，营业收入388.73亿元，利润总额达47.62亿元，上缴税金11.74亿元，劳动者报酬12.14亿元。2014年，全区农产品加工企业1077个，主营业收入达3362.4亿元，比上年增加18.8%；全年利润总额258.9亿元，比上年增长6.4%，上缴税金145.02亿元，比上年增长1.6%。

二　农业生产条件

2004—2015年，农业产业化发展时期，全区耕地面积保护力度进一步强化，通过低中产田改造与农田水利建设，耕地质量不断改善。在实施农村剩余劳动转移与劳动力素质提高为主的就业结构调整下，全区农业劳动力保持稳中有升，有力保证了农业农村劳动力供给。为了加快建设现代农业，自治区加强各级财政农业投入力度，农田水利建设、农业环境改善、农业综合开发与农村扶贫开发等方面取得了显著成效，全区农业机械化程度、农业电气化、水利化、化学化水平进一步提高，农业生产条件快速改善。

（一）耕地面积

2004—2015年，全区年末实有耕地面积2004—2011年平均保持716.8万公顷，2012年后平均保持913.7万公顷，年末实有耕地面积较2012年前平均增加了27.5%。其中，水田面积基本保持8.8万公顷，平均占比只有1.2%；旱地面积505.3万公顷，平均占比70.5%；水浇地面积平均202.7万公顷，平均占比28.3%；2012年后全区水田面积保持8.7万公顷，占比1.0%；旱地面积平均622.4万公顷，占比68.1%；水浇地面积平均282.7万公顷，占比30.9%（详见表7-1）。全区水田面积稳定，旱地面积比重逐渐减少，水浇地面积逐步增加，农业生产条件有所改善，提高了防御旱灾能力，大幅度提升了粮食生产能力。

表7-1　　　　农业产业化发展时期全区耕地面积及构成　　　　单位：万公顷

年份	年末实有耕地面积	水田	旱地	水浇地
2004	711.5	10.9	455.9	244.7
2005	735.5	9.3	476.8	249.4

续表

年份	年末实有耕地面积	水田	旱地	水浇地
2006	713.3	8.3	525.9	179.1
2007	714.8	8.3	526.6	179.9
2008	714.9	8.4	514.4	192.1
2009	714.9	8.4	514.4	192.1
2010	714.9	8.4	514.4	192.1
2011	714.9	8.4	514.4	192.1
2012	910.9	8.7	621.8	280.4
2013	912.2	8.7	621.9	281.7
2014	915.5	8.7	622.7	284.1
2015	916.2	8.7	623.1	284.4

资料来源：《中国农村统计年鉴》，2005—2016年版。

2001年，内蒙古自治区依照《全国土地开发整治规划》（2000—2010年）确定的重点区域及国家、自治区有关政策，按照流域划定自治区确定农村土地整治重点项目区3个，即：西辽河上游农村土地整治重点项目区，涉及赤峰市松山区、阿鲁科尔沁旗、巴林左旗、巴林右旗、林西县、克什克腾旗、翁牛特旗、喀喇沁旗、宁城县、敖汉旗10个旗县区；嫩江右岸平原兴安盟农村土地整治重点项目区，涉及乌兰浩特市、突泉县、扎赉特旗、科右前旗和科右中旗5个旗县市；呼伦贝尔项目区，涉及莫力达瓦旗、扎兰屯市、阿荣旗3个旗县。截至2008年，全区共实施土地整治项目425个，投资319318万元，建设总规模25.04万公顷，新增耕地20732.38公顷。通过整治农地、复垦废弃地、加强农田基础设施建设，有效实施节水灌溉，大幅度提高了高产农田比重，增加了商品粮产能。自治区农业综合开发方面，从1989年至今已经涉及80个旗县市区和5个国有农场，涵盖了全区主要农牧业旗县。通过近30年的综合开发，全区中低产田改造面积占全区耕地有效灌溉面积的40%以上，占全区节水灌溉面积的50%以上。

（二）农业劳动力

2004—2015年的产业化农业发展时期，全区乡村劳动力在2010年超过800万人数，平均占乡村人口总数的60%。乡村劳动力中第一产业从业人数平均占 68%，第二产业从业人数平均占 10%，第三产业从业人数平均占 12%。2004 年，全区乡村人口 1352.3 万人，乡村劳动力 675.8 万人，其中第一产业从业人数 523.8 万人，占总乡村劳动力的 77.5%；第二产业从业人数 7.6%，第三产业从业人数 100.9 万人，占 14.9%。2010 年，全区乡村人口 1309.4 万人，比 2004 年减少 42.9 万人，减少 3.2%。乡村劳动力 806.4 万人，比 2004 年增加 130.6 万人，增长 19.3%。其中，第一产业从业人数 540.5 万人，占乡村总劳动力的 67%，比 2004 年下降了 10.5%；第二产业从业人数 89.7 万人，占 11.1%，比 2004 年增长 3.5%；第三产业从业人数 89.3 万人，占 11.1%，比 2004 年下降 3.8%。2015 年，全区乡村人口 1363.9 万人，比 2010 年增加 54.9 万人，增长率 4.2%。乡村劳动力总数 843.8 万人，占乡村人口的 61.9%，比 2010 年增加了 37.4 万人，增长率为 4.6%。其中第一产业从业人数 566.4 万人，占乡村劳动力总数的 67.1%，比 2010 年增长 0.1%；第二产业从业人数 93.5 万人，占 16.5%，比 2010 年增长 5.4%；第三产业从业人数 101.6 万人，占 12%，比 2010 年增长 0.9%（详见表 7-2）。按全区各盟市就业结构看，2015 年，呼和浩特市从事第一产业人数 36.3 万人，占总就业人数的 20.4%；包头市 21.25 万人，占 13.5%；呼伦贝尔盟 60.75 万人，占 40.2%；兴安盟 51.93 万人，占 58.5%；通辽市 103.39 万人，占 55%；赤峰市 137.67 万人，占 52.5%；锡林郭勒盟 24.88 万人，占 41.5%；乌兰察布市 64.1 万人，占 56.4%；鄂尔多斯市 27.96 万人，占 26%；巴彦淖尔盟 53.1 万人，占 58.9%；乌海市 1.07 万人，占 3.3%；阿拉善盟 4.6 万人，占 23.6%。①

表7-2　　　　　　　农业产业化时期乡村劳动力结构　　　　　　单位：万人

年份	乡村人口	乡村劳动力	第一产业	第二产业	第三产业
2004	1352.3	675.8	523.8	51.1	100.9
2005	1343.9	768.7	529.2	58.0	103.7
2006	1323.4	785.5	534.6	61.2	79.0
2007	1319.9	783.5	538.6	73.4	86.1
2008	1301.5	778.4	526.7	75.9	85.9
2009	1310.2	791.2	528.2	80.8	94.0

①　内蒙古自治区统计局：《内蒙古统计年鉴》，2016年版。

续表

年份	乡村人口	乡村劳动力	第一产业	第二产业	第三产业
2010	1309.4	806.4	540.5	89.7	89.3
2011	1327.7	818.3	542.3	95.2	94.8
2012	1349.8	831.9	552.9	96.3	93.2
2013	1349.0	832.9	550.2	96.6	96.0
2014	1361.1	839.6	550.4	97.0	99.1
2015	1363.9	843.8	566.4	93.5	101.6

资料来源：《中国农村统计年鉴》，2005—2016年版。

从乡村劳动力文化素质看，2004年全区不识字或识字很少农民家庭劳动力平均每百户劳动力中5.97人，小学程度32.3人，初中程度48.34人，高中程度10.47人，中专程度1.93人，大专及大专以上1.00人；2005年，全区不识字或识字很少农民家庭劳动力平均每百户劳动力中5.46人，小学程度30.96人，初中程度50.12人，高中程度11.13人，中专程度1.60，大专及大专以上0.73人；2010年，全区平均每百个劳动力中不识字或识字很少5.2人，小学程度28.9人，初中程度49.2人，高中程度12.4人，中专程度2.2人，大专及大专以上2.1人；2015年，全区平均每百个劳动力中不识字或识字很少5.1人，小学程度27.5人，初中程度47.2人，高中程度15.4人，中专程度2.5人，大专及大专以上2.1人。

（三）农业资金投入

2004年，全区地方财政对农林水事业费支出75.64亿元。2006年开始，自治区财政用于农林水务支出大幅度增长，全年支出84.27亿元。其中，农业支出占38.9%，林业支出占17.9%，水利支出占25.5%，扶贫开发支出占9.3%，农业综合开发支出占6.5%，其他支出占1.9%。2010年，财政用于农林水务支出达281亿元，比2006年增长233.5%，比上年增长26.4%。其中，农业支出占44.8%，比2006年增加3.8倍；林业支出占14.4%，比2006年增加2.7倍；水利支出占20%，比2006年增加2.6倍；扶贫开发支出占5.8%，比2006年增加2.1倍；农业综合开发支出占5.3%，比2006年增加2.7倍；农村综合改革费用支出占9.2%，其他费用支出占0.5%，但比2006年减少了11%，比上年增加了90.3%。2015年，全区财政用于农林水务支出675.58亿元，比2010年增长140%。其中，农业支出占

46.5%，比2010年增加2.5倍；林业支出占13.9%，比2010年增加2.3倍；水利支出占17.3%，比2010年增加2.1倍；扶贫开发支出占6.8%；比2010年增加2.8倍；农业综合开发支出占4.2%，比2010年增加1.9倍；农村综合改革费用支出占6.9%，比2010年增加1.8倍；其他支出占4.4%，比2010年增加了20.8倍（详见表7-3）。

表7-3　　　　　　　　　　财政用于农林水务支出　　　　　　　　　单位：万元

年份	合计	农业	林业	水利	扶贫	农业综合开发	农村综合改革	其他
2006	842647	327548	150946	215241	77669	54997		16246
2007	1085176	484225	162805	266390	101456	67682		2618
2008	1607177	840362	184163	354543	90393	94002		6087
2009	2223599	1143959	301569	480684	162966	126823		7598
2010	2810032	1257514	403947	563136	162926	150557	257490	14462
2011	3916758	1715459	592968	857921	179255	186132	329664	55359
2012	4508331	1954223	657536	991286	349486	223628	292895	39277
2013	4665816	2057635	812054	814900	348073	238577	329380	65197
2014	5176937	2348990	883711	844350	420092	263759	352884	63151
2015	6755767	3138585	936155	1173100	458809	285163	463722	300233

资料来源：内蒙古统计局编：《内蒙古统计年鉴》，2007—2016年版。

随着各级地方政府财政用于农业投资不断增加，全区农业经济发展迅速，农民收入持续增长，极大地刺激了农户对农业的投资热情。2012年，全区每百户农民家庭拥有固定资产发生了巨大变化。如2012年农民家庭平均每百户拥有汽车4辆，比2004年增加了4倍；大中型拖拉机12台，比2004年增加4倍；小型拖拉机基本保持50台；机动脱粒机10台，比2004年增加2倍；水泵虽然比2010年水平降低了50%，但仍保持在2004年水平。2012年农户役畜头数大幅度减少，但农户产品畜头数持续增加。2013年，全区每百户农民家庭生产性用房及建筑物面积达到3280平方米，2015年增加到4407平方米。每百户拥有插秧机从2013年的0.58台增加到2015年的0.79台；动力脱粒机10.2台，收割机5.3台，产品畜1037.88头。2012年，农民家庭平均每百户生产性固定资产原值达23113.0元，比2010年增加45.2%，与2004年相比增加了2.2倍；大中型铁木农具1372.2元，比2010年增加34%，与2004年相比增加2.5倍；农牧林渔业机械7459.2

元，比2010年增加39%，与2004年相比增加了2倍；工业机械、运输机械、生产用房以及其他生产性固定资产均有大幅度增加（详见表7-4）。

表7-4　　　　　　　　　　农民家庭平均每户固定资产原价　　　　　　　　　单位：元

年份	年末生产性固定资产原值	役畜产品畜	大中型铁木农具	农林牧渔业机械	工业机械	运输机械	生产用房	其他生产用固定资产
2004	10464.46	3241.27	546.92	3707.31	78.65	288.25	409.83	2192.23
2005	11431.45	3156.65	762.88	3885.13	46.16	220.13	636.99	2723.51
2006	12270.23	3182.03	759.25	4044.70	34.21	330.00	3103.00	817.04
2007	13128.12	3316.47	843.55	4342.94	134.09	265.46	3399.48	826.13
2008	13805.56	3610.78	841.92	4700.42	156.78	242.04	3576.68	676.94
2009	14607.32	3372.13	943.16	5034.20	241.00	391.71	3793.17	831.95
2010	15921.80	3215.29	1024.15	5366.31	289.60	823.61	4375.46	827.38
2011	23916.89	5043.51	1088.96	7387.06	266.54	1774.4	7137.41	1219.01
2012	23114.02	4966.08	1372.15	7459.23	231.37	1367.2	6475.77	1242.23

资料来源：《中国农村统计年鉴》，2005—2013年版。

2015年，全区农民家庭平均每户固定资产原价，年末生产性固定资产原价45616.5元。其中，非农产业固定资产原价4697.4元，占10.3%；农业生产性固定资产原价达40919.1元，占89.7%。农业生产性固定资产原值中，生产用房原值9237.6元，占22.6%，比2013年增长15.6%；农业设施原值668.8元，占1.6%，比2013年增加4.5倍；农业机械原值9637.7元，占23.6%，比2013年增加了34.2%；役畜和产品畜原值占46.9%，比2013年增长2.9%（详见表7-5）。

表7-5　　　　　　　　　　农民家庭平均每户固定资产原值　　　　　　　　　单位：元

年份	年末生产性固定资产原值	农业生产性固定资产原值	生产用房	农业设施	农业机械	役畜	产品畜	非农产业固定资产原值
2013	36947.6	33658.7	7990.1	149.0	7176.6	1209.7	15075.1	3288.9
2014	44273.5	41019.2	9111.1	574.8	8233.1	1152.0	17426.4	3254.2
2015	45616.5	40919.1	9237.6	668.8	9637.7	1329.0	17896.4	4697.4

资料来源：《中国农村统计年鉴》，2014—2016年版。

（四）农业机械化

产业化农业发展时期，全区农业机械化发展水平得到快速发展，有力地促进了农业现代化进程。2004年，全区农业机械总动力1772万千瓦，2006年总动力突破2000万千瓦，2010年突破3000万千瓦。2015年，全区农业机械总动力达3805万千瓦，比上年增长4.7%，比2010年增长25.4%，与2004年相比增长了115%。其中，农用大中型拖拉机2004年全区拥有5.1万台，2007年开始快速增加，到2010年总台数达51.4万台，2015年增加到67.2万台，平均每年增加5.6万台；小型及手扶拖拉机2004年52.2万台，2010年减少到50.1万台，2015年减少到38.2万台，平均每年减少了1.2万台；农用柴油机，2004年15.6万台，2010年增加到20.1万台，2015年增加到21.8万台，平均每年增加了0.5万台；电动机2004年16万台，2008年增加到33.3万台，2010年减少到16万台，2015年为18.3万台；农用水泵2004年31万台，2010年增加到36万台，2015年增加39.1万台；联合收割机2004年4435万台，2011年突破10000台，2015年突破30000台。2015年全区联合收割机30093台，比上年增加21.8%，与2010年的8000台相比增加了276%，与2004年相比增加了6.8倍，平均每年增加2138台。大中型拖拉机配套农具，2004年7.1万部，2010年增加到80.9万部，2015年增加到116.7万部，平均每年增加了9.1万部（详见表7-6）。

表7-6　　　　　　　　农业产业化发展时期农业机械拥有量

年份	农机械总动力（万千瓦）	农用大中型拖拉机（万台）	小型及手扶拖拉机（万台）	柴油机（万台）	电动机（万台）	农用水泵（万台）	联合收割机（台）	大中型拖拉机配套农具（万部）
2004	1772	5.1	52.2	15.6	16.0	31.0	4435	7.1
2005	1922	7.4	54.5	16.9	16.5	32.0	4652	10.1
2006	2053	9.2	55.7	17.8	17.3	37.0	5015	15.3
2007	2209	17.1	53.8	18.2	17.4	37.0	5527	25.2
2008	2779	45.2	51.1	18.9	33.3	35.0	5566	63.9
2009	2894	48.3	50.1	19.0	35.6	37.0	6320	75.6
2010	3034	51.4	50.1	20.1	16.0	36.0	8000	80.9
2011	3173	57.8	47.9	20.1	37.2	37.6	10998	87.0
2012	3281	57.9	43.9	20.6	17.6	38.7	15900	93.9

续表

年份	农机械总动力（万千瓦）	农用大中型拖拉机（万台）	小型及手扶拖拉机（万台）	柴油机（万台）	电动机（万台）	农用水泵（万台）	联合收割机（台）	大中型拖拉机配套农具（万部）
2013	3431	62.3	42.8	21.1	18.1	38.7	19347	99.5
2014	3633	67.2	40.8	21.3	17.8	38.7	24713	107.1
2015	3805	72.4	38.2	21.8	18.3	39.1	30093	116.7

资料来源：《中国农村统计年鉴》，1995—2004年版。

　　从全区各盟市农业机械总动力情况看，2015年，呼和浩特市农业机械总动力达258.91万千瓦，比2010年增长25.5%，比2005年增长70.7%；包头市164.8万千瓦，比2010年增长10.6%，比2005年增长23.7%；呼伦贝尔市450.5万千瓦，比2010年增长25.6%，比2005年增长106%；兴安盟429.56万千瓦，比2010年增长15.4%，比2005年增长181%；通辽市676.9万千瓦，比2010年增长25.3%，比2005年增长144%；赤峰市608.7万千瓦，比2010年增长40.3%，比2005年增长125%；锡林郭勒盟158.2万千瓦，比2010年增长37.4%，比2005年增长89.9%；乌兰察布市219.32万千瓦，比2010年增长16.2%，比2005年增长56.5%；鄂尔多斯市313.1万千瓦，比2010年增长21.9%，比2005年增长61.5%；巴彦淖尔市485.1万千瓦，比2010年增长27.9%，比2005年增长83.7%；乌海市8.67万千瓦，比2010年增长12.5%，比2005年增长54.3%；阿拉善盟31.4万千瓦，比2010年增长24.1%，比2005年增长80.4%。[①]

　　随着全区农业机械化水平的快速提高，全区机耕面积、机播面积和机收面积不断增加，极大地促进了农业现代化进程。2004年，全区机耕面积448.3万公顷，占总耕地面积的54.7%；机播面积378.1万公顷，占总播种面积的63.8%；机收面积123.7万公顷，占总播种面积的22.7%。2010年，全区机耕面积和机播面积分别突破600万公顷，比2004年增长37.9%，占总耕地面积的87.3%和75.5%，比2004年分别增长了32.6%和11.7%；机收面积达到264.2万公顷，比2004年增长113.6%，占当年总播种面积的35.9%，比2004年增长13.2%。2015年，全区机耕面积达到625.3万公顷，已占总耕地面积的92.2%，机播面积722万公顷，占总播种面积的87%，

――――――――――

　　① 内蒙古统计局编：《内蒙古统计年鉴》，2006年版、2011年版、2016年版。

机收面积508.6万公顷，占总播种面积的61.3%，所占比例分别比2010年增长了4.9%、11.5%和25.4%。与2004年相比机耕面积增长43.9%，机播面积增长91%，机收面积增长311%（详见表7-7）。

表7-7　　　　　　农业产业化发展时期农业机械化程度　　　　单位：万公顷、%

年份	机耕面积	占耕地面积	机播面积	占播种面积	机收面积	占播种面积（%）
2004	448.3	54.7	378.1	63.8	123.7	22.7
2005	466.6	63.4	413.8	66.6	148.0	23.8
2006	486.8	65.1	438.3	69.6	161.3	25.6
2007	518.6	80.7	464.9	72.3	175.2	27.3
2008	523.3	81.4	491.4	69.0	205.7	30.0
2009	556.8	77.9	537.5	77.6	233.5	33.7
2010	618.4	87.3	605.7	75.5	264.2	35.9
2011	614.2	88.0	624.3	78.0	304.1	39.7
2012	624.3	90.7	649.8	81.2	349.4	43.7
2013	625.3	91.9	674.5	81.8	392.1	49.0
2014	628.2	93.6	685.6	85.7	448.7	56.1
2015	645.1	92.2	722.0	87.0	508.6	61.3

资料来源：《中国农业年鉴》，《中国农村统计年鉴》，1985—1994年各版引用。

（五）农业水利化、电气化

2004年以来，全区水利设施建设有了长足的发展。2004年，全区大中小水库474座，水库总库容量78.4亿立方米。水利设施全年除涝面积27.6万公顷，治碱面积30万公顷，治理水土面积881.6万公顷。2007年，全区489座水库中的14座大中型调蓄骨干工程相继开工建设，92座病险水库除险加固工程开工修建。全区大江大河及重要支流完成堤防建设109千米，河道险工治理33千米。以节水为中心的农田水利建设持续快速发展。2008年，自治区重点建设海勃湾水利枢纽、黄河防洪工程，全年新增有效灌溉面积90.3千公顷，完成水土保持治理面积473.3千公顷。国家确定的134座病险水库除险加固任务顺利进行，治理水土面积突破1000万公顷。2015年，全区大中小水库总数增加到613座，水库总库容量突破102亿立方米，全年除涝面积27.7万公顷，治理水土面积1259.7万公顷。黄河二期防洪、绰勒水利枢纽下游灌区、嫩江干流治理等三项水利重点工程开工，落实水利建设资金89亿元，全社会水利投入突破180亿元。大力发展高效节水农业，农田灌溉水有效利用系数由上年的45%提高到51.2%。[①]

　　随着农田水利设施建设改善，全区有效灌溉面积和节水灌溉面积逐步增加，农村用电量也快速增加，极大地促进了农业水利化和电气化水平，促进了现代农业发展。2004年，全区有效灌溉面积263.6万公顷，灌区有效灌溉面积129.3万公顷，节水灌溉面积136.3万公顷，喷灌滴灌面积43.34万公顷。2010年，全区有效灌溉面积突破300万公顷，比2004年增长148.7%；灌区有效灌溉面积131.2万公顷，比2004年增长1.5%；喷灌滴灌面积52.25万公顷，比2004年增长20.6%。2015年，全区有效灌溉面积308.7万公顷，比2010年增长1.9%；灌区有效灌溉面积145.9万公顷，比2010年增长11.2%；喷灌滴灌面积112.2万公顷，比2010年增长115%。节水农业的迅速发展，有力地保障了全区粮食生产持续增长和经济作物快速发展。农业机械化和水利化的快速发展，全区农村用电量也迅速增加。2004年，全区农村用电量26.73亿千瓦小时，2010年增加到48.41亿千瓦小时，2015年达到72.3亿千瓦小时，比2010年增长了49.3%，与2004年相比增加了2.7倍，平均每年增加3.8亿千瓦小时（详见表7-8）。

表7-8　　　　　　　　　　农业产业化时期全区电气化水平

年份	有效灌溉面积（万公顷）	灌区有效灌溉面积（万公顷）	节水灌溉面积（万公顷）	喷灌滴灌面积（万公顷）	农村用电量（亿千瓦小时）
2004	263.6	129.3	136.3	43.34	26.73
2005	270.2	130.3	149.4	45.75	29.31
2006	275.8	129.9	165.3	49.97	31.95
2007	281.7	130.2	181.6	52.78	34.10
2008	287.1	130.3	200.9	44.86	36.50
2009	295.0	130.8	216.6	48.53	41.15
2010	302.8	131.2	232.9	52.25	48.41
2011	307.2	131.7	251.4	63.04	52.30
2012	312.5	131.6	269.0	64.73	55.16
2013	295.8	145.5	207.4	69.88	59.56
2014	301.2	145.5	227.9	91.33	63.12
2015	308.7	145.9	247.5	112.2	72.26

　　资料来源：《中国农业年鉴》，《中国农村统计年鉴》，1995—2004年各版。

---

　　①　中国农业年鉴编辑委员会编：《中国农业年鉴》，2005—2016年版。

2015年，农村用电量最多的赤峰市24.2亿千瓦小时，比2010年增长51.3%，比2004年增加了3倍；通辽市农村用电量11.9亿千瓦小时，比2010年增加38.4%，比2004年增加了2.6倍；鄂尔多斯市农村用电量8.3亿千瓦小时，比2010年增长84.4%，比2004年增加了2.7倍；巴彦淖尔市农村用电量5.3亿千瓦小时，比2010年增长32.5%，比2004年增加了1.7倍；呼和浩特市农村用电量5.0亿千瓦小时，比2010年增长35.1%，比2004年增加了2倍；呼伦贝尔市农村用电量3.9亿千瓦小时，比2010年增长77.3%，比2004年增加了2.6倍；包头市农村用电量3.7亿千瓦小时，比2010年增长23.3%，比2004年增加了1.5倍；兴安盟农村用电量3.4亿千瓦小时，比2010年增长78.9%，比2004年增加了3.4倍；阿拉善盟农村用电量1.9亿千瓦小时，比2010年增长26.7%，比2004年增加了2.7倍；锡林郭勒盟农村用电量1.1亿千瓦小时，比2010年增长57.1%，比2004年增加了3.7倍；乌海市农村用电量0.3亿千瓦小时，比2010年增长3.4%，比2004年增加了1.1倍。[①]

（六）化学肥料施用量

化学肥料是现代农业生产的重要生产资料，随着化学肥料施用量的不断增加，内蒙古自治区粮食产量得到快速增加，成为全国重要的粮产区。2004年，全区化学肥料施用量按实物量计算有104.36万吨。其中，氮肥占51.9%，磷肥占17.6%，钾肥占6.7%，复合肥占23.8%。2010年，全区化肥施用量177.24万吨，比2004年增长69.8%，比上年增长3.4%。其中，氮肥施用量80.49万吨，比2004年增长了48.6%；磷肥施用量30.89万吨，比2004年增长了68.6%；钾肥施用量14.55万吨，比2004年增长了107%；复合肥施用量51.31万吨，比2004年增长了106%。2015年，全区化肥施用量达229.35万吨，比2004年增加2.2倍，平均每年增长10万吨。其中，氮肥施用量比2010年增长22.6%，磷肥施用量比2010年增长34%，钾肥施用量比2010年增长32.7%；复合肥施用量比2010年增长36.3%（详见表7-9）。

---

① 内蒙古统计局编：《内蒙古统计年鉴》，2005—2016年版。

表7-9　　　　　　　　农业产业化时期农用化肥施用量　单位：万吨（按实物量计算）

年份	化肥施用量	氮肥	磷肥	钾肥	复合肥
2004	104.36	54.17	18.32	7.02	24.85
2005	116.72	60.45	20.47	9.20	26.60
2006	126.70	63.00	22.00	10.00	32.00
2007	140.29	67.60	25.20	13.46	34.03
2008	154.10	73.00	25.02	12.83	43.25
2009	171.43	79.93	28.95	13.47	49.07
2010	177.24	80.49	30.89	14.55	51.31
2011	176.94	80.96	30.01	14.72	49.85
2012	189.04	82.84	31.93	14.42	58.79
2013	202.42	88.69	34.98	16.63	62.13
2014	222.67	97.15	38.66	18.97	67.89
2015	229.35	98.68	41.40	19.31	69.96

资料来源：国家统计局农村社会经济调查总队：《中国农村统计年鉴》，1985—1994年各版。

全区各盟市农用化肥、农药施用量情况，2005—2015年农用化肥施用量最多的是通辽市、最少的是乌海市。2005年通辽市农用化肥施用量25.97万吨，乌海市0.65万吨；2010年通辽市52.98万吨，乌海市0.40万吨；2015年通辽市65.95万吨，乌海市0.37万吨。化肥施用量10万吨以上的盟市有，2005年呼伦贝尔市、兴安盟、赤峰市、巴彦淖尔市；2010—2015年有呼和浩特市、呼伦贝尔市、兴安盟、赤峰市、巴彦淖尔市。2005年农药施用量最多是呼伦贝尔市4679吨，最少是乌海市103吨；施用量1000吨以上有通辽市和赤峰市；500吨以下的有呼和浩特市、锡林郭勒盟、阿拉善盟；2010年农药施用量最多的仍是呼伦贝尔市7709吨，第二是通辽市5777吨，第三是赤峰市3577吨，最少是乌海市77吨；2015年全区各盟市农药施用量普遍增加，呼和浩特市农药使用量397吨；包头市农药使用量827吨；呼伦贝尔市农药使用量9514吨；兴安盟农药使用量4746吨；通辽市农药使用量8581吨；赤峰市农药使用量4046吨；锡林郭勒盟农药使用量596吨；乌兰察布市农药使用量858吨；鄂尔多斯市农药使用量1584吨；巴彦淖尔市农药使用量1485吨；乌海市农药使用量29吨；阿拉善盟农药使用量298吨。

第三节　农业经济结构调整与农业产业化发展

2004年以来，内蒙古自治区立足于地区产业特点和区情特色，坚持以农业产业化发展为总目标，不断创新体制机制，转变发展理念，构建现代农业产业体系。在坚持"三农"问题作为全社会重点任务，积极调整和深入推进农业经济结构优化，在农业生产、科技进步、产业化建设等方面取得了显著成就。在农业经济结构调整中始终坚持把确保粮食等主要农产品有效供给作为种植业发展的首要任务，把转变发展方式作为种植业发展的根本途径，优化农业区域布局作为基本要求，使农业产业素质稳步提升，质量安全水平明显提高。农业产业化发展时期，内蒙古自治区农业产业结构与生产结构发生了巨大变化。全区农牧林渔业产值持续增长，特别是种植业和畜牧业产值增长迅速，种植业产值在农业产值中比重逐渐下降，农业服务业产值逐步上升。生产结构方面，经过几年的农业结构调整，种植业中的玉米种植面积和产量快速增长，经济作物中油料作物、甜菜和蔬菜作物生产稳中有升，全区农业产业结构和生产结构呈现出多元化发展态势，农业内部产业结构和生产结构得到进一步优化。

一　农业经济结构调整

2004年，内蒙古自治区在稳定农村土地承包关系的基础上，加强基本农田保护力度，深化农村税费改革，稳定农业生产资料价格，实施"两减免、三补贴"政策，推进农村信用合作社改革和粮食流通体制改革，以促进农民增收为目的促进了农村劳动力转移工作取得了显著成效。自治区政府及相关部门，根据农业部颁布的《优势农产品区域布局规划（2003—2007年）》具体要求，以加快优势农产品产业带建设为抓手，制定全区农业的发展和建设规划，推进了农业经济结构调整纵深发展。在农业基础设施建设、品种改良、植物保护、科技创新推广、农业信息以及农产品市场体系改革等多领域加大投入，实施一系列措施，服务于农业结构调整和农民增收的建设目标。全区各盟市、旗县，积极开发农产品信息、市场和质量安全体系建设项目，完善信息服务网络，加强批发市场的基础设施建设，完善了服务功能。同时，以农业产业化经营为载体，培育优质、高效、专用和适销对路的新品种为重点，加快农作物品种调整，以节水改造技术、农业环境治理技术及农作物重大病虫害综合防治关键技术研究为重点，加强对农业产前、产中、产后服务，推进农业产业化经营。通过农业经济结构的调整，全区农产品品种、品质结构进一步优化，优质专用玉米、大豆、马铃薯、饲草料等优势农产品种植面积大幅度增加。

2007年，内蒙古自治区积极调整农业经济结构，推进优势农产品区域布局，强化科技支撑，促进了农业生产的标准化进程。同时，扶持农民专业合作组织发展，在市场和信息体系建设等方面取得了良好成绩。自治区各盟市积极实施种养结合发展的同时快速提高了优质高产高效农作物生产，优势高效农作物生产比重达到56%，主要农作物良种覆盖率达到95%，农产品加工转化率达到60%。2008年，内蒙古自治区认真落实强农惠农政策，扎实推进粮食等主要农产品稳定生产，着力加强农业科技服务，实施种植业向扩粮、增饲和优质高效方向发展的措施，优质高效作物比重达到61%，比上年提高5个百分点，主要农作物良种覆盖率达到97%，提高2个百分点。设施蔬菜和马铃薯面积分别增长34%和127%。2009年，内蒙古自治区认真落实强农惠农政策，深入实施《全国优势农产品区域布局规划》，着力加强农业科技服务，加大农业防灾和虫害防控力度，强化农产品质量安全监控，保障粮食生产稳定，努力拓宽了农民增收渠道，农业和农村经济结构进一步优化。

2010年，内蒙古自治区贯彻落实中央提出的"稳粮保供给、增收惠民生、改革促统筹、强基增后劲"的要求，狠抓各项强农惠农政策落实，深入推进《全国优势农产品区域布局规划》的实施，着力强化了科技、设施支撑，有效促进了农业和农村经济结构调整。全区努力提升粮食生产综合能力的同时，积极调整农产品品种品质结构，使农业生产布局更加合理化，强化农业内部结构，农业产业化水平快速提升。2011年，内蒙古自治区根据《全国农业和农村经济发展第十二个五年规划》，加快调整了粮食、油料、蔬菜、饲草料等粮食作物与经济作物结构，提高了粮食生产综合能力。在调整农业生产结构和品种结构的同时，全区各盟市积极发展农业产业化经营和农产品加工业，农业产业链条不断延长，农业生产布局更加合理，主要农产品生产逐步向优势区域集中，一批各具特色优势的农产品产业带逐步形成。

2012年，全区种植业和养殖业、粮食作物和经济作物继续保持协调发展，粮食、油料、糖料种植面积稳步增加，农产品品种结构进一步得到优化。优质高效作物比重达到70%，比上年提高2个百分点。新建设施蔬菜2万公顷，设施蔬菜面积达到12万公顷，占蔬菜总播种面积的42%。农业生产"大而全""小而全"的格局进一步打破，生产集中度提高，逐步形成了农业生产专业化、区域化的格局，农民收入稳步提高。2013年，内蒙古自治区各级政府以建设绿色农畜产品生产加工输出基地为方向，全面落实各项强农惠农政策，加快转变生产发展方式，不断创新农业经营体系，积极开展农村"三资"清理工作。在21个旗县实施了土地承包经营纠纷仲裁机构，开展了确权登记试点工作，初步规范了土地承包经营权流转，全年土地经营权流转面积达137.3万公顷，比上年增长23%。开展"农社对接"试点，开设直销店260个，销售金额达3612万元。各类农民专业合作社达3.3万家，家庭农场1.22万个，农业机械化、现代化水平不断提高。2014年，加强粮食等重要农产品产能建设，实施耕地保护与质量提升项目，扩大冬季设施蔬菜面积。

2015年，内蒙古自治区贯彻落实中央决策部署，以建设绿色农畜产品生产加工输出基地为统领，积极调整优化结构，提高农业综合生产能力，积极发展农产品加工业，使加工转化率达到58%，比"十一五"末提高了7个百分点。大力发展节水高效农业，新增节水灌溉面积34.6万公顷，主要农作物良种覆盖率达到95%，农业科技贡献率达到51%以上，农作物耕种收种的机械化水平达到81.4%，农民收入持续增加。

二　农业产业化发展

随着全区对"三农"支持力度的加大和农业农村结构调整步伐加快以及农产品市场化程度的不断提高，农业产业化经营组织数量快速增长，产加销有机结合的企业与农户联结机制逐步形成，农业产业化呈现出良好的发展势头。2004年，全区农业产业化经营在产业结构、组织形式、区域化发展、运行机制等方面不断创新，多种形式的龙头企业稳步发展，中介组织和专业市场比重逐渐增加，在带动农户、优化生产结构、加快技术推广、密切产销关系等方面发挥着积极作用。

2007年，内蒙古自治区大力推进农业产业化进程，产业化龙头企业综合实力快速发展，带动农户参与农业产业化经营的各类中介服务组织发展加快，组织结构进一步优化。是年，内蒙古已有18家企业成为农业产业化国家龙头企业，22个农畜产品加工品牌被评为中国驰名商标。全区销售收入百万元以上农畜产品加工企业达到2033个，销售收入达到1517.1亿元，农畜产品加工业完成增加值482亿元。农牧业产业化经营为支持农牧业、繁荣农村牧区、富裕农牧民做出了积极贡献，产业化带动农牧户180万户，农牧民通过产业化渠道人均实现纯收入2164元。2008年，全区农业产业化保持平稳快速增长，充分利用农业产业化财政专项资金，积极建设标准化生产基地，加强了龙头企业物质装备，扩大企业生产加工能力。

是年，全区销售收入百万元以上农畜产品加工企业达到2121个，销售收入达到1852.9亿元，同比增长22.1%，完成增加值565亿元，增长17.3%。农畜产品加工转化率达到63%，比上年提高3个百分点。2009年，销售收入百万元以上农畜产品加工企业达到2160家，实现销售收入2200.9亿元，比上年增长18.8%；实现增加值640.5亿元，增长13.3%；实现利润154.3亿元，增长9.4%。重点龙头企业和社会资本投入基地建设的积极性空前高涨。土地适度规模经营和农民专业合作社建设步伐明显加快。2010年，全区农业产业化组织不断发展壮大，龙头企业经济实力明显增强，标准化、规模化原料生产基地建设不断加强，科技创新能力进一步提高，带动农民就业增收取得了显著成效。经过几年的发展，全区农业产业化经营适应建设现代农业和保障产品安全的要求，引导具有比较优势的龙头企业以资本运营和优势品牌为纽带，采取兼并、重组、参股、收购等方式，加强联合与合作。各盟市还依托资源优势和产业特点，引导龙头企业向优势产区集中，涌现出一批产业关联紧密、分工协作、功能互补的产业化经营企业。各盟市、旗县在推进农业产业化经营中，积极适应农民专业合作社快速发展的需要，引导龙头企业与专业合作社有效对接，实施标准化、品牌化发展战略，将标准化贯穿生产、加工、销售全过程，积极开展质量体系认证和产品质量认证，打造名牌产品，培育企业品牌，提高企业知名度和市场竞争力。2011年，全区农业产业化和龙头企业发展呈现稳定发展、稳中求进态势。各盟市积极引导农业产业化经营组织不断壮大，农业产业化经济实力稳定性增强，资产规模持续扩大，产业化示范基地建设稳步发展，辐射带动能力得到新提升。

2012年，为了适应现代农业加快发展和消费需求快速提升的需要，全区各地加强了科技投入力度和品牌化建设，积极推进农业产业结构升级，使产业集中度进一步提高。2013年，全区农业产业化发展中积极引进工商资本，引入先进要素、现代管理模式和先进生产组织方式，加快了农业生产经营方式的转变。与此同时，引导产业化龙头企业领办创办合作社，与其他新型农业经营主体有效对接，不断创新组织模式，促进了企业经营与家庭经营、合作经营、集体经营不断融合，推进了立体式复合型新型农业经营体系构建。2013年，全区面对错综复杂的经济形势和艰巨繁重的农村改革发展任务，积极推进农村第一、二、三产业融合互动，进一步增强农业产业化经营，积极拓展延伸产业链，推动价值链向高端跃升。使全区农业产业化经营通过自建或订单的方式建立农产品原料基地，对农产品进行就近收购储藏、就地加工转化，积极发展物流配送、直供直销、连锁经营、农超对接等。进一步强化了农产品生产、加工、销售、流通的有机衔接，大幅度提升了农产品附加值，为了适应互联网时代发展，积极探索电子商务、移动互联网等，开拓新兴市场空间。2015年，全区各地农业产业化组织，面对经济发展新常态，在农业适度规模经营、供给侧结构性改革、农村第一、二、三产业融合发展等方面发挥了积极作用。面对大宗农产品产量过剩和国内外农产品价格倒挂，农业产业化龙头企业在率先转型升级的基础上，对接市场与生产，调整生产结构，完善利益联结机制，推动价值链分配的中心向上游农户倾斜，将产业链各经营主体打造成为风险共担、利益共享的共同体，实现主体融合。

三　农民专业合作社的发展

2004年，内蒙古自治区贯彻落实《中共中央、国务院关于促进农民增加收入若干政策的意见》精神，积极制定扶持政策，促进农民专业合作组织健康发展。对农民专业合作组织登记注册、资金扶持、信贷支持、税收优惠、人才支持、放款经营范围、用地、用电、运输以及绿色通道等方面采取了有力措施。通过扶持，全区农民专业合作组织联合农户进行专业化生产，组织农产品初加工、仓储、包装和运销，扩大购销规模，增加农民收入。

2007年7月《中华人民共和国农民专业合作社法》正式施行，与法律相配套的《农民专业合作社登记管理条例》、《农民专业合作社示范章程》和《农民专业合作社财务会计制度（试行）》也相继颁布施行。在农民专业合作社发展的法制建设取得重大突破后，内蒙古自治区大力发展合作社，引导农民专业合作社专业化、标准化生产，开展规模化、品牌化经营，发展优势特色产业，鼓励合作社参与产业化经营，提高了农民组织化程度，增加了农民收入。2008年，全区各盟市认真执行农民专业合作社财务会计制度，使合作社的财务管理进入了有法可依、有章可循的新阶段。2009年，自治区各级政府积极推进农户间的联合与合作，提高了农业组织化程度，农业专业化、标准化生产，规模化、品牌化经营，使农民专业合作社成为发展现代农业的中坚力量。农民专业合作社快速发展，提高了农民市场谈判地位，延伸了产业链，在生产环节降低了成本，在流通环节节省了费用，并使成员更多地参与农产品附加值的分享，促进了农民收入的增长。

2010年，全区农民专业合作社数量继续保持快速增长，发展了一批经营规模大、运行较规范的示范社。鼓励支持农民专业合作社与科研院校和农业科技推广部门联合、结"对子"，把新的农业科技成果转化应用到生产实践中，提高了合作社专业化、标准化生产和规模化、品牌化经营水平。2011年，全区农民专业合作社发展迅速，已成为农村重要的现代农业经营主体，呈现出产业分布广泛，涉及种养、加工和服务业。农民专业合作社涵盖粮油、蔬菜等重要农产品生产，并逐步扩展到农机、植保、民间工艺、旅游休闲农业等多领域。越来越多的专业合作社从简单的技术、信息服务向农资供应、统防统治服务延伸，由产前、产中服务向产后的包装、储藏、加工、流通服务拓展。在培育农民专业合作社过程中，各盟市采取了政策推动、项目支持、人才培养等多项措施，引导专业合作社应用现代物质装备和先进实用技术，推动农业专业化生产、区域化布局、规模化经营。合作社通过农户的联合，组织带领农民参与市场竞争，极大地提高了农业生产和农产品市场的组织化程度。

2012年，内蒙古自治区各级政府和有关部门为了引导和推动农民专业合作社规范健康发展，按照中央要求，采取有效措施，完善扶持政策，强化指导服务，为农民专业合作社快速发展提供了良好条件。积极开展了"农社对接"、"农超对接"和"农校对接"等多种类型的产销对接活动，帮助专业合作社拓宽了销售渠道。各盟市、旗县还组织了形式多样、内容丰富的合作社产品推介活动，建立产品直销店，促进了农民增收。2013年，内蒙古自治区按照中央1号文件精神，把发展农民专业合作社作为建设现代农业、增强农村发展活力的一项重要措施，鼓励农民兴办专业合作、股份合作等多元化、多类型合作社。各盟、市旗县积极开展"四有五好"示范社评定和创建活动，进一步提高了农民组织化程度，提升了农业整体素质。并结合"一村一品"强村富民工程，依托各旗县资源禀赋和区位优势，因地制宜，分类指导，充分挖掘农业内部增收潜力，积极开展特色优势产品，培育了各具特色的主导产业，形成了一批特色鲜明、竞争力强的专业村镇。

2015年，全区各地贯彻落实中央五大发展理念，以构建培育新型农业经营主体为目标，深入开展了示范社创建，树立农民合作社典型样板，稳妥开展信用合作试点，增强了合作社服务能力，并在引导合作社组织形式、产业形态、运行机制、支持方式等方面采取了积极措施。

四　农业产业结构

在农业经营产业化阶段全区农牧林渔业总产值中，农业总产值平均占49%，畜牧业总产值平均占44.4%，林业总产值平均占4.1%，渔业总产值平均占0.9%。2015年，全区农林牧渔业总产值达2751.6亿元，比2004年增长223%，比2010年增长了49.3%。其中，农业产值比重由2004年的48.3%提高到2015年的51.5%，林业产值比重由2004年的5.5%下降到2015年的3.6%；畜牧业产值比重由2004年的44%下降到42.2%；渔业产值比重由2004年的0.7%提高到2015年的1.1%。农业产值中种植业产值平均占74.2%，2015年种植业产值1015.1万元，比2004年增长204%，在农业产值中的所占比重由2004年的81%降低到2015年的71.6%，减少了9.4个百分点（详见图7-2）。

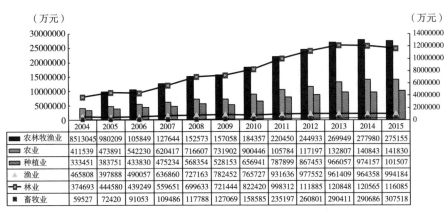

（万元）	2004	2005	2006	2007	2008	2009	2010	2011	2012	2013	2014	2015
■农林牧渔业	8513045	980209	105849	127644	152573	157058	184357	220450	244933	269949	277980	275155
▨农业	411539	473891	542230	620417	716607	731902	900446	105784	117197	132807	140843	141830
▤种植业	333451	383751	433830	475234	568354	528153	656941	787899	867453	966057	974157	101507
▲渔业	465808	397888	490057	636860	727163	782452	765727	931636	977552	961409	964358	994184
◻林业	374693	444580	439249	559651	699633	721444	822420	998312	111885	120848	120565	116085
■畜牧业	59527	72420	91053	109486	117788	127069	158585	235197	260801	290411	290686	307518

图7-2　农业产业化发展时期的农业产业结构

资料来源：内蒙古自治区统计局编：《内蒙古统计年鉴2015年》，
中国统计出版社2015年版。

2015年，从各盟市农业产业结构看，呼和浩特市农林牧渔业总产值225.28亿元，其中农业产值占31.5%，林业产值占1.3%，牧业产值占64.8%，渔业产值占1.3%，农林牧渔服务业占1.1%；包头市农林牧渔业总产值180.16亿元，其中农业产值占34.3%，林业产值占0.5%，牧业产值占63.3%，渔业产值占0.7%，农林牧渔服务业产值占1.2%；呼伦贝尔市农林牧渔业总产值439.6亿元，其中农业产值占54.4%，林业产值占6.8%，牧业产值占34.9%，渔业产值占2.4%，农林牧渔服务业产值占1.5%；兴安盟农林牧渔业总产值210.82亿元，其中农业产值占55.1%，林业产值占3.5%，牧业产值占39.2%，渔业产值占0.9%，农林牧渔服务业占1.3%；通辽市农林牧渔业总产值450.77亿元，其中农业产值占59.2%，林业产值占2.8%，牧业产值占36.4%，渔业产值占0.5%，农林牧渔服务业产值占1.1%；赤峰市农林牧渔业总产值462.1亿元，其中农业产值占59.8%，林业产值占4.2%，牧业产值占33.9%，渔业产值占0.6%，农林牧渔服务业产值占1.5%；锡林郭勒盟农林牧渔业总产值191.59亿元，其中农业产值占27.1%，林业产值占1.2%，牧业产值占70%，渔业产值占0.2%，农林牧渔服务业产值占1.5%；乌兰察布市农林牧渔业总产值229.77亿元，其中农业产值占46.4%，林业产值占3.1%，牧业产值占47.8%，渔业产值占0.5%，农林牧渔服务业产值占2.2%；鄂尔多斯市农林牧渔业总产值169.94亿元，其中农业产值47.7%，林业产值4.4%，牧业产值占44.5%，渔业产值占 1.4%，农林牧渔服务业产值占 2.0%；巴彦淖尔市农林牧渔业总产值 277.99 亿元，其中农业产值占 57.7%，林业产值占 2.8%，牧业产值占 36.4%，渔业产值占 1.6%，农林牧渔服务业产值占 1.5%；乌海市农林牧渔业总产值 8.31 亿元，其中农业产值占 41.9%，林业产值占 3.7%，牧业产值占 50.9%，渔业产值占 1.0%，农林牧渔服务业产值占 2.5%；阿拉善盟农林牧渔业总产值 20.51 亿元，其中农业产值占 51.5%，林业产值占 5.8%，牧业产值占 39.0%，渔业产值占 1.1%，农林牧渔服务业产值占 2.6%。[1]

五　农作物生产结构

2004 年以来，全区粮食作物播种面积持续增长，粮食总产量快速增长。2004 年全区粮食作物播种面积 418.1 万公顷，2015 年总播种面积达到 572.7 万公顷，增长了 37%，平均每年增加了 13 万公顷。粮食产量由 2004 年的 1505.4 万吨增加到 2015 年的 2827 万吨，增加 87.8%，平均每年增加 110 万吨。在此期间，2007 年全区粮食播种面积首次突破 500 万公顷，粮食总产量 2008 年首次突破 2000 万吨大关。从粮食作物生产内部结构看，2015 年：全区小麦播种面积 56.4 万公顷，占粮食总播种面积的 9.8%；产量 158.3 万吨，占粮食总产量的 5.6%。小麦播种面积 2015 年与 2004 年相比增加了 34.6%，但与 2012 年相比减少了 7.5%；产量与 2004 年相比增加了 43.3%，但比 2012 年减产了 16%。玉米是内蒙古自治区最广泛种植的粮食作物，也是播种面积和产量最多的农作物。2015 年，全区玉米播种面积达到 340.7 万公顷，占粮食总播种面积的 59.5%；产量达 2250.8 万吨，占粮食总产量的 79.6%。玉米播种面积和产量与 2004 年相比分别增长了 103.3% 和 137.4%，平均每年增长了 9.4 个百分点和 12.5 个百分点。稻谷生产，播种面积稳中有降，平均每年播种面积 9 万公顷，生产量 66 万吨。但是 2013 年后全国粮食供需格局发生变化和市场价格下降，全区稻谷播种面积和产量连年减少，2015 年播种面积和产量与 2012 年相比，播种面积减少 11.2%，产量下降 27.4%（详见表 7-10）。

---

[1]　内蒙古统计局编：《内蒙古统计年鉴》，2016 年版，第 22—45 页。

表7-10　　　　　　　农业产业化时期的大宗粮食作物生产情况　单位：万公顷、万吨

年份	粮食作物		小麦		玉米		稻谷	
	面积	产量	面积	产量	面积	产量	面积	产量
2004	418.1	1505.4	41.9	110.5	167.6	948.0	8.1	54.5
2005	437.4	1662.2	46.1	143.6	180.6	1066.2	8.4	62.1
2006	493.7	1806.7	48.4	172.2	191.6	1134.6	9.1	65.3
2007	510.2	1811.1	56.8	175.9	201.2	1161.4	10.8	81.4
2008	525.4	2131.3	45.2	154.9	234.0	1410.7	9.8	70.5
2009	542.4	1981.7	52.8	171.2	245.1	1341.3	10.2	64.8
2010	549.9	2158.2	56.6	165.2	248.6	1465.7	9.2	74.8
2011	556.2	2387.5	56.8	170.9	267.0	1632.1	9.0	77.9
2012	558.9	2528.5	61.0	188.4	283.4	1784.4	8.9	73.3
2013	561.7	2773.0	57.1	180.4	317.1	2069.7	7.6	56.0
2014	565.1	2753.0	56.3	153.9	337.2	2186.1	7.8	52.4
2015	572.7	2827.0	56.4	158.3	340.7	2250.8	7.9	53.2

资料来源：《内蒙古统计年鉴》，2004—2016年版。

谷子、莜麦、糜黍等作物播种面积比较稳定，谷子平均每年播种面积15万公顷，产量28万吨；莜麦和糜黍播种面积5万公顷左右，每年平均产量3—4万吨。其中，谷子生产相对稳定，莜麦生产除了2012年外基本处于低水平，糜黍生产直线下降，2015年播种面积只有2004年的43%，产量减少了64.7%。马铃薯和大豆是全区三大谷物外的重要农作物。薯类播种面积每年平均有62万公顷，产量平均达175万吨。2011年，薯类播种面积72万公顷，产量204万吨，2012年开始，播种面积和产量逐渐减少，2015年播种面积51.3万公顷，产量147万吨，比2011年分别减少了28.8%和27.9%。大豆播种面积平均每年71万公顷，产量平均达到111万吨。但是，大豆播种面积2010年开始减少，2015年播种面积53万公顷，与2009年相比减少了36.9%。大豆产量2011年达到137万吨，2012开始产量下降，2015年产量88.8万吨，比2011年减少了35.3%（详见表7-11）。经济作物生产，无论油料作物还是糖料作物以及蔬菜瓜果类在全区范围内呈现出强劲的扩大趋势。

表7-11 农业产业化时期的主要粮食作物生产情况 单位：万公顷、万吨

年份	谷子		莜麦		糜黍		薯类		大豆	
	面积	产量	面积	产量	面积	产量	面积	产量	面积	产量
2004	12.6	19.9	3.8	5.6	7.4	5.1	52.8	189.8	75.3	103.1
2005	12.5	23.4	3.9	2.8	6.1	4.5	56.2	156.0	79.7	130.9
2006	14.3	26.6	5.0	7.0	6.9	2.9	59.5	178.6	97.3	103.7
2007	13.7	23.1	6.4	2.1	6.8	5.4	62.2	153.9	74.7	85.7
2008	14.4	30.3	5.8	2.6	5.5	3.9	69.9	195.7	66.8	106.1
2009	15.0	14.4	5.0	1.7	4.8	2.5	66.7	161.3	84.0	114.4
2010	17.4	25.9	4.2	1.7	4.3	2.4	69.1	171.0	81.2	133.4
2011	13.7	27.8	4.0	2.1	4.0	2.4	72.0	204.0	68.8	137.2
2012	14.2	40.8	6.2	11.1	3.1	2.6	68.1	184.7	61.7	122.0
2013	12.6	28.9	3.6	4.5	3.0	2.0	61.2	201.1	56.4	119.7
2014	16.7	33.1	4.4	3.6	2.8	1.4	54.2	161.4	50.4	81.9
2015	19.8	43.8	4.9	4.9	3.2	1.8	51.3	147.0	53.0	88.8

资料来源：《内蒙古统计年鉴》，2004—2016年版。

2004年，全区经济作物播种面积100万公顷，产量达103.7万吨。2015年，全区经济作物总播种面积184.1万公顷，比2004年增长84.1%。其中，油料作物播种面积和产量持续增长，2015年全区油料作物播种面积91.3万公顷，产量达193.6万吨，比2010年分别增长了31.6%和51.1%；与2004年的生产相比分别增长了36.1%和86.7%。油料作物中特别是葵花生产增长速度较快，2015年全区葵花播种面积51.8万公顷，产量达141.8万吨，分别比2010年增长了31.1%和42.9%；与2004年的生产相比分别增长了75.6%和140.7%。胡麻生产相对稳定，播种面积2004—2010年持续减少，2011—2015年逐步增加，2012年恢复到2004年的播种面积，但产量只有2004年的49.3%。2015年胡麻播种面积6.0万公顷，产量5.2万吨，虽然比2010年分别增长了25%和79.3%，但与2004年相比产量仍然减少了28.8%。油菜生产稳中有升，2015年播种面积31.6万公顷，产量达41.7万吨，分别比2010年增长了41.7%和86.2%；与2004年相比分别增长了13.7%和33.2%（详见表7-12）。总体看，全区葵花籽和油菜籽生产具有较大潜力，随着生产技术的提高产量不断增加。

表7-12　　　　　　　农业产业化时期的主要油料作物生产情况　单位：万公顷、万吨

年份	油料作物		葵花籽		胡麻籽		油菜籽	
	面积	产量	面积	产量	面积	产量	面积	产量
2004	67.1	103.7	29.5	58.9	5.9	7.3	27.8	31.3
2005	69.5	122.2	35.6	85.3	5.6	4.6	25.6	28.3
2006	59.2	101.1	25.7	56.7	4.9	5.6	23.0	23.5
2007	53.3	79.4	26.3	48.7	3.8	2.5	15.2	12.8
2008	70.5	117.5	40.8	75.6	4.8	3.4	22.1	20.2
2009	70.2	119.6	40.2	90.0	4.9	2.9	21.9	22.4
2010	69.4	128.1	39.5	99.2	4.8	2.9	22.3	22.4
2011	71.7	133.9	41.2	103.0	5.6	3.2	21.9	24.0
2012	76.5	145.1	39.9	107.1	5.9	3.7	27.1	30.7
2013	81.2	158.1	42.9	116.1	6.1	4.2	29.0	33.7
2014	86.2	170.3	46.3	121.5	6.3	4.1	31.3	39.6
2015	91.3	193.6	51.8	141.8	6.0	5.2	31.6	41.7

资料来源：《内蒙古统计年鉴》，2004—2016年版。

　　农业产业化时期，内蒙古自治区经济作物生产中甜菜、蔬菜和果用瓜成为增长作物。2004年，全区甜菜种植面积3.6万公顷，产量96.3万吨。2015年种植面积增加到5万公顷，产量增加到230.1万公顷，分别比上年增长25%和43.6%，与2004年相比分别增长了39%和139%，产量增长迅速，每公顷产量从26.8吨增加到46吨。果用瓜种植面积2004年3.5万公顷，产量109.6万吨，2008年种植面积达5.3万公顷，产量达到210万吨，2015年种植面积5.8万公顷，产量达到230.7万吨；种植面积和产量虽然比上年减少15.9%和10.5%，但与2004年相比分别增长了65.7%和135%，每公顷产量由2004年的31.3吨增加到2015年的39.8吨。蔬菜生产2005年产量突破1000万吨，比上年增长15.6%；2008年开始，全区蔬菜生产播种面积和产量稳中有增，2015年播种面积增加到27.7万公顷，产量达到1445.3万吨，虽比上年播种面积和产量减少了1.8%和1.9%，但与2004年相比增长了35.8%和65.6%；每公顷蔬菜产量由2004年的42.8吨，增加到2015年的52.2吨（详见表7-13）。

表7-13　　　　　　　　农业产业化时期的经济作物生产情况　　　单位：万公顷、万吨

年份	甜菜		果用瓜		蔬菜	
	面积	产量	面积	产量	面积	产量
2004	3.6	96.3	3.5	109.6	20.4	872.8
2005	3.8	138.3	3.9	156.8	22.1	1009.1
2006	3.0	105.5	5.3	190.8	17.2	1171.4
2007	3.0	118.5	4.7	181.1	21.8	1277.5
2008	4.9	170.0	5.3	210.6	26.0	1360.8
2009	3.3	109.6	5.3	179.2	26.9	1380.6
2010	3.7	161.0	6.3	240.9	26.4	1350.9
2011	3.9	157.7	6.6	254.6	27.1	1440.2
2012	4.4	167.9	6.3	228.1	28.8	1476.3
2013	4.6	181.4	6.3	231.3	26.6	1421.1
2014	4.0	160.2	6.9	257.7	28.2	1472.7
2015	5.0	230.1	5.8	230.7	27.7	1445.3

资料来源：《内蒙古统计年鉴》，2004—2016年版。

2005年，按全区各盟市农作物播种面积情况看，耕地面积最多的是呼伦贝尔市130.1万公顷，第二是赤峰市99.6万公顷，第三是通辽市97.7万公顷，最少的是乌海市0.66万公顷；农作物播种面积超过100万公顷的只有呼伦贝尔市117.1万公顷，赤峰市和通辽市分别是99.2万公顷和94.7万公顷；50—70万公顷的有兴安盟65.4万公顷，乌兰察布市58.3万公顷，巴彦淖尔市50.5万公顷；农作物播种面积10万公顷以下的有锡林郭勒盟8.0万公顷，乌海市0.73万公顷，阿拉善盟2.8万公顷；农作物播种面积占总耕地面积比重最高的是赤峰市占99.6%、通辽市占96.9%、阿拉善盟占96.6%、兴安盟占94.4%，播种面积占70%—90%的有呼和浩特市79.8%、乌兰察布市74.6%、鄂尔多斯市84.3%、巴彦淖尔市85.7%；粮食播种面积最多的是呼伦贝尔市107.7万公顷，第二是赤峰市76.1万公顷，第三是通辽市71.3万公顷，最少的是乌海市只有0.44万公顷，分别占农作物播种面积的82.8%、76.7%、75.3%和66.7%；有效灌溉面积占总耕地面积比重最高的是巴彦淖尔市和乌海市，占100%；通辽市占61.4%、鄂尔多斯市占44.7%、赤峰市占40.0%、呼和浩特市占35.7%、兴安盟占32.4%、包头市

占 30.3%，乌兰察布市占 26.0%、呼伦贝尔市 12.2%、锡林郭勒盟占11.1%。[①]

2015 年，全区农作物播种面积 100 万公顷以上有呼伦贝尔市 161.9 万公顷，赤峰市 118.8 万公顷，通辽市 117.5 万公顷；粮食作物播种面积分别占 71%、77.6% 和 81.0%，有效灌溉面积分别占 15.7%、34.7% 和 54.8%；其他盟市中粮食作物播种面积占比最大的是兴安盟 90.9%，有效灌溉面积占比最大是巴彦淖尔市 100%；农作物播种面积最少的是乌海市只有 0.71 万公顷，粮食作物播种面积和有效灌溉面积占比最少的是阿拉善盟，分别占 33.3% 和 10% 以下。

粮食产量方面，2005 年，通辽市粮食总产量 411.97 万吨，玉米产量全区首位，玉米产量占 84.2%；呼伦贝尔市粮食总产量 278.25 万吨，豆类产量全区首位，占粮食总产量的 38%；巴彦淖尔市粮食总产量 117.5 万吨，小麦产量全区首位，占粮食总产量的 98.6%；乌兰察布市粮食总产量 88.67 万吨，薯类产量全区首位，占粮食总产量的 53.1%；油料产量全区最多是巴彦淖尔盟 40.97 万吨，第二位是呼伦贝尔市 28.94 万吨，第三位是赤峰市产量 11.7 万吨。[②]

2010 年，全区各盟市粮食产量中第一位是通辽市 525.5 万吨；第二位是呼伦贝尔市，粮食产量 500.5 万吨；第三位是赤峰市，粮食产量 355.1 万吨。粮食产量中，玉米产量最高是通辽市，产量达 436.46 万吨，占粮食产量的 83.1%；呼伦贝尔市的小麦、大豆、马铃薯产量居全区第一，其中小麦产量 71.96 万吨，占全区粮食产量的 14.4%，比巴彦淖尔盟多产 1.62 万吨；大豆产量 126.3 万吨，占全区粮食产量的 25.2%；马铃薯产量 49.69 万吨，占全区粮食产量的 9.9%，比乌兰察布市多产 2.12 万吨。油料产量最高是巴彦淖尔盟，产量达 55.17 万吨，第二位是呼伦贝尔市 25.55 万吨，第三是通辽市 12.39 万吨。[③]

2015 年，全区各盟市粮食产量有了大幅度增加。呼和浩特市产量130.25 万吨，比 2010 年增长 12.2%；包头市产量 105.65 万吨，比 2010 年增长 6.4%；呼伦贝尔市产量 621.2 万吨，比 2010 年增长 24.1%；兴安盟产量

---

①　内蒙古自治区统计局编：《内蒙古统计年鉴》，2005 年版。

②　内蒙古自治区统计局编：《内蒙古统计年鉴》，2011 年版。

③　内蒙古自治区统计局编：《内蒙古统计年鉴》，2011 年版。

435.15万吨，比2010年增长64.2%；通辽市产量690.2万吨，比2010年增长31.3%；赤峰市产量516万吨，比2010年增长45.3%；锡林郭勒盟产量36.75万吨，比2010年增长38.5%；乌兰察布盟产量100.55万吨，比2010年增长27.2%；鄂尔多斯市产量147万吨，比2010年增长4.3%；巴彦淖尔市产量214.9万吨，比2010年增长13.1%；乌海市产量4.1万吨，比2010年增长17.1%；阿拉善盟产量17.95万吨，比2010年增长4.7%。全区粮食产量中，玉米产量最高的通辽市产量651.46万吨，占粮食产量的94.4%；小麦和大豆产量最高的呼伦贝尔市，分别为111.18万吨和91.68万吨，分别占粮食总产量的17.9%和14.8%；薯类产量最高的乌兰察布市58.02万吨，占粮食总产量的57.7%。全区油料产量最高是巴彦淖尔市77.51万吨，第二位是呼伦贝尔市33.48万吨，第三位是赤峰市14.5万吨。[①]

第四节　农产品市场体系建设与农产品流通

2004年国家全面放开粮食市场，符合条件的各类经营者均可参与粮食收购经销，粮食流通主体实现了多元化，标志着我国农业市场化进程迈入了一个的新的阶段。随着市场经济的深入发展，内蒙古自治区鼓励发展农产品电子商务和连锁超市等现代农产品流通方式，积极推进农产品批发市场升级改造和规范化管理工作，进一步规范了农资市场，加快了农业信息化服务。

一　农产品市场体系建设

2004年，内蒙古自治区根据农业部《农产品批发市场建设与市场管理指南（试行）》，对全区各盟市农产品批发市场的设立条件、市场功能、市场布局与设施建设、市场运行管理、交易商及商品交易管理等进行调整，逐渐走向标准化管理轨道。2005年开始，全区各地陆续开通"菜篮子"产品运输车辆，采取优惠政策，推进鲜活农产品市场供应，降低流通费用，实施鲜活农产品运输"绿色通道"政策。并加快农贸市场改造步

---

① 内蒙古自治区统计局编：《内蒙古统计年鉴》，2011年版。

伐，各盟市实行"退路进厅"，露天马路市场和简易市场逐渐被具有固定场所和较为完善设施的规范市场取代，经营管理行为逐渐得到规范。2008年9月开始，全国统一停止征收个体工商户管理费和集贸市场管理费政策，大幅度减少了农产品流通费用。2010年，自治区政府根据《"十二五"农产品产地批发市场建设规划》，围绕"菜篮子"产品流通需要，制订全区农产品批发市场建设计划，重点提出面向农产品优势集中产区，依托专业化、规模化生产基地，以改扩建为主、适当新建为辅，通过统筹规划，多元投资，加强了农产品市场建设。2013年，自治区有关部门贯彻落实农业部农产品市场管理精神，加强农产品批发市场建设管理水平，提高流通效率、加快了冷链物流建设。2014年，自治区政府根据农业部推进的示范一批农产品田头市场工作，在生产集中度较高、已形成良好市场基础、农民主体组织化程度相对较高、商品化处理需求明显的地区，开展了农产品田头市场示范点建设。2015年，自治区大力发展农产品专业市场和农产品综合市场，形成了鲜活农产品为主的专业市场流通网络，在引导农民调整农业结构、实现增产增收和保障供给等方面，发挥了不可替代的作用。如：呼和浩特市西龙王庙福胜农副产品批发市场、保全庄农副产品批发市场，包头市佳世隆农贸城，兴安盟扎赉特旗农畜产品批发市场，通辽市开鲁县红干椒市场、霍林郭勒蔬菜粮油综合交易市场，赤峰市红山区天丰蔬菜批发市场，乌兰察布市马铃薯交易中心，巴彦淖尔市五原县鸿鼎葵花交易市场、临河农产品批发交易市场，鄂尔多斯市东胜区万家惠农贸市场、达拉特惠民农商贸综合市场、伊金霍洛旗农副产品批发交易中心、准格尔旗农副产品交易市场，乌海市海勃湾金裕农副产品交易市场、乌达万丰农副产品交易市场、海南新裕农副产品交易市场等。

二　主要农产品价格走势

2004年，受国内农产品供求关系和国际市场价格的影响，全区主要农产品价格总体上恢复性上涨态势。小麦、玉米、稻谷市场平均价格为每千克1.46元，比上年上涨32.5%。小麦市场价每千克1.53元，玉米每千克1.23元，稻谷每千克1.53元。全年呈现出一季度涨幅最高，以后逐渐回落。2006年四个季度粮食价格明显上涨以来，2007年受国际市场农产品价格上涨拉动以及国内农资、劳动力等要素价格上涨推动，农产品生产成本刚性增加，全区粮食价格上涨明显，经济作物有升有降。小麦、玉米、稻谷三种粮食的市场平均价格每千克1.59元，比2006年上涨8.5%。其中，玉米每千克1.48元，上涨16.1%；小麦每千克1.53元，上涨7.5%；稻谷每千克1.74元，上涨3.6%。受国际金融危机影响，2008年10月开始农产品价格下行。2009年初，国家采取提高粮食最低收购价格、加大临时收储规模、加强贸易调控等一系列政策措施，2月份开始粮食价格稳步回升。玉米、小麦、稻谷每千克平均价1.92元，同比上涨11.9%。大豆价格在国家临时收储政策支撑下价格每千克3.6—3.8元，同比高出0.60元。全区蔬菜价格在成本推动下总体呈现上升趋势，除大蒜、辣椒、生姜等因产量下降价格明显上涨外，其他蔬菜、水果产品价格变化总体符合季节性波动规律。

2012年，全区粮食价格延续了2010年以来的上涨态势，玉米、小麦、稻谷平均价格每千克2.48元，同比上涨5.1%。蔬菜价格季节性波动特征明显，总体价格水平高于上年。生产资料价格，即国产复合肥价格每吨3145.7元，国产磷酸二铵每吨3539.1元，国产氯化钾每吨3430.4元，国产尿素每吨2358.8元，环比分别下降0.6%、0.4%、0.3%和0.1%。2012年上半年农用柴油价格保持高位，同比上涨5.5%，且4月涨至年内最高点，为每吨9345.2元。5月和7月国家发展和改革委员会两次下调柴油供应价格，5月以后农用柴油价格持续回落。2013年，国内粮价延续上涨态势，但涨幅继续收窄。受国家继续提高小麦、稻谷最低收购价及适时启动玉米临时收储政策的影响，粮食价格平稳上涨，蔬菜价格高位运行，主要化肥价格稳中略跌，农用柴油价格高位运行。2014年，受国家玉米临时收储政策和小麦、稻谷最低收购价政策托市影响，粮食价格稳中略涨。蔬菜价格季节性波动明显，价格稳中略降。主要化肥受化肥产能过剩、需求无明显增加及进口品配额常年稳定等影响，市场总体供大于求，主要化肥价格继续下跌。国产尿素每吨1973元，磷酸二铵每吨3147元，复合肥每吨2880元，氯化钾每吨3129元。农用柴油价格高开低走，全年平均价格每吨8519元。

2015年，我国粮食产量实现历史性"十二连增"，玉米库存创历史新高，国内外粮食价格倒挂刺激粮食进口大幅增长，市场供给压力增大。同时，我国粮食价格政策逐步向国际化、市场化转型，2015年稻谷、小麦最低收购价格保持上年水平不变，玉米临时收储价每千克下降0.11—0.13

元，国内粮价结束了近 7 年的上涨态势小幅下跌，而蔬菜价格小幅上涨。化肥价格小幅下跌；农用柴油价格下跌较大，全年平均价格为每吨 6766 元，比上年下降 20.6%。

三　农产品营销促销活动

2008 年，内蒙古自治区农业部门按照党中央、国务院的统一部署，切实加大农产品营销促销服务力度，积极开展产销对接展会，加快建设农业信息网"供求一站通"和"网上展厅"注册业务，组织在农业信息网发布农产品供求信息，促进了农产品加工贸易企业发展。2009 年，面对国际金融危机和农产品外需减弱、内需不足、价格下行等严峻形势，全区各盟市主动应对，加大力度组织开展农产品市场营销促销活动，搞活市场流通，积极举办农产品交易会，并组织区内经销商到异地开展推介活动。针对季节性、结构性、区域性或突发事件引发的西瓜、马铃薯、红干椒等农产品的卖难问题，农业部门组织经销商前往产地进行贸易洽谈对接，化解了市场风险。2010 年开始，自治区农业部门和各盟市广泛搭建农产品营销促销平台，组织举办了多场地方特色农产品产销对接活动。推动产地与销地建立紧密的购销关系，稳定购销渠道，为优势特色产业发展提供了支撑。与此同时，全区农业管理部门加大网络促销力度，依托自治区和各盟市农业信息网建立农产品"网上展厅"和"供求一站通"，极大地促进了网上产销对接。2013 年，内蒙古自治区着眼于活跃农产品市场流通、促进农产品产销对接、创建农产品知名品牌、稳定农产品市场运行，为开拓农产品国内外市场，密切产销衔接、培育农产品品牌，提升农产品价值，促进农业稳定发展和农民持续发展，发挥了积极作用。2014 年，自治区政府主动适应经济发展新常态，围绕促进农产品流通渠道拓展，推进农业发展方式转变，着力发展农业会展经济，促进产销对接，加大网络促销力度，为进一步提高全区农产品市场竞争力，促进农业经济稳定发展和农民持续增收发挥了积极作用。2015 年，农产品营销促销工作按照自治区政府部署和要求，主动适应供给侧结构性改革，围绕促进农产品流通渠道拓展，推进农业发展方式转变，着力发展农业会展经济，为广大农产品生产者和贸易商搭建了多层次、多形式的农产品展示推介、贸易合作平台，为促进农产品营销、增加农民收入做出了积极贡献。此外,自治区农牧业厅积极开展产销对接活动,与中国农产品市场协会合作,组织批发市场经销商到产地开展产销对接活动,采购商与种植户签订意向合同,解决了大豆滞销、卖难问题。

第五节　农业产业化经营的经济效益

2004年以来,内蒙古自治区农业经济经过"十一五"时期和"十二五"时期,发展成就显著。"十一五"时期是全区农业经济效益最好的时期之一,自治区政府全面贯彻落实党中央、国务院的一系列决策部署和强农惠农政策,使农业综合生产能力大幅度提升,农业经济结构进一步优化,农业产业化进程加快推进,农业生态建设和水利建设迈出了坚实的步伐,农民收入明显提高。"十二五"时期,内蒙古自治区主动适应经济发展新常态推动农业、农村发展,保持了稳中有进的良好状态,取得了新的发展成就。全区粮食产量实现"十二连增",人均粮食占有量居全国第三位,成为全国13个粮食主产区和5个粮食净调出省份之一。从2008年起,全区每年向国家提供1000万吨商品粮,为国家粮食安全做出了贡献。农业产业化和产业结构调整取得新进展,农民收入首次突破万元大关。

一　土地生产率

内蒙古自治区农业产业化发展时期,粮食生产综合能力持续提高,主要农产品单位产量大幅度提高。粮食亩均产量2015年达到329千克,比2010年增长25.6%,与2004年相比增长37.1%;油料作物每亩产量2015年141千克,比2010年增加14.6%,与2004年相比增加36.9%;甜菜生产每亩产量,2015年3076千克,比2010年增长5.6%,与2004年相比增长73.8%;马铃薯生产,2015年亩产191千克,虽然比2010年亩产增长15.8%,但与2004年相比仍然降低了20.4%;大豆亩产2015年112千克,比2010年略涨1.8%,与2004年相比增长了23.1%;谷物作物中玉米单位面积产量稳步增长,2015年每亩产量达440千克,比2010年增长12.0%,与2004年相比增长了16.7%;小麦单位面积产量相对稳定,2015年每亩产量187千克，虽然不及2010年的亩产量，但与2004年相比增长6.3%；稻谷单位面积产量相对不稳定，2011年每亩产量达到577千克，2015年每亩产量下降到449千克，减少22.2%，与2004年水平持平；谷子生产2015年亩均产量132千克，比2010年增长49.5%，与2004年相比增长41%（详见表7-14）。

表7-14　　　　　　　　　农业产业化时期主要农产品单位产量　　　　　单位：千克/亩

年份	粮食	油料	甜菜	马铃薯	大豆	玉米	小麦	稻谷	谷子
2004	240	103	1770	240	91	377	176	450	105
2005	253	117	2422	185	110	394	208	491	125
2006	244	114	2380	200	71	395	237	476	124
2007	237	100	2608	165	77	385	207	502	112
2008	270	111	2328	187	106	402	227	480	141
2009	244	114	2209	161	91	365	216	424	64
2010	262	123	2914	165	110	393	195	541	99
2011	286	125	2682	189	133	408	201	577	135
2012	302	127	2561	181	132	420	206	547	191
2013	329	130	2639	219	141	435	211	492	153
2014	332	132	2700	199	108	432	182	447	132
2015	329	141	3076	191	112	440	187	449	148

资料来源：中国农业年鉴编委会：《中国农业年鉴》，1995—2004年版。

二　劳动生产率

随着全区农业结构调整和农业生产条件的不断完善以及农业科技推广，2004年以来全区劳动生产率大幅度提高。2015年人均粮食占有量达1127.2千克，比2010年增长34.6%，与2004年相比增长78.4%，人均粮食占有量连续10年居全国第3位；油料作物人均占有量2015年77.2千克，比2010年增长47.3%，与2004年相比增长77.5%；甜菜人均占有量2015年91.8千克，比2010年增长39.5%，与2004年相比增长127%。"十一五"时期，全区粮食人均占有量811千克，油料人均占有量47千克，甜菜人均占有量61千克；"十二五"时期人均粮食占有量1064千克，油料人均占有量64千克，甜菜人均占有量72千克，分别比前期增长31.2%、36.2%和18%（详见表7-15）。农业科技进步和农业生产条件的改善，极大地促进了全区劳动生产率，为自治区农业现代化发展创造了有利的条件，并促进了农民收入的增长。

表7-15　　　　农业产业化时期主要农产品人均占有量　　单位：千克/人

年份	粮食	油料	甜菜
2004	632.0	43.5	40.4
2005	698.6	51.3	58.1
2006	712.9	48.9	73.0
2007	754.1	33.0	49.2
2008	884.6	49.0	70.6
2009	819.6	49.0	45.3
2010	882.2	52.4	65.8
2011	964.2	54.1	63.7
2012	1017.2	58.4	67.6
2013	1112.0	63.4	72.7
2014	1100.7	68.1	64.0
2015	1127.2	77.2	91.8

资料来源：中国统计局：《中国农村统计年鉴》，1985—1994年版。

三　农民人均收入

2004年以来，内蒙古自治区不断强化各项惠农惠民政策，努力拓宽农民增收渠道，千方百计增加农民收入。"十一五"时期，农民人均纯收入年均增长10%，跨越了3000元、4000元、5000元大关，由2005年的2989元提高到2010年的5530元，连续5年列席西部省份首位，2010年全国第16位。"十二五"时期，自治区政府不断加大"三农三牧"资金投入和政策补贴力度，下大力气推进龙头企业与农民利益联结，想方设法为农民开辟增收渠道，使农民收入持续稳定增长。2015年，全区农民人均可支配收入首次突破万元大关，达到10776元，比"十一五"末翻一番。2004年，全区农村住户平均每人年纯收入2606.37元，其中工资性收入占15.2%、家庭经营性收入占78.2%、财产性收入占2.1%、转移性收入占4.5%。2010年，全区农村家庭人均纯收入达5530元，其中工资性收入占18.8%，家庭经营性收入占66.4%，财产性收入占3.0%，比2004年提高0.9个百分点；转移性收入占11.8%；2015年，全区农民家庭平均每人纯收入突破万元大关，达到 10228 元，其中工资性收入占 22.9%，家庭经营性收入占 56.3%，财产性收入占 3.9%，比 2010 年提高 0.9 个百分点；转移性收入占 16.9%（详见表 7-16）。

表7-16　　　　　　　　农民家庭平均每人年纯收入及构成　　　　单位：元/人

年份	纯收入	工资性收入	经营性收入	财产性收入	转移性收入
2004	2606	394	2038	56.0	118
2005	2813	523	2042	—	248
2006	3188	612	2239	—	337
2007	3953	717	2786	117	333
2008	4656	807	3218	115	517
2009	4938	900	3278	137	623
2010	5530	1037	3670	164	659
2011	6642	1311	4218	338	776
2012	7611	1459	4689	323	1140
2013	8595	1695	5348	371	1182
2014	9442	2151	5451	366	1474
2015	10228	2339	5755	399	1734

资料来源：《中国农业年鉴》2005—2014 年，《内蒙古统计年鉴》2015—2016 年。

从全区各盟市农民人均收入情况看，2005 年农民人均纯收入乌海市 4635.2 元、呼和浩特市 4631.4 元、包头市 4618.0 元、鄂尔多斯市 4608.0 元、巴彦淖尔市 4320.0 元、通辽市 3318.0 元、呼伦贝尔市 3091.6 元、赤峰市 2834.0 元、乌兰察布市 2803.3 元、兴安盟 2375.0 元、锡林郭勒盟 2111.5 元。2010 年，农民人均收入乌海市 9244.7 元，包头市 8766.4 元，鄂尔多斯市 8755.8 元，呼和浩特市 8745.9 元，巴彦淖尔市 8240.3 元，呼伦贝尔市 6053.0 元，通辽市 6002.2 元，锡林郭勒盟 5140.0 元，赤峰市 5023.0 元，乌兰察布市 4451.2 元，兴安盟 3712.1 元。

2015 年，全区各盟市平均农村牧区常驻居民人均可支配收入 10776 元。其中，工资性收入 2250 元，占 20.9%；家庭经营净收入 6185 元，占 57.4%；财产净收入 425 元，占 3.9%；转移净收入 1916 元，占 17.8%。各盟市中，人均收入低于全区平均水平的盟市有兴安盟 7894 元、通辽市 10757 元、赤峰市 8812 元；工资性收入高于全区平均水平的盟市有乌海市

7360元、呼和浩特市6493元、包头市4548元、鄂尔多斯市2978元、赤峰市2901元；家庭经营净收入低于全区平均水平的盟市包括呼和浩特市4717元、兴安盟5029元、赤峰市4638元、乌兰察布市4459元、乌海市3608元；财产性收入低于平均水平的盟市有乌兰察布市88元、赤峰市112元、巴彦淖尔市178元、通辽市398元、锡林郭勒盟414元；转移净收入高于全区平均水平的盟市有呼伦贝尔市2014元、乌兰察布市2198元、锡林郭勒盟2508元、乌海市2697元、阿拉善盟6112元。在家庭经营净收入中，农业净收入超出平均水平的盟市有呼伦贝尔市6031元、通辽市5847元、巴彦淖尔市7569元。巴彦淖尔市农业净收入在家庭经营净收入中占比高达71.6%，呼伦贝尔市农业净收入6031元，占家庭经营净收入的87.4%。全区家庭经营净收入中二、三产业净收入高于平均水平的，有呼和浩特市、包头市、鄂尔多斯市、乌海市等工业经济发达地区，其他地区农村二、三产业发展比较滞后，仍然依靠农牧业生产提高收入为主。

第六节　农业经营产业化政策效果及意义

2004年以来，党中央、国务院高度重视农业、农村和农民工作，在宏观调控中注重加强农业，实行了一系列有利政策措施。内蒙古自治区认真贯彻落实党中央决策，保护和调动了农民积极性，坚持"多予、少取、放活"的方针，稳定、完善和强化各项支农政策，切实加强了农业综合生产能力，继续调整了农业经济结构，努力实现了粮食稳定增产，持续增加了农民收入，促进了农业农村经济社会的全面发展，全区农业经济呈现出良好的发展局面。

第一，"惠农强农"政策不断完善，农业基础地位进一步巩固。农业经营产业化政策的实施，使全区农业经济快速发展，实现了粮食产量和农民收入跨越式发展。通过农业税减免、农业补贴等惠农强农政策，大幅度减轻了农民负担，发挥了农民的种粮积极性，促使全区粮食生产连续13年增产，为国家粮食安全做出了贡献。

第二，农民组织化程度快速提高，现代农业经营体系初步形成。随着市场经济制度的深入发展，农业产业化经营进一步发展，农村基层组织、集体经济、合作经济组织、农业产业化龙头企业等快速发展，提高了农民组织化水平，增加了农民收入。但由于农村集体经济组织的法律定位模糊，内部管理松散，管理人才短缺等原因，村级集体经济组织弱化倾向严重。农民专业合作社发展迅速，但长期以来各级政府在培育中倾向于重数量轻质量等原因，空壳、僵尸合作社占多数，真正运行的、带领农民走向致富道路的合作社甚少。农业产业化龙头企业虽然发展壮大，但企业与农户的联结机制不紧密，农村三次产业融合度不佳。

第三，农业结构战略性调整深入推进，农业经济竞争力不断加强。2004年以来，全区继续优化农业产业结构，挖掘农业内部增收潜力，按照高产、优质、高效、生态、安全的要求，加快建设优势农产品产业带，积极发展特色农业、绿色食品和生态农业。逐步实现了区域化布局、标准化生产、规模化种植，提升了"菜篮子"产品整体供给保障和质量安全水平。

第四，农业基础设施投入不断加大，农业生产综合能力快速提升。国家实施农业产业化政策后，全区农业生产条件逐步改善、土地整治、农田水利设施建设、农业机械化、电气化、水利化水平进一步提高。随着农业基础设施的不断改善，全区农田有效灌溉率上升，防洪抗旱减灾能力加强，农业生态工程建设效果明显，农业综合生产能力不断得到巩固。但是，还存在农业基础设施建设投入总量不足，农田水利与现代农业不相适应，农业生态环境仍较脆弱，中低产田比例较大，耕地质量下降等问题。

第五，培育多元化市场主体，搞活了农产品流通经济。2004年以来，全区顺应市场经济发展要求，把农产品流通主体由单一经营发展为多元化，多渠道齐头并进，积极鼓励和扶持了农产品经纪人、农民专业合作组织、农业企业等流通主体以及"农超对接、农校对接、农社对接"等措施，减少中间环节，进一步丰富了农产品流通形式。同时，改造升级农产品批发市场、发展规范农产品期货市场、整顿规范农产品电子交易市场，开通鲜活农产品"绿色通道"，融入全国性农产品流通网络。但是仍然存在市场主体发育不全，流通环节较多而损耗较大、流通成本较高，市场调控机制不完善，农产品质量安全形势严峻等问题。

随着市场化的不断深入推进，内蒙古自治区农业经营产业化水平不断加强，全区农业经济得到平稳快速发展。但是，农业产业化经营中土地资源的利用不足，劳动力老龄化以及农业经营资金短缺问题仍然突出，"三农"问题仍是亟待解决的重点问题。2015年，全区粮食产量虽然达到历史最高水平，但粮食生产结构单一，未能改变玉米独大的粮食生产结构。油料作物、经济作物和蔬果生产偏低。全区农业产业化水平虽然快速提高，但农产品生产、加工、销售一体化经营的产业化龙头企业发展远不如畜牧业产业化龙头企业，耕种农业仍然是广大农村的第一收入来源，农产品加工和流通的二、三产业发展滞后。与此同时，农业生产劳动力的过度转移导致劳动力老龄化、农村空心化，耕地撂荒、农业生产技术提高缓慢、自然灾害防灾抗灾能力弱化等不利于农业发展的现象突出，直接影响了全区农业、农村经济的可持续发展。提高农业综合生产能力、搞活农村活力、发展农村产业、增加农民收入、生态环境保护以及农村人才培育等乡村振兴策略亟待出台。

结　语

　　回顾内蒙古农业经济的发展脉络，经过了史前原始农业发端，古代屯垦农业盛兴，近代蒙地放垦、垦殖，传统农业逐步传播到全区范围。中华人民共和国成立后，内蒙古自治区各族人民在党和政府领导下通过农业生产组织化、农业经营集体化、农业生产商品化以及农业经营产业化发展过程，提高了农业经济在全区国民经济中的地位，使内蒙古自治区成为国家重要的粮食生产基地。

　　1947年内蒙古自治区成立之前的漫长的历史阶段，内蒙古地区农业发展基本依靠历代各朝代的军事屯垦、借地养民、移民放垦、殖民开垦。特别是清末"移民实边"政策和北洋政府"边荒条例"的实施，加快了内蒙古地区的传统农业传播，促使了内蒙古农业经济初步发展。但由于当时农业生产力水平极其低下，农业开发政策具有掠夺性和盲目性，农业经济发展缓慢，农产品产量偏低，农民生活困难，未能形成完整的农业经济体系。中华人民共和国成立后，内蒙古自治区贯彻落实党中央各项农业发展方针、政策，逐步把落后的、传统的农业改造成强劲的现代化的农业，带入全区农业经济蓬勃发展的道路。

　　中华人民共和国成立60余年来，内蒙古自治区农业经济快速发展的主要动力，归纳为以下几个方面。第一，惠农政策得力，为农业经济发展保驾护航。新中国成立后，公布了《土地改革法》，经过土改实现"耕者有其田"，有效地解放了农业生产力；民主改革时期和社会主义改造时期，全区逐步推行农业互助合作运动，实现了农业合作化，发展集体经济；党的十一届三中全会后，实行家庭联产承包责任制，发展农业现代化政策和农业费税改革以及农业产业化政策等，改善农业生产条件，为进一步发展生产力创造了条件。第二，基础设施改善为农业生产发展夯实基础。水资源是农业生产的"命脉",干旱缺水一直是制约内蒙古农业生产发展的主要因素。新中国成立以来,内蒙古自治区各级党委、政府始终把农田水利建设作为经济建设工作中的重要环节,坚持不懈地开展了规模宏大的农田水利基本建设,为内蒙古农业经济发展创造了有利条件。第三,农业科技进步为农业生产发展提供了有力支撑,农业技术推广、高产种子的使用彻底改变了全区农业生产广种薄收、靠天吃饭,缺乏良种和科学种植技术,处于粗放落后的自然发展状态。第四,农产品流通体系改革为农业经济发展增添动能,为农产品价格的稳定、畅通农产品流通、保护农民种粮积极性以及成为全国13个粮食主产区之一,进而为农业生产可持续、高质量发展,增添了强劲动能。第五,新型经营主体的崛起为粮食生产发展注入了活力。1949年以后,内蒙古农业合作化大致经历了农业合作化时期、人民公社时期和新型合作化的三个阶段,其中的变迁有进步也有曲折。党的十一届三中全会以后,全区农业和农村经济改革全方位展开,新型农业经营主体开始出现。2013年后,规模化经营逐步成为农村基本经营制度变革的主要方向,以土地资源为主的农业生产要素开始向家庭农场、合作社和农业产业化龙头企业等新型农业经营主体流转,各类新型农业经营主体快速崛起并迅猛发展,在农业现代化建设过程中发挥着越来越重要的作用。通过企业、合作社、家庭农场等新型农业经营主体的组织效应,实现了小农户与大市场的有效对接,带动了农产品购销两旺,拓宽了农民收入渠道,有力地促进了农业经济发展。但是,伴随着工业化、城镇化进程,大量农业劳动力开始向城镇和非农产业转移,全区各地"农业副业化""劳动力老龄化""农村空心化"等问题日益严重,从农业现代化到农业、农村现代化,逐渐成为社会关注的焦点问题。因此,构建现代农业产业体系、生产体系和经营体系,调整农业结构,促进农村一、二、三产业融合发展,完善农业支持保护制度,保障农民收入持续增长,实施乡村振兴战略是新时期内蒙古农业经济持续健康发展的重要问题。

本课题研究,按照研究计划,在收集资料、统计数据的基础上,把内蒙古农业经济史分为古代农业面貌、传统农业传播、近代农业开端、农业生产组织化、农业经营集体化、农业生产商品化、农业生产现代化、农业经营产业化八个发展阶段。在历史研究的纵向深入的同时,对各阶段的农业政策体系、土地利用结构、农业经济结构、农业生产效益四个层次深入研究。在研究过程中主要把握从古代到近代的内蒙古地区农业经济的发展脉络，主要引用历史资料记载及现有研究成果。而研究1947年以来的农业经济发展史，基于统计资料及政策汇编，着重分析农业政策实施、土地利用结构变化、农业经济结构调整、农业生产组织建设、农产品流通体系改革、现代农业推进以及农业产业化经营效益等内容，进行中观和微观研究。其中，每个阶段的农业经济史研究从体制机制入手，着重研究政策变动与农业经济结构调整，农业生产方式变化，农业机械化、水利化、电气化以及化学化等现代化过程。

在研究内容上，重点放在新中国成立以后内蒙古农业经济结构调整和现代农业推进方面。农业是弱质产业，更是基础产业。因此，本课题在研究方法上应用新经济史研究范式，基于制度变迁与制度绩效理论，突破以往的农业经济史生产力与生产关系的研究范式。在内容结构安排上坚持制度与经济关系，突出体现了内蒙古农业经济"传播、开端、形成、发展"的历史演变脉络，从而对内蒙古农业经济历史有一个系统的全面的论述。在研究内容设计上，根据演变过程，着重研究了蒙地放垦而传统农业传播，进行垦殖而近代农业开端，社会主义改造中农业生产组织化、计划经济体制下农业集体化经营，家庭承包责任制与农业生产商品化、市场经济体制确立与农业生产现代化，市场经济深入发展与农业经营产业化等。如实地反映各个历史时期内蒙古农业经济的真实情况，务求深刻地揭示各个历史时期内蒙古农业经济发展的因果规律，并勾画出它兴衰起伏的轨迹。在各阶段农业经济内部结构研究上，从微观经济角度着重分析了农业发展政策、农业经济体制、农业生产条件、农业经济结构、农业生产效益、农产品加工、流通体系建设等。现代经济学研究方法，即"制度变迁——结构调整——经济效益"的研究范式为本课题研究的主要突出点。

在选题与设计内容上，首次尝试关注内蒙古农业经济发展的历史演进；在理论应用上，借鉴新经济史"制度决定经济发展"理论；在研究方法上，历史资料分析与统计数据分析相结合。从而体现了本课题研究的史料价值、学术价值和应用价值。通过对历史文献资料的搜集、整理、分析，梳理内蒙古农业经济发展脉络，具有一定的史料价值；在研究范式上，对制度变迁、结构调整、经济发展的研究，具有一定的学术价值；在研究中揭示内蒙古农业经济的发展过程、发展水平、经济成效以及社会影响等，以唯物的、辩证的、历史的观点作全面、系统的探索，全面认识和了解内蒙古地区农业经济的发展，使之具有较好的应用价值。

本研究成果虽有一定的学术价值和应用价值，对今后研究内蒙古农业经济提供了具体历史资料和数据支撑，开创了制度与经济的内在逻辑和相互影响的研究成果，将内蒙古农业经济发展提供一些"以史为鉴"的应用资料。但由于研究过程中有些历史发展阶段缺乏具体记载和数据支撑、历史文献的缺乏等客观因素和个人研究能力的欠缺，影响了整体研究的规范分析和历史过程的如实反映。如：内蒙古地区原始农业的兴起研究，可用资料只限于黄河流域和西辽河流域考古发现，未能进一步详细反映阴山南麓、大兴安岭南麓等适合农业生产地区的原始农业的兴起。古代农业发展研究，根据历史记载和史料研究被限定在屯垦农业，未能深入到黄河流域和西辽河流域原始农业到古代农业发展历程。近代传统农业传播到内蒙古地区研究中遇到的典型案例，阿拉坦汗在土默特地区发展板升农业的详细资料不足而未能充分体现当时内蒙古西部地区传统农业生产力和生产关系、土地利用状况、农业结构以及农业经济微观经济组织。在近代农业开端中清政府推行"移民实边"、北洋政府和民国政府实施"边荒条例"，日本帝国主义侵略者的"开拓移民"等一系列移民与农业开发中掠夺、剥削以及内蒙古社会经济变迁等方面的研究仍然欠缺，需要今后继续进行专题研究，挖掘历史的真实情况和揭示内蒙古地区近代农业发展历史真实面貌。对于现代农业发展史研究，虽然文献资料和统计数据较全，但是内蒙古农业经济步入快速、健康发展中涉及的政策制度演变、经济结构对重大变化、各盟市农业发展水平不同以及农业微观经济组织、生产要素配置、农产品市场发育、农业劳动者素质、农业科技教育普及等方面，未能详细研究。

农业经济史研究是一项系统的、全面的研究，内蒙古地区农业兴起迄今约七千年，从有文字可寻的农业生产说亦近两千多年。在这茫茫的岁月中内蒙古农业经济经过了兴起、传播、开端、发展等不同发展阶段，在各发展阶段的农业经济基本特征的考证，需要进一步深入研究。此外，在农业经济发展历史长河中评价屯垦、开垦、垦殖以及殖民地农业对内蒙古地区经济社会发展的影响和对生态环境的消极影响，仍显评价不足。新中国成立以来内蒙古农业经济各领域的制度变迁、要素变动、组织演化、科技推广等仍需要进一步深入研究，以总结其发展过程中的经验与教训、优势与劣势，从而制定新时期内蒙古农业经济的发展规划。总之，本课题研究基于内蒙古农业发展历史，着重研究了农业经济的演变过程，秉持论古通今、古为今用的态度，探索当今农业经济问题与历史因素的内在关系，从历代史实中取得借鉴，其有益的足资取法，其有害的先作规避或从中得到启发。

参考文献

包广才等：《改革开放三十年内蒙古自治区农业产出的变迁》，《内蒙古大学学报》（哲学社会科学版）2018年第6期。

曹贯一：《中国农业经济史》，中国社会科学出版社1989年版。

陈安仁：《中国农业经济史》，商务印书馆1948年版。

陈守实：《中国古代土地关系史稿》，上海人民出版社1984年版。

陈仙林：《内蒙古农业适度规模经营发展方向的探讨》，《内蒙古农业大学学报》（社会科学版）2002年第3期。

杜青林、孙政才主编：《中国农业通史》，中国农业出版社2008年版。

杜修昌：《中国农业经济发展史略》，浙江人民出版社1984年版。

高乐才：《日本"满洲移民"研究》，人民出版社2000年版。

高平亮、豆志杰：《内蒙古自治区各盟市农业经济发展水平比较研究》，《内蒙古农业大学学报》（社会科学版）2006年第1期。

广川佐保：《蒙地奉上——满洲国之土地政策》（日文），汲古书院2005年版。

郭文韬：《中国古代的农作制和耕作法》，农业出版社1982年版。

韩成福等著：《内蒙古自治区资源环境约束与粮食增产问题研究》，内蒙古大学出版社2020年版。

韩国磐：《北朝隋唐的均田制度》，上海人民出版社1984年版。

韩柱、韩成福：《内蒙古粮食增产政策及效益评价》，《农业展望》2014年第5期。

郝志诚：《清代内蒙古西部后套地区的开垦与社会变迁》，内蒙古人民出版社2007年版。

侯大乾、岳琛：《中国近代农业经济史》，中国人民大学出版社1980年版。

黄希源：《中国近现代农业经济史》，河南人民出版社1986年版。

黄正林：《清代黄河上游区域史研究的回顾与思考》，《宁夏大学学报》（人文社会科学版）2004年第4期。

金德群：《民国时期农村土地问题》，红旗出版社1994年版。

金海、齐木德道尔吉、胡日查、哈斯巴根：《清代蒙古志》，内蒙古人民出版社2009年版。

蓝鸥：《2002年中国经济史研究述评》，《中国经济史研究》2003年第2期。

乐奇主编：《内蒙古自治区经济社会发展报告2011》，内蒙古教育出版社2011年版。

李宝通：《唐代屯田研究》，甘肃人民出版社2002年版。

李根蟠：《中国农业史》，中国台湾文津出版社1997年版。

李赛男、于光军、齐舆：《内蒙古加快推进农牧业现代化建设研究》，《新西部》2016年第27期。

李澍田、衣保中：《中国东北农业史》，吉林文史出版社1993年版。

李文治等：《明清时代的农业资本主义萌芽问题》，中国社会科学出版社1983年版。

李玉洁：《黄河流域的农耕文明》，科学出版社2010年版。

刘海源：《内蒙古垦务研究》（第一辑），内蒙古人民出版社1990年版。

刘景岚：《西辽河蒙地开发与社会变迁研究》，国际华文出版社2001年版。

刘岚、叶茂：《1990年中国经济史研究综述》，《中国经济史研究》1991年第2期。

柳柯：《近代北方地主经营方式三例》，《中国经济史研究》1989年第1期。

马强、王道龙：《内蒙古现代农业发展水平分析》，《中国农业资源与区划》2012年第2期。

［美］德希·珀金斯：《中国农业的发展（1368—1968）》，上海译文出版社1984年版。

蒙古研究所编：《近现代内蒙古东部之变迁》（日文），雄山阁2007年版。

《蒙古族简史》编写组：《蒙古族简史》，内蒙古人民出版社1986年版。

闵宗殿等：《中国农业技术发展简史》，农业出版社1983年版。

内蒙古农村牧区社会经济调查队编：《内蒙古农业经济考评资料集（1949—1998）》，1999年版。

《内蒙古自治区志·粮食志》编委会：《内蒙古自治区志·粮食志》，内蒙古人民出版社1997年版。

《内蒙古自治区志·农业志》编委会：《内蒙古自治区志·农业志》，内蒙古人民出版社2000年版。

内田知行、柴田善雅编著：《日本之蒙疆占领：1937—1945》（日文），研文出版社2007年版。

农业部农村经济研究中心：《中国农村研究报告（1990—1998年）》上、中、下册，中国财政经济出版社1999年版。

农业部农村经济研究中心：《中国农村研究报告（1999年）》，中国财政经济出版社2000年版。

农业部农村经济研究中心：《中国农村研究报告（2000年）》，中国财政经济出版社2001年版。

农业部农村经济研究中心：《中国农村研究报告（2001年）》，中国财政经济出版社2002年版。

彭雨新：《清代土地开垦史》，农业出版社1990年版。

齐百顺：《日本侵占时期[兴安省]经济统制政策研究》，辽宁民族出版社2016年版。

齐涛：《魏晋隋唐乡村社会研究》，山东人民出版社1995年版。

全国农业普查办公室：《中国第一次农业普查资料综合提要》，中国统计出版社1998年版。

赛航、金海、苏德毕力格：《民国内蒙古史》，内蒙古大学出版社2007年版。

桑润生：《中国近代农业经济史》，农业出版社1986年版。

沈元瀚：《简明中国近代农业经济史》，西南财经大学出版社1987年版。

史增震：《内蒙古自治区的农业区域政策》，《内蒙古大学学报》（哲学社会科学版）1994年第3期。

斯钦布和、谢丽梅：《明清时期呼和浩特汉族移民初探》，《赤峰学院学报》2005第5期。

孙林：《新中国农业经济思想史》，上海财经大学出版社2001年版。

唐启宇：《中国农史稿》，农业出版社1985年版。

铁山博：《清代农业经济史研究》（日文），御茶之水书房1999年版。

王关区、于光军：《内蒙古部分地区发展现代农业的主要做法及启示》，《北方经济》2008年第9期。

王关区：《内蒙古农业发展和耕地利用存在的问题探析》，《内蒙古科技与经济》2014年第24期。

王启柱：《中国农业起源与发展》，中国台湾渤海堂文化事业有限公司1994年版。

王夭奖：《近代河南租佃制度述略》，《史学月刊》1989年第4期。

尉强：《推进内蒙古农业产业化发展进程的新对策》，《内蒙古统计》2012年第3期。

乌廷玉：《解放前东北三省的租佃关系》，《社会科学战线》1989年第2期。

无为：《1992年中国经济史研究述评总论》，《中国经济史研究》1993年第7期。

无为等：《1999—2000年中国经济史研究述评》，《中国经济史研究》2001年第6期。

吴承明：《中国近代农业生产力的考察》，《中国经济史研究》1989年第2期。

席永生、徐子峰：《红山文化与辽河文明》，内蒙古人民出版社2008年版。

闫少菲：《北疆沧桑七十年粮荒粮仓两重天——新中国成立70年来内蒙古粮食生产的发展历程与宝贵经验》，《内蒙古统计》2019年第2期。

阎万英、尹英华：《中国农业发展史》，天津科技出版社1992年版。

于广军：《从土地承包到户到土地整合：内蒙古三十年农业现代化的继承与未来》，《实践》（党的教育版）2008年第5期。

岳琛、黄希源、郑庆平：《中国农业经济史》，中国人民大学出版社1989年版。

云德奎：《调整优化内蒙古自治区农业生产结构的几点思考》，《内蒙古农业科技》1999年第12期。

云德奎：《内蒙古农业生产经营方式战略性转变的思考》，《农业经济问题》2000年第12期。

詹玉荣：《中国近代农业经济史》，北京农业大学出版社1987年版。

张廷武：《农业发展战略与对策》（上、下卷），内蒙古人民出版社1997年版。

张泽咸、郭松义：《中国屯垦史》，中国台湾文津出版社1997年版。

章有义：《明清及近代农业史论集》，中国农业出版社1997年版。

长野郎：《中国土地制度的研究》，中国政法大学出版社2004年版。

赵冈：《历史上的土地制度与地权分配》，农业出版社2003年版。

赵冈：《农业经济史论集》，农业出版社2001年版。

赵冈：《永佃制研究》，农业出版社2005年版。

赵冈：《中国传统农村的地权分配》，新星出版社2006年版。

赵俪生：《中国土地制度史》，齐鲁书社1984年版。

赵俪生主编：《古代西北屯田开发史》，甘肃文化出版社1997年版。

郑庆平等：《中国近代农业经济史概论》，中国人民大学出版社1987年版。

中国社会科学院、中央档案馆编：《中华人民共和国经济档案资料选编·农业卷（1953—1957）》，中国物价出版社1998年版。

中国社会科学院农村发展研究所、国家统计局农村社会经济调查总队编：《中国农村经济形势分析与预测》，社会科学文献出版社1998年版。

中国社会科学院农村发展研究所、国家统计局农村社会经济调查总队编：《中国农村经济形势分析与预测》，社会科学文献出版社1999年版。

中国社会科学院农村发展研究所、国家统计局农村社会经济调查总队编：《中国农村经济形势分析与预测》，社会科学文献出版社2002年版。

中国社会科学院农村发展研究所编：《中国农村发展研究报告1》，社会科学文献出版社2000年版。

中国社会科学院农村发展研究所编：《中国农村发展研究报告2》，社会科学文献出版社2001年版。

钟祥财：《中国农业思想史》，上海社会科学出版社1997年版。